A CONSTITUCIONALIZAÇÃO DAS FINANÇAS PÚBLICAS NO BRASIL

Devido processo orçamentário e democracia

Eduardo Bastos Furtado de Mendonça

Mestre e Doutorando em Direito pela UERJ. Professor de Pós-graduação lato sensu da UERJ (CEPED) e da Universidade Cândido Mendes. Advogado no Rio de Janeiro.

A CONSTITUCIONALIZAÇÃO DAS FINANÇAS PÚBLICAS NO BRASIL

Devido processo orçamentário e democracia

RENOVAR

Rio • São Paulo • Recife • Curitiba

2010

LIVRARIA E EDITORA RENOVAR LTDA.
MATRIZ: Rua da Assembléia, 10/2.421 - Centro - RJ
CEP: 20011-901 - Tel.: (21) 2531-2205 - Fax: (21) 2531-2135
FILIAL RJ: Tels.: (21) 2589-1863 / 2580-8596 - Fax: (21) 2589-1962
FILIAL SP: Tel.: (11) 3104-9951 - Fax: (11) 3105-0359
FILIAL PE: Tel.: (81) 3223-4988 - Fax: (81) 3223-1176

LIVRARIA CENTRO (RJ): Tels.: (21) 2531-1316 / 2531-1338 - Fax: (21) 2531-1873

www.editorarenovar.com.br **renovar@editorarenovar.com.br**
SAC: 0800-221863

0040

Revisão Gráfica: Maria de Fátima Cavalcanti

Capa: Sheila Neves

Editoração Eletrônica: TopTextos Edições Gráficas Ltda.

CIP-Brasil. Catalogação-na-fonte
Sindicato Nacional dos Editores de Livros, RJ.

M186c Mendonça, Eduardo Bastos Furtado de
A constitucionalização das finanças públicas no Brasil: devido processo orçamentário e democracia / Eduardo Bastos Furtado de Mendonça. — Rio de Janeiro: Renovar, 2010.
434p. ; 23cm.

ISBN 978-85-7147-785-8
Inclui bibliografia.

1. Direito constitucional. I. Título.

CDD 343.810922

Impresso no Brasil
Printed in Brazil

SUMÁRIO

Capítulo III
A execução do orçamento público

PARTE II
Fundamentos teóricos para a constitucionalização do orçamento público

Capítulo I
O devido processo orçamentário e os princípios constitucionais que o informam

Capítulo II
Aplicação dos princípios constitucionais à execução orçamentária no Brasil

PARTE III
A mudança possível e necessária

Capítulo I
Elaboração do orçamento público

Capítulo II
Execução do orçamento público

Capítulo III
Um modelo de vinculação rígida: o sistema orçamentário dos Estados Unidos

Capítulo IV
As propostas de mudança em tramitação no Congresso Nacional

A REVOLUÇÃO ORÇAMENTÁRIA

I. NASCE UMA ESTRELA

Nesses incontáveis anos de estrada, a vida me proporcionou grandes alegrias. Livros, títulos acadêmicos, reconhecimento carinhoso. Sou feliz e agradecido por tudo isso. Mas, ao iniciar a apresentação deste livro, e ao administrar a emoção profunda que ele me traz, confirmo minha crença de que a minha verdadeira vocação é outra: a de descobridor de talentos. Detectar, na multidão de jovens iniciantes e promissores, um virtuose, uma inteligência diferenciada. Alguém que não seguirá as pegadas existentes, mas desbravará novos caminhos[1]. Perdoem-me a imodéstia, mas acertei de novo. Apresento ao público, com prazer e orgulho, uma futura estrela, cujo brilho já se irradia a partir do seu primeiro trabalho. Guardem esse nome: Eduardo Bastos Furtado de Mendonça. Um lance de olhos nas páginas que compõem este livro confirmará o que acabo de dizer.

Eduardo tem uma mente analítica, capaz de investigações que vão bem além das aparências e da superficialidade das coisas. Ao lado desse dom natural, é um pesquisador incansável, que não se perde nos detalhes e é capaz de manter o foco no que é verdadeiramente relevante. A essas virtudes acrescenta outras, que são ainda menos comuns, como a de uma visão crítica e construtiva da vida, voltada para a transformação da realidade. Isso em um país no qual, com freqüência, o conhecimento guarda ainda um

1 Dessa lista constam nomes hoje nacionais, como Daniel Sarmento, Ana Paula de Barcellos e Gustavo Binenbojm.

ranço enciclopédico, ligado à exibição de erudição e não ao avanço do processo social. Uma observação a mais: o texto é notável. Denso, límpido, fluente. Ninguém jamais supôs poder encontrar emoção e estilo em um domínio árido como esse.

A propósito, a escolha do tema e o modo ousado como ele foi tratado merecem ênfase destacada. A questão das finanças públicas e do orçamento, com suas possibilidades e limites, estava de longa data relegada à prateleira dos assuntos aborrecidos e irrelevantes. Alguns poucos iniciados, titulares de um conhecimento esotérico e donos das chaves das inúmeras caixas pretas em que se encontrava armazenado, monopolizaram, desde sempre, o saber e o poder nesse domínio. Sem surpresa, dessa área só costumam vir notícias ruins. Ao invadir esse porão com idéias novas e muitas luzes, Eduardo reaviva a importância do orçamento em uma sociedade democrática.

II. ORÇAMENTO E DEMOCRACIA

Cumprindo o protocolo, apresento algumas idéias sobre o assunto, muitas delas inspiradas pelo belo trabalho que aqui apresento. O orçamento é uma lei editada anualmente, cujo conteúdo básico é a estimativa de receita e a autorização para realização dos gastos públicos. Idealmente, o processo de sua elaboração constitui um espaço democrático no qual se definem as políticas públicas. É no orçamento que se tomam as decisões fundamentais — acerca de investimentos, obras públicas, projetos sociais — e se fazem escolhas trágicas acerca da alocação de recursos escassos. Sem orçamento, não há visão do conjunto e é impossível distribuir os recursos disponíveis de forma racional, na medida das prioridades. É nele que se materializam as escolhas éticas e políticas de uma sociedade.

Apesar disso, e estranhamente, o orçamento público recebe pouca atenção dos juristas, da mídia e do público em geral. Há algumas explicações. Em primeiro lugar, há a natural complexidade de um instrumento abrangente e composto por numerosas variáveis. As expectativas de receita e as estimativas de gasto, ainda quando sejam cuidadosamente calculadas, não deixam de ser previsões, que podem ou não se confirmar, em maior ou menor extensão. Mais para a astrologia do que para a matemática. Além disso, necessidades inesperadas surgem e é preciso fazer frente às despesas imprevistas, exigindo, muitas vezes, que recursos sejam redistribuídos. Acompanhar a execução do orçamento não é tarefa fácil e pode não ser das mais empolgantes.

Nada obstante, a transparência na elaboração e na execução do orçamento são instrumentos fundamentais para que uma democracia possa funcionar adequadamente, e esse fórum tem sido negligenciado pela sociedade brasileira. A conquista desse espaço passa por uma reflexão cuidadosa sobre o controle jurídico, político e social das finanças públicas, equacionadas na lei orçamentária. Há muitas questões jurídicas a repensar, mas a principal mudança é de atitude e consiste na superação da indiferença em relação ao orçamento. Disso depende o controle efetivo do Poder Público. Disso depende a existência real dos direitos e liberdades.

Nos últimos anos, foi vitoriosa no Brasil a cultura de que o equilíbrio fiscal não tem ideologia. Não gastar mais do que se arrecada não é uma atitude conservadora ou neoliberal. Aliás, entre nós, ela é revolucionária, progressista e portadora de justiça social. Adquirida esta consciência — o que se deu com atraso, mas não tarde demais —, resta agora dar o passo seguinte: fazer do orçamento uma instância política decisiva. Isso significa dar visibilidade à sua elaboração — com o debate público adequado acerca das prioridades adotadas na alocação de recursos — e à sua execução, que deverá ser acompanhada por controles jurídicos e sociais adequados. Este será um rito de passagem que nos levará do reino das promessas irreais para o mundo das realizações possíveis e necessárias.

III. AS PROPOSTAS DO AUTOR

Nas três partes em que se divide seu trabalho, Eduardo realiza um diagnóstico do atual sistema orçamentário no Brasil, apresenta o roteiro principiológico de um devido processo legal orçamentário e, ao final, formula suas conclusões e propostas, com as inovações desejáveis. Ao longo do percurso, faz o contraste entre a competência rigidamente vinculada na ponta da arrecadação dos recursos, por via tributária, e a competência, mais do que discricionária, verdadeiramente arbitrária, que impera no outro extremo, o do dispêndio dos recursos, sujeito a contingenciamentos imotivados.

Reconhecendo a necessidade de superação do arbítrio, mas sem a instituição de um modelo destituído de flexibilidade, propõe que se estabeleça uma vinculação *prima facie* para o Poder Público, que deverá ser concretizada na maior medida possível. São quatro as suas idéias centrais, aqui reproduzidas em suas próprias palavras:

> "(i) [O]s recursos públicos são limitados e sua distribuição por entre as diferentes opções de gasto e investimento envolve uma série de decisões políticas essenciais, que definirão de forma concreta o papel do Estado;
> (ii) a deliberação orçamentária deve ser livre e efetiva, sem limitações quantitativas ou qualitativas (temáticas) que impeçam o Poder Legislativo de interferir na definição das prioridades orçamentárias;
> (iii) a execução orçamentária deve ser vinculada em alguma medida, rejeitando-se a tese de que o orçamento seria uma mera autorização de despesas, sem qualquer pretensão impositiva;
> (iv) a vinculação decorrente do orçamento não produz um dever genérico de gastar, e sim um dever de concretizar as dotações orçamentárias de forma razoável".

Na sequência, o autor faz um detalhamento analítico de tais idéias, apresentando proposições objetivas no tocante às decisões orçamentárias, às interações entre Poderes, ao processo deliberativo orçamentário e, sobretudo, aos problemas da prática brasileira atual. E conclui, de maneira lapidar, o conjunto lúcido e equilibrado de propostas de mudança que apresenta:

> "Por meio de uma vinculação autêntica, ou mesmo pela vinculação mínima que se acaba de descrever, o processo deliberativo orçamentário seria convertido em verdadeiro momento decisório, criando-se um novo e privilegiado espaço de controle social do Poder Público, sem prejuízo das demais implicações referidas ao longo do trabalho. O orçamento deveria funcionar como uma pauta de prioridades, definida de forma deliberativa e com ampla publicidade. No entanto, como não é vinculante nem mesmo *a priori*, o resultado é exatamente o oposto. O orçamento se converte na saída fácil: uma forma de manter na pauta decisória formal e até de dar tratamento supostamente

privilegiado a questões que não poderiam ser simplesmente esquecidas — como diversas necessidades sociais prementes —, sem, contudo, assumir compromissos reais. Cria-se uma *pauta simbólica de prioridades*, que acaba falseando o processo político. Tal constatação já bastaria para se pensar em levar a sério o orçamento público e sua execução".

IV. CONCLUSÃO

Hora de sair do caminho do leitor e deixá-lo ler sossegado a obra valiosa que adquiriu. Só uma última reminiscência. Conheci Eduardo no ano de 2000, quando ele ingressou na Faculdade de Direito da Universidade do Estado do Rio de Janeiro — UERJ e tomou-se meu aluno. Em 2003, venceu o concurso para ser monitor de direito constitucional e, desde então, fez sua vida acadêmica e profissional junto a mim. Assisti, passo a passo, o amadurecimento pessoal e intelectual que se materializaram nessa dissertação, que lhe deu o título de Mestre em Direito, com distinção e louvor, em banca integrada por mim, como orientador, e pelos eminentes Professores Ricardo Lobo Torres e Ingo Wolfgang Sarlet. Para sorte dele, foi coorientadora de sua pesquisa a Professora Ana Paula de Barcellos, que ilumina o caminho de quem está ao lado dela. Sem surpresa, o autor produziu um trabalho extraordinário.

A constitucionalização das finanças públicas no Brasil: Devido processo legal e democracia, de Eduardo Mendonça, por sua excelência, originalidade e lucidez, será o marco teórico da revolução que precisa ser feita em matéria de orçamento no Brasil. O passo inicial decisivo de um percurso longo e imprescindível. Um grande começo.

Rio de Janeiro, maio de 2010.

Luís Roberto Barroso
Professor titular de direito constitucional da
Universidade do Estado do Rio de Janeiro — UERJ

AGRADECIMENTOS

Orçamentos têm a ver com escolhas e idéias que ficam pelo caminho. Têm a ver com adiamentos, compromissos e até com esperança. Muitas vezes, o que se adia não poderia ser adiado, ou não deveria ser adiável. É muito fácil pisar em falso e fazer com que um orçamento tenha a ver com injustiça, mas nenhuma justiça se constrói sem escolhas difíceis. E por isso orçamentos têm a ver também com coragem e responsabilidade. Dinheiro, tempo, energia, afeto. Cada uma dessas coisas encontra-se na vida em quantidade um pouco menor do que seria necessário ou, quando menos, desejável. Às vezes, a escassez é apenas triste. Noutras é o elemento que permite distinguir o especial do corriqueiro. Tudo é repartido, de cada um segundo a sua possibilidade (que nem sempre basta, é bem verdade). Com um pouco de engenho e sorte, a cada um segundo a sua necessidade.

Sou imensamente grato a pessoas que generosamente me incluíram em seus orçamentos de tempo e de afeto. Esse estudo corresponde, com pequenas alterações, à dissertação de mesmo nome aprovada no Programa de Mestrado em Direito Público da Universidade do Estado do Rio de Janeiro. Compuseram a banca, além do professor Luís Roberto Barroso, orientador do trabalho, os professores Ricardo Lobo Torres e Ingo Wolfgang Sarlet. A participação desses professores, que tenho como motivo de grande orgulho pessoal, gerou comentários e sugestões que enriqueceram o produto final e apontaram novos caminhos de reflexão. Sou grato também à própria UERJ, instituição que me acolheu e se tornou o centro de boa parte dos meus projetos existenciais.

O professor Luís Roberto Barroso é muito mais do que eu saberia descrever, assim no mundo, como na minha história pessoal. E talvez seja tanto no mundo por representar tanto em tantas histórias. As atividades, pensamentos e projetos de que hoje me componho nasceram da chance, do estímulo e da orientação que dele recebo há muitos anos, sem nenhum alarde. Nesse trabalho e no momento em que ele se produziu, a professora Ana Paula de Barcellos, minha co-orientadora, foi a diferença entre angústia e realização. Ela acreditou quando eu duvidei, e por isso esses agradecimentos são agora possíveis. Desnecessário falar da contribuição intelectual de ambos no trabalho em si.

Os amigos do escritório ajudaram de diferentes formas. O professor Nelson Nascimento Diz leu o texto em sua versão integral, bem como inúmeros fragmentos preliminares. Suas observações precisas apontaram inconsistências e caminhos melhores. Sou profundamente grato pelo privilégio do nosso convívio próximo. O professor Cláudio Pereira de Souza Neto desconstruiu várias das minhas certezas acadêmicas inabaláveis, da forma mais gentil e menos pretensiosa que se pode imaginar. Espero que o retorno à prancheta tenha produzido idéias menos frágeis. Em momentos importantes, a professora Carmen Tiburcio me tocou com seu interesse e partilhou comigo a sua contagiante empolgação por tudo que é positivo. Valéria Oliveira está sempre disposta a ouvir meus problemas e participar das soluções. Rafael Fontelles e os três Felipes — Barcellos, Fonte e Monnerat — leram trechos do trabalho e formularam sugestões valiosas. O mais importante, porém, é que são amigos para todas as horas. Thiago Magalhães leu diversas passagens, sempre de forma atenta e produzindo melhorias significativas. Além de ajudar com sugestões, Júlia Ryfer acredita em mim mais do que seria prudente, e por isso mesmo sempre foi uma fonte permanente de estímulo. Sou igualmente grato pela ajuda de Renata Peixoto, Julia Medina, Siddharta Legale, Julia Gebara e Fernanda de Paula.

Devo aos professores do mestrado a descoberta de novas perspectivas de estudo e a obtenção de meios com que explorá-las. De forma especial, agradeço aos professores Ricardo Lobo Torres, Paulo Galvão, Daniel Sarmento e Marcelo Ciotola, sobretudo pelos diferentes exemplos que cada um deles fornece no magistério. Os amigos do mestrado foram a melhor turma de que já participei, em todos os sentidos. Agradeço especialmente a Bernardo do Amaral Pedrete, que fez uma leitura cuidadosa do texto e me livrou de muitos problemas. Agradeço também aos amigos que o mestrado me deu, especialmente Rodrigo Brandão, Fátima Vieira Henriques, Roberto Salles, Maurício Ribeiro, Tatiana Natal e Rafael Koatz.

Minha família me permitiu estar aqui e me faz querer estar aqui. Minha mãe é infinitamente mais importante do que imagina, em parte por minha dificuldade em fazê-la perceber isso. Representa a diferença entre esse momento e um mundo tão diverso que eu nem saberia figurar. Meu avô Haroldo sempre foi e sempre será uma das pessoas por trás de tudo quanto eu faça, a pessoa a quem eu quero orgulhar. Minha tia Lúcia deve ser contada como mãe em qualquer dedicatória digna desse nome. Alexandra Villar e sua família participaram da elaboração de boa parte desse trabalho e sempre terão um lugar especial na minha história, de imenso carinho. Lélha Canedo me deu uma primeira oportunidade profissional e se tornou uma grande amiga. Mariana Carvalho, Gabrielle Bittencourt e Felipe Fonte são os primeiros amigos a se voluntariar para qualquer missão difícil e sabem que a recíproca é verdadeira. Guilherme Sokal se voluntariou para uma revisão cuidadosa de conteúdo e forma. Por fim, uma palavra especial para Lívia Massena, que chegou na fase final de revisão do livro e criou um espaço novo de amor e sonhos compartilhados.

Por fim, agradeço infinitamente a Deus, que me deu problemas e a capacidade de resolver muitos deles por minha própria força, mas também a benção de me cercar dessas pessoas para me ajudar a resolver os demais ou torná-los tão pouco diante de todo o resto.

Introdução

A linha condutora do presente trabalho é a idéia de que o orçamento é uma peça central em qualquer regime democrático verdadeiro, representando o momento de definição das reais políticas públicas. Mesmo quando o que se espera do Estado é abstenção, é preciso manter estruturas de controle prontas a coibir qualquer ingerência indevida, de que são exemplo o Ministério Público e o Poder Judiciário. O sucesso de um governo não depende apenas de dinheiro, mas a verdade é que nenhuma atividade estatal é isenta de custo e o nível de financiamento acaba sendo um dos fatores preponderantes para sua maior ou menor eficiência. Por tudo isso, não há como imaginar que tal espaço decisório possa ficar imune à influência da Constituição, documento que tem a pretensão de conformar o exercício do poder político e assegurar que certos valores e interesses sejam obrigatoriamente preservados.

A Constituição deve incidir sobre o orçamento público em dois níveis. O primeiro diz respeito às próprias regras do jogo. É fora de dúvida que uma infinidade de sistemas orçamentários pode ser imaginada, com diferentes graus de solenidade e combinando de variadas formas a atuação dos Poderes Legislativo, Executivo e Judiciário. A escolha de um arranjo institucional específico pode ser feita por meio da própria Constituição ou de legislação ordinária, sendo certamente desejável que as maiorias de cada tempo possam fazer os ajustes que lhes pareçam adequados.

Sem prejuízo disso, a Constituição impõe um conteúdo mínimo a qualquer sistema. Normas constitucionais como a separação dos Poderes, o princípio democrático e o princípio republicano vedam, de antemão, certas opções. Todos concordariam, *e.g.*, que um orçamento inteiramente sigiloso seria inconstitucional, assim como um regime jurídico que conferisse ao Presidente a faculdade de não liberar verbas para o Poder Legislativo, reeditando na prática o poder de fechamento do Congresso. Esses exemplos extremos servem para demonstrar que a Constituição não é indiferente ao orçamento. O objetivo do presente trabalho é sair dos extremos e caminhar em direção ao meio do espectro, identificando quais são os elementos essenciais de um devido processo orçamentário, imposto pela Constituição.

A segunda função da Constituição na matéria seria interferir no próprio mérito das decisões orçamentárias. A ordem constitucional não cuida apenas de disciplinar o exercício do poder político, tendo também a pretensão de limitar as decisões possíveis e impor desde logo algumas outras. A proteção da igualdade, da vida ou da dignidade humana não são apenas resultados possíveis da deliberação majoritária, antes são conteúdos pré-determinados e obrigatórios para todos os agentes estatais. Se é no orçamento que se concretizam as políticas públicas que afetarão tais direitos, é evidente que a ordem constitucional tem algo a dizer sobre o seu conteúdo. Afinal, de pouco adianta que a Constituição estabeleça que a dignidade humana é fundamento do Estado e proíba penas cruéis se não forem alocadas verbas para amenizar a condição degradante dos presídios, que é fato notório. Embora a lógica aqui seja irretocável, a realização prática desse objetivo não é simples, uma vez que as exigências constitucionais nem sempre são claras e é preciso ter o cuidado de não limitar excessivamente o poder de decisão das maiorias políticas, também protegido pela Constituição.

Essa segunda função constitucional não será objeto de atenção específica no presente trabalho, salvo por comentários pontuais. Apesar disso, não estará ausente, por um motivo simples, porém alentador. Os dois níveis de interferência constitucional se complementam de maneira muito estreita. A observância de um devido processo orçamentário potencializa a *presença constitucional* no interior do orçamento público. Com efeito, um procedimento racional, marcado pelo controle mútuo entre os Poderes e pela transparência, tende a fazer com que seja mais difícil para os agentes públicos — e politicamente mais custoso — ignorar necessidades sociais protegidas pela Constituição ou mesmo atuar com displicência em relação a elas. O devido processo orçamentário deve racionalizar as decisões sobre o emprego do dinheiro público — subsidiando a atuação dos três Poderes — e colocá-las em evidência, subsidiando o controle social.

Um orçamento organizado nessas bases não vai mudar o mundo. Por melhor que seja o instrumental jurídico, ele não será *à prova de pessoas*, muito menos de pessoas incapazes ou mal-intencionadas. Essa é uma constatação necessária, para que não se caia no salvacionismo jurídico. Nada obstante, o Direito pode ajudar a criar um ambiente institucional mais difícil para o desvio e mais estimulante para o acerto[1]. E com isso até reduzir a necessidade de controle judicial sobre o mérito das decisões orçamentárias e incrementar a racionalidade das intervenções de juízes e tribunais. O devido processo orçamentário aqui apresentado tem um lugar destacado para o Judiciário, como não poderia deixar de ser, mas seu foco principal é a atuação dos agentes eleitos, aos quais se atribui maior discricionariedade na alocação do dinheiro público.

Essa é a proposta e por isso mesmo o leitor atento poderá notar a preocupação com o realismo e talvez até algumas notas de pessimismo ao fundo. Não se espera que o sistema aqui apresentado seja a panacéia de todos os males políticos do Brasil, mas também não se imagina que, para render bons frutos, careça de um suprimento generoso de políticos abnegados e cidadãos gregos, ávidos por perder a novela ou o *Big Brother* em nome da *Polis*. Conta-se, é verdade, com alguma dose de interesse e atenção, sobretudo da mídia, mas não parece que isso seja irreal. Ao contrário, o funcionamento do governo — sobretudo seus deslizes — sempre foi notícia das boas e até já é possível notar um interesse crescente em relação ao orçamento. Isso apesar da obscuridade e dos problemas da atual prática orçamentária. Alguma luz oficial ajudaria, sem dúvida, a atrair de vez os holofotes da imprensa.

Esse é o grande plano. Para realizá-lo, o trabalho encontra-se dividido em três partes. A primeira parte é dedicada à exposição de alguns conceitos básicos e a fazer um diagnóstico do atual sistema orçamentário brasileiro. Nesse ponto, será identificado o que tem significado verdadeiramente um orçamento autorizativo, como praticado no Brasil.

A segunda parte tem por objeto a análise do *devido processo orçamentário* e dos princípios constitucionais que devem ser por ele

---

1 Assim, destacando a necessidade de uma reforma do sistema político que potencialize as virtudes e desestimule os desvios, v. BARROSO, Luís Roberto. A reforma política: uma proposta de sistema de governo, eleitoral e partidário para o Brasil, *Revista de Direito do Estado*, nº 3, 2006, p. 289.

realizados. Entende-se que incidem na matéria, de forma direta, diversas normas fundamentais da Constituição, como a separação dos Poderes, a legalidade, o princípio democrático, o princípio republicano e a segurança jurídica. Isso sem falar, naturalmente, das normas que dependem do emprego de recursos públicos, em maior ou menor medida, para sua plena concretização. E isso por um motivo muitos simples: todas elas dependem, uma vez que o funcionamento do Estado pressupõe o investimento de dinheiro público, inclusive para a manutenção de sua estrutura.

A terceira e última parte destina-se a converter as conclusões teóricas em elementos mais concretos, identificando de forma pontual o conteúdo mínimo de um devido processo orçamentário, extraído diretamente da Constituição de 1988. Nesse ponto, a opção foi por um minimalismo fundado em duas razões. A primeira é de ordem teórica. Como referido, a Constituição abre diversas possibilidades de concretização do sistema orçamentário, tal como nas matérias em geral. A opção por um modelo específico deve ser realizada pelas maiorias políticas, mas há exigências mínimas. A meta principal foi identificar esse conteúdo básico.

Agora vem a segunda razão, de ordem estratégica. Apesar da postura restritiva, concluiu-se que a prática orçamentária atual no Brasil encontra-se muito distanciada da Constituição, e por isso a mudança que se entende exigível não é pequena e deve afetar competências há muito incorporadas ao cotidiano do Poder Executivo. Diante desse quadro, optou-se pela elaboração de duas propostas de releitura da execução orçamentária, ambas possíveis já à luz do atual texto constitucional. A primeira envolve um nível de vinculação que se entende elementar. Onde houve dúvida, a escolha pendeu para a manutenção da atual liberdade administrativa. Esse modelo mínimo é complementado por algumas sugestões *de lege ferenda* A segunda proposta identifica uma vinculação verdadeiramente mínima — possivelmente aquém do mínimo constitucional — mas que já representaria notável avanço em relação ao modelo atual.

Por fim, uma observação parece necessária. O estudo foi desenvolvido a partir da Constituição Federal e tendo em vista o orçamento da União. Diversos fatores justificaram a escolha, notadamente a existência de mais dados disponíveis e o fato de ser essa a matriz nacional, que orienta Estados e Municípios na elaboração de seus próprios orçamentos. Por isso mesmo, as considerações teóricas e propostas aqui desenvolvidas podem e devem ser aplicadas também aos entes locais, sem qualquer variação digna de nota.

PARTE I

O sistema orçamentário brasileiro

Introdução

Antes de ingressar na discussão acerca das exigências que os princípios constitucionais impõem ao processo de elaboração e execução do orçamento público, convém discorrer sobre alguns conceitos fundamentais e sobre o sistema orçamentário brasileiro. Ou melhor, sobre o sistema orçamentário praticado no Brasil. Isso porque, como se pretende demonstrar, a essência de tal sistema parece decorrer de um conjunto pouco consistente de previsões normativas, constituindo antes uma praxe de constitucionalidade duvidosa.

Embora a preocupação central seja expositiva, serão enunciados, desde logo, alguns fundamentos constitucionais para a crítica ao sistema brasileiro. Tais fundamentos serão desenvolvidos de forma analítica na segunda parte. Buscou-se a máxima clareza na exposição do tema, o que invariavelmente importa alguma dose de simplificação. Como se verá, foi impossível evitar a menção a conceitos de economia pública, notadamente ao conjunto de metas fiscais que têm orientado a elaboração e execução orçamentária. Não foi necessário esmiuçar o tema, uma vez que o objetivo do presente trabalho é construir a noção de um devido processo orçamentário. Ou seja, um arcabouço jurídico dentro do qual as diferentes opções orçamentárias devam ser consideradas. Inclusive aquelas motivadas por considerações fiscais. Não se pretende invalidar quaisquer escolhas *a priori*, mas sim garantir que todas as opções recebam tratamento jurídico adequado, submetendo-se ao processo deliberativo instituído pela Constituição.

Capítulo I

Alguns conceitos fundamentais

I. Atividade financeira do Estado

A atividade financeira do Estado consiste no conjunto de ações destinadas à obtenção de receita e à realização das despesas públicas, tendo em vista a consecução dos fins que lhe são próprios[2]. Trata-se, portanto, de atividade instrumental, na medida em que arrecadação e dispêndio não constituem fins em si mesmos. Isso não significa que deva ser encarada como mero registro contábil das finanças públicas. Ao contrário, embora muitas decisões políticas sejam tomadas sem a devida consideração de seu impacto financeiro — ou talvez por isso mesmo —, a atividade financeira do Estado apresenta uma inegável dimensão decisória. De pouco valerá a previsão de uma série de direitos, na Constituição e nas leis, se a verba pública destinada a assegurar sua efetividade não for prevista no orçamento público e, num segundo momento, efetivamente empregada. Como se verá na sequência, essa é uma instância de decisão que tem sido subestimada pela comunidade jurídica, pela mídia e pela população em geral. No momento, cabe fazer algumas

2 Sobre a atividade financeira do Estado e seus elementos, que serão desenvolvidos na sequência, ver, dentre outros: BALEEIRO, Aliomar. *Uma introdução à ciência das finanças*, 1998, p. 73 e ss; TORRES, Ricardo Lobo. *Curso de direito financeiro e tributário*, 2003; SILVA, José Afonso da. *Orçamento programa no Brasil*, 1973; OLIVEIRA, Regis Fernandes de. *Curso de direito financeiro*, 2008, p. 63 e ss.; NASCIMENTO, Carlos Valder do. *Curso de direito financeiro*, 1999, p. 25 e ss.; HARADA, Kiyoshi. *Direito financeiro e tributário*, 2007, p. 35 e ss.; JARDIM, Eduardo Marcial Ferreira. *Manual de direito financeiro e tributário*, 2007, p. 44 e ss; WEISS, Fernando Leme. *Princípios tributários e financeiros*, 2006, p. 239 e ss; e GIACOMONI, James. *Orçamento público*, 2007.

observações adicionais sobre os dois pólos que compõem a atividade financeira do Estado.

I.1. Receita Pública

Receita pública é a captação de dinheiro pelo Estado, em caráter definitivo, que aumenta o seu patrimônio[3]. Não se confunde, portanto, com os *ingressos financeiros*, gênero que abrange a receita, mas também quantias restituíveis — como os empréstimos compulsórios e os depósitos —, bem como as indenizações, que visam apenas recompor patrimônio do Estado que sofrera redução indevida. Há diversos critérios doutrinários de classificação da receita pública, bem como um critério legal[4], previsto no art. 11 da Lei nº 4.320/64, que divide as receitas em correntes[5] e de capital[6]. O interesse em tais classificações é eminentemente didático e não tem maior repercussão no presente trabalho.

Como regra, as receitas públicas incorporam-se ao caixa-geral do Estado, independentemente da sua origem. A Constituição veda, no seu art. 167, IV[7], "a vinculação da receita de impostos a

3 Na definição de BALEEIRO, Aliomar. *Uma introdução à ciência das finanças*, 1998, p. 116: "Receita pública é a entrada que, integrando-se no patrimônio público sem quaisquer reservas, condições ou correspondências no passivo, vem acrescer o seu vulto, como elemento novo e positivo".

4 Sobre as diferentes classificações da receita pública, v. TORRES, Ricardo Lobo. *Curso de direito financeiro e tributário*, 2003, p. 165 e seg. V. tb. CRUZ, Flávio da (org.), *Comentários à Lei nº 4.320*, 2006, p. 32-35.

5 Lei nº 4.320/64, art. 11, § 1º: "São Receitas Correntes as receitas tributária, patrimonial, industrial e diversas e, ainda as provenientes de recursos financeiros recebidos de outras pessoas de direito público ou privado, quando destinadas a atender despesas classificáveis em Despesas Correntes".

6 Lei nº 4.320/64, art. 11, § 2º: "São Receitas de Capital as provenientes da realização de recursos financeiros oriundos de constituição de dívidas; da conversão em espécie, de bens e direitos; os recursos recebidos de outras pessoas de direito público ou privado destinados a atender despesas classificáveis em Despesas de Capital e, ainda, o *superavit* do Orçamento Corrente".

7 CF/88, art. 167: "São vedados: (...) IV — a vinculação de receita de impostos a órgão, fundo ou despesa, ressalvadas a repartição do produto da arrecadação dos impostos a que se referem os arts. 158 e 159, a destinação de recursos para as ações e serviços públicos de saúde, para manutenção e desenvolvimento do ensino e para realização de atividades da administração tributária, como determinado, respectivamente, pelos arts. 198, § 2º, 212 e 37, XXII, e a prestação de ga-

órgão, fundo ou despesa", com as seguintes ressalvas: i) transferências de um ente federativo para outro do produto da arrecadação de impostos, tal como previsto nos arts. 158 e 159 da Carta Magna; ii) aplicação de percentuais mínimos da arrecadação nos serviços e ações de saúde e na manutenção e desenvolvimento do ensino; iii) prestação de garantias nas operações de crédito por antecipação de receita; iv) prestação de garantias, pelos Estados e Municípios, do pagamento de dívidas contraídas junto à União.

O chamado princípio da não-afetação das receitas — a rigor, uma regra — diz respeito, portanto, às receitas decorrentes de impostos, que devem fazer frente às despesas gerais do Estado. O comando dirige-se ao legislador, impedindo-o de retirar a receita dos impostos do plano geral de distribuição dos recursos públicos, que deveria ser o orçamento[8]. Ou seja, o princípio da não-afetação nada diz sobre a natureza obrigatória ou facultativa da execução orçamentária. Significa apenas que as receitas de impostos entram para um caixa único, não podendo ser diretamente destinadas para determinado fim. Momento seguinte será a alocação desse total de recursos, através da lei orçamentária, não havendo impedimento legal expresso, tampouco obstáculo lógico, a que essa destinação seja em princípio vinculante.

Por fim, cabe fazer uma última observação a respeito da receita pública, mais precisamente em relação às renúncias de receita. Tais renúncias devem ser avaliadas não apenas por sua potencial lesividade ao princípio da isonomia, mas sim tendo em vista o quadro mais amplo no qual as receitas e despesas são agrupadas como duas faces de uma mesma atividade, voltada à promoção do bem comum. Além de se evitar, como princípio, que o indivíduo *A* pague mais do que o indivíduo *B*, a despeito de ostentarem capacidade contributiva semelhante, deve-se também ter em mente que a isenção concedida significa necessariamente um menor aporte de

---

rantias às operações de crédito por antecipação de receita, previstas no art. 165, § 8º, bem como o disposto no § 4º deste artigo;" (Redação dada pela Emenda Constitucional nº 42, de 19.12.2003).

8 TORRES, Ricardo Lobo. O princípio constitucional orçamentário da não-afetação, *Revista de Direito do Estado* nº 6, 2007, p. 229: "O princípio da não-afetação enuncia a vedação constitucional, dirigida ao legislador, de vincular a receita pública a certas despesas".

verbas para os diversos programas e projetos de interesse coletivo. Ou seja, benefícios concedidos na via da receita — como incentivos, isenções ou remissões — equiparam-se a despesas, justificando plenamente a designação de *gastos tributários*[9].

Isso não conduz a uma condenação abstrata de todas as modalidades de benefício fiscal, mas tão-somente à constatação de que os recursos não arrecadados continuam integrando a repartição do dinheiro público. Não arrecadar quando se poderia é uma opção em tudo equiparável ao gasto e, como tal, deve ser computada entre as opções de despesa. Não por acaso, a Constituição pretendeu instituir controle sobre essas benesses fiscais[10], tentando romper com a tradição patrimonialista que marca a trajetória do Estado brasileiro desde a origem colonial[11]. A ressalva dirige-se principalmente aos benefícios concedidos a grandes empresas, cuja legitimidade dependerá da demonstração de que as vantagens geradas — como a produção de empregos — suplantarão as perdas.

No extremo oposto, os benefícios fiscais podem decorrer diretamente de uma dimensão protetiva do mínimo existencial, impedindo a incidência de tributos que afetem a capacidade de manutenção autônoma do contribuinte[12]. O princípio da capacidade

9 TORRES, Ricardo Lobo. *Curso de direito financeiro e tributário*, 2003, p. 173: "Gastos tributários ou renúncias de receita são os mecanismos financeiros empregados na vertente da receita pública (isenção fiscal, redução de base de cálculo ou de alíquota de imposto, depreciações para efeito de imposto de renda, etc.) que produzem os mesmos resultados econômicos da despesa pública (subvenções, subsídios, restituições de impostos, etc.)".

10 CF/88, art. 70: "A fiscalização contábil, financeira, orçamentária, operacional e patrimonial da União e das entidades da administração direta e indireta, quanto à legalidade, legitimidade, economicidade, aplicação das subvenções e renúncia de receitas, será exercida pelo Congresso Nacional, mediante controle externo, e pelo sistema de controle interno de cada Poder".

11 O termo patrimonialismo identifica a confusão entre as esferas pública e privada, fazendo com que os agentes a serviço do Estado encarem sua atividade como parte do seu interesse particular, concedendo favores, apadrinhando e se locupletando à custa de sua posição. Sobre o tema, v. HOLANDA, Sérgio Buarque de. *Raízes do Brasil*, 2007, pp. 145-146. Sobre a manifestação do patrimonialismo na ordem constitucional do Império, perpetuando a tradição colonial e abrindo espaço para a *tradição* futura, v. BARROSO, Luís Roberto. *O direito constitucional e a efetividade de suas normas*, 2000, pp.10-11.

12 Como relata Ingo Sarlet, a questão foi expressamente debatida na Alemanha, tendo sido reconhecido o direito a não tributação do mínimo existencial. V.

contributiva destina-se justamente a graduar a carga tributária em função da força econômica dos indivíduos, devendo poder chegar à isenção total.

I.2. Despesa pública

Despesa pública é a soma dos gastos efetuados pelo Estado, sendo de se destacar que o termo será empregado neste trabalho também para designar cada um dos dispêndios realizados pelo Poder Público[13]. As definições clássicas costumam incluir no conceito de despesa pública a finalidade a que ela se destina[14], nomeadamente a execução das tarefas cometidas ao Estado. A referência é compreensível na medida em que se parta da idéia de que toda a atividade estatal, inclusive sua organização interna, dirige-se necessariamente à realização do interesse público, como fim último. Apenas nessa acepção lata é possível dizer que todas as despesas guardam relação com a consecução de uma finalidade pública. Tal como a receita, a despesa pública também pode ser classificada para fins didáticos e de facilitação do controle. Uma classificação legal encontra-se no art. 12 da Lei nº 4.320/64, dividindo as despesas em *correntes* e de *capital*, cada uma delas dotada de subdivisões[15]. Como se verá ao longo do trabalho, essa divisão apresentará

SARLET, Ingo. *A eficácia dos direitos fundamentais*, 2007, p. 340. De fato, seria até mesmo ilógico suprimir a auto-suficiência de alguns indivíduos pela tributação e "devolver" o que foi expropriado por meio de assistência social.

13 Essa mesma aplicação dúplice é encontrada em BALEEIRO, Aliomar. *Uma introdução à ciência das finanças*, 2002, p. 73.

14 Nesse sentido, TORRES, Ricardo Lobo. *Curso de direito financeiro e tributário*, 2003, p. 172: "A despesa pública é a soma dos gastos realizados pelo Estado para a realização de obras e para a prestação de serviços públicos".

15 Lei nº 4.320/64, art. 12: "A despesa será classificada nas seguintes categorias econômicas: DESPESAS CORRENTES: Despesas de Custeio; Transferências Correntes. DESPESAS DE CAPITAL: Investimentos; Inversões Financeiras; Transferências de Capital. § 1º Classificam-se como Despesas de Custeio as dotações para manutenção de serviços anteriormente criados, inclusive as destinadas a atender a obras de conservação e adaptação de bens imóveis. § 2º Classificam-se como Transferências Correntes as dotações para despesas as quais não corresponda contraprestação direta em bens ou serviços, inclusive para contribuições e subvenções destinadas a atender à manifestação de outras enti-

algum interesse para o regime de execução da despesa, havendo pouca flexibilidade em relação às despesas de custeio, destinadas à manutenção da estrutura pública já existente. Não é o caso de aprofundar o ponto nesse momento[16].

A Constituição, nos dois primeiros incisos do art. 167, institui uma reserva de lei formal na matéria, condicionando a realização de toda e qualquer despesa à existência de previsão orçamentária, por meio de dotações específicas e em valor suficiente. Tais dotações, também denominadas créditos[17], podem estar originalmente

dades de direito público ou privado. § 3º Consideram-se subvenções, para os efeitos desta lei, as transferências destinadas a cobrir despesas de custeio das entidades beneficiadas, distinguindo-se como: I — subvenções sociais, as que se destinem a instituições públicas ou privadas de caráter assistencial ou cultural, sem finalidade lucrativa; II — subvenções econômicas, as que se destinem a emprêsas públicas ou privadas de caráter industrial, comercial, agrícola ou pastoril. § 4º Classificam-se como investimentos as dotações para o planejamento e a execução de obras, inclusive as destinadas à aquisição de imóveis considerados necessários à realização destas últimas, bem como para os programas especiais de trabalho, aquisição de instalações, equipamentos e material permanente e constituição ou aumento do capital de emprêsas que não sejam de caráter comercial ou financeiro. § 5º Classificam-se como Inversões Financeiras as dotações destinadas a: I — aquisição de imóveis, ou de bens de capital já em utilização; II — aquisição de títulos representativos do capital de emprêsas ou entidades de qualquer espécie, já constituídas, quando a operação não importe aumento do capital; III — constituição ou aumento do capital de entidades ou emprêsas que visem a objetivos comerciais ou financeiros, inclusive operações bancárias ou de seguros. § 6º São Transferências de Capital as dotações para investimentos ou inversões financeiras que outras pessoas de direito público ou privado devam realizar, independentemente de contraprestação direta em bens ou serviços, constituindo essas transferências auxílios ou contribuições, segundo derivem diretamente da Lei de Orçamento ou de lei especialmente anterior, bem como as dotações para amortização da dívida pública".

16 Sobre a classificação legal, v. CRUZ, Flávio da (org.), *Comentários à Lei nº 4.320*, 2006, p. 36-38. Para uma análise das categorias de despesa em bases econômicas, v. REZENDE, Fernando. *Finanças públicas*, 2007, p. 67 e ss.

17 De forma rigorosa, seria possível diferenciar créditos e dotações. O termo *crédito* designaria a previsão orçamentária, ao passo que o termo dotação identificaria o seu montante. Nesse sentido, v. SABBAG, César. *Orçamento e desenvolvimento — Recurso público e dignidade humana: o desafio das políticas públicas desenvolvimentistas*, 2007, p. 75. No presente trabalho, os termos serão utilizados como sinônimos — como prevalece na doutrina e na prática orçamentária — identificando uma previsão de gasto *acabada*, com objeto e expressão econômica já definidos.

previstas na lei orçamentária anual ou decorrer de inclusões adicionais, destinadas a complementar as previsões iniciais ou criar novas. Os créditos adicionais não deixam de ser orçamentários, entendendo-se orçamento como o plano geral de alocação dos recursos públicos disponíveis ao longo do exercício. O essencial é que nenhuma despesa seja efetuada sem que tenha havido abertura prévia de crédito orçamentário segundo algum dos procedimentos delineados no texto constitucional.

O descumprimento da legalidade orçamentária é considerado crime de responsabilidade, nos termos do art. 85, VI, da Constituição. A matéria é regulada pela Lei nº 1.079/50, cujo art. 10 enumera quatro infrações que configuram crime contra a lei orçamentária: i) não apresentar ao Congresso Nacional a proposta do orçamento da República dentro dos primeiros dois meses de cada sessão legislativa; ii) exceder ou transportar, sem autorização legal, as verbas do orçamento; iii) realizar o estorno de verbas; iv) infringir, patentemente, e de qualquer modo, dispositivo da lei orçamentária. Em relação aos prefeitos, aplica-se o Decreto-lei nº 201/67, que já no seu art. 1º define uma série de infrações, muitas delas relacionadas ao manejo do dinheiro público. Para os fins do presente estudo, destaca-se o inciso V, que qualifica como crime de responsabilidade *"ordenar ou efetuar despesas não autorizadas por lei, ou realiza-las em desacôrdo com as normas financeiras pertinentes"*.

Por evidente, os referidos dispositivos aplicam-se aos casos de desvio de verbas ou hipóteses similares de malversação do dinheiro público, que podem constituir também infrações penais. Para além desses casos manifestos de lesão ao erário, também constitui crime de responsabilidade a realização de despesa não prevista ou em valor superior ao crédito correspondente, bem como o remanejamento de recursos sem autorização legal.

Por fim, vale fazer um último registro. O que foi dito acerca dos benefícios fiscais concedidos na via da receita aplica-se também aos incentivos consistentes em gastos diretos, uma vez que os recursos investidos dessa forma são subtraídos às demais finalidades estatais. O princípio da impessoalidade, que rege a Administração Pública e o Estado de forma geral, impede a concessão de vantagens individuais que não decorram de lei ou não revertam suficientemente em favor da coletividade, que suportará o gasto. A dificuldade reside, naturalmente, na identificação de quais incentivos são justificados pelo interesse público. Após essas breves observações sobre receita e despesa, passa-se a analisar as leis orçamentárias, notadamente o orçamento anual, sede em que esses dois elementos serão equacionados.

II. As leis orçamentárias na Constituição de 1988

A primeira observação a fazer diz respeito à pluralidade de leis orçamentárias previstas no art. 165 da Constituição, que abre a Seção denominada "Dos Orçamentos". São elas: i) plano plurianual (PPA); ii) lei de diretrizes orçamentárias (LDO); e iii) lei orçamentária anual (LOA)[18]. Em todos os casos, a iniciativa legislativa é atribuída ao Poder Executivo, em caráter privativo[19]. A Constituição, em seu art. 165, § 9º, determinou a edição de lei complementar para definir os prazos de elaboração das referidas leis. Enquanto ela não for editada, a matéria permanece regida pelo art. 35, § 2º, do ADCT[20].

No caso do orçamento anual, o projeto deveria ser encaminhado ao Poder Legislativo até 4 meses antes do final do exercício financeiro, e devolvido para sanção até o final da sessão legislativa. Na prática, tais prazos são frequentemente descumpridos, já tendo o país permanecido mais de 5 meses sem que houvesse um orçamento aprovado[21]. Nessas ocasiões, a falta de orçamento não tem

---

18 Para uma descrição e análise detalhadas de cada uma das leis orçamentárias, v. TORRES, Ricardo Lobo. *Tratado de direito constitucional financeiro e tributário — O orçamento (volume V)*, 2000, p. 61 e ss.

19 CF/88, art. 165:"Leis de iniciativa do Poder Executivo estabelecerão: I — o plano plurianual; II — as diretrizes orçamentárias; III — os orçamentos anuais".

20 CF/88, ADCT, art. 35, § 2º: "Até a entrada em vigor da lei complementar a que se refere o art. 165, § 9º, I e II, serão obedecidas as seguintes normas: I — o projeto do plano plurianual, para vigência até o final do primeiro exercício financeiro do mandato presidencial subsequente, será encaminhado até quatro meses antes do encerramento do primeiro exercício financeiro e devolvido para sanção até o encerramento da sessão legislativa; II — o projeto de lei de diretrizes orçamentárias será encaminhado até oito meses e meio antes do encerramento do exercício financeiro e devolvido para sanção até o encerramento do primeiro período da sessão legislativa; III — o projeto de lei orçamentária da União será encaminhado até quatro meses antes do encerramento do exercício financeiro e devolvido para sanção até o encerramento da sessão legislativa".

21 Como regra, os orçamentos têm sido aprovados sempre durante o exercício a que se destinam, geralmente em janeiro ou fevereiro. Em alguns casos, bem de-

impedido que o Poder Público continue atuando em clima de assustadora normalidade operacional, o que apenas demonstra a grande distância entre as previsões orçamentárias e a gestão real das finanças públicas.

Em outros países, eventuais impasses em torno da aprovação de um orçamento já produziram e ainda produzem considerável tensão política[22]. No Brasil, o legislador vem optando, nos últimos anos, por permitir que o Executivo realize a *execução provisória* do projeto de orçamento ainda não aprovado, a fim de evitar a paralisação de despesas consideradas inadiáveis. Essa autorização tem sido introduzida nas sucessivas leis de diretrizes orçamentárias[23],

---

pois disso. Em 2006, a título de exemplo, a lei orçamentária anual foi aprovada em 16 de maio. Em 2000, no dia 11 de maio.

22 No México, em 2004 e 2005, instalou-se uma grave crise política em torno do orçamento, após a Câmara de Deputados — órgão legislativo competente na matéria — aumentar em cerca de 26% os gastos previstos no projeto encaminhado pelo Poder Executivo. O Presidente taxou o aumento de irreal e pretendeu vetá-lo. No entanto, a existência do poder de veto em tal situação não era clara, havendo quem sustentasse que, nos termos do art. 72 da Constituição mexicana, tal competência só existiria em relação aos projetos de lei discutidos e aprovados por ambas as Casas Legislativas. A questão chegou à Suprema Corte de Justiça da Nação, que, por apertada maioria, decidiu pela constitucionalidade do veto. Inconformados com a decisão, os principais partidos entraram em acordo para rejeitar as modificações em bloco, sem deliberação. Premido pelos efeitos adversos decorrentes da falta de um orçamento — a crise já se estendera até maio de 2005 — o Presidente acabou sancionando o orçamento tal como queriam os deputados, mas levou a questão novamente à Suprema Corte. O Tribunal considerou nulo o acordo parlamentar e, por extensão, os dispositivos do orçamento sancionado que haviam sido inicialmente vetados. Para uma análise mais detida da discussão travada no México — que envolveu questões essenciais como a natureza jurídica do orçamento — v. Suprema Corte de Justicia de la Nácion, Controversia Constitucional n° 109/2004, j. 17.05.2005, Rel. Min. Guillermo I. Ortiz Mayagoitia (disponível na página eletrônica: www.scjn.gob.mx. Sessão: versiones estenograficas, data de 17.05.2005. Acesso em 21.03.2008). Para uma exposição básica do sistema orçamentário mexicano, v. TRILLO, Fausto Hernández. *El presupuesto público en infraestructura y su regulación*, 2007, pp. 27-56.

23 Na LDO referente ao exercício de 2008 (Lei n° 11.515/2207), a matéria constou do art. 72: "Se o Projeto de Lei Orçamentária de 2008 não for sancionado pelo Presidente da República até 31 de dezembro de 2007, a programação dele constante poderá ser executada para o atendimento de: I — despesas que constituem obrigações constitucionais ou legais da União, relacionadas na Seção I do Anexo IV desta Lei; II — bolsas de estudo, no âmbito do Conselho Nacional de Desenvolvimento Científico e Tecnológico — CNPq e da Fundação Coorde-

embora a Constituição não preveja tal possibilidade[24]. Como resultado, reduz-se ainda mais o senso de urgência que deveria nortear a questão, fazendo com que o Poder Executivo ganhe fôlego extra na disputa com o Poder Legislativo — que, como será demonstrado, já seria bastante desigual mesmo sem semelhante vantagem competitiva.

Idealmente, as três leis orçamentárias compõem um sistema harmônico. O plano plurianual teria como função permitir o planejamento da atividade estatal a longo prazo, enunciando prioridades e metas referentes a quatro exercícios financeiros. Na prática, porém, tem sido convertido em pouco mais do que uma carta de intenções, de acentuado caráter retórico[25]. Do ponto de vista concreto, destaca-se apenas a exigência de que nele sejam discriminados os investimentos cuja execução ultrapasse um exercício financeiro.

A lei de diretrizes orçamentárias, por sua vez, destina-se a servir como preparativo para a elaboração do projeto de lei orçamen-

---

nação de Aperfeiçoamento de Pessoal de Nível Superior — Capes, de residência médica e do Programa de Educação Tutorial — PET; III — despesas com a realização das eleições municipais de 2008, constantes de programações específicas; IV — pagamento de estagiários e de contratações temporárias por excepcional interesse público na forma da Lei no 8.745, de 9 de dezembro de 1993; e V — outras despesas correntes de caráter inadiável. § 1º As despesas descritas no inciso V deste artigo estão limitadas à 1/12 (um doze avos) do total de cada ação prevista no Projeto de Lei Orçamentária de 2008, multiplicado pelo número de meses decorridos até a sanção da respectiva lei. (...)".

24 GIACOMONI, James. *Orçamento público*, 2007, p. 282: "O Congresso Nacional renuncia a uma das suas mais importantes atribuições ao autorizar por meio da LDO a execução de despesas sem orçamento aprovado. Além do mais, a solução adotada é de duvidosa legalidade. A Constituição Federal estabelece precisamente que o projeto de lei orçamentária deve ser devolvido para sanção até o encerramento da sessão legislativa e não há indicações de que entre os conteúdos da LDO está o de autorizar a execução provisória do orçamento. Considerações de ordem prática estão, também, envolvidas aqui, pois o mecanismo que a LDO federal acabou por institucionalizar vem ajudando a tornar rotineiro o atraso na votação do projeto de lei orçamentária anual. Já que as despesas podem ser realizadas mesmo sem o orçamento aprovado, deixam de existir razões para acelerar o processo de apreciação e votação da lei orçamentária. Das leis orçamentárias da década de 90, apenas a do exercício de 1998 foi promulgada no início do exercício".

25 TORRES, Ricardo Lobo. *Tratado de direito constitucional financeiro e tributário — O orçamento (volume V)*, 2000, p. 65.

tária anual, a ser realizada pelo Poder Executivo. Isso inclui a fixação de parâmetros para a elaboração das propostas orçamentárias dos Poderes Legislativo e Judiciário, bem como do Ministério Publico[26]. Espera-se, assim, evitar um descompasso total entre o projeto encaminhado e as expectativas das diferentes instâncias dotadas de autonomia orçamentária, sobretudo o próprio Congresso Nacional, o que poderia levar a impasses e ao retardamento da aprovação de um orçamento. A LDO tem servido também para veicular regras sobre a chamada reserva de contingência, destinada, em tese, a fazer frente a despesas imprevistas. A prática tem sido a exigência de que o projeto de lei orçamentária separe para esse fim, no mínimo, 2% da receita líquida. Na lei aprovada, o percentual mínimo cai para 1% e a diferença é utilizada pelo Poder Legislativo para financiar parte de suas emendas, como será demonstrado[27].

Para os fins do presente trabalho, contudo, interessa apenas a lei orçamentária anual, que rege concretamente a realização das despesas efetuadas pelo Estado ao longo de cada exercício financeiro. Nos termos do art. 165, § 5°, da Constituição, a lei orçamentária anual subdivide-se nos orçamentos fiscal, da seguridade social, e de investimento das empresas cuja maioria do capital votante pertença ao Estado[28]. A divisão interna facilita a visualização das opções de investimento público, mas não descaracteriza a unidade essencial do orçamento público[29], entendido como instrumento de

---

26 TORRES, Ricardo Lobo. *Tratado de direito constitucional financeiro e tributário — O orçamento (volume V)*, 2000, p. 67.

27 A título de exemplo, v. Lei n° 11.514/2007 (LDO referente ao exercício de 2008), art. 14: "A Reserva de Contingência, observado o inciso III do art. 5° da Lei Complementar no 101, de 2000, será constituída, exclusivamente, de recursos do Orçamento Fiscal, equivalendo, no Projeto de Lei Orçamentária de 2008, a no mínimo 2% (dois por cento) da receita corrente líquida e a 1% (um por cento) na Lei, sendo pelo menos metade da Reserva, no Projeto de Lei, considerada como despesa primária para efeito de apuração do resultado fiscal".

28 CF/88, art. 165, § 5°: "A lei orçamentária anual compreenderá: I — o orçamento fiscal referente aos Poderes da União, seus fundos, órgãos e entidades da administração direta e indireta, inclusive fundações instituídas e mantidas pelo Poder Público; II — o orçamento de investimento das empresas em que a União, direta ou indiretamente, detenha a maioria do capital social com direito a voto; III — o orçamento da seguridade social, abrangendo todas as entidades e órgãos a ela vinculados, da administração direta ou indireta, bem como os fundos e fundações instituídos e mantidos pelo Poder Público".

29 TORRES, Ricardo Lobo. *Tratado de direito constitucional financeiro e tri-*

distribuição dos recursos públicos disponíveis, consoante um planejamento que deve ser orientado à satisfação das necessidades coletivas. Não se trata, portanto, de um mero documento de lançamentos contábeis[30]. Nesse sentido, cada dotação orçamentária representa uma decisão em si mesma ou, quando menos, a concretização de uma decisão política anterior[31] (*e.g.* quando são previstos recursos para o pagamento de um benefício ou prestação social instituídos por lei).

Concretamente, o projeto de lei orçamentária e o orçamento afinal aprovado são compostos por um conjunto de dispositivos gerais, nos quais é veiculada a estimativa de receita e sua repartição global por cada uma das três subunidades referidas acima. Adicionalmente, são previstas regras para contratação de operações de crédito e para abertura de créditos adicionais, aos quais se fará referência abaixo. Essas regras têm sido reproduzidas sem maior alteração ao longo dos anos. O detalhamento das previsões de receita

---

butário — O orçamento (volume V), 2000, p. 78: "O orçamento é uno. O princípio da unidade orçamentária não significa a existência de um único documento, mas a integração finalística e a harmonização entre os diversos orçamentos".

30 Em sentido semelhante, v. BIDART CAMPOS, German. J. *El orden socioeconomico en la Constitución*, 1999, pp. 359-360: "Puede haber una concepción del presupuesto que escuetamente llamaríamos 'financiera' o formal y que ve en él una especie de documento contable en el que constan los ingresos y recursos del estado, y los egresos y gastos en proporción a aquéllos, de manera que entre una cuenta (la de ingresos) y otra (la de egresos) exista un equilibrio. O sea, ni superavit ni deficit. Esta imagen duramente formal poco nos aporta a nuestra reflexión. Es menester despejar esa visión del presupuesto como mera previsión contable para ligarlo a las *politicas públicas* que programa el estado a tono con el modelo *socioeconómico de la constitución*, en el que hay que computar los valores, los principios y los derechos que hacen de columna vertebral en el sistema axiológico y en la constitución toda. Si se escurre este horizonte se hace dificil visualizar al presupuesto como un instrumento de rectoría y gestión de aquellas políticas y, en su meollo, de la economía que combina y coordina la actividad pública y la privada".

31 WEISS, Fernando Leme. *Princípios tributários e financeiros*, 2006, p. 240: "As leis orçamentárias detalham em valores pecuniários as decisões tomadas pela maioria quanto às prioridades do Estado. Mais do que quaisquer outras, representam a consolidação escrita do desejo social predominante". Essa dimensão decisória, ainda pouco destacada na doutrina brasileira, é reconhecida de forma enfática pela doutrina e pela prática orçamentária nos Estados Unidos, conforme será amplamente demonstrado.

e despesa — que compõem o verdadeiro cerne de cada orçamento — é feito em anexos que, somados, costumam ultrapassar duas mil páginas de texto. As dotações são agrupadas segundo um conjunto de critérios cumulativos, definidos na LDO ou simplesmente observáveis na lei orçamentária. Nos últimos anos, os principais critérios têm sido os seguintes, em ordem crescente de especificidade:

CLASSIFICAÇÃO	DESCRIÇÃO
Esfera Orçamentária	Cada uma das subunidades que compõem a lei orçamentária anual: (F) Fiscal; (S) Seguridade Social; (I) Investimento das Empresas Estatais;
Órgão Orçamentário	Maior nível de classificação institucional. Seria o caso, *e.g.*, da Presidência da República e dos diferentes Ministérios.
Unidade Orçamentária	Nível básico de classificação institucional, identificando estruturas subordinadas ou vinculadas aos órgãos orçamentários. Seria o caso, *e.g.*, da Advocacia Geral da União ou da Fundação Oswaldo Cruz, atrelados à Presidência da República e ao Ministério da Saúde, respectivamente;
Programa	Ação prevista, que tanto pode se relacionar à manutenção do próprio órgão ou unidade, quanto ao desempenho de sua atividade-fim. No âmbito da Fundação Oswaldo Cruz, *e.g.*, encontram-se programas como *apoio administrativo* e *vigilância sanitária de produtos, serviços e ambientes*;

As dotações são especificadas por programa, dentro de cada unidade orçamentária, mesmo nos casos em que diversas unidades devam desenvolver ações conjuntas. A título de exemplo, o orçamento de 2005 continha inúmeras dotações referentes ao programa *Livro Aberto* — voltado à implantação de bibliotecas públicas — alocadas em diversas estruturas do Poder Executivo, sobretudo nos Ministérios da Educação e da Cultura. Além desses critérios principais, utilizados para individualizar as dotações, há pelos menos duas outras classificações dignas de nota, na medida em que terão repercussão quando da propositura de emendas parlamentares e na própria execução orçamentária:

Grupo de Natureza de Despesa (GND) — identifica a natureza do gasto: 1 — pessoal e encargos sociais; 2 — juros e encargos da dívida; 3 — outras despesas correntes; 4 — investimentos; 5 — inversões financeiras, incluídas quaisquer despesas referentes à constituição ou aumento de capital de empresas; 6 — amortização da dívida; 9 — reserva de contingência. Essa classificação é importante na identificação das previsões de despesa sujeitas à redução pelo Poder Legislativo, quando da elaboração do orçamento. Em princípio, os grupos 1 e 2 estão protegidos de cortes por determinação constitucional (art. 166, § 3º, II, *a* e *b*)[32], salvo pela identificação de erros ou omissões. Na prática, as modificações mais significativas ficam concentradas nos grupos 3, 4 e 5.

Identificador de Resultado Primário (RP) — indicativo da relação entre a despesa em questão e o conjunto de metas fiscais para o exercício, notadamente as metas de *superávit primário*[33], definidas na LDO. Também tem relevância na definição das despesas sujeitas a emendas legislativas e até na identificação de dotações de execução obrigatória. As categorias que integram esta classificação têm variado de ano para ano, por força da inclusão de elementos circunstanciais[34]. As mais importantes, no entanto, são as seguin-

32 CF/88, art. 166, § 3º: "As emendas ao projeto de lei do orçamento anual ou aos projetos que o modifiquem somente podem ser aprovadas caso: (...) II — indiquem os recursos necessários, admitidos apenas os provenientes de anulação de despesa, excluídas as que incidam sobre: a) dotações para pessoal e seus encargos; b) serviço da dívida; (...)".

33 VASCONCELLOS, Marco Antonio e GARCIA, Manuel. *Fundamentos de economia*, 2004, p. 106: "Se o total da arrecadação superar o total dos gastos públicos nas várias esferas de governo, tem-se um superávit das contas públicas, caso contrário, tem-se um déficit (também chamado de necessidades de financiamento do setor público). Excluindo-se os juros da dívida pública, interna e externa, tem-se o conceito de superávit ou déficit primário ou fiscal. Quando são incluídos os juros nominais sobre a dívida, tem-se o conceito de superávit ou déficit total ou nominal. Se forem considerados apenas os juros reais (excluindo a taxa de inflação e a variação cambial), tem-se o conceito de superávit ou déficit operacional. Nos acordos recentes do Fundo Monetário Internacional (FMI), inclusive com o Brasil, o conceito relevante é o fiscal ou primário. Para o FMI, um país que apresenta superávit primário, mesmo que apresente déficit nominal ou total, está com suas contas relativamente equilibradas e revela condições de honrar seus compromissos futuros, ganhando maior credibilidade para negociar sua dívida externa, com juros menores e prazos maiores".

34 Na LDO de 2008, *e.g.*, foi prevista categoria relacionada ao Plano Piloto de Investimentos, inserido no PAC — Programa de Aceleração do Crescimento. Como se verá na sequência, esse destaque se manteve na deliberação do orçamento propriamente dito e acabou revertendo em uma espécie de blindagem a favor de tais previsões de despesa, impedindo que fossem reduzidas por emendas parlamentares.

tes: 0 — despesa financeira; 1 — despesa primária obrigatória, que abrange as chamadas obrigações constitucionais e legais, cuja execução tem sido considerada compulsória; 2 — despesa primária discricionária, de execução facultativa; e 3 — despesas primárias que não impactam o resultado primário, também de execução facultativa.

Após essa descrição geral, passa-se ao estudo mais detalhado de alguns aspectos particulares da elaboração, do conteúdo e da eficácia da lei orçamentária.

Capítulo II

A elaboração do orçamento público

I. Apresentação dos projetos

Como foi referido, o orçamento anual é veiculado por lei ordinária, nos termos do art. 165, da Constituição. Esse mesmo artigo confere ao Poder Executivo a iniciativa para iniciar o processo legislativo na matéria, valendo-se de seu maior domínio das informações e estimativas técnicas[35]. Tal atividade envolve um gigantesco esforço de sistematização de dados, atualmente concentrado na Secretaria do Orçamento Federal, órgão do Ministério do Planejamento, Gestão e Orçamento. Com efeito, a elaboração do projeto de lei orçamentária pressupõe conhecimento atualizado e detalhado sobre cada uma das atividades já desempenhadas pelo Poder Público ou em fase de planejamento, uma vez que uma omissão aqui terá como consequência a impossibilidade de se realizar qualquer gasto.

35 Esse maior conhecimento da realidade administrativa — especialmente importante no âmbito orçamentário — pode ser entendido como fundamento para a iniciativa legislativa do Presidente, em geral. Nesse sentido, v. SILVA, José Afonso da. *Processo constitucional de formação das leis*, 2006, p. 141: "A razão por que se atribui ao Chefe do Executivo o poder de iniciativa decorre do fato de a ele caber a missão de aplicar uma política determinada em favor das necessidades do país; mais bem informados do que ninguém dessas necessidades e dada a complexidade cada vez maior dos problemas a resolver, estão os órgãos do Executivo tecnicamente mais bem aparelhados que os parlamentares, para preparar os projetos de leis; demais sendo o chefe também da administração geral do país e possuindo meios para aquilatar as necessidades públicas, só o Executivo poderá desenvolver uma política legislativa capaz de dotar a nação de uma legislação adequada, servindo-se da iniciativa legislativa".

Para que seja superada tal paralisia[36], serão necessárias modificações supervenientes ao orçamento aprovado, o que tende a exigir alguma dose de mobilização política e/ou cortes em outras áreas. Por conta dessas circunstâncias, parece até desejável que as diferentes instâncias administrativas encaminhem relatórios à Secretária do Orçamento Federal, inclusive com indicação das verbas que lhes parecem necessárias à continuidade ou expansão das suas atividades. Esse tipo de requisição não encontra nenhum obstáculo constitucional ou legal. Veda-se apenas que esses órgãos e entidades dirijam-se diretamente ao Congresso, ultrapassando a fase de consolidação do orçamento a cargo do Poder Executivo central.

Nos termos do art. 166, da Constituição, o projeto de lei orçamentária é encaminhado ao Congresso Nacional, para discussão e votação na Câmara dos Deputados e do Senado, na forma dos regimentos de cada Casa e do Regimento Comum[37]. Antes de chegar ao Plenário, o projeto é analisado por uma comissão parlamentar mista, de caráter permanente, instituída especificamente para tratar da matéria nos termos do art. 166, § 1º, da Constituição[38]. Trata-se da Comissão Mista de Planos, Orçamentos Públicos e Fiscalização (CMO), incumbida de emitir parecer sobre os projetos de

36 Ainda que as rubricas possam ser organizadas com alguma dose de generalidade, de modo a permitir a acomodação das infinitas possibilidades de despesa, a inexistência de previsão ocasionará paralisia dada a impossibilidade de gasto sem correlação no orçamento.

37 A matéria é disciplinada nos arts. 89 a 103 do Regimento Comum e, sobretudo, por Resolução do Congresso Nacional, que contêm apenas generalidades. As disposições mais importantes são instituídas por Resolução avulsa, considerada parte do referido Regimento Comum. Atualmente, encontra-se em vigor a Resolução nº 1/2006, do Congresso Nacional, que será analisada em maior detalhe na sequência.

38 CF/88, art. 166: "Os projetos de lei relativos ao plano plurianual, às diretrizes orçamentárias, ao orçamento anual e aos créditos adicionais serão apreciados pelas duas Casas do Congresso Nacional, na forma do regimento comum. § 1º — Caberá a uma Comissão mista permanente de Senadores e Deputados: I — examinar e emitir parecer sobre os projetos referidos neste artigo e sobre as contas apresentadas anualmente pelo Presidente da República; II — examinar e emitir parecer sobre os planos e programas nacionais, regionais e setoriais previstos nesta Constituição e exercer o acompanhamento e a fiscalização orçamentária, sem prejuízo da atuação das demais comissões do Congresso Nacional e de suas Casas, criadas de acordo com o art. 58. § 2º — As emendas serão apresentadas na Comissão mista, que sobre elas emitirá parecer, e apreciadas, na forma regimental, pelo Plenário das duas Casas do Congresso Nacional. (...)".

leis orçamentárias, concentrar o processo de votação das emendas e acompanhar a execução do orçamento. Mesmo após encaminhar os projetos, o Presidente conserva a faculdade de modificar os seus termos por meio de mensagem ao Congresso Nacional, a menos que a CMO já tenha iniciado a votação da parte afetada[39].

Como se verá, o projeto pode sofrer emendas durante a sua tramitação, como os demais projetos de lei, ainda que estas estejam sujeitas a alguns requisitos e limites particulares. Na prática, porém, é difícil imaginar que o legislador tenha condições técnicas de apreciar em detalhe cada uma das incontáveis previsões de despesa. Nem se imagina que seja essa a vocação ou o papel institucional do Poder Legislativo. Ao contrário, seria de se esperar que os parlamentares exercessem controle sobre as grandes decisões orçamentárias, interferindo verdadeiramente na definição da pauta de prioridades estatais.

Isso sem prejuízo, naturalmente, da possibilidade de que o Congresso introduza também importantes modificações pontuais, seja para incluir programas do seu interesse, seja para modificar ou cancelar os programas de interesse do Presidente, inclusive como forma de pressão política. Ainda assim, a magnitude da lei orçamentária e sua estreita conexão com a atividade administrativa acaba conferindo uma primazia *de facto* ao Poder Executivo na definição das políticas públicas, reservando-se ao Congresso um papel eminentemente reativo[40]. Na prática brasileira atual, tal primazia é exacerbada no momento da execução orçamentária, como será demonstrado. Também por conta do gigantismo do orçamento, o processo legislativo real acaba sendo monopolizado pelas Comissões

---

39 CF/88, art. 166, § 5º: "O Presidente da República poderá enviar mensagem ao Congresso Nacional para propor modificação nos projetos a que se refere este artigo enquanto não iniciada a votação, na Comissão mista, da parte cuja alteração é proposta".

40 LEE Jr., Robert e JOHNSON, Ronald. *Public budgeting systems*, 1998, p. 211: "In earlier days, the legislature was considered to be responsible for setting policy, but today both the legislative and executive branches are inextricably engaged in policy making. Conflicts arise, not over whether the executive should be involved in policy making, but rather to what extent and in what ways. The movement toward executive budget systems has placed the executive in the policy-making process, because the preparation of budget proposals by the executive is, in effect, the drafting of proposed policies. Congress, state legislatures and city councils have often found themselves in the position of having to react to executive recommendations instead of formulating policy".

Parlamentares, sob influência direta das lideranças partidárias. Essa é a principal instância de deliberação sobre o conteúdo das leis orçamentárias, justificando comentários adicionais.

II. A Comissão Mista de Planos, Orçamentos Públicos e Fiscalização (CMO)

Como é natural, a Constituição prevê a existência da Comissão Mista de Planos, Orçamentos Públicos e Fiscalização (CMO), mas não disciplina os detalhes do seu funcionamento. Com isso, a matéria foi remetida às normas internas do Congresso Nacional, que têm variado com certa frequência nos últimos anos. Atualmente, a estrutura e o funcionamento da CMO são regidos pela Resolução nº 1/2006, do Congresso Nacional. Editada no final daquele ano — em 22 de dezembro de 2006 — a Resolução só viria a ser efetivamente aplicada no processo orçamentário referente ao exercício de 2008. Apesar da instabilidade do regramento congressual, não há como deixar de analisar o regime instituído por essa Resolução, por constituir o direito orçamentário real.

Nos termos do art. 5º da Resolução, a CMO é composta por quarenta congressistas, sendo trinta deputados e dez senadores, havendo renovação anual obrigatória dos seus membros[41]. A participação de cada partido acompanha a proporção das respectivas bancadas no Congresso, como determina a própria Constituição[42]. O preenchimento concreto das vagas, a seu turno, é feito por indicação dos líderes partidários, que podem também requerer a substituição dos parlamentares designados, a qualquer tempo[43]. Esse

41 RCN nº 1/2006, art. 7º, § 1º: "É vedada a designação, para membros titulares ou suplentes, de parlamentares membros titulares ou suplentes que integraram a Comissão anterior".

42 CF/88, art. 58: "O Congresso Nacional e suas Casas terão comissões permanentes e temporárias, constituídas na forma e com as atribuições previstas no respectivo regimento ou no ato de que resultar sua criação. § 1º — Na constituição das Mesas e de cada Comissão, é assegurada, tanto quanto possível, a representação proporcional dos partidos ou dos blocos parlamentares que participam da respectiva Casa. (...)".

43 RCN nº 1/2006, art. 8º: "A representação na CMO é do partido ou bloco parlamentar, competindo ao respectivo Líder solicitar, por escrito, ao Presidente

poder incondicionado de indicar e destituir apenas confirma o que foi dito sobre o controle exercido pelas lideranças.

A Mesa da Comissão é composta por um Presidente e três vice-presidentes, eleitos por seus pares, alternando-se os cargos, anualmente, entre deputados e senadores. No que tange à sua estrutura interna, a CMO é dividida em comitês e relatorias. Há quatro comitês temáticos, encarregados das seguintes funções: i) avaliação, fiscalização e controle da execução orçamentária; ii) avaliação da receita; iii) avaliação das informações sobre obras e serviços com irregularidades graves; iv) admissibilidade de emendas. Em linhas gerais, os comitês subsidiam a atuação dos relatores, que são nomeados pelo Presidente da CMO, seguindo indicação das lideranças partidárias[44].

Os relatores, que desempenham papel de maior importância, são os seguintes: i) relator-geral; ii) relator para a receita pública; ii) relatores setoriais, atualmente em número de dez, cada um responsável por uma área temática, conforme enumeração do art. 26 da Resolução[45]. Tais áreas podem ser dividas em subáreas temáticas, o que apresentará interesse no processo de propositura de emendas, como se verá adiante. A Resolução prevê uma série de restrições à escolha dos relatores, na tentativa de aumentar a especialização[46] e estabelecer alternância partidária no exercício das

---

da Mesa do Congresso Nacional, em qualquer oportunidade, a substituição de titular ou suplente".

44 RCN nº 1/2006, art. 15: "Ao Presidente compete: (...) V — designar os Relatores; (...)"; art. 16: "A indicação e a designação dos Relatores observarão as seguintes disposições: I — as lideranças partidárias indicarão o Relator-Geral e o Relator da Receita do projeto de lei orçamentária anual, o Relator do projeto de lei de diretrizes orçamentárias e o Relator do projeto de lei do plano plurianual; (...) VI — as lideranças partidárias indicarão os Relatores Setoriais do projeto de lei orçamentária anual segundo os critérios da proporcionalidade partidária e da proporcionalidade dos membros de cada Casa na CMO; (...)".

45 RCN nº 1/2006, art. 26: "O projeto será dividido nas seguintes áreas temáticas, cujos relatórios ficarão a cargo dos respectivos Relatores Setoriais: I — Infra-Estrutura; II — Saúde; III — Integração Nacional e Meio Ambiente; IV — Educação, Cultura, Ciência e Tecnologia e Esporte; V — Planejamento e Desenvolvimento Urbano; VI — Fazenda, Desenvolvimento e Turismo; VII — Justiça e Defesa; VIII — Poderes do Estado e Representação; IX — Agricultura e Desenvolvimento Agrário; X- Trabalho, Previdência e Assistência Social".

46 RCN nº 1/2006, art. 16: "A indicação e a designação dos Relatores observa-

funções, bem como fomentar alguma dose de controle recíproco entre as Casas e também entre os partidos ou blocos partidários[47].

Feitas as designações, o processo orçamentário começa propriamente. Para fins didáticos, é possível dividi-lo em quatro fases sucessivas: i) audiências públicas e avaliação da receita; ii) aprovação do parecer preliminar; iii) deliberação setorial; e iv) deliberação final. Confira-se:

Após a distribuição do projeto de lei aos parlamentares, é prevista a realização de audiências públicas, para as quais podem ser convidados Ministros de Estado e representantes dos demais órgãos e entidades do Poder Público, notadamente daqueles relacionados a Planejamento, Orçamento e Fazenda[48]. Isso pode servir para

---

rão as seguintes disposições: (...)VII — os Relatores Setoriais do projeto de lei orçamentária anual serão indicados dentre os membros das Comissões Permanentes afetas às respectivas áreas temáticas ou dentre os que tenham notória atuação parlamentar nas respectivas políticas públicas; (...)".

47 RCN nº 1/2006, art. 16: "A indicação e a designação dos Relatores observarão as seguintes disposições: (...) II — o Relator do projeto de lei do plano plurianual será designado, alternadamente, dentre representantes do Senado Federal e da Câmara dos Deputados, não podendo pertencer ao mesmo partido ou bloco parlamentar do Presidente; III — o Relator do projeto de lei de diretrizes orçamentárias e o Relator-Geral do projeto de lei orçamentária anual não poderão pertencer à mesma Casa, partido ou bloco parlamentar do Presidente; IV — as funções de Relator-Geral do projeto de lei orçamentária anual e Relator do projeto de lei de diretrizes orçamentárias serão exercidas, a cada ano, alternadamente, por representantes do Senado Federal e da Câmara dos Deputados; V — o Relator da Receita do projeto de lei orçamentária anual não poderá pertencer à mesma Casa, partido ou bloco parlamentar do Relator-Geral do projeto de lei orçamentária anual; VI — as lideranças partidárias indicarão os Relatores Setoriais do projeto de lei orçamentária anual segundo os critérios da proporcionalidade partidária e da proporcionalidade dos membros de cada Casa na CMO; (...) VIII — o critério de rodízio será adotado na designação dos Relatores Setoriais do projeto de lei orçamentária anual, de forma que não seja designado, no ano subsequente, membro de mesmo partido para relator da mesma área temática; (...)".

48 Veja-se que a Resolução impõe a realização das audiências públicas, que de fato ocorreram no processo de deliberação do orçamento de 2008. A rigor, uma norma meramente autorizativa seria até desnecessária, já existindo tal previsão na própria Constituição Federal. V. CF/88, art. 58: "O Congresso Nacional e suas Casas terão comissões permanentes e temporárias, constituídas na forma e com as atribuições previstas no respectivo regimento ou no ato de que resultar sua criação. (...) § 2º — às comissões, em razão da matéria de sua competência, cabe: (...) II — realizar audiências públicas com entidades da sociedade civil; III

que os agentes justifiquem as dotações orçamentárias atribuídas aos respectivos setores ou pleiteiem modificações. Admite-se também que a CMO organize audiências públicas regionais para debater os projetos de interesse dos Estados ou regiões geográficas. O potencial das audiências públicas na instrução do processo deliberativo orçamentário será explorado mais adiante, mas já se pode constatar que elas podem ser utilizadas para que o Congresso obtenha informações e promova intervenções mais consistentes. Essa fase deve durar trinta dias, nos termos do art. 82, II, da Resolução.

Simultaneamente às audiências públicas, desenvolve-se um procedimento de avaliação da receita prevista no projeto de lei orçamentária. Nos termos do art. 12, da LRF — Lei de Responsabilidade Fiscal (LC 101/2000), a receita deve ser estimada pelo Poder Executivo segundo critérios técnicos[49] e o legislador só está autorizado a produzir reestimativas em caso de erro ou omissão de ordem técnica ou legal[50]. Tendo em vista esse parâmetro, os parlamentares dispõem de 15 dias para propor emendas destinadas à correção das referidas impropriedades ou ainda para adaptar o projeto de orçamento a cortes iminentes nas fontes de custeio. Essa última hipótese é denominada *renúncia de receita* e está sujeita a algumas exigências específicas. Em primeiro lugar, o decréscimo deve ser

— convocar Ministros de Estado para prestar informações sobre assuntos inerentes a suas atribuições; IV — receber petições, reclamações, representações ou queixas de qualquer pessoa contra atos ou omissões das autoridades ou entidades públicas; V — solicitar depoimento de qualquer autoridade ou cidadão; VI — apreciar programas de obras, planos nacionais, regionais e setoriais de desenvolvimento e sobre eles emitir parecer".

49 Por definição, tal estimativa deve abranger todas as receitas disponíveis. Essa é uma exigência do princípio da universalidade, previsto no art. 4º da Lei nº 4.320/64. Isso significa que o Poder Executivo não pode excluir recursos do processo de alocação, por decisão política. A questão será objeto de comentários adicionais.

50 LC nº 101/2000, art. 12: "As previsões de receita observarão as normas técnicas e legais, considerarão os efeitos das alterações na legislação, da variação do índice de preços, do crescimento econômico ou de qualquer outro fator relevante e serão acompanhadas de demonstrativo de sua evolução nos últimos três anos, da projeção para os dois seguintes àquele a que se referirem, e da metodologia de cálculo e premissas utilizadas. § 1º Reestimativa de receita por parte do Poder Legislativo só será admitida se comprovado erro ou omissão de ordem técnica ou legal. (...)".

decorrente de projeto de lei de iniciativa do Congresso Nacional[51]. Em segundo lugar, exige-se que tal projeto já tenha sido aprovado pelas comissões permanentes da Casa de origem que devam se manifestar sobre o tema, e também que esteja acompanhado de uma estimativa técnica do seu impacto financeiro. Por fim, a emenda de renúncia deve apontar uma fonte de receita compensatória ou indicar, desde logo, as despesas do projeto de orçamento que teriam de ser anuladas[52].

O procedimento de avaliação da receita culmina no relatório da receita, no qual o respectivo relator avalia a estimativa inicial e as emendas apresentadas. Por fim, o relatório da receita é votado pelo Plenário da CMO. A partir daqui, o foco se desloca para a despesa pública, aspecto que verdadeiramente mobiliza a atenção do Congresso. A segunda fase inicia-se com a elaboração, pelo relator-geral, de um parecer preliminar, que apresenta duas partes. A primeira consiste numa análise geral do projeto encaminhado pelo Poder Executivo, inclusive por meio de comparação com o orçamento corrente e com a execução orçamentária do exercício anterior. A segunda parte fixa condições e limites que deverão ser observados nas fases subsequentes do processo, notadamente no que diz respeito à proposição das emendas à despesa, tema que será aprofundado na sequência.

---

51 Em princípio, qualquer favor tributário que importe renúncia de receita depende lei específica, nos termos do art. 150, § 6º, da Constituição. Sobre as diferentes modalidades de renúncia e seu caráter potencialmente odioso, v. TORRES, Ricardo Lobo. *Tratado de direito constitucional financeiro e tributário — O orçamento (volume V)*, 2000, pp. 261-264. Sobre o controle das renúncias de receita, efetuado pelos Tribunais de Contas, v. FERNANDES, Jorge Ulisses Jacoby. *Tribunais de contas no Brasil — Jurisdição e competência*, 2005, pp. 464-468.

52 RCN nº 1/2006, art. 32: "Poderá ser apresentada emenda de renúncia de receita, decorrente de projeto de lei de iniciativa do Congresso Nacional, em tramitação em qualquer das suas Casas, que satisfaça as seguintes condições: I — tenha recebido, previamente ao exame da compatibilidade e da adequação orçamentária e financeira, parecer favorável de mérito, na Casa de origem, pelas Comissões Permanentes; II — esteja, até o prazo final para a apresentação de emendas, instruído com a estimativa da renúncia de receita dele decorrente, oriunda do Poder Executivo ou de órgão técnico especializado em matéria orçamentária do Poder Legislativo. Parágrafo único. A emenda de que trata o caput somente será aprovada caso indique os recursos compensatórios necessários, provenientes de anulação de despesas ou de acréscimo de outra receita, observado o disposto no art. 41".

O parecer preliminar é utilizado também para estabelecer a chamada *reserva de recursos*, que constituiu um conjunto de verbas desvinculadas de qualquer dotação. A reserva é composta de valores oriundos da reestimativa de receita e de outros itens indicados pelo relator-geral, decorrentes de redução da reserva de contingência inicialmente prevista ou do cancelamento preliminar de dotações[53]. Tais recursos serão *apropriados* em um segundo momento para o custeio das emendas individuais dos parlamentares e para financiar parcialmente uma modalidade específica de emenda coletiva. O parecer preliminar é discutido e votado no Plenário da CMO. Com a sua aprovação, inicia-se a terceira fase do processo orçamentário, consistente em uma primeira rodada de deliberação acerca das opções de despesa, em caráter setorizado.

Com base nos parâmetros fixados no parecer preliminar, bancadas estaduais, comissões permanentes e congressistas são chamados a propor emendas à despesa. As emendas passam inicialmente pelo Comitê de Admissibilidade de Emendas, para que ofereça parecer sobre o cumprimento dos requisitos formais. Posteriormente, as emendas são encaminhadas aos relatores setoriais, segundo a divisão em áreas temáticas referida acima. A eles incumbe a tarefa de preparar relatórios setoriais, que devem conter: i) uma avaliação da proposta de orçamento para as respectivas áreas, incluindo comparação entre as dotações incluídas no projeto e a execução orçamentária dos últimos anos; e ii) um parecer às propostas de emenda relativas à área, bem como eventuais propostas de emenda de autoria do próprio relator. Os relatórios setoriais são discutidos e votados pelo Plenário da CMO. As emendas dos relatores setoriais seguem para análise da Comissão de Admissibilidade referida acima.

Com isso se encerra a fase setorial, que funciona como um primeiro filtro das propostas de emenda e fornece subsídios para o esforço de final de sistematização, a cargo do relator-geral. Antes disso, porém, ainda é possível uma nova avaliação da receita, por proposta do respectivo relator embasada por manifestação do Comitê

53 RCN nº 1/2006, art. 56: "A Reserva de Recursos será composta dos eventuais recursos provenientes da reestimativa das receitas, da Reserva de Contingência e outros definidos no Parecer Preliminar, deduzidos os recursos para atendimento de emendas individuais, de despesas obrigatórias e de outras despesas definidas naquele Parecer".

da Receita. Tal reavaliação pode ser motivada por modificações supervenientes na legislação tributária ou mesmo pela revisão dos parâmetros iniciais. Superado esse "incidente", passa-se à fase final de deliberação. Nesse momento, cabe ao relator-geral elaborar seu relatório final, propondo ajustes para conciliar as diferentes propostas parciais. Adicionalmente, o relator-geral pode propor suas próprias emendas, que também seguirão para análise na Comissão de Admissibilidade. Ao término desse longo ciclo, o relatório final do relator-geral é discutido e votado no Plenário da CMO.

O texto aprovado é denominado Parecer da Comissão Mista de Orçamento e segue para votação no Plenário do Congresso Nacional, o que tem ocorrido sem discussão adicional significativa e por votação simbólica. Após essa visão geral do procedimento desenvolvido na CMO, passa-se a um comentário sobre as modalidades de emendas parlamentares e os limites a que estão submetidas.

III. A modificação do projeto de lei orçamentária pelo Poder Legislativo: as emendas parlamentares ao orçamento

Antes de mais nada, convém fazer uma nota acerca da possibilidade de emendas parlamentares em projetos de lei cuja iniciativa seja privativa de determinada autoridade, notadamente do Presidente da República. A questão envolve uma série de complexidades e sua compreensão variou ao longo do tempo. As constituições brasileiras, até a de 1946, não continham norma específica sobre o tema. Diante disso, o STF adotava o entendimento de que tais emendas não seriam possíveis, sob o fundamento de que *o poder de emendar seria corolário do poder de iniciativa*[54]. Nesses termos, o legislador teria apenas a opção de aprovar ou rejeitar o projeto de lei, nos exatos termos em que fora encaminhado.

Essa linha jurisprudencial, que limitava o Poder Legislativo ao exercício de um mero juízo de confirmação, foi expressamente superada a partir da Constituição de 1967, vedando-se apenas que a

---

54 STF, Rep 196/SC, *Revista Forense* nº 165, Rel. M. Lafayette de Andrada: "O poder de emendar é corolário do poder de iniciativa. A assembléia legislativa estadual não tem competência para emendar projeto de lei para a votação do qual não pode ter iniciativa. Interpretação do art. 124, I, da Constituição".

emenda produzisse aumento na despesa prevista[55], naturalmente entendida como a despesa global envolvida no projeto de lei[56]. A disposição foi mantida após a Emenda nº 1/69 — Constituição de 1969[57] — e incorporada à Constituição de 1988[58]. Paralelamente, a jurisprudência do STF evoluiu para reconhecer a relevância do poder de emenda para o exercício do mandato parlamentar, sujeitando-o apenas a limitações que decorram da própria Constituição[59].

---

55 CF/67, art. 60: "É da competência exclusiva do Presidente da República a Iniciativa das leis que: I — disponham sobre matéria financeira; II — criem cargos, funções ou empregos públicos ou aumentem vencimentos ou a despesa pública; III — fixem ou modifiquem os efetivos das forças armadas; IV — disponham sobre a Administração do Distrito Federal e dos Territórios. Parágrafo único — Não serão admitidas emendas que aumentem a despesa prevista: a) nos projetos oriundos da competência exclusiva do Presidente da República; b) naqueles relativos à organização dos serviços administrativos da Câmara dos Deputados, do Senado Federal e dos Tribunais Federais".

56 FERREIRA FILHO, Manoel Gonçalves. *Comentários à Constituição brasileira — Emenda Constitucional nº 1 de 17 de outubro de 1969*, p. 60: "A Constituição vigente admite a apresentação de emendas aos projetos de iniciativa reservada, desde que não *aumentem* a despesa prevista. (...) Assim, hoje, não cabe mais discussão. Desde que a emenda não aumente a despesa globalmente prevista, é ela cabível".

57 Na Constituição de 1969, a disposição passou a constar do art. 57. O parágrafo único, que trata do aumento de despesa, conservou a mesma redação. Houve, no entanto, aumento das hipóteses de iniciativa reservada ao Presidente — incluindo a concessão de anistia para crimes políticos —, refletindo o ambiente político da época.

58 CF/88, art. 63: "Art. 63. Não será admitido aumento da despesa prevista: I — nos projetos de iniciativa exclusiva do Presidente da República, ressalvado o disposto no art. 166, § 3º e § 4º; II — nos projetos sobre organização dos serviços administrativos da Câmara dos Deputados, do Senado Federal, dos Tribunais Federais e do Ministério Público".

59 STF, DJ 23.04.2004, ADInMC 1.050/SC, Rel. Min. Celso de Mello: "O poder de emendar projetos de lei — que se reveste de natureza eminentemente constitucional — qualifica-se como prerrogativa de ordem político-jurídica inerente ao exercício da atividade legislativa. Essa prerrogativa institucional, precisamente por não traduzir corolário do poder de iniciar o processo de formação das leis (RTJ 36/382, 385 — RTJ 37/113 — RDA 102/261), pode ser legitimamente exercida pelos membros do Legislativo, ainda que se cuide de proposições constitucionalmente sujeitas à cláusula de reserva de iniciativa (ADI 865/MA, Rel. Min. CELSO DE MELLO), desde que — respeitadas as limitações estabelecidas na Constituição da República — as emendas parlamentares (a) não importem em aumento da despesa prevista no projeto de lei, (b) guardem afinidade lógica (relação de pertinência) com a proposição original e (c) tratando-se de

A limitação mais importante é justamente a proibição de aumento da despesa global, referida acima. O STF tem destacado também uma exigência de *pertinência lógica* entre a alteração proposta e o texto original do projeto de lei. A lógica dessa restrição é impedir que o Poder Legislativo aproveite o exercício da iniciativa pela autoridade competente para introduzir no projeto matérias estranhas ao seu objeto inicial, desfigurando-o. O alcance exato dessa exigência ainda se encontra em fase de definição pelo STF. Embora destaque a relevância do poder de emenda parlamentar e sua aplicação mesmo nos casos de iniciativa reservada, o Tribunal já concedeu medida liminar em ação direta para suspender a eficácia de lei que representava *alteração substancial de projeto reservado a certa iniciativa*[60].

Com a devida vênia, tal restrição parece pertinente apenas nos casos em que as emendas parlamentares tenham pretendido tratar de matéria não inserida no projeto inicial e também sujeita a iniciativa reservada. Nesse contexto, a Corte estaria impedindo que a propositura de um projeto de lei fosse utilizada como pretexto para um *destrancamento geral de pauta*, com superação de outras cláusulas de reserva[61]. Nos demais casos, porém, parece exagerado restringir a deliberação legislativa, impedindo os parlamentares de

projetos orçamentários (CF, art. 165, I, II e III), observem as restrições fixadas no art. 166, §§ 3º e 4º da Carta Política (...)".

60 STF, DJ 19.12.2007, ADInMC 3946/MG, Rel. Min. Marco Aurélio: "Surge a relevância da matéria veiculada e o risco de manter-se com plena eficácia o ato normativo questionado quando encerre alteração substancial, mediante emenda parlamentar, de projeto reservado a certa iniciativa. PROJETO — MINISTÉRIO PÚBLICO — EMENDA. Mostra-se relevante pedido de suspensão de eficácia de diploma legal quando notada modificação substancial do projeto inicialmente encaminhado pelo Procurador-Geral de Justiça, a implicar, até mesmo, aumento de despesa".

61 Ainda assim seria de se perguntar se é razoável impedir que o legislador disponha sobre aspectos não abordados no projeto de lei, mas afetos à mesma matéria. Ou seja, se o poder de iniciativa confere ao seu titular a prerrogativa de pré-definir os pontos que serão objeto de debate, ainda que isso signifique a instituição de um regime jurídico incompleto ou manifestamente insatisfatório. É certo que ao legislador restaria a opção de não aprovar nenhuma lei, mas a verdade é que isso pode prorrogar ainda mais uma lacuna indesejável e talvez até inconstitucional. Apesar de fazer o registro, o ponto não será aprofundado por não apresentar relevância em matéria orçamentária, como será demonstrado.

inserir disposição referente à matéria sujeita à iniciativa concorrente, somente para resguardar a suposta integridade lógica do projeto inicial. O tema envolve essa e outras sutilezas. De qualquer forma, não é necessário aprofundar a discussão, em razão das peculiaridades da lei orçamentária. É disso que se passa a tratar.

No que concerne especificamente ao orçamento, a Constituição de 1967 também foi a primeira a tratar do tema expressamente, instituindo disciplina que seria mantida na Constituição de 1969. Proibia-se não apenas o aumento da despesa global prevista no projeto de lei orçamentária, mas também o aumento de cada dotação específica, bem como a modificação de seu montante, natureza ou objetivo[62]. A regra vinha disposta no art. 67, *caput* e § 1°, da referida Carta[63], que tinham a seguinte dicção:

> *"Art. 67. É da competência do Poder Executivo a iniciativa das leis orçamentárias e das que abram créditos, fixem vencimentos e vantagens dos servidores públicos, concedam subvenção ou auxilio, ou de qualquer modo autorizem, criem ou aumentem a despesa pública.*
> *§ 1° — Não serão objeto de deliberação emendas de que decorra aumento da despesa global ou de cada órgão, projeto ou progra-*

---

62 Não se permitia, em suma, mudança alguma. O ponto é bem esclarecido pela seguinte passagem colhida em MIRANDA, Pontes de. *Comentários à Constituição de 1967, com a Emenda n° 1, de 1969*, 1970, p. 215: "Para que a emenda seja inadmissível basta que importe aumento da despesa global, ou da despesa de cada órgão estatal, ou de qualquer projeto ou programa, ou modifique o montante do projeto, ou do programa, ou da sua natureza, ou objetivo. A exigência de se não alterar o *montante do projeto* (projeto não está aí, em sentido de projeto de lei, ou de decreto, ou de resolução, ou de regulamento, mas sim de projeto de obra ou de serviço) ou do *programa*, tem a sua razão de ser em se evitar que o plano fique sacrificado pela diminuição do importe, ou se aumente o importe de modo a tornar desaconselhável o que se pretendia realizar. Quanto à *natureza do projeto* ou *do programa* compreende-se que não se admita emenda que transmude, por exemplo, em projeto de construção de pôrto o projeto de abertura de estrada, ou em programa de loteamento rural o programa de financiamento de terrenos rurais. No que concerne à *finalidade*, ou *objetivo*, do projeto ou do programa, seria repelível que se transformasse o projeto ou programa para desenvolvimento da cultura científica em projeto ou programa de atração de cientistas estrangeiros para servir em emprêsas, ou vice-versa".

63 Ao qual correspondia o art. 65 da Constituição de 1969.

ma, ou as que visem, a modificar o seu montante, natureza e objetivo".

Como se nota, a participação do Poder Legislativo na elaboração do orçamento era sujeita a limitações drásticas: não podia aumentar ou diminuir nenhuma previsão de despesa (alteração do *montante*), tampouco redefinir sua destinação (alteração da *natureza* ou *finalidade*). Ou seja, a opção que restava ao Congresso era aprovar ou rejeitar o projeto *in totum*. Na verdade, podia também omitir-se simplesmente, o que seria entendido como aprovação tácita, nos termos do art. 68 da Constituição de 1967[64]. A par do regime constitucional restritivo, é preciso ter em mente que os tempos eram de ditadura e à hegemonia formal do Executivo correspondia ainda mais poder na prática, inclusive em matéria orçamentária.

Com a redemocratização, as atribuições do Congresso Nacional foram sensivelmente ampliadas. A Constituição de 1988, em seu art. 167, § 3º, admite expressamente que o Poder Legislativo promova emendas no projeto de lei orçamentária, observadas as seguintes condições: i) sejam compatíveis com o plano plurianual e com a LDO; ii) indiquem os recursos correspondentes, sendo exigido que provenham da anulação de outras despesas, excetuando-se as de pessoal, as reservadas ao pagamento de serviços da dívida pública e as correspondentes a transferências de receitas tributárias entre os entes federativos; iii) guardem relação com a correção de erros ou omissões ou com os dispositivos do projeto de lei[65].

64 CF/67, art. 68, *caput*: "O projeto de lei orçamentária anual será enviado pelo Presidente da República à Câmara dos Deputados até cinco meses antes do início do exercício financeiro seguinte; se, dentro do prazo de quatro meses, a contar de seu recebimento, o Poder Legislativo não o devolver para sanção, será promulgado como lei". Com pequenas alterações, a previsão se manteve na Constituição de 1969, no art. 66, *caput*: "O projeto de lei orçamentária anual será enviado pelo Presidente da República ao Congresso Nacional, para votação conjunta das duas Casas, até quatro meses antes do início do exercício financeiro seguinte; se, até trinta dias antes do encerramento do exercício financeiro, o Poder Legislativo não o devolver para sanção, será promulgado como lei".

65 CF/88, art. 167, § 3º: "As emendas ao projeto de lei do orçamento anual ou aos projetos que o modifiquem somente podem ser aprovadas caso: I — sejam compatíveis com o plano plurianual e com a lei de diretrizes orçamentárias; II — indiquem os recursos necessários, admitidos apenas os provenientes de anulação de despesa, excluídas as que incidam sobre: a) dotações para pessoal e seus en-

Por associação intuitiva, essa última previsão parece corresponder à idéia de *pertinência lógica*, identificada na jurisprudência do STF e referida acima. Não por acaso, portanto, o conteúdo exato da exigência afigura-se obscuro também aqui: as emendas somente podem dizer respeito a dotações já previstas no projeto — para promover aumento, redução ou cancelamento — ou podem dar origem a novas dotações? A segunda opção parece mais adequada, por dois fundamentos. O primeiro decorre do princípio democrático, apontando no sentido de se conferir ao Poder Legislativo maior liberdade na apreciação das opções de investimento que devem ser priorizadas, sem que fique limitado ao plano inicial do Poder Executivo. Tal argumento é reforçado pela modificação da redação constitucional anterior, cujo conteúdo restritivo era explícito.

O segundo fundamento é de ordem lógica. Sendo possível o cancelamento de dotação, parece natural que seja igualmente possível atribuir novo destino aos recursos assim liberados. A lei orçamentária aloca recursos finitos para a satisfação de necessidades ilimitadas, não sendo razoável que sua tramitação normal dê origem a verbas ociosas. Nesse sentido, a exigência de que as emendas guardem relação com o projeto original deve ser interpretada apenas como uma forma de evitar, já no processo legislativo, o surgimento das chamadas *caudas orçamentárias* — previsões estranhas à matéria orçamentária[66] — complementando a previsão do art.

---

cargos; b) serviço da dívida; c) transferências tributárias constitucionais para Estados, Municípios e Distrito Federal; ou III — sejam relacionadas: a) com a correção de erros ou omissões; ou b) com os dispositivos do texto do projeto de lei".

66 A prática de introduzir no orçamento dispositivos estranhos à previsão de receita e despesa — criando aquilo que Rui Barbosa denominou *orçamento rabilongo* — foi comum durante a Primeira República, sendo utilizada pelos parlamentares para compelir o Presidente a sancionar questões delicadas. Funcionava pelo fato de a Constituição de 1891 somente admitir o veto integral, de modo que o Presidente não podia expurgar do projeto as disposições excedentes sem assumir o ônus e os inconvenientes políticos de deixar o Estado sem orçamento. As chamadas *caudas orçamentárias* foram expressamente proibidas pela Revisão Constitucional de 1926, que ainda introduziu a figura do veto parcial. Sobre o ponto, v. BONAVIDES, Paulo e ANDRADE, Paes de. *História constitucional do Brasil*, 1991, p. 240; SILVA, José Afonso da. *Orçamento programa no Brasil*, 1973, PP.108-109; e BALEEIRO, Aliomar. *Uma introdução à ciência das finanças*, 2002, pp. 442-443. Esse último autor chega a fornecer exemplos caricatos, porém reais, de caudas orçamentárias, incluindo a nomeação ou a promoção de funcionários públicos.

165, § 8º, da Constituição, aplicável ao orçamento após sua aprovação[67]. A doutrina nada diz sobre o tema, mas vale o registro de que essa é a solução prevalente na prática orçamentária[68].

Como se percebe, o constituinte parece ter pretendido conferir aos parlamentares amplo poder de emenda em matéria orçamentária, ressalvado o referido conjunto de restrições explícitas. Nesse sentido, qualquer previsão de despesa está, em princípio, sujeita à anulação por decisão discricionária do Congresso, excluídas apenas as mencionadas acima (pagamento de pessoal, serviços da dívida e transferências constitucionais de receita tributária). Admite-se, igualmente, livre remanejamento dos recursos.

Em princípio, estaria vedada apenas a criação de despesa desacompanhada da anulação de outra. No entanto, como já referido, tem se admitido até que o Congresso proponha emendas à estimativa inicial de receita, fundadas em erro ou omissão na previsão original. A reestimativa pode ser para menos ou para mais[69], hipótese que dará origem a recursos livres, passíveis de alocação pelo Congresso. O regime jurídico das emendas de receita não suscita maior controvérsia e já foi enunciado em seus aspectos essenciais quando da descrição do procedimento desenvolvido na CMO.

Se a Constituição foi generosa com o Poder Legislativo em matéria orçamentária, não se pode dizer o mesmo das normas internas instituídas pelo legislador. Por recomendação da CPI que investigou o escândalo dos anões do orçamento, o Congresso modificou suas regras internas por meio da Resolução nº 2/1995, restringindo sua própria intervenção, sobretudo em relação às emendas individuais incidentes sobre a despesa[70]. De lá para cá, as resoluções que

---

67 CF/88, art. 165, § 8º: "A lei orçamentária anual não conterá dispositivo estranho à previsão da receita e à fixação da despesa, não se incluindo na proibição a autorização para abertura de créditos suplementares e contratação de operações de crédito, ainda que por antecipação de receita, nos termos da lei".

68 Com efeito, uma análise das emendas apresentadas e aprovadas nos últimos anos demonstra que sequer se cogita, no âmbito do Congresso Nacional, de regra que restrinja as propostas de emenda a modificações no interior das dotações inicialmente previstas. A consulta pode ser realizada na página eletrônica da Câmara dos Deputados: www.camara.gov.br.

69 Vale lembrar que o legislador dispõe de mecanismos para aumentar efetivamente a receita — notadamente pelo aumento da carga tributária — estando vedada apenas a aprovação de orçamentos deficitários já na origem.

70 A informação é fornecida por Eugênio Greggiani, atual Diretor da Consulto-

se seguiram mantiveram essa mesma linha, hoje incorporada à Resolução nº 1/2006. Ainda que movido por fins legítimos —- combate à corrupção — certos aspectos desse sistema restritivo esbarram em dificuldades de ordem constitucional, na medida em que parecem limitar excessivamente a atuação do legislador no processo orçamentário. Antes de aprofundar a questão, é necessário fazer uma descrição do intrincado sistema atual de emendas à despesa e apontar suas implicações.

IV. Regime jurídico das emendas parlamentares à despesa segundo a Resolução nº 1/2006, do Congresso Nacional

IV.1. Visão geral

A Resolução nº 1/2006, do Congresso Nacional, prevê as diferentes modalidades de emendas à despesa no âmbito do projeto de lei orçamentária, classificadas segundo dois critérios complementares. Pelo primeiro, as emendas são classificadas em função do órgão de origem, podendo ser: i) de relator; ii) de comissão[71]; iii) de bancada estadual; e iv) individuais. Pelo segundo critério, relacionado ao objeto, as emendas podem ser: i) de remanejamento; ii) de apropriação; ou iii) de cancelamento[72].

Combinando esses dois critérios, a Resolução estabelece ou delega ao relator-geral a tarefa de impor limitações quantitativas e/ou

ria sobre Orçamento e Fiscalização Financeira da Câmara dos Deputados. V. GREGGIANI, Eugênio. O *processo orçamentário no Poder Legislativo e o assessoramento técnico institucional.* Artigo disponível na página eletrônica www2.camara.gov.br/internet/orcamentobrasil/orcamentouniao/estudos/artigos. Acesso em 10.01.2008.

71 A referência às comissões, nesse ponto, não diz respeito às dez comissões temáticas correspondentes às relatorias setoriais, mas sim às comissões permanentes de ambas as Casas Legislativas. V. RCN nº 1/2006, art. 43: "As Comissões Permanentes do Senado Federal e da Câmara dos Deputados, relacionadas em Anexo a esta Resolução, cujas competências estejam direta e materialmente relacionadas à área de atuação pertinente à estrutura da administração pública federal, poderão apresentar emendas ao projeto".

72 Para uma visão geral e esquemática do processo legislativo orçamentário já à luz da RCN nº 1/2006, incluindo descrição das modalidades de emenda, v. GIACOMONI, James. *Orçamento público*, 2007, especialmente a p. 275 e ss.

qualitativas a todas as modalidades de emenda. Trata-se de um sistema intrincado, cuja compreensão é dificultada ainda mais pelo fato de não ser cumprido à risca pela CMO. Passa-se a uma tentativa de sistematização, começando pelo segundo critério.

IV.2. Classificação das emendas à despesa segundo o objeto

a) emendas de cancelamento

As emendas de cancelamento, como a denominação indica, têm por objeto a anulação total ou parcial de dotações, sem transferência de recursos. Em tese, poderiam ser propostas por qualquer parlamentar, bancada ou comissão, dada a inexistência de limitações regimentais. A pesquisa nos bancos de dados do Congresso Nacional revela, porém, que apenas o relator-geral tem promovido cancelamentos em sentido estrito, no âmbito de seu relatório preliminar, liberando recursos para utilização nas fases subsequentes da tramitação legislativa. Na verdade, o sistema normativo em questão parece fundado nessa premissa, uma vez que sequer prevê a proposição de emendas para alocar os montantes que seriam gerados por um eventual conjunto de cancelamentos.

b) emendas de remanejamento

As emendas de remanejamento, que podem ser elaboradas pelas bancadas estaduais e comissões permanentes, servem para que se proponha a inclusão de novas dotações ou o reforço das já existentes, identificando os recursos necessários por meio do cancelamento total ou parcial de outra ou outras dotações. Nesse sentido, a própria emenda já estabelece um contraste entre duas opções de despesa que não podem ser atendidas simultaneamente, realizando um juízo sobre a prioridade de uma em relação à outra. Longe de ser um elemento acidental, tal circunstância reflete a lógica básica do orçamento público, pelo motivo que se passa a expor.

Em um contexto de recursos limitados, o mérito das decisões orçamentárias só pode ser avaliado com propriedade a partir da comparação com outras opções possíveis. É provável que nenhum país do mundo esteja em condições de investir tanto quanto seria desejável — segundo seus próprios critérios dominantes — em cada uma das atividades por ele assumidas. Nesse sentido, escolhas são inevitáveis e deveriam constituir o cerne da discussão política realizada em torno do orçamento. Não por imposição externa, mas pela própria lógica das coisas. Imagine-se o seguinte exemplo: a construção de um complexo esportivo público pode parecer uma iniciativa positiva quando considerada em abstrato, mas é possível que essa avaliação mude se for acrescentada a informação de que a fórmula de custeio envolverá a interrupção de um programa de fornecimento de cestas básicas a comunidades carentes. Em geral, as opções preteridas não são explicitadas pelos agentes encarregados de tomar a decisão — como regra, sequer haverá uma oposição clara entre duas possibilidades — mas isso não faz com que as opções deixem de existir. Isso evidencia que o raciocínio padrão, em um sistema orçamentário, é eminentemente comparativo, tal como o que está na raiz das emendas de remanejamento.

No entanto, o tratamento concreto que a Resolução dá a essa modalidade de emenda acaba por lhe conferir alcance muito restrito. Isso porque obriga que a permuta de recursos produzida por cada emenda diga respeito exclusivamente a uma mesma subárea temática ou órgão, bem como a um mesmo grupo de natureza de despesas. No caso das emendas propostas por bancada estadual, ainda se exige que os remanejamentos ocorram no âmbito das dotações inicialmente atribuídas ao respectivo Estado-membro[73]. Alguns exemplos ilustrarão a abrangência da restrição de que se cuida:

73 Como referido, o sistema instituído pela RCN nº 1/2006 é complexo e se vale de dois conjuntos de classificações interligados. Por conta disso, a compreensão plena das restrições à deliberação parlamentar somente será possível após a exposição de ambos os critérios. De qualquer forma, para que o raciocínio não fique sem ilustração, vejam-se os seguintes artigos da RCN nº 1/2006. Em relação às Emendas de Comissão — art. 45: "As emendas de remanejamento somente poderão propor acréscimos e cancelamentos em dotações de caráter institucional e de interesse nacional, no âmbito da mesma subárea temática e mesmo grupo de natureza de despesa, observada a compatibilidade das fontes de recursos"; em relação às Emendas de Bancada Estadual: art. 48: "As emendas de remanejamento somente poderão propor acréscimos e cancelamentos em dotações no âmbito da respectiva Unidade da Federação, mesmo órgão e mesmo grupo de natureza de despesa, observada a compatibilidade das fontes de recursos". (negrito acrescentado)

— Recursos alocados no Ministério dos Esportes só podem ser redistribuídos no âmbito interno desse órgão. Ou seja, os parlamentares não podem determinar que verba destinada à construção de ginásios esportivos seja utilizada para a construção de escolas ou para o aumento da vigilância nas fronteiras;

— Verbas destinadas a custear uma inversão financeira (GND 5) — como o aumento da participação acionária da União em uma sociedade de economia mista — só podem ser deslocadas para outra inversão financeira.

— a Bancada do Estado do Rio de Janeiro pode propor emendas para remanejar internamente os recursos originalmente destinados a esse ente federativo, mas não pode questionar o montante total de recursos a ele destinados pelo Governo Federal, em comparação com os demais Estados. Isso sem prejuízo das outras limitações referidas acima, que também são aplicáveis. Ou seja: dotação destinada a investimento a cargo de secretaria estadual de educação só pode ser remanejada para outro investimento a ser realizado pelo mesmo órgão.

c) emendas de apropriação

As emendas de apropriação, que podem ser propostas por comissões, bancadas estaduais e parlamentares, também se destinam à proposição de novas dotações ou reforço das já existentes, tal como as de remanejamento. A diferença entre uma e outra reside na forma de custeio. Pela dicção do art. 39 da Resolução, as emendas de apropriação não indicam, por si mesmas, outras dotações para anulação. Em vez disso, *apropriam-se* de um universo de verbas pré-determinado, constituído pela *reserva de recursos* e pelo cancelamento de dotações definidas no parecer preliminar[74].

No que concerne à reserva de recursos, já referida anteriormente, a Resolução dispõe sobre a sua composição e repartição em dois dispositivos. O art. 56 enumera os itens que comporão a reserva: i) reestimativa de receita; ii) cortes na reserva de contingência

74 RCN nº 1/2006, art. 39: "Emenda de apropriação é a que propõe acréscimo ou inclusão de dotações e, simultaneamente, como fonte de recursos, a anulação equivalente de: I — recursos integrantes da Reserva de Recursos a que se refere o art. 56; II — outras dotações, definidas no Parecer Preliminar".

prevista no projeto de lei, observado o limite contido na LDO[75]; iii) outros itens definidos pelo relator-geral no parecer preliminar[76]. No ano de 2008, a reserva de recursos chegou a pouco mais de 19,03 bilhões[77].

Esse mesmo artigo determina que a reserva seja utilizada, em primeiro lugar, para financiar as emendas individuais — que se caracterizam, portanto, como emendas de apropriação — e outras despesas definidas no parecer preliminar[78]. O saldo é utilizado para custear emendas de apropriação coletivas, sendo repartido na forma do art. 57[79]: i) 25% para atender a emendas das bancadas estaduais, segundo critérios objetivos[80]; ii) 55% para atender a emendas das bancadas estaduais e das comissões, a critério dos relatores

75 Como enunciado acima, as leis de diretrizes orçamentárias têm disposto sobre o tema. Na LDO referente ao orçamento de 2008, determinou-se que o projeto de lei orçamentária contivesse reserva de contingência na casa de 2% da receita líquida e que esse percentual fosse reduzido pela metade no texto final.

76 Em 2008, o único item adicional foi constituído por um *excedente de superavit primário*, no valor de 1,3 bilhões de reais.

77 Dados obtidos no Parecer Preliminar do Relator-Geral, p. 6 da Parte Especial. Disponível em: www.camara.gov.br. Acesso em 09.01.2008.

78 No Parecer Preliminar de 2008, determinou-se que a reserva de recursos fosse utilizada para custear algumas transferências de receita entre entes federativos — que estariam subdimensionadas no projeto original — e também algumas emendas do Relator-Geral, incluindo um provisionamento para futuro aumento do salário-mínimo. Os dados podem ser obtidos no referido Parecer Preliminar, pp. 6 e 19 da Parte Especial.

79 RCN nº 1/2006, art. 57: "Os recursos líquidos destinados ao atendimento de emendas coletivas de apropriação, calculados de acordo com o art. 56, caput, terão o seguinte destino, observada a vinculação de fontes: I — 25 % (vinte e cinco por cento) para as emendas de Bancada Estadual, distribuídos na forma do § 1º deste artigo; II — 55 % (cinquenta e cinco por cento) aos Relatores Setoriais, para as emendas de Bancada Estadual e as de Comissão; III — 20 % (vinte por cento) ao Relator-Geral, para alocação, entre as emendas de Bancada Estadual e de Comissão, observado o disposto no § 2º (...)".

80 RCN nº 1/2006, art. 57, § 1: "Os recursos de que trata o inciso I do caput serão distribuídos na seguinte proporção: I — 50% (cinquenta por cento) com base nos critérios estabelecidos para o Fundo de Participação dos Estados e do Distrito Federal — FPE; II — 40% (quarenta por cento) com base na média histórica de atendimento das respectivas Bancadas Estaduais nos últimos 3 (três) anos; III — 10% (dez por cento) com base na população residente estimada pelo IBGE".

setoriais; iii) 20% para atender a emendas dos mesmos autores, mas agora segundo critério do relator-geral.

Como mencionado, as emendas de apropriação são custeadas por essa reserva e pela eventual anulação de outras dotações indicadas no parecer preliminar. Ou seja: a base de custeio dessa modalidade de emenda é composta por recursos "livres" — desvinculados de qualquer destinação anterior —, mas pode envolver também recursos decorrentes do cancelamento de outras despesas, realizado em bloco e sob orientação do relator-geral. Essa particularidade em relação à fonte dos recursos é justamente a nota distintiva em relação às emendas de remanejamento, e não é nada desprezível.

Na parte relativa aos recursos livres, as emendas de apropriação não suscitam nenhum problema teórico. Tal hipótese não envolve a superação de uma opção anterior de gasto, sendo até natural que exista um mecanismo para que se realize a alocação de novos recursos, não considerados quando da elaboração do projeto de orçamento. A dificuldade reside nos recursos que tenham se originado do cancelamento de dotações em bloco, indicadas no parecer preliminar. Isso porque, também aqui, não é dada aos parlamentares a faculdade de realizar um juízo de comparação abrangente entre as diferentes opções de despesa contidas no projeto de orçamento. Ao contrário, o que se verifica é uma grande limitação a esse juízo, que se manifesta em dois níveis.

Em primeiro lugar, um sistema baseado em cancelamentos feitos em bloco não permite um controle eficaz sobre as opções que estão sendo realizadas. Com efeito, ainda que seja possível imaginar um contexto ideal em que se observe o cancelamento de uma série de dotações "menos boas" e posterior aproveitamento da verba para finalidades mais relevantes, a verdade é que a comparação não será direta, como seria de se esperar para fins de incremento da racionalidade no processo de alocação, inclusive para que o controle social possa ser mais efetivo. Em outras palavras, perde-se a chance de se fazer um embate direto entre diferentes opções de despesa. Em segundo lugar, e com maior importância, tal sistema só permite que as emendas aloquem um volume pré-determinado de recursos, mantendo blindadas todas as dotações que não tenham sido alvo do referido corte inicial. Somando esses dois fatores, é bem difícil imaginar que as emendas de apropriação possam se mostrar um instrumento adequado para que o Congresso interfira nas grandes decisões orçamentárias. Ou seja, o mesmo problema que fora verificado nas emendas de remanejamento.

Nesse ponto, contudo, é necessário fazer um registro no mínimo inusitado. A descrição e análise do regime jurídico das emendas de apropriação, feitas até aqui, foram baseadas na Resolução nº 1/2006, do Congresso Nacional, que, como foi destacado, teve sua primeira aplicação no processo orçamentário referente ao exercício de 2008. Esse ato normativo é explícito ao indicar que as emendas de apropriação seriam custeadas pela reserva de recursos e pelo cancelamento eventual de outras dotações indicadas no parecer preliminar. Como visto, é justamente isso que as diferencia das emendas de remanejamento, que são financiadas pelo cancelamento de outras dotações, indicadas nas próprias propostas de emenda. Sem prejuízo de todas as deficiências que se vêm de assinalar, esse é o sistema instituído pelo ato normativo que rege a matéria.

No entanto, a Comissão Mista de Orçamento ignorou essa distinção e acabou esvaziando a restrição às emendas de apropriação que acaba de ser descrita, eis que atribuiu aos próprios parlamentares a prerrogativa de indicar dotações para anulação, tal como se fossem emendas de remanejamento. Essa *liberalidade* foi prevista expressamente no parecer preliminar de 2008[81] e não foi objeto de nenhuma contestação no âmbito do Congresso Nacional. Sobre o ponto, duas observações devem ser feitas. A primeira diz respeito ao mérito do descumprimento, sendo inevitável constatar que a medida afastou o principal defeito das emendas de apropriação e ainda serviu para minimizar os problemas decorrentes do regime insatisfatório das emendas de remanejamento. Na prática, os parlamentares puderam utilizar as emendas de apropriação para efetuar remanejamentos de verbas, e isso sem as limitações temáticas referidas acima[82].

---

81 Parecer Preliminar de 2008, Parte Especial, p. 1: "3. Constitui fonte de recursos para atendimento de emenda de apropriação, definida no art. 39 da Resolução nº 1/2006-CN, a anulação equivalente de: 3.1. Recursos integrantes da Reserva de Recursos a que se refere o item 34 deste Parecer; ou 3.2. Demais dotações em outras despesas correntes, investimentos e inversões financeiras (grupos de natureza de despesa GND 3, GND 4 e GND 5), observadas as vedações ao cancelamento constantes da Seção VIII deste Parecer".

82 Na prática, o parecer preliminar permitiu que os relatores setoriais efetuassem cortes, em base linear, de modo a liberar recursos para atender a emendas relacionadas às suas respectivas áreas temáticas. O tema será retomado.

Antes que o leitor comece a comemorar essa redenção parcial do processo legislativo orçamentário — que seria logo desmentida, de qualquer forma, pelas restrições adicionais que serão comentadas adiante — é hora de fazer a segunda observação. É certo que o descumprimento da Resolução nº 1/2006 decorreu de ato praticado por comissão do próprio Congresso Nacional e não se tem notícia de nenhuma resistência interna, seja dos órgãos diretivos, seja de qualquer bancada, comissão ou parlamentar. Também é certo que ao Congresso se reconhece primazia na interpretação de suas normas *interna corporis*, em atenção à separação dos Poderes[83]. Assim, havendo duas ou mais possibilidades interpretativas, deve prevalecer, em princípio, aquela que é respaldada pelo próprio órgão legislativo. Nada obstante, as palavras têm sentidos mínimos e o Congresso pode até modificar suas próprias normas, mas não pode simplesmente subvertê-las ou ignorá-las, esvaziando direitos atribuídos aos parlamentares pela Constituição, pelas leis ou mesmo pelo próprio regimento. Essa é a diferença entre autogestão e puro e simples arbítrio.

É na categoria do arbítrio que se enquadra a medida ora em discussão. A Resolução nº 1/2006 foi instituída pelo Congresso Nacional justamente para disciplinar a atuação da CMO. Apesar disso, o regime *de facto* instituído pela Comissão em 2008 é claramente incompatível com o referido ato normativo. Veja-se que nem faria sentido que a Resolução instituísse duas modalidades de emenda para permitir a realização da mesma providência. Tampouco faria sentido que uma dessas modalidades fosse denominada emenda de remanejamento, estando sujeita a inúmeras limitações, ao mesmo tempo em que seria considerado admissível realizar remanejamentos livremente por meio da outra modalidade, denominada emenda de apropriação.

No entanto, a verdade é que, para ter alguma chance de ser admitida, qualquer impugnação judicial à interpretação que foi dada à Resolução nº 1/2006 teria de partir do próprio Poder Legislativo, de alguma das mesas, comissões ou mesmo de algum parlamen-

83 Nesse sentido, incluindo a transcrição de inúmeros julgados do STF, v. VELLOSO, Carlos Mário da Silva. O controle do devido processo legislativo pelo Supremo Tribunal Federal. In: SAMPAIO, José Adércio Leite (org.). *Crise e desafios da Constituição*, 2004, pp. 269-279.

tar[84]. Não há qualquer mobilização nesse sentido, de modo que o processo legislativo orçamentário, em sua feição atual, parece incluir a possibilidade de que as próprias emendas de apropriação indiquem dotações para cancelamento, permitindo que recursos sejam remanejados. Isso não significa que a prática será necessariamente adotada novamente no futuro. Vale dizer: não há como antecipar se os próximos pareceres preliminares irão reproduzir ou não tal liberalidade.

De qualquer forma, a importância dessa questão específica é mitigada pela existência de outras limitações ao processo legislativo orçamentário, que acabam amesquinhando o papel do Congresso Nacional ainda que se admita como válida a flexibilização do regime jurídico das emendas de apropriação. Tais limitações também decorrem da Resolução nº 1/2006, estando associadas à classificação das emendas segundo o autor. É disso que se passa a tratar.

IV. 3. Classificação das emendas à despesa segundo o autor

a) Emendas de relator

São apresentadas pelos relatores setoriais e pelo relator-geral, podendo ser de cancelamento ou remanejamento. Em princípio, as relatorias não se destinam à proposição autônoma de modificações, segundo discricionariedade política, mas sim ao saneamento do projeto e sistematização das propostas de emenda apresentadas por bancadas, comissões e parlamentares individuais[85]. Por isso

---

84 Como se sabe, o STF somente admite que os próprios parlamentares questionem a regularidade do processo legislativo e isso, em geral, para fazer valer as determinações da Constituição. Ainda que seja possível cogitar de impugnação judicial na hipótese atípica de que se trata, eventual ação teria de ser proposta por deputado ou senador. Nesse sentido, v. STF, DJ 18.06.2004, MS 24462/DF, Rel. Min. Carlos Velloso: "O parlamentar tem legitimidade ativa para impetrar mandado de segurança com a finalidade de coibir atos praticados no processo de aprovação de leis e emendas constitucionais que não se compatibilizam com o processo legislativo constitucional. Legitimidade ativa do parlamentar, apenas".

85 RCN nº 1/2006, art. 144: "Os Relatores somente poderão apresentar emendas à programação da despesa com a finalidade de: I — corrigir erros e omissões de ordem técnica ou legal; II — recompor, total ou parcialmente, dotações canceladas, limitada a recomposição ao montante originalmente proposto no projeto; III — atender às especificações dos Pareceres Preliminares. Parágrafo único.

mesmo, os relatores setoriais acabam restringindo sua avaliação às respectivas áreas temáticas — embora não haja norma expressa que determine tal limitação — sem questionar a distribuição dos recursos entre elas. Apenas o relator-geral aprecia o projeto de lei em seu conjunto. A Resolução estabelece limitações qualitativas a essas emendas.

Limites qualitativos: na linha do que foi mencionado, as emendas de relator somente seriam admissíveis para a correção de erros ou omissões, o que pode incluir o aumento de dotações para atender a despesas consideradas necessárias para dar cumprimento à legislação existente. Essa acaba sendo uma via utilizada por alguns relatores para a proposição de alterações de maior relevo. Mais importante do que a proposição de emendas autônomas tem sido a atuação dos relatores setoriais na definição de dotações que sofrerão corte, a fim de liberar recursos para o atendimento de emendas provenientes de outros autores. Como referido acima, o parecer preliminar de 2008 admitiu emendas de apropriação custeadas com recursos indicados pelos próprios parlamentares, notadamente pelos relatores setoriais, aos quais foi concedida a faculdade de efetuar cortes em base linear[86]. Por fim, vale lembrar que os pare-

---

É vedada a apresentação de emendas que tenham por objetivo a inclusão de programação nova, bem como o acréscimo de valores a programações constantes dos projetos, ressalvado o disposto no inciso I do caput e nos Pareceres Preliminares".

86 Parece difícil defender a racionalidade desse tipo de "critério", que tem sido empregado constantemente ao longo dos anos como forma de dosar a intervenção dos relatores no processo orçamentário. No parecer preliminar de 2008, destacam-se as seguintes previsões, constantes na p. 8 da Parte Especial:

"39. Observadas as vedações e restrições estabelecidas nos itens 30 a 32, serão passíveis de utilização pelas Relatorias Setoriais, além dos recursos previstos no item 36.2 deste Parecer, recursos decorrentes de cancelamento de dotações consignadas a despesas com Investimentos (GND 4) e com Inversões Financeiras (GND 5):

39.1. com identificador de resultado primário igual a dois (RP 2), nas programações das Unidades Orçamentárias dos orçamentos Fiscal e da Seguridade Social, e respeitados os limites máximos fixados nos itens 40.1 e 40.2;

39.2. com identificador de resultado primário igual a três (RP 3), e GND 4, no limite máximo de 7% (sete por cento) de cada subtítulo, para atendimento de emendas com o mesmo RP 3, observado o item 6 deste Parecer.

40. Os limites máximos para cancelamento de dotações de que trata o item 39 deste Parecer, dentro do conjunto de unidades orçamentárias que compõem cada área temática, atenderá aos seguintes parâmetros:

ceres dos relatores acabam conduzindo a votação das emendas em geral, o que representa dose considerável de influência.

No caso dos relatores-gerais, é possível observar um grau ainda mais acentuado de discricionariedade, que tem sido conferido pelos pareceres preliminares elaborados por eles mesmos, mas aprovados pelo Plenário da CMO. Assim é que, nos últimos anos, os relatores-gerais receberam autorização para propor emendas destinadas a: i) permitir o aumento do salário mínimo em nível superior à previsão inicial, veiculada na LDO; ii) permitir o aumento da remuneração dos servidores públicos; iii) aumentar dotações na área da saúde com a finalidade de equilibrar os gastos *per capita* nos diferentes Estados da Federação; iv) criar dotações relacionadas à transferência de recursos da União para os demais entes federativos a fim de compensar perdas nas exportações, decorrentes da chamada Lei Kandir (LC 87/96)[87].

Sem prejuízo desses dispositivos autorizativos, lembre-se que a regra geral é a contenção das emendas de relator à correção de erros ou omissões. Além dessa limitação geral, tem sido admitido que o parecer preliminar imponha restrições específicas aos relato-

---

40.1. o total dos cancelamentos em dotações consignadas a despesas com Investimentos (GND 4), com identificador de resultado primário igual a dois (RP 2), terá como limite global o percentual de 40% (quarenta por cento) do total programado no GND 4 e RP 2, podendo os cancelamentos em cada subtítulo incidirem em qualquer percentual, desde que respeitado o limite global mencionado;

40.2. o total dos cancelamentos em dotações consignadas a despesas com Inversões Financeiras (GND 5) terá como limite global o percentual de 20% (vinte por cento) do total programado no GND 5 e RP 2, podendo os cancelamentos em cada subtítulo incidirem em qualquer percentual, desde que respeitado o limite global mencionado;

40.3. não se incluem nos limites mencionados nos itens 40.1 e 40.2 os cancelamentos efetuados nos subtítulos de obras e serviços com indícios de irregularidades graves, nos termos do item 45.7.7, todos deste Parecer.

41. O acolhimento de emendas à despesa de apropriação que proponham a inclusão ou o acréscimo de dotação com identificador de resultado primário igual a três (RP 3), de que trata o item 6 deste Parecer, somente será efetuado pelas Relatorias Setoriais, no mesmo RP, mediante a utilização dos recursos decorrentes do cancelamento previsto no item 39.2 deste Parecer".

87 Os itens referentes ao exercício de 2008 podem ser encontrados no Parecer Preliminar, Parte Especial, p. 4. Como já referido, o documento encontra-se disponível em www.camara.gov.br.

res com base no art. 52, II, *a*, da Resolução[88]. No parecer aprovado em 2008, *e.g.*, as principais determinações foram as seguintes[89]:

i) proibição de quaisquer emendas de relator tendo por objeto o cancelamento de dotações incluídas nos grupos de natureza de despesa 1, 2 e 6 (pessoal e encargos sociais; juros e encargos da dívida; e amortização da dívida). As duas primeiras limitações seriam, a rigor, desnecessárias, por decorrerem diretamente da Constituição. O grupo 6, no entanto, não é de proteção obrigatória;

ii) vedação ao cancelamento de despesas com indicador de resultado primário 1 (RP 1 — despesa obrigatória), o que também é redundante. Por outro lado, foi vedado o acolhimento de emenda destinada a ampliar dotação referente à despesa discricionária (RP 2) decorrente do cancelamento de despesas financeiras e de despesas previstas no âmbito do Programa Piloto de Investimentos do Governo Federal, absorvido pelo PAC (RP 0 e 3, respectivamente). Vale dizer: esse conjunto de despesas foi previamente blindado contra a ação das relatorias;

iii) em relação ao orçamento de investimento das estatais, foi determinado que os relatores setoriais somente poderiam efetuar remanejamentos no âmbito de cada empresa, até o limite de 20% da dotação inicialmente prevista. Ficaram proibidas, portanto, as transferências de verba de uma empresa para outra.

Não há estatísticas disponíveis sobre a relação entre as emendas propostas pelas relatorias e as efetivamente incorporadas ao orçamento aprovado. No que concerne às emendas aprovadas, seu impacto financeiro varia consideravelmente de ano para ano, mesmo no âmbito de uma mesma área temática, indicando que as circunstâncias pessoais dos relatores parecem desempenhar papel relevante na definição da sua real interferência. Isso se verifica também em relação às emendas propostas pelos relatores-gerais, sem prejuízo de se constatar que elas respondem invariavelmente pela parcela mais expressiva das modificações realizadas no projeto original.

---

88 RCN nº 1/2006, art. 52: "O Relatório Preliminar será composto de duas partes: (...) II — Parte Especial, que conterá, no mínimo:a) as condições, restrições e limites que deverão ser obedecidos, pelos Relatores Setoriais e pelo Relator-Geral, no remanejamento e no cancelamento de dotações constantes do projeto; (...)".

89 V. Parecer Preliminar de 2008, Parte Especial, pp. 5 e 6.

b) Emendas de comissão

Propostas pelas comissões permanentes temáticas, de ambas as Casas Legislativas, podendo ser de cancelamento, remanejamento ou apropriação. Estão submetidas a limites qualitativos e quantitativos.

Limites qualitativos: nos termos do art. 44 da Resolução, as emendas devem ter caráter institucional e representar interesse nacional, sendo vedado que sejam destinadas verbas a entidades privadas, a menos que se trate de reforço à dotação já existente no projeto de lei. A limitação mais importante já foi referida e diz respeito às emendas de remanejamento, que só podem permutar recursos no âmbito de uma mesma subárea temática e de um mesmo grupo de natureza de despesas.

Limites quantitativos: no caso de comissões cuja competência se restrinja a uma única subárea temática[90], a Resolução admite que sejam propostas até 4 emendas, sendo 2 de apropriação e 2 de remanejamento. Para as comissões responsáveis por duas ou mais subáreas — e também para as mesas Diretoras da Câmara e do Senado — o limite é de 8 emendas, também divididas na proporção de meio a meio[91]. Há duas observações a fazer. A primeira é pontual: o limite diz respeito à quantidade de emendas que pode ser proposta, não havendo garantia de aprovação efetiva. Nem poderia ser diferente, já que eventual aprovação automática apenas atestaria a falta de seriedade do processo deliberativo. A segunda observação é mais abrangente e servirá para demonstrar o real impacto dos limites quantitativos. O ponto exige desenvolvimento mais cuidadoso.

Segundo a dicção literal dos arts. 38 e 39 da Resolução, uma emenda de remanejamento ou de apropriação poderia propor a inclusão de dotações ou acréscimos nas já existentes. Ou seja, considerando esses dispositivos isoladamente, seria possível imaginar que uma única emenda poderia promover várias ações, o que acabaria esvaziando o conteúdo e a própria lógica das limitações quantitativas. Afinal, qual seria o sentido de conceder quatro ou oito emendas a uma comissão, se ela pudesse incluir todas as suas pro-

---

90 Como demonstrado, a divisão em áreas temáticas consta do art. 26 da RCN nº 1/2006. Esse mesmo artigo admite a divisão em subáreas, a critério da CMO.

91 RCN nº 1/2006, art. 44, §§ 1º e 2º.

postas de mudança no corpo de uma única emenda? Para evitar esse desvio, o art. 41 da Resolução proíbe a propositura de emenda constituída por *várias ações que devam ser objeto de emendas distintas*[92]. O dispositivo não indica, contudo, qual seria exatamente o objeto de uma emenda.

Na prática, a imensa maioria das emendas propõe a modificação de um único par de dotações, por meio de acréscimos no primeiro à custa de reduções ou do cancelamento do segundo. Também são comuns as emendas que promovem cortes sobre diversas dotações, afetando-as parcialmente, revertendo-se o conjunto de recursos para um único objeto (seja uma nova dotação, seja o reforço a uma já existente). Em suma, a praxe tem sido constituída por emendas que contemplam uma única nova despesa, ainda que os recursos provenham de vários cancelamentos. Mesmo que esse modelo não seja obrigatório — e nenhum dispositivo afirma expressamente que ele seria — parece certo que cada emenda deve guardar relação com um único programa, uma única atividade a ser desenvolvida pelo Poder Público. Para dar um exemplo, seria admissível emenda para expandir determinado programa federal de estímulo à leitura, o que poderia demandar o aumento da dotação relacionada ao programa específico e também de algumas outras relacionadas a verbas para o custeio de órgãos públicos. Embora tais ações possam envolver o dispêndio de cifras bastante expressivas, o que se quer destacar é o caráter pontual das modificações que podem ser introduzidas. Não seria admissível, *e.g.*, emenda que pretendesse veicular um pacote de ações relacionadas ao tema educação.

Isso confirma o que foi dito sobre as limitações ao processo legislativo orçamentário e a forma como elas acabam impedindo que o Congresso Nacional possa interferir de maneira abrangente nas grandes decisões sobre a alocação dos recursos públicos e estimulando modificações pontuais ao projeto elaborado pelo Poder Executivo. Exatamente o oposto do que seria desejável. Esse mesmo quadro irá se repetir nas emendas de bancada estadual e atingir seu ponto máximo nas emendas individuais.

---

92 RCN nº 1/2006, art. 41: "A emenda ao projeto que propõe acréscimo ou inclusão de dotações, somente será aprovada caso: (...) III — não seja constituída de várias ações que devam ser objeto de emendas distintas; (...)".

c) Emendas de bancada estadual

Propostas pelas bancadas estaduais, exigindo-se que sejam endossadas por 3/4 dos deputados e 2/3 dos senadores eleitos pelo respectivo Estado-membro, independentemente dos partidos[93]. Tal como as emendas de comissão, podem ser de cancelamento, remanejamento ou apropriação e estão sujeitas a limites qualitativos e quantitativos.

Limites qualitativos: como já referido, acréscimos e cancelamentos só podem ser propostos no âmbito da mesma unidade da Federação, mesmo órgão e mesmo grupo de natureza de despesas. A Resolução contém ainda norma destinada a coibir o abandono de projetos decorrentes de emenda proposta por bancada estadual: uma vez iniciada a execução, a bancada fica, em princípio, obrigada a propor novas emendas, anualmente, até a sua conclusão[94].

Limites quantitativos: podem ser propostas até 3 emendas de remanejamento. No caso das emendas de apropriação, cada bancada deve apresentar um mínimo de 15 e um máximo de 20 emendas. Bancadas que tenham mais de 11 membros poderão apresentar, para cada grupo de dez parlamentares excedentes, uma emenda de apropriação adicional ao mínimo de 15[95]. Nas bancadas com mais de 18 parlamentares, 3 das 15 emendas mínimas serão propostas exclusivamente pela representação de senadores — sem a intervenção dos deputados, portanto. Aplicam-se também aqui as

93 RCN nº 1/2006, art. 47.

94 RCN nº 1/2006, art. 47, § 2º: "Os projetos constantes de lei orçamentária anual, oriundos de aprovação de emendas de Bancada Estadual, uma vez iniciados, deverão ser, anualmente, objeto de emendas apresentadas pela mesma Bancada Estadual até a sua conclusão, salvo se: I — constem do projeto de lei orçamentária; ou II — a execução física não tiver alcançado 20 % (vinte por cento) do total da obra; ou III — houver comprovado impedimento legal à continuidade da obra; ou IV — houver decisão em contrário da unanimidade da bancada".

95 RCN nº 1/2006, art. 47, § 1º: "Poderão ser apresentadas no mínimo 15 (quinze) e no máximo 20 (vinte) emendas de apropriação, além de 3 (três) emendas de remanejamento, sendo que: I — as Bancadas Estaduais com mais de 11 (onze) parlamentares poderão apresentar, além do mínimo de 15 (quinze) emendas, uma emenda de apropriação para cada grupo completo de 10 (dez) parlamentares da bancada que exceder a 11 (onze) parlamentares; II — nas Bancadas Estaduais integradas por mais de 18 (dezoito) parlamentares, caberá à representação do Senado Federal a iniciativa da apresentação de 3 (três) emendas de apropriação dentre aquelas de que trata o caput".

observações feitas acima acerca das consequências dos limites quantitativos. Apenas é necessário acrescentar que a instituição de uma quantidade mínima parece simplesmente ilógica. Embora seja provável que as bancadas tenham interesse em utilizar todas as emendas possíveis — sobretudo pelo fato de elas terem de ser pontuais, como destacado — não faz nenhum sentido impor a proposição de emendas.

d) Emendas individuais

Apresentadas por cada deputado ou senador, podendo ser cancelamento ou de apropriação. Na prática, somente estas últimas são propostas. A Resolução não veda expressamente a propositura de emendas de remanejamento por parlamentar, mas produz esse resultado ao determinar que a verba destinada ao custeio das emendas individuais saia da já referida reserva de recursos.

Limites qualitativos: como indicado, os parlamentares não podem efetuar remanejamentos, limitando-se a propor a alocação de um conjunto pré-determinado de recursos.

Limites quantitativos: A Resolução impõe um limite de 25 emendas por parlamentar, acrescido de um limite em valor global, a ser fixado anualmente no parecer preliminar[96]. Em 2008, o teto individual foi estabelecido em 8 milhões de reais[97], o que representa um valor significativo em si mesmo, mas insuficiente para a realização de qualquer mudança estrutural. Ou seja, no caso das emendas individuais, o paroquialismo é institucionalizado. A realidade apenas confirma e até aprofunda essa circunstância.

Com efeito, a consulta aos bancos de dados do Congresso Nacional demonstra que, com raríssimas exceções, todas as emendas individuais são aprovadas, sem qualquer deliberação real[98]. A ver-

96 RCN nº 1/2006, art. 49: "Cada parlamentar poderá apresentar até 25 (vinte e cinco) emendas ao projeto, cabendo ao Parecer Preliminar fixar o valor total do conjunto das emendas a serem apresentadas, por mandato parlamentar, nos termos do art. 52, II, *i*".

97 Parecer Preliminar de 2008, Parte Especial, p. 2.

98 Para confirmar a informação, basta uma breve consulta ao banco de dados da Câmara dos Deputados, contrastando as emendas apresentadas por cada parlamentar e as efetivamente aprovadas. Os resultados não deixam qualquer margem de dúvida: não há deliberação efetiva, como se houvesse a premissa de que os parlamentares têm *direito* a decidir sobre a alocação do *seu* quinhão. A infor-

dade é que cada um dos parlamentares dispõe de um capital anual para alocação segundo sua própria conveniência, o que acaba sendo utilizado por muitos para financiar benfeitorias nos seus redutos eleitorais. Ainda quando tais atividades revertam em benefício do interesse público, é evidente que recursos orçamentários não deveriam ser distribuídos dessa maneira, à margem do processo deliberativo. Além de seus defeitos intrínsecos, tal situação ainda produz pelo menos duas consequências políticas negativas: i) os parlamentares já eleitos podem vir a ter considerável vantagem na disputa por um novo mandato; ii) o Poder Executivo acaba ganhando poder de barganha para obter a aprovação de projetos do seu interesse, uma vez que pode condicionar a liberação efetiva das verbas a alguma contraprestação política. O noticiário fornece vários exemplos desse tipo de negociação, que há muito deixou de ser clandestina[99]. Tais problemas serão analisados em maior detalhe na terceira parte do estudo, na qual será proposta — como sugestão *de lege ferenda* — a extinção das emendas individuais como categoria autônoma.

IV.4. Síntese conclusiva: inconstitucionalidades e defeitos da Resolução nº 1/2006, do Congresso Nacional

Como se procurou demonstrar, a Resolução nº 1/2006 estabe-

---

mação pode ser confirmada igualmente na Nota Técnica Conjunta nº 11/2007, produzida pelos órgãos de assessoramento orçamentário da Câmara dos Deputados e do Senado Federal. O documento pode ser obtido na seguinte página eletrônica: http://www2.camara.gov.br/orcamentobrasil/orcamentouniao/loa/loa2008/emendas/NTC11_2007_analise_emendasPLOA_2007.pdf. Acesso em 02.04.2008.

99 Um exemplo expressivo foi fornecido pelas negociações que levaram à prorrogação da DRU — Desvinculação das Receitas da União. Veja-se o seguinte trecho de reportagem publicada no portal eletrônico Globo.com, em 19.12.2007, cujo conteúdo é similar ao que foi divulgado por outros veículos da mídia sem qualquer contestação por parte do Governo ou dos congressistas: "Nos bastidores, a oposição forçou o governo a aceitar duas condições para evitar o fim da DRU: que o corte das emendas parlamentares seja equilibrado entre parlamentares governistas e de oposição, e que o presidente Luiz Inácio Lula da Silva não faça discursos públicos, em que aponta a oposição como a responsável pelos problemas de infra-estrutura de saúde". Disponível em: http://g1.globo.com/Noticias/Economia_Negocios/0,,MUL233672-9356,00.html. Acesso em 21.03.2008.

lece um conjunto intrincado e assistemático de restrições à proposição de emendas à despesa no âmbito do processo legislativo orçamentário. É possível sintetizar as mais importantes nas seguintes proposições:

i) os relatores só devem propor emendas para a correção de erros ou omissões. Ainda que esses conceitos sejam compreendidos com alguma elasticidade, não há liberdade institucional para a proposição de modificações com base em discricionariedade política. Essa regra é parcialmente excepcionada em relação ao Relator-Geral do orçamento, nos termos do parecer preliminar que ele mesmo produz e submete à aprovação da CMO;

ii) as comissões permanentes só podem sugerir o remanejamento de recursos no âmbito das respectivas áreas temáticas, tendo ainda de conservar a natureza inicial da despesa (investimento, despesa corrente, etc.). De qualquer forma, a proposição de emendas está sujeita a um limite numérico, fazendo com que eventuais modificações sejam inevitavelmente pontuais;

iii) as bancadas estaduais só podem remanejar recursos no âmbito das dotações originalmente atribuídas aos respectivos entes federativos, exigindo-se ainda que as verbas remanejadas permaneçam destinadas ao mesmo órgão e que a despesa conserve sua natureza. A questão do limite numérico se aplica também aqui, com todas as suas consequências;

iv) as emendas individuais não podem remanejar recursos, servindo apenas para alocar um montante pré-determinado. Além disso, estão sujeitas a limites numéricos e de valor global. Isso também impede, com intensidade ainda maior, a proposição de mudanças estruturais, além de criar um ambiente propício a mazelas como o paroquialismo e o clientelismo.

Em suma, parece incontestável que há restrições e que estas são abrangentes. Resta saber se são compatíveis com a Constituição. É disso que se passa a tratar.

Uma leitura estrita da já referida jurisprudência do STF acerca das emendas parlamentares levaria à conclusão de que apenas limitações de ordem constitucional seriam admissíveis. É bem verdade que o Tribunal referia-se ao Poder Legislativo em seu conjunto, afirmando que este não poderia ser privado da faculdade de modificar projetos de lei, mesmo nos casos de iniciativa reservada. Entretanto, é preciso ter em conta que o Congresso Nacional não detém uma vontade abstrata, diferente do somatório das vontades de seus membros[100]. Nesse sentido, é mais do que razoável sustentar que o mandato conferido a cada congressista lhe confere a faculdade de se manifestar e influir concretamente em todas as discussões travadas na Casa Legislativa. Não por acaso, o STF tem reconhecido que os parlamentares têm direito subjetivo à estrita observância do processo legislativo constitucional[101]. Tal orientação faz ainda mais sentido quando se trate de preservar a própria autoridade do mandato popular e evitar que a Casa Legislativa seja apropriada por facções internas, ainda quando majoritárias[102].

100 A rigor, mesmo esse somatório ocorre de forma não-linear, por fatores diversos como a influência das lideranças, a polarização de interesses entre os partidos de situação e oposição, influências externas, dentre outros. Em um nível mais profundo, é quase inevitável que os parlamentares — ainda quando atuem de forma séria e independente — tenham diferentes representações mentais acerca dos projetos de lei em discussão e antecipem suas aplicações prováveis de maneiras também diversas. Identificando as dificuldades envolvidas na definição de uma suposta "intenção do legislador", sobretudo quando aumenta a distância temporal entre a edição e a aplicação de um ato normativo, v. DWORKIN, Ronald. O *império do direito*, 1999, p. 377 e ss..

101 De forma exemplificativa, lembre-se do MS 24462/DF (STF, DJ 18.06.2004, Rel. Min. Carlos Velloso), citado acima.

102 Nesse sentido, o STF assegurou o direito das minorias à instauração de CPI, impedindo que a medida restasse obstruída pela inércia de determinado partido na indicação dos seus representantes na Comissão. Levando-se o raciocínio às suas últimas consequências, seria possível dizer que o esvaziamento de um único mandato parlamentar já é suficiente para caracterizar violação à Constituição. V. STF, DJ 04.08.2006, MS 24.831/DF, Rel. Min. Celso de Mello: "A prerrogativa institucional de investigar, deferida ao Parlamento (especialmente aos grupos minoritários que atuam no âmbito dos corpos legislativos), não pode ser comprometida pelo bloco majoritário existente no Congresso Nacional e que, por efeito de sua intencional recusa em indicar membros para determinada comissão de inquérito parlamentar (ainda que fundada em razões de estrita conveniência político-partidária), culmine por frustrar e nulificar, de modo inaceitável e arbitrário, o exercício, pelo Legislativo (e pelas minorias que o integram), do poder constitucional de fiscalização e de investigação do comportamento dos órgãos, agentes e instituições do Estado, notadamente daqueles que se estruturam na esfera orgânica do Poder Executivo. — Existe, no sistema político-jurídico brasileiro, um verdadeiro estatuto constitucional das minorias parlamentares, cujas prerrogativas — notadamente aquelas pertinentes ao direito de investigar — devem ser preservadas pelo Poder Judiciário, a quem incumbe proclamar o alto significado que assume, para o regime democrático, a essencialidade da proteção jurisdicional a ser dispensada ao direito de oposição, analisado na perspectiva da prática republicana das instituições parlamentares. — A norma inscrita no art. 58, § 3º, da Constituição da República destina-se a ensejar a participação ativa

Em princípio, portanto, o poder de emenda no âmbito interno do Congresso Nacional deve ser amplo. Exceções a isso até podem ser justificadas, mas certamente não devem ser excessivas a ponto de impedir que os parlamentares possam ter ingerência sobre o conteúdo dos projetos de lei que são chamados a votar, muito menos sobre seus aspectos essenciais. Essa é a teoria geral e cabe agora aplicá-la ao orçamento, de forma realista.

A extensão e abrangência do orçamento fazem com que o processo legislativo correspondente seja um pesadelo logístico. Apenas o projeto em si, contando seus anexos, contém mais de duas mil páginas e centenas de milhares de itens passíveis de emenda, ao menos em tese. A isso se acresce o interesse e disposição reais de emendar, por parte de cada parlamentar, bancada e comissão, uma vez que o cumprimento de promessas de campanha passa quase sempre por atividades concretas do Poder Público. Como visto, isso pressupõe a existência de dotação orçamentária. Por fim, todos esses elementos devem ser equacionados em poucos meses, lapso de tempo em que dificilmente se consegue votar um projeto de lei convencional.

Por tudo isso, parece até inevitável que normas internas do Congresso Nacional estabeleçam restrições à propositura de emendas, sobretudo de ordem procedimental. O que se observa, porém, é que o sistema em vigor nega aos parlamentares, e mesmo às comissões e bancadas estaduais, a oportunidade de realizar os juízos políticos verdadeiramente básicos, relativos à definição das grandes opções de investimento[103]. Como visto, as normas internas do Congresso tornam a avaliação do projeto de lei orçamentária rigidamente setorizada. Além disso, impõem limites quantitativos que

---

das minorias parlamentares no processo de investigação legislativa, sem que, para tanto, mostre-se necessária a concordância das agremiações que compõem a maioria parlamentar".

103 No mesmo sentido, SABBAG, César. *Orçamento e desenvolvimento — Recurso público e dignidade humana: o desafio das políticas públicas desenvolvimentistas*, 2007, p. 144 e 147: "Mal generalizando, a atuação legislativa cinge-se a aspectos menos importantes da programação, concentrando-se em ações ou programas isolados. Não se cogita, nem de longe, questionar a política orçamentária ou os valores que ela representa, em termos de política econômica ou de desenvolvimento nacional. (...) O modelo reserva ao parlamento um *papel inferior* e lhe suprime a possibilidade de intervenção efetiva na política financeira".

acabam impedindo modificações estruturais, mesmo no âmbito de cada área temática ou Estado da Federação.

É difícil exagerar os problemas desse sistema. O que ele faz é subverter a lógica das decisões orçamentárias e negar ao Congresso Nacional a possibilidade de realizar os juízos políticos verdadeiramente básicos, relativos à definição das grandes opções de investimento e dos seus destinatários preferenciais. Não é possível, *e.g.*, que se proponha a modificação do peso relativo das despesas militares em face das despesas com saúde ou educação, tampouco a concentração de investimentos em determinada localidade para suprir carências mais acentuadas. Fica esvaziado justamente aquele que seria o principal papel do Congresso Nacional: influir nas decisões políticas fundamentais, que acabam sendo monopolizadas pelo Executivo. Ao legislador resta a possibilidade de modificar decisões específicas, justamente aquelas para as quais estaria menos vocacionado.

Como se verá, mesmo essas decisões específicas acabam subordinadas à boa vontade da Administração, uma vez que as emendas parlamentares recaem justamente na parcela abrangente do orçamento que se entende de execução voluntária. No entanto, antes mesmo de levar a análise a esse segundo problema, o que se queria destacar é que o sistema de elaboração do orçamento produz uma inversão do equilíbrio convencional e até intuitivo entre os campos de atuação dos Poderes Legislativo e Executivo.

Seria possível levantar a objeção de que nenhum outro sistema funcionaria, sob o argumento fatalista de que, suprimidas as restrições, cada bancada, comissão e parlamentar tentaria maximizar os recursos destinados ao seu próprio campo de atuação ou área de interesse, impedindo qualquer coordenação eficaz. O argumento é forte, mas prova demais, pois acaba negando a possibilidade da própria democracia representativa, o que parece impensável no mundo contemporâneo a despeito do grande ceticismo devotado à política[104]. Assim, a menos que se defenda o fechamento do Congres-

104 A rigor, é possível dizer que a sociedade trata seus políticos com ceticismo crescente, mas não perdeu a fé na democracia e, por extensão, na dinâmica política que lhe é subjacente, até pela constatação de que nenhum outro regime parece capaz de conviver com o *fato do pluralismo*, que caracteriza as sociedades contemporâneas. Nesse sentido, GIDDENS, Anthony. *Mundo em descontrole — O que a globalização está fazendo de nós*, 2007, p. 83.

so, parece necessário que seja desenvolvido um instrumental adequado para que ele possa exercer seu papel constitucional, sem prejuízo de uma utilização mais efetiva das ferramentas já existentes[105].

As proposições serão concentradas na terceira parte do estudo, mas já se pode adiantar que esse papel exige que o Congresso possa interferir verdadeiramente nas grandes decisões orçamentárias. Vale dizer: ainda que as comissões, bancadas e parlamentares desenvolvam pontos de vista inevitavelmente parciais, caberia ao Plenário produzir a síntese possível, definindo uma pauta nacional de prioridades. É bem provável que essa pauta corresponda, em larga medida, àquela que foi rascunhada no projeto de lei encaminhado pelo Poder Executivo. Circunstâncias da realidade produzem essa tendência, como já foi comentado. Coisa diversa é retirar do Congresso, institucionalmente, a possibilidade de interferir. Por tudo isso, é possível concluir que a Resolução nº 1/2006 é inconstitucional pelo menos nos seguintes pontos[106]:

---

105 Como referido, as audiências públicas são um instrumento dotado de potencial informativo. Diga-se o mesmo da possibilidade de convocar autoridades e requisitar documentos, informações e auditorias, inclusive por intermédio do Tribunal de Contas. Além disso, os órgãos legislativos contemporâneos perceberam a importância de uma assessoria especializada permanente, evitando que permaneçam na total dependência de informações fornecidas por instâncias externas. De forma sintomática, como será demonstrado, a ascensão do Congresso norte-americano em matéria orçamentária foi acompanhada da criação de um órgão técnico próprio. No Brasil, como foi mencionado, o Congresso Nacional também já dispõe de uma assessoria em matéria de orçamento. Sobre a importância dos órgãos especializados de assessoria para impedir a manipulação ou engessamento do Poder Legislativo, v. FERREIRA FILHO, Manoel Gonçalves. *Processo legislativo*, 2007, pp. 134-136.

106 Como já se referiu, a autonomia do Poder Legislativo lhe confere a faculdade de elaborar suas normas internas e até a primazia na sua interpretação, mas não afasta de forma taxativa a possibilidade de controle da sua constitucionalidade, dada a supremacia da Constituição. Nesse sentido, v. SILVA, José Afonso da. *Processo constitucional de formação das leis*, 2006, p. 344: "Não há dúvida de que há de prevalecer o valor da supremacia constitucional, até porque a norma regimental deixa de ser coberta pelo princípio da independência parlamentar que lhe dá fundamento, se excede do âmbito de reserva que lhe concede a Constituição. Os *interna corporis* já não são mais aquele ídolo da soberania dos parlamentos, seu prestígio de outrora se apaga diante de outros valores, porque acima da soberania do parlamento, que ele sinalizava, está a soberania da Constituição, a que têm que prestar vassalagem".

i) ao impor que a proposição de emendas ao orçamento seja setorizada, impedindo justamente os remanejamentos que seriam mais importantes politicamente: aqueles realizados entre áreas temáticas e regiões do país;

ii) ao impor limites quantitativos às emendas coletivas, impedindo modificações estruturais. No caso das emendas individuais, talvez seja inevitável algum limite numérico, dada a quantidade de agentes envolvidos. Mais proveitosa, porém, seria a supressão dessas emendas como modalidade autônoma. A deliberação seria concentrada nos órgãos coletivos, aos quais os parlamentares poderiam — como já podem atualmente — apresentar suas propostas. O ponto será desenvolvido adiante.

V. Conclusão da tramitação legislativa e sanção

Ao final do processo legislativo, a lei orçamentária aprovada é encaminhada ao presidente da República, para sanção ou veto. O veto poderá ser total ou parcial, baseado em alegação de inconstitucionalidade ou no interesse público, segundo o regime geral do art. 66 da Constituição[107]. Também segundo esse regime, os pontos vetados são devolvidos ao Poder Legislativo, que pode restabe-

107 CF/88, art. 66: Art. 66. A Casa na qual tenha sido concluída a votação enviará o projeto de lei ao Presidente da República, que, aquiescendo, o sancionará. § 1° — Se o Presidente da República considerar o projeto, no todo ou em parte, inconstitucional ou contrário ao interesse público, vetá-lo-á total ou parcialmente, no prazo de quinze dias úteis, contados da data do recebimento, e comunicará, dentro de quarenta e oito horas, ao Presidente do Senado Federal os motivos do veto. § 2° — O veto parcial somente abrangerá texto integral de artigo, de parágrafo, de inciso ou de alínea. § 3° — Decorrido o prazo de quinze dias, o silêncio do Presidente da República importará sanção. § 4° — O veto será apreciado em sessão conjunta, dentro de trinta dias a contar de seu recebimento, só podendo ser rejeitado pelo voto da maioria absoluta dos Deputados e Senadores, em escrutínio secreto. § 5° — Se o veto não for mantido, será o projeto enviado, para promulgação, ao Presidente da República. § 6° Esgotado sem deliberação o prazo estabelecido no § 4°, o veto será colocado na ordem do dia da sessão imediata, sobrestadas as demais proposições, até sua votação final (Redação dada pela Emenda Constitucional n° 32, de 2001). § 7° — Se a lei não for promulgada dentro de quarenta e oito horas pelo Presidente da República, nos casos dos § 3° e § 5°, o Presidente do Senado a promulgará, e, se este não o fizer em igual prazo, caberá ao Vice-Presidente do Senado fazê-lo".

lecer o texto original por maioria absoluta dos membros do Congresso Nacional, reunidos em sessão conjunta.

Pela própria estrutura da lei orçamentária, já referida, a tendência é que eventuais vetos recaiam sobre disposições contidas nos anexos, mais precisamente nas previsões concretas de despesa. Em tese, essa seria uma forma de o Executivo, fundadamente, manifestar sua discordância em relação às modificações introduzidas pelo Congresso Nacional, quer sejam cortes aos projetos inicialmente propostos, quer sejam novos projetos. Na prática, porém, as hipóteses de veto têm sido raras e pontuais, geralmente associadas à correção de equívocos[108]. Isso pode ser explicado por pelo menos dois fatores. O primeiro deles é a negociação continuada entre os Poderes, que se inicia antes mesmo de o projeto de lei ser encaminhado e prossegue durante o processo legislativo. Dada a necessidade — ou, pelo menos, conveniência prática — de se aprovar um orçamento dentro do prazo constitucional ou tão cedo quanto possível, é normal que haja uma intensa ação de bastidores, ainda mais do que na generalidade dos trabalhos legislativos. O contraponto negativo dessa circunstância, como se sabe, é o terreno fértil que se abre para barganhas políticas já na fase de elaboração do orçamento.

O segundo fator que parece explicar a baixa incidência de vetos é a compreensão do orçamento como mera autorização. Uma vez que o Executivo, como regra, não estará obrigado a implementar as modificações efetuadas pelo Congresso, não faz mesmo muito sentido que ele instaure um confronto institucional e prolongue o calvário da tramitação orçamentária. Além disso, o poder de liberar ou não as verbas previstas para realização dos projetos de interesse dos parlamentares será uma boa moeda de troca ao longo do exercício. Ou seja, a barganha política referida acima não se esgota na elaboração do orçamento, estendendo-se também ao momento da execução. A crítica é inevitável: embora negociação, acomodações de interesses e até mesmo o *lobby* sejam elementos inerentes à política real, em qualquer parte do mundo, a prática orçamentária

108 Na lei orçamentária de 2007, *e.g.*, houve apenas dois vetos pontuais — motivados por inconstitucionalidade — para suprimir a destinação de recursos da seguridade social à Fundação Universidade Federal do Acre, sob o argumento de que essa entidade não desenvolveria ações compatíveis com a natureza desses recursos. A mensagem de veto pode ser consultada na página eletrônica http://www.planalto.gov.br/ccivil_03/_Ato2007-2010/2007/Msg/VEP-70-07.htm. Acesso em 20.03.2008.

brasileira consagrou um verdadeiro escambo entre os Poderes, divulgado na mídia sem pudor pelos próprios envolvidos.

Admitindo-se que o projeto seja afinal sancionado, ele se converte na lei orçamentária anual, que contém todas as previsões de despesa para o exercício, veiculadas na forma de dotações específicas. Despesas supervenientes terão de ser inseridas no orçamento de alguma forma, o que é feito por meio de créditos adicionais. Esse é o tema do próximo tópico.

VI. Dotações orçamentárias e créditos adicionais

Por força da já mencionada reserva de lei orçamentária, exige-se que as despesas públicas sejam especificadas no orçamento sob a forma de dotações ou créditos orçamentários. Cada um desses créditos constitui uma parcela da receita prevista, afetada, em princípio, a uma determinada finalidade. Os créditos devem ser específicos, uma vez que previsões excessivamente genéricas não atenderiam à finalidade de controle das finanças públicas[109]. Pelo mesmo motivo, é vedada a concessão de créditos ilimitados[110], embora não haja limite para a sua concessão. O importante é que o orçamento funcione como pauta de distribuição dos recursos disponíveis, permitindo que sejam identificadas as opções de investimento.

Trata-se, naturalmente, de previsões de despesa, mesmo nos sistemas orçamentários de execução compulsória. Isso ocorre por dois motivos. Em primeiro lugar, é impossível orçar com plena exatidão as receitas que serão obtidas e os custos envolvidos nas atividades estatais ao longo de todo o exercício, sobretudo com antecedência de muitos meses[111]. Por razões óbvias, não se proíbe que o

109 Sobre o princípio da especificidade ou especialidade orçamentária, V. TORRES, Ricardo Lobo. *Tratado de direito constitucional financeiro e tributário — O orçamento (volume V)*, 2000, pp. 277. O equilíbrio entre generalidade e especificidade será objeto de comentários adicionais.

110 CF/88, art. 167: "São vedados: (...) VII — a concessão ou utilização de créditos ilimitados; (...)".

111 Essa é uma circunstância difícil de evitar, em qualquer sistema orçamentário, sobretudo se a preparação do orçamento for realmente precedida de uma avaliação real das necessidades de caixa dos diferentes órgãos, entidades e proje-

gestor envide esforços para implementar os projetos ao menor custo possível, em atenção ao princípio da eficiência. Por outro lado, é possível que a execução de determinado projeto venha a demandar investimento maior do que o inicialmente previsto. Nesse caso será preciso fazer um juízo sobre a conveniência da destinação de verbas adicionais ainda no mesmo exercício, provavelmente à custa da anulação ou redução de outras dotações. Em segundo lugar, as próprias necessidades coletivas estão sujeitas a inúmeras variáveis. Novas prioridades podem surgir ao longo do exercício, exigindo adaptações nas previsões iniciais de gasto.

Em suma, receita e despesa não são imunes a oscilações econômicas, políticas e sociais, sendo inevitável que ajustes tenham de ser feitos ao longo do ano. Tais ajustes correspondem a novas decisões alocativas e são efetuados através de créditos adicionais. A Constituição determina que o Poder Legislativo participe também no processo de abertura de tais créditos, em diferentes medidas. Isso preservaria, em tese, a legalidade orçamentária. Os créditos adicionais podem ser de três tipos.

VI.1. Créditos suplementares

Os créditos suplementares destinam-se a reforçar dotações existentes. São abertos por decreto do Poder Executivo, mas dependem de autorização legislativa e da indicação da origem dos recursos[112]. A Constituição, em seu art. 165, § 8º, permite que tal au-

---

tos. Ainda mais quando se considera a extrema capilaridade da ação administrativa. Na doutrina americana, o ponto é destacado, dentre outros, por KEITH, Robert e SCHICK, Allen. *The federal budget process*, 2003, p. 48: "Preparation of the President's budget typically begins in the spring (or earliest) each year, at least nine months before the budget is submitted to Congress, about 17 months before the start of the fiscal year to which it pertains and about 29 months before the close of that fiscal year. The early stages of budget preparation occur in federal agencies. (...) The long lead times and the fact that appropriations have not yet been made for the next year mean that the budget is prepared with a great deal of uncertainty about economic conditions, presidential policies, and congressional actions".

112 CF/88, art. 167: "São vedados: (...) V — a abertura de crédito suplementar ou especial sem prévia autorização legislativa e sem indicação dos recursos correspondentes".

torização seja concedida já no orçamento anual[113] e essa se tornou, de fato, uma praxe, constando nas sucessivas leis orçamentárias, acompanhada de condições e limites[114]. Apesar da aparente rigidez, tais regras têm conferido ao Poder Executivo considerável liberdade no remanejamento de verbas, por meio da utilização de excessos de arrecadação ou mesmo pela anulação total ou parcial de outras dotações. No ano de 2007, *e.g.*, foram editados 61 decretos de abertura de créditos suplementares, sempre invocando a referida autorização genérica[115]. No total, foram remanejados pouco mais de 50 bilhões de reais, destacando-se decreto de 19 de outubro de 2007, por meio do qual foi aberto crédito suplementar de quase 34 bilhões de reais, à custa da anulação de outras dotações[116].

Ainda que seja possível criticar o grau de liberdade conferido pela autorização genérica concedida nas lei orçamentárias[117], veja-

---

113 CF/88, art. 165, § 8º: "A lei orçamentária anual não conterá dispositivo estranho à previsão da receita e à fixação da despesa, não se incluindo na proibição a autorização para abertura de créditos suplementares e contratação de operações de crédito, ainda que por antecipação de receita, nos termos da lei".

114 As autorizações costumam ser extensas. A título de exemplo, confira-se o teor dos dispositivos constantes do orçamento de 2007, no Anexo I.

115 A relação pode ser consultada no Anexo II.

116 Decreto de 19 de outubro de 2007, sem número: "Art.1º Fica aberto ao Orçamento Fiscal da União (Lei nº 11.451, de 7 de fevereiro de 2007), em favor da Presidência da República, do Ministério do Planejamento, Orçamento e Gestão e de Encargos Financeiros da União, crédito suplementar no valor global de R$ 33.950.651.414,00 (trinta e três bilhões, novecentos e cinquenta milhões, seiscentos e cinquenta e um mil, quatrocentos e quatorze reais), para atender à programação constante do Anexo I deste Decreto. Art. 2º Os recursos necessários à abertura do crédito de que trata o art. 1º decorrem de anulação parcial de dotações orçamentárias, conforme indicado no Anexo II deste Decreto. (...). Disponível para consulta na página http://www.planalto.gov.br/ccivil_03/_Ato2007-2010/2007/Dnn. Acesso em 20.01.2007.

117 Nesse sentido, v. WEISS, Fernando Leme. *Justiça tributária — As renúncias, o código de defesa dos contribuintes e a reforma tributária*, 2003, p. 186: "Ainda em relação aos orçamentos, é importante notar que a ampla margem de liberdade para a alteração do orçamento pelo Executivo, através da autorização para abertura de créditos suplementares, colabora com a falta de interesse pela fiscalização popular, pois a dificulta. A lei orçamentária aprovada, mesmo que fruto de adequado e amplo debate, pode ser substancialmente alterada por esta forma. O controle contábil e a vinculação real à norma aprovada serão mais efetivos se a autorização para abertura de créditos suplementares for condicionada à demonstração de real aumento de arrecadação ou desnecessidade de uma outra despesa, restringir-se a um percentual baixo e incidir isoladamente sobre cada

se que, pelo menos, essa hipótese é pautada por balizas e limites. Como se verá, é inevitável que haja certa dose de flexibilidade na gestão do orçamento, que deve ser acompanhada de parâmetros para não se converter em negação pura e simples da legalidade. A grande perplexidade gerada pelo sistema orçamentário brasileiro reside na possibilidade de o Executivo deixar de executar as dotações, sem nem mesmo indicar motivos para tanto[118]. A mesma preocupação que o legislador teve ao fixar exigências e limites para a criação de créditos suplementares — preocupação de evitar que as decisões orçamentárias possam ser refeitas pelo Presidente, sem limites — deveria estar presente para afastar o descumprimento por inércia, que também esvazia a decisão orçamentária. O ponto será retomado.

Por fim, vale destacar que a abertura de créditos suplementares diretamente pela Administração, balizada por certos limites, pode atender a um relevante interesse público, embora a doutrina não chame a atenção para esse ponto. A possibilidade de suplementar verbas que se mostram insuficientes pode evitar que obras e projetos sejam abandonados por querelas entre a Administração e o Poder Legislativo. O abandono de programas inconclusos e obras públicas, prática bastante difundida no Brasil, é uma das formas mais gritantes de desperdício de dinheiro público, uma vez que investimentos terão sido feitos sem que tenha sido gerada qualquer utilidade para a população. O mecanismo de suplementação pode evitar também que os recursos necessários para a conclusão do empreendimento tornem-se moeda de troca em negociações entre os Poderes. Por tudo isso, afigura-se justificável a faculdade concedida à Administração para realizar, *sponte propria*, a complementa-

---

dotação. A autorização para suplementação não pode continuar a ser calculada sobre o orçamento por inteiro, o que distorce as decisões legislativas na medida em que permite altíssimos aumentos percentuais se aplicado o resultado global apurado sobre cada uma das dotações".

118 E também no fato de isso acontecer com espantosa frequência, naturalmente. Na comparação entre 13 sistemas orçamentários, de países industrializados e em desenvolvimento, a variação entre as previsões do orçamento e a execução orçamentária real no Brasil é destacada como singular por PETREI, Humberto. *Budget and control — Reforming the public sector in Latin América*, 1998, pp. 333-334.

ção de recursos para concluir projeto iniciado, observados limites fixados pelo legislador.

VI.2. Créditos especiais

Os créditos especiais destinam-se a permitir a realização de despesas não previstas inicialmente no orçamento anual. São importantes, portanto, para fazer frentes a necessidades não previstas inicialmente ou para atender a mudanças na pauta de prioridades do Poder Público. Tal como os créditos suplementares, são abertos por ato do Poder Executivo, com autorização legislativa que, nesse caso, precisa ser específica. Também devem conter indicação dos recursos necessários, geralmente decorrentes da anulação de outras dotações. Em princípio, tais créditos harmonizam-se plenamente com o postulado da reserva legal orçamentária, uma vez que são aprovados por lei formal. Historicamente, não têm respondido por grandes movimentações de recursos. Em 2007, *e.g.*, foram editadas 24 leis autorizando a abertura de créditos especiais, totalizando pouco mais de 2 bilhões de reais em remanejamentos orçamentários[119].

VI.3. Créditos extraordinários

Os créditos extraordinários destinam-se a fazer frente a despesas urgentes e imprevisíveis quando da elaboração do orçamento. A Constituição refere-se a eles em seu art. 167, § 3º, citando como exemplos de situações legitimadoras a declaração de guerra, comoções internas ou calamidades públicas. Embora a indicação não seja taxativa, a redação do dispositivo é clara no sentido de demonstrar que apenas despesas verdadeiramente emergenciais justificam a utilização do instrumento. A exigência justifica-se pela diferença de procedimento em relação aos créditos especiais, embora ambos permitam despesas não previstas originariamente. Em razão de sua urgência, os créditos extraordinários não observam o princípio da reserva de lei formal, podendo ser abertos por medida provisória[120].

---

119 A relação encontra-se no Anexo III.

120 CF/88, art. 167, § 3º: "A abertura de crédito extraordinário somente será admitida para atender a despesas imprevisíveis e urgentes, como as decorrentes

A Constituição não exige que a abertura de créditos extraordinários venha acompanhada da indicação dos recursos, o que poderia se justificar para a mobilização imediata das verbas em casos de urgência extrema, como na gestão de guerras ou grandes calamidades. Em momento posterior, na apreciação da medida provisória de abertura, o próprio Poder Legislativo poderia definir as fontes de custeio. Na prática, porém, o Poder Executivo tem feito a indicação das fontes de receita, ao mesmo tempo em que banaliza os créditos extraordinários, utilizando-os para o custeio imediato de programas do seu interesse. Veja-se que tais programas são muitas vezes relevantes — a discussão de mérito não se coloca aqui —, mas certamente desprovidos de urgência no sentido em que o termo foi utilizado pela Constituição, como justificativa para a superação da legalidade orçamentária. O que se tem observado é a utilização corriqueira de créditos extraordinários, tanto por meio do emprego de excessos de arrecadação, quanto por meio do cancelamento de outras dotações. E isso sem maiores balizas, uma vez que o mecanismo foi concebido para utilização em situações de emergência. Essa é, sem dúvida, uma prática incompatível com a Constituição, na medida em que contorna o procedimento por ela instituído para a definição das opções de gasto público, valendo-se indevidamente de mecanismo idealizado para a gestão de emergências reais e calamidades.

Alguns dados de 2007 ilustrarão o ponto. Nesse ano, foram editadas 20 medidas provisórias determinando a abertura de crédito extraordinário, totalizando a movimentação de mais de 45 bilhões de reais[121]. Antes que o leitor tente se lembrar das 20 calamidades públicas do sombrio ano de 2007, um exemplo específico ajudará a demonstrar o uso indevido do mecanismo. A Medida Provisória nº 281, de 05.07.2007, abriu crédito extraordinário no valor de R$ 6.334.721.758,00 (mais de 6 bilhões de reais) para finalidades diversas, a cargo de inúmeros órgãos do Poder Executivo. A especifi-

de guerra, comoção interna ou calamidade pública, observado o disposto no art. 62".

CF/88, art. 62: "Em caso de relevância e urgência, o Presidente da República poderá adotar medidas provisórias, com força de lei, devendo submetê-las de imediato ao Congresso Nacional". (Redação dada pela Emenda Constitucional nº 32, de 2001).

121 A relação pode ser consultada no Anexo IV a essa.

cação é realizada em um anexo à MP: a imensa maioria das despesas refere-se à implementação do PAC — Plano de Aceleração do Crescimento, programa idealizado pela Presidência da República e divulgado com grande estardalhaço. Mais concretamente, recursos foram alocados para finalidades como implantação de redes de saneamento básico, melhorias na infra-estrutura portuária, construção e até mesmo conservação rotineira de rodovias, dentre outras[122].

Convém reiterar a ressalva feita acima: não se faz aqui um juízo de mérito sobre a conveniência ou acerto das opções de investimento em questão. Aliás, se tal juízo fosse feito, provavelmente seria positivo, notadamente quando se pretende investir, finalmente, em necessidades historicamente negligenciadas no país, como saneamento básico. A crítica que se coloca situa-se em um momento lógico anterior: tais despesas evidentemente não são urgentes e, sobretudo, imprevistas no sentido utilizado pela Constituição para autorizar a abertura de créditos extraordinários. Por definição, aliás, atividades como a conservação rotineira de estradas não podem ser tratadas como despesa imprevista. Completando o cenário, veja-se que tais despesas estão sendo determinadas a quatro meses do fim do exercício financeiro, às vésperas, portanto, da elaboração de um novo projeto de lei orçamentária que poderia contemplá-las e suscitar o debate na instância própria, quando seriam cotejadas com outras opções de investimento.

Na prática, essa é uma forma de o Poder Executivo contornar ou mesmo confrontar a legalidade orçamentária, fazendo prevalecer as suas opções de investimento em detrimento daquelas que foram aprovadas pelo Congresso Nacional. A anuência deste — que, como regra, aprova as medidas provisórias — não supera o obstáculo jurídico, uma vez que a Constituição não está à disposição dos Poderes constituídos[123]. Essa constatação não é superada nem mes-

122 Vale destacar que esse não é um caso isolado, colocado em destaque por leviandade. A análise dos demais créditos extraordinários produz exemplos similares. A MP nº 408, de 26.12.2007, *e.g.*, abriu crédito extraordinário de R$ 3.015.446.182,00, para finalidades como projetos de infra-estrutura e apoio à implantação e modernização de centros vocacionais tecnológicos. Não parece que estas sejam despesas emergenciais, sobretudo a menos de um mês do final do exercício financeiro.

123 Sobre o princípio da supremacia constitucional e seus fundamentos, v. BAR-

mo pela eventual relevância social dos investimentos realizados de forma irregular: o Estado de Direito funda-se na premissa de que a normalidade institucional é um bem em si mesmo e uma garantia da liberdade em caráter permanente. Não parece haver mais espaço para tiranos à moda grega ou romana, ainda quando bem intencionados.

O problema referido acima é potencializado pela seguinte constatação: as verbas não são "criadas" pelas medidas provisórias. Estas se valem de excessos de arrecadação — que deveriam ser distribuídos segundo o procedimento constitucional — e, o que é mais grave, da anulação de dotações aprovadas regularmente. Como se verá no próximo tópico, a *praxis* dos créditos extraordinários apenas ilustra, com nitidez, uma atitude geral de desrespeito às decisões orçamentárias. A Constituição exige lei formal para a aprovação do orçamento, conferindo ao Poder Legislativo um papel de destaque na definição das opções de investimento público. Nada obstante, as decisões alocativas assim realizadas não são levadas realmente a sério.

ROSO, Luís Roberto. *Interpretação e aplicação das Constituição*, 2001, pp. 158-171.

Capítulo III

A Execução do Orçamento

I. A eficácia da lei orçamentária no Brasil

O tema da eficácia da lei orçamentária é complexo e apresenta especial importância para o presente trabalho. Por conta disso, a exposição será subdividida em tópicos mais específicos.

I.1. Visão geral

Como indicado, a distorção da legalidade não se resume à sistemática dos créditos extraordinários, sendo antes uma característica geral do sistema orçamentário brasileiro. Isso decorre do entendimento corrente de que o orçamento é uma mera autorização de gastos, de execução facultativa. Algumas despesas até seriam consideradas de execução obrigatória, mas não por terem sido incluídas no orçamento, e sim por decorrerem de obrigações constitucionais ou legais do Poder Público[124]. O orçamento registraria tais previsões de gasto, como todas as outras, mas não ostentaria, por si mesmo, nenhuma pretensão impositiva. Veja-se que tal liberdade

---

124 Como será demonstrado, a Lei de Responsabilidade Fiscal impõe a liberação das verbas referentes a certas despesas, notadamente as de custeio. Da mesma forma, também a título de exemplo, o Poder Executivo é obrigado a repassar as dotações orçamentárias de titularidade dos demais Poderes, do Ministério Público e da Defensoria, nos termos do art. 168 da Constituição: "Os recursos correspondentes às dotações orçamentárias, compreendidos os créditos suplementares e especiais, destinados aos órgãos dos Poderes Legislativo e Judiciário, do Ministério Público e da Defensoria Pública, ser-lhes-ão entregues até o dia 20 de cada mês, em duodécimos, na forma da lei complementar a que se refere o art. 165, § 9º. Redação dada pela Emenda Constitucional nº 45, de 2004)".

alcança até mesmo as despesas relacionadas à saúde e educação. Embora a Constituição imponha que o investimento nessas áreas corresponda a percentuais mínimos da receita, nada diz sobre as opções concretas de gasto[125]. Nada impede, portanto, que as previsões orçamentárias correspondentes sejam descumpridas, desde que haja compensação pela criação de outras despesas ou aumento das já existentes.

Na prática, as opções de investimento contempladas na lei orçamentária anual podem ser ignoradas pelo Poder Executivo, que libera ou não as verbas na medida da sua conveniência, sem nem mesmo estar obrigado a fundamentar as retenções[126]. Tal situação parece não despertar maior perplexidade na doutrina brasileira, que aceita como axioma as idéias de que o orçamento seria lei apenas em sentido formal — tendo conteúdo de ato administrativo — e veicularia uma mera autorização de gastos[127], funcionando como limite máximo da despesa pública e pré-definição de seus objetos possíveis[128].

---

125 Em relação à saúde, v. CF/88, art. 198, §§ 2º e 3º e ADCT, art. 77. Em relação à educação, v. CF/88, art. 212 e ADCT, art. 60.

126 No mesmo sentido, v. KELLES, Márcio Ferreira. *Controle da Administração Pública democrática — Tribunal de Contas no controle da LRF*, 2007, p. 242.

127 Em sentido parcialmente contrário, afirmando que o orçamento não é mera autorização, mas sem a pretensão de estabelecer de forma específica as hipóteses de vinculação e seu sentido, v. OLIVEIRA, Regis Fernandes de. *Curso de direito financeiro*, 2008, p. 327: "Se o orçamento é ou não lei formal, se constitui simples autorização e se fosse verdade que em relação às despesas não seria mais do que um ato-condição, parece claro que o que pode ou não obrigar o Executivo a executar o orçamento, tal como aprovado e autorizado pelo Legislativo, não é nenhum desses motivos, mas as particularidades de cada caso concreto. Não se pode, objetivamente, sem considerar a realidade dos fatos, obrigar o administrador a cumprir cegamente a lei orçamentária, nem deixar a seu arbítrio o que pode ou não ser efetivado. (...) Em regra, as despesas autorizadas vinculam o administrador, salvo se demonstrar a impossibilidade ou séria inconveniência de sua efetivação". Em linha semelhante, v. SILVA, José Afonso da. *Orçamento programa no Brasil*, 1973, p. 272.

128 Os dois elementos costumam ser apresentados como se houvesse necessária implicação lógica entre eles. Como se verá na sequência, tal associação não parece correta. Ainda que se possa admitir que a lei orçamentária tenha conteúdo materialmente administrativo, não há motivos para presumir que se trata de mera autorização. Os atos administrativos são, como regra, de observância obrigatória, assim como os demais atos do Poder Público.

A origem dessa teoria remonta à Alemanha do século XIX, servindo ao objetivo de negar que direitos subjetivos pudessem emergir da lei orçamentária e embasar pretensões em face do Estado. O orçamento funcionaria como formalidade necessária, como pressuposto para a realização de despesa pública. A efetiva liberação dos recursos, porém, ficaria a critério do Poder Executivo. Nesse sentido, veja-se o magistério do professor Ricardo Lobo Torres, que manifesta sua adesão à teoria, embora identifique alguns dos seus principais inconvenientes:

> "*A teoria de que o orçamento é* lei formal, *que apenas* prevê *as receitas públicas e* autoriza *os gastos, sem criar direitos subjetivos e sem modificar as leis tributárias e financeiras é, a nosso ver, a que melhor se adapta ao direito constitucional brasileiro. Tem sido defendida, entre nós, principalmente sob a influência da obra de Jèze, por inúmeros autores de prestígio, ao longo de muitos anos e de várias escrituras constitucionais. É bem verdade que a dicotomia entre lei formal e material, nos outros campos do direito, vem sendo asperamente criticada, pois enfraquece o princípio da legalidade e produz o agigantamento das atribuições do Executivo, deixando indefinido e incerto o contorno dos direitos da liberdade, que compõem o aspecto materialmente legislativo excluído da competência da Administração; mas, em tema de orçamento, ainda é importante, eis que visa a retirar da lei ânua qualquer conotação material relativamente à constituição de direitos subjetivos para terceiros, sem implicar perda de sua função de controle negativo do Executivo no que pertine aos limites do endividamento e das renúncias de receita*".[129]

A jurisprudência não destoa desse entendimento. As decisões judiciais não dedicam tratamento aprofundado ao tema, assumindo ou, pelo menos, não contestando, o referido axioma. Sintomaticamente, essa postura é acompanhada por um certo descaso do Poder Judiciário para com a lei orçamentária. Juízes e tribunais reco-

---

129 TORRES, Ricardo Lobo. *Tratado de direito constitucional financeiro e tributário — O orçamento (volume V)*, 2000, pp. 76-7.

nhecem apenas que o orçamento é pressuposto para a realização de despesa pela Administração por iniciativa própria. No entanto, a inexistência de dotação orçamentária não é tratada como fator absolutamente impeditivo à imposição de gastos por decisão judicial[130], não raro em caráter imediato.

Em muitas situações, será essa mesmo a solução correta, uma vez que uma omissão orçamentária — espaço especialmente propício para avaliações parciais ou incompletas — não deve ter o condão de, por si só, impedir a efetivação de determinações contidas na Constituição ou mesmo em outras leis. Quando o Judiciário reconhece a existência de um dever estatal, o normal é que ele possa ser concretizado, tão rapidamente quanto possível. Caso seja necessário mobilizar recursos públicos, mas a providência não se mostre manifestamente urgente[131], a ordem judicial deve ser no sentido de determinar a inclusão da despesa no próximo orçamento[132].

130 Sequer é preciso recorrer aos (inúmeros) casos verdadeiramente trágicos, em que se decide sobre o custeio de prestações que significaram a vida ou a morte dos envolvidos. Dentre muitos outros exemplos, v. STF, DJ 24.05.2002, RE 224.775-6, Rel. Min. Néri da Silveira. O acórdão confirmou a obrigatoriedade de o Estado custear exame de DNA em ação de investigação de paternidade, a despeito da inexistência de dotação orçamentária. Veja-se trecho do voto do Ministro relator, acolhido por unanimidade: "Não seria possível concluir que não há obrigação de cobertura desse ônus, tão-só, porque não prevista no orçamento de certo exercício. As providências são da Administração estadual, no sentido de vir a atender a essa despesa, de base constitucional e de tão acentuada importância social".

131 Nesse contexto, o conceito de urgência deve ser entendido com cuidado. Em princípio, o descumprimento de um dever jurídico por parte do Estado caracteriza uma situação de anormalidade institucional, cujo afastamento seria naturalmente urgente. Apesar disso, o que se defende é um conceito mais restrito de urgência, identificado com situações em que a demora produz violação grave a direitos ou interesses juridicamente protegidos. A espera, nos demais casos, pode ser encarada como uma forma de se promover alguma dose de concordância prática entre as regras orçamentárias e a norma jurídica violada, cuja realização exige o gasto. Sobre concordância prática como objetivo a ser buscado pelo intérprete no processo de ponderação, v. BARCELLOS, Ana Paula de. *Ponderação, racionalidade e atividade jurisdicional*, 2005, pp. 133-139.

132 A título de exemplo, v. STJ, DJU 15.03.2004, REsp 493.811/SP, Rel.ª Min.ª Eliana Calmon: "Na atualidade, o império da lei e o seu controle, a cargo do Judiciário, autoriza que se examinem, inclusive, as razões de conveniência e oportunidade do administrador. 2. Legitimidade do Ministério Público para exigir do Município a execução de política específica, a qual se tornou obrigatória

Isso concede às instâncias majoritárias tempo hábil e condições mais adequadas para efetuar ajustes, reduzindo as chances de que a decisão judicial provoque desorganização administrativa e venha a prejudicar outras atividades igualmente relevantes[133]. Em muitos casos, porém, a medida terá de ser imediata para surtir o efeito esperado, não sendo possível tratar a legalidade orçamentária como um valor absoluto[134]. O problema não é, portanto, a possibilidade de intervenção judicial, mas sim os excessos e simplismos, ignorando-se que as previsões orçamentárias promovem a repartição de recursos escassos[135]. No extremo oposto, não se tem conhecimento de decisões que determinem a adoção de providências pelo Estado apenas pelo fato de terem sido previstas na lei orçamentária, sem que a obrigação decorra de outras fontes legais. Assim, a inclusão de certa providência do orçamento não garante, por si só, que ela será executada.

Como se verá na sequência, o cenário descrito viola princípios fundamentais da Constituição, como a separação dos Poderes, a le-

---

por meio de resolução do Conselho Municipal dos Direitos da Criança e do Adolescente. 3. Tutela específica para que seja incluída verba no próximo orçamento, a fim de atender a propostas políticas certas e determinadas".

133 Em linha semelhante, embora se mostrando mais cético e restritivo a respeito da atuação judicial, v. WEISS, Fernando Leme. *Princípios tributários e financeiros*, 2006, p. 242-3.

134 ALEXY, Robert. *Theorie der Grundrechte*, 1994, p. 466: "Die Kraft des Prinzips der Haushaltskompetenz des Gesetzgebers ist nicht unbegrenzt. Es ist kein absolutes Prinzip. Individuelle Rechte können finanzpolitische Gründe überwiegen". (Tradução livre: "A força do princípio da competência orçamentária do legislador não é ilimitada. Não se trata de um princípio absoluto. Direitos individuais podem superar razões de política financeira"). Vale a ressalva de que o autor não emprega direitos individuais, na hipótese, na acepção dos direitos clássicos de liberdade. Ao contrário, cuida de posições subjetivas extraídas da ordem jurídica, em caráter geral.

135 Assim, identificando verdadeiros impasses criados pela judicialização excessiva das políticas públicas e, por extensão, das finanças públicas, v. TORRES, Ricardo Lobo. O princípio constitucional orçamentário da não-afetação, *Revista de Direito do Estado* nº 6, 2007, p. 237 e ss. Na mesma linha, alertando para os riscos das decisões judiciais que impõem obrigações ao Poder Público sem levar em consideração as possibilidades orçamentárias, v. BARROSO, Luís Roberto. Da falta de efetividade à judicialização excessiva: direito à saúde, fornecimento gratuito de medicamentos e parâmetros para a atuação judicial, *Revista Interesse Público* nº 46, 2007, p. 31 e ss..

galidade e a democracia, uma vez que o papel do Poder Legislativo na definição das políticas públicas fica esvaziado. Antes disso, porém, convém observar ainda mais de perto a execução orçamentária. É comum a referência de que o orçamento é autorizativo e essa afirmação tende a ser associada à idéia de que essa seria uma necessidade da gestão administrativa. De forma até intuitiva, imagina-se que a decisão de não gastar em algo pode ser necessária para que se possa gastar em outra coisa. Isso é verdade, mas é para isso mesmo que existem os créditos adicionais descritos no capítulo anterior. Uma observação mais atenta demonstrará que o orçamento autorizativo *autoriza menos* do que se poderia imaginar. E produz um resultado ainda mais negativo.

I.2. Orçamento autorizativo: o poder de não fazer nada

Como visto, diz-se que o orçamento é autorizativo para concluir que as despesas não são obrigatórias apenas por terem sido nele previstas. A justificativa para a adoção desse sistema seria a necessidade de conferir ao Poder Executivo flexibilidade na execução orçamentária, evitando que as previsões orçamentárias pudessem vir a ser exigidas judicialmente. As explicações da doutrina costumam parar aqui, mas é preciso ir além. Por que se aceita como corriqueiro que o Executivo tenha flexibilidade para não executar o orçamento, a ponto de se julgar uma vantagem que ninguém possa compeli-lo a tanto? No que consiste exatamente essa flexibilidade?

É possível responder em uma proposição simples: orçamento autorizativo, no Brasil, significa o poder de não gastar. Com efeito, a Constituição não autoriza o Poder Executivo a modificar livremente o orçamento e, como se sabe, não autoriza a realização de despesas sem previsão orçamentária[136]. A conclusão é, portanto,

136 Tal circunstância pode ser invocada para sustentar que o orçamento não seria uma *peça de ficção*, apesar de meramente autorizativo. Em outras palavras, a lei orçamentária desempenha um papel relevante, servindo como limite máximo e pré-condição para os gastos. Apenas se sustenta, no presente trabalho, que essa eficácia restrita não é suficiente para atender às exigências da Constituição, pelos motivos que serão demonstrados. V. GIACOMI, James. *Orçamento público*, 2007, p. 288: "A lei orçamentária seria uma ficção caso o Poder Executivo efetivasse despesas sem a necessária autorização legislativa. (...) a Constituição, nos

inevitável. O orçamento autorizativo não permite que a Administração empregue recursos por decisão autônoma. Autoriza apenas que as previsões de gasto deixem de ser realizadas. Não é verdade, porém, que as verbas fiquem automaticamente liberadas para outras finalidades. Ao contrário, nenhuma atividade estatal poderá ser desenvolvida regularmente sem que haja uma decisão orçamentária formal[137].

Não se está dizendo que os recursos entram no caixa público com destinação específica[138]. No entanto, caso a arrecadação prevista se confirme ou seja superada — o que tem ocorrido nos últimos anos — os recursos cogitados quando da elaboração do orçamento ganham concreção e somente podem ser utilizados para a execução de dotações orçamentárias existentes. Não é preciso afirmar que cada centavo ingressa para uma atividade determinada para concluir que o conjunto de todos os centavos ingressa para cobrir as atividades previstas. Quando uma dotação é simplesmente ignorada, aquela fatia da arrecadação estimada fica necessariamente paralisada. Em outras palavras, quando a arrecadação se concretiza, mas o Presidente não libera as verbas referentes à determinada dotação orçamentária e nem se produz um remanejamento, a consequência é deixar no limbo uma parcela da receita pública. Essa é a prerrogativa que se reconhece hoje ao Poder Executivo: a faculdade de não fazer nada. A conclusão é impactante, mas verda-

---

incisos I, II, V, VI e VII do art. 167, expressamente e exaustivamente, veda a realização de despesas não previstas e não autorizadas na lei orçamentária".

137 CF/88, art. 167: "São vedados: I — o início de programas ou projetos não incluídos na lei orçamentária anual; II — a realização de despesas ou a assunção de obrigações diretas que excedam os créditos orçamentários ou adicionais; (...) V — a abertura de crédito suplementar ou especial sem prévia autorização legislativa e sem indicação dos recursos correspondentes; VI — a transposição, o remanejamento ou a transferência de recursos de uma categoria de programação para outra ou de um órgão para outro, sem prévia autorização legislativa; VII — a concessão ou utilização de créditos ilimitados; (...)".

138 CF/88, art. 167: "São vedados: (...) IV — a vinculação de receita de impostos a órgão, fundo ou despesa, ressalvadas a repartição do produto da arrecadação dos impostos a que se referem os arts. 158 e 159, a destinação de recursos para as ações e serviços públicos de saúde, para manutenção e desenvolvimento do ensino e para realização de atividades da administração tributária, como determinado, respectivamente, pelos arts. 198, § 2º, 212 e 37, XXII, e a prestação de garantias às operações de crédito por antecipação de receita, previstas no art. 165, § 8º, bem como o disposto no § 4º deste artigo;" (Redação dada pela Emenda Constitucional nº 42, de 19.12.2003).

deira. Para maior clareza, o raciocínio pode ser decomposto em duas idéias básicas:

i) Despesas só podem ser realizadas se houver dotação orçamentária, em valor suficiente: para que uma despesa possa ser realizada, deve necessariamente estar prevista no orçamento, em dotação suficiente para atender ao gasto. Mesmo despesas emergenciais, decorrentes de guerra ou calamidade pública, dependem de previsão orçamentária. Apenas se admite, nesses casos extremos, que o Poder Executivo crie a dotação por medida provisória. Ou seja, o fato de não ser efetuada a despesa prevista em uma dotação não faz com que os recursos "economizados" fiquem disponíveis para uso livre. Se não houver dotação orçamentária, não se pode gastar, mesmo que haja rios de dinheiro em caixa. Um exemplo ajuda a esclarecer o ponto: imagine-se uma dotação orçamentária de 50 milhões de reais para compra de material cirúrgico para hospitais públicos. O orçamento autorizativo permite que a compra não seja feita. Mas não permite que o Executivo empregue o dinheiro em outra atividade. Essa é a liberdade concedida pelo orçamento autorizativo.

ii) *Economias informais* não podem custear qualquer despesa não prevista: A Constituição não ignora a provável necessidade de que despesas imprevistas sejam realizadas ao longo do ano, por necessidade ou conveniência. Tampouco ignora que isso exigirá, em muitos casos, o cancelamento de outras previsões de despesa. No entanto, para que isso ocorra, exige-se a observância de procedimentos formais, que produzem a criação de novas dotações orçamentárias ou a modificação das já existentes. Como se sabe, tais adaptações são realizadas por meio de créditos adicionais. Por ora, basta ter em mente que a modificação do orçamento exige a indicação expressa dos recursos que estarão sendo empregados. Ou bem serão novos recursos — receitas imprevistas — ou bem serão recursos remanejados, isto é, retirados de alguma outra previsão. Economias informais — o simples ato de não gastar — não financiam coisa nenhuma. Simplesmente não há como empregar esse dinheiro de forma válida.

O objetivo desse tópico era superar qualquer idéia romântica no sentido de que o orçamento autorizativo serviria para permitir que um administrador público iluminado pudesse realocar o dinheiro público para atender a necessidades sociais. Não é disso que se trata. Mais ou menos iluminado, o que o administrador público pode fazer em razão do orçamento autorizativo é decidir não fazer nada. Se quiser redistribuir o dinheiro público de uma atividade para outra, terá de seguir algum procedimento formal. Essas transferências ocorrem em muitos casos, mas até nesse ponto o orçamento autorizativo é contraproducente: ao permitir como opção normal que as dotações não sejam executadas, abre-se a possibilidade de que o Executivo postergue indefinidamente o emprego de recursos até que surja uma boa oportunidade política para modificar seu emprego, diretamente ou com a colaboração do Congresso Nacional[139]. Ou seja, além de permitir a existência efetiva de saldos, o sistema ainda dá ao Presidente larga margem de manobra política para redesenhar as finanças públicas segundo sua própria ordem de prioridades. O ponto merece um comentário adicional, para evitar um reducionismo enganador.

Com efeito, não se adota a posição simplista de imaginar que todo o dinheiro contingenciado ficará sem emprego, indefinidamente. Na verdade, há duas possibilidades: i) em muitos casos, os recursos não utilizados serão finalmente convertidos em outras dotações, geralmente ao final do exercício. Possivelmente para financiar o aumento em despesas de custeio ou mesmo para amortizar a dívida pública. Mesmo que tal decisão se processe pelas vias regulares, defende-se que ela deveria ser motivada. Afinal, uma atividade tida como importante quando da elaboração do orçamento estará sendo superada por conveniência política e parece razoável que os motivos sejam indicados; ii) em outros casos, verifica-se de fato um saldo não empregado, que acaba compondo o chamado *superávit primário*[140]. Não por acaso, todos os anos é noticiado que o

139 Como será demonstrado, essa técnica de retardamento foi utilizada em larga medida na política orçamentária dos Estados Unidos para disfarçar retenções de recursos. Em muitas situações, a liberação tardia perde todo o seu sentido, impedindo que a autoridade administrativa encarregada da execução consiga efetivamente empregar o dinheiro público. Como também será demonstrado, ao assumir um controle mais efetivo sobre o processo orçamentário, o Congresso norte-americano criou mecanismos para coibir a prática.

140 A referência à superação de metas fiscais por meio de cortes orçamentários é mais do que comum na mídia e sequer tem causado maior perplexidade. A título de exemplo, em 07 de abril de 2008, menos de um mês após a aprovação do orçamento referente ao exercício, o Ministério do Planejamento divulgou a deci-

Poder Executivo decide rever as metas para maior, à custa do corte nos investimentos previstos. Também aqui se verifica a superação da decisão orçamentária inicial, e de forma ainda mais grave (uma autêntica *decisão de não gastar*). As prioridades definidas no processo deliberativo orçamentário — que já levara em conta a questão das metas fiscais — são redesenhadas por ato unilateral da Administração.

Assim, quando se fala na *decisão de não gastar*, essas duas realidades estão sendo consideradas. A rigor, seria possível reescrever a idéia sob a forma de uma *decisão de não gastar naquilo que fora planejado*, o que não é banal, uma vez que a Constituição instituiu um processo deliberativo complexo para a definição das prioridades de investimento e não se deve aceitar como corriqueiro o seu esvaziamento.

Por fim, há outro elemento a ser considerado. Além de apresentar essa dificuldade democrática, o modelo atual prejudica o controle de eventuais desvios de verba ou, pelo menos, deixa de se valer de um controle que seria natural e potencialmente efetivo: caso as previsões de gasto fossem tratadas como um dever *prima facie*, as atividades correspondentes teriam de sair do papel ou a inércia teria de ser justificada. De um jeito ou de outro, estaria criado um *momento de vigilância social* do dinheiro público, evitando que a verificação do seu paradeiro dependa apenas dos mecanismos globais de fiscalização, como as prestações anuais de contas. Para controlar o dinheiro público, nada melhor do que permitir que a sociedade conte com ele e se surpreenda com a decisão de não empregá-lo. Ou ainda que essa mesma sociedade perceba os efeitos que se produzem nas previsões de ação administrativa

---

são de efetuar cortes no valor de 19,4 bilhões de reais, atribuída diretamente ao Presidente. Isso apesar de outro anúncio do Ministério, feito na mesma oportunidade, estimando que as receitas do ano deverão superar as previsões iniciais em 3,3 bilhões de reais. Ou seja, um mês depois da deliberação do orçamento, o Poder Executivo decide efetuar cortes de 20 bilhões a despeito de previsões otimistas na arrecadação. Parece difícil deixar de constatar que o processo orçamentário está sendo tomado como pouco mais do que uma formalidade necessária, um ponto de partida para as decisões reais, tomadas ao longo do exercício financeiro pela Administração central. Dentre muitas outras fontes, é possível consultar a referida notícia na página: http://economia.uol.com.br/ultnot/valor/2008/04/08/ult1913u86495.jhtm. Acesso em 13.04.2008.

quando uma obra pública vem a custar o quádruplo da previsão inicial e recursos precisam ser retirados de outras áreas.

Antes que se tire conclusões precipitadas a partir dessas constatações essenciais, convém fazer uma advertência: não gastar pode ser importante. Apenas não se deve tratar essa opção como um fato da vida. Não gastar é uma forma de decisão e deve receber tratamento jurídico compatível com essa condição. O grande problema da execução orçamentária no Brasil é excluir essa decisão do regime instituído pela Constituição para o tratamento das opções de emprego do dinheiro público. Isso rompe parcialmente com a lógica da legalidade orçamentária e acaba esvaziando importantes decisões políticas.

I.3. A decisão de não gastar

Já se tornou lugar comum a afirmação de que os recursos públicos são escassos, sempre insuficientes para atender a todas as atividades que se espera do Estado[141]. É provável que tal percepção se manifeste em todos os países do mundo, em diferentes medidas, dada a tendência humana ao inconformismo e ao anseio pela melhora. No Brasil, essa é uma realidade evidente, para cuja comprovação basta visitar uma cidade de interior ou mesmo algum dos muitos bairros menos favorecidos das grandes cidades. Há, portanto, onde gastar, mesmo que a arrecadação seja expressiva. Na verdade, porém, o que justifica a arrecadação é justamente o destino que será dado aos recursos, de modo que nem faria sentido imaginar que o Estado arrecade por ganância ou mera displicência. Já não se supõe que os governantes tenham qualquer espécie de direito natural a exercer dominação e ver seus gastos sustentados pelo povo por mera imposição de vontade. O que legitima o Estado é sua importância instrumental[142], de modo que todos os recursos públicos devem receber alguma destinação.

---

141 No Brasil, um dos trabalhos que primeiro chamaram atenção para esse fato foi o de AMARAL, Gustavo. *Direito, escassez e escolha*, 2001.

142 BINENBOJM, Gustavo. *Uma teoria do direito administrativo — Direitos fundamentais, democracia e constitucionalização*, 2006. De forma mais específica, situando o fundamento da ordem jurídica na promoção da dignidade da pessoa humana, dando a cada indivíduo a chance de desenvolver sua própria perso-

O termo destinação é proposital, sendo utilizado em lugar de despesa. Todo dinheiro público deve ser utilizado para alguma finalidade — justificando sua captação coativa — o que é diferente de dizer que terá de ser necessariamente convertido em gasto. Qualquer planejamento financeiro pode e deve incluir a constituição de reservas. Mal comparando, a situação não é diferente da do indivíduo que faz um orçamento pessoal e separa certa quantia para poupança. Mal comparando porque as reservas estatais não se destinam apenas a permitir que situações inesperadas venham a ser enfrentadas, ou que oportunidades futuras de investimento possam ser aproveitadas. Destinam-se também a influir no próprio equilíbrio da economia, produzindo impacto sobre questões como a taxa de inflação ou a política de juros. Ainda que os níveis de poupança popular também afetem esses temas, é certo que a intervenção do Estado também produz impactos e, o que é mais importante, costuma ser uma decisão proposital.

Constatar esse aspecto é importante, mas felizmente não é necessário analisar o impacto econômico das reservas estatais. O ponto a destacar é logicamente anterior. Constituir reservas e definir seu montante é uma decisão política. Quando o Estado deixa de gastar, toma uma decisão política. Certamente submetida a critérios técnicos e eventualmente até a exigências internacionais. Mas ninguém endossa a idéia de que o Estado brasileiro esteja de mãos inteiramente amarradas e que cada um dos cortes de investimento realizados nos últimos anos tenha sido uma decisão imposta por algum agente externo ao Governo. E como se verá no próximo tópico, os cortes são muitos e muito expressivos.

É hora de ir um pouco além: não gastar é uma decisão orçamentária. Sob uma perspectiva de neutralidade política, a decisão de gastar não é diferente da decisão de não gastar. Em ambos os casos, um destino possível é dado aos recursos, impedindo que sejam revertidos para outras finalidades. Saindo da neutralidade, parece que a profusão de necessidades sociais básicas ao desamparo justi-

---

nalidade, v. SARLET, Ingo Wolfgang. *Dignidade da pessoa humana e direitos fundamentais na Constituição Federal de 1988*, 2002, p. 83: "Também por este motivo assiste inteira razão aos que apresentam a dignidade da pessoa humana como critério aferidor da legitimidade substancial de uma determinada ordem jurídico-constitucional, já que diz com os fundamentos e objetivos, em suma, com a razão de ser do próprio poder estatal".

ficaria mais decisões de gastar, proporcionalmente. Mas a neutralidade já é suficiente para demonstrar o ponto central do presente trabalho: constituir reservas é uma opção possível, destinada a atender a inúmeros interesses legítimos. Mas é fato que reduz a possibilidade de investimento em outras áreas, como qualquer decisão orçamentária. Sendo assim, essa opção não deve ser ignorada ou passar ao largo do procedimento que se entendeu devido para a distribuição do dinheiro público. Ou seja, o processo orçamentário.

Não por acaso, a opção de não gastar é considerada no momento de elaboração do orçamento. A especificidade orçamentária não admitiria a criação de uma reserva global na forma de uma vala comum, o que equivaleria a não dar destinação à parcela do dinheiro público, deixando-o em um suposto limbo. Apesar disso, a lei orçamentária já sai do Congresso com inúmeras dotações de reserva, mais ou menos específicas, e também com dotações específicas para a amortização da dívida pública e para custear seu refinanciamento. Ou seja, tais necessidades já são consideradas no processo deliberativo orçamentário.

O problema surge na hora da execução. Enquanto todas as outras dotações estão sujeitas a limites e só podem ser aumentadas por meio de crédito adicional, as reservas podem ser aumentadas por decisão administrativa informal, não motivada. Afinal, quando a arrecadação se concretiza, mas o Poder Executivo simplesmente não gasta o que fora previsto, sem que possa redistribuir o dinheiro, a única conclusão possível é que este se converte em uma reserva inominada. Afinal, a inexistência de um ato formal e do lançamento contábil correspondente não transfere o dinheiro para algum buraco negro fora das finanças públicas. Se não é dinheiro gasto — e não for dinheiro desviado — é dinheiro em reserva. De forma mais concreta, é dinheiro em reserva que poderia estar sendo empregado de outra forma. Inegável, portanto, a existência de uma decisão. Na verdade, é ainda um pouco pior do que isso.

Em primeiro lugar, reservas inominadas violam a especificidade orçamentária e as razões que lhe dão suporte. A Constituição exige que todo o dinheiro público receba destinação específica, não sendo razoável que parte considerável dos recursos possa ficar *supostamente esquecida* em dotações ociosas. Em segundo lugar, a decisão informal de não gastar será sempre uma decisão contramajoritária, em alguma medida. A Constituição instituiu um procedimento complexo para decidir o destino do dinheiro público, que é a deliberação orçamentária realizada com a participação dos três Poderes e suposta palavra final do legislador. Se o Poder Executivo, na hora de implementar essas decisões, puder ignorá-las sem nem mesmo ter de fundamentar, parece evidente que a decisão legislativa majoritária está sendo superada. O Chefe do Poder Executivo também é eleito, mas não recebe uma coroa e um cetro no momento da posse.

A importância intrínseca do processo deliberativo orçamentário será analisada na segunda parte do presente trabalho. Mas basta um raciocínio jurídico verdadeiramente elementar — ou a própria intuição — para perceber que a superação de uma decisão legislativa desse porte deveria, pelo menos, vir acompanhada da indicação de motivos. Ou, de forma ainda mais simples, que se a Constituição instituiu um procedimento para decidir como será investido o dinheiro e também um procedimento para que se possa trocar essas opções de investimento por outras, não faz sentido que a Administração, por conta própria, possa decidir não fazer nada.

Nem se deve imaginar que a decisão de não empregar os recursos previstos possa ser vista como uma mera fatalidade. Mesmo quando não haja recursos suficientes — impondo-se a decisão de não gastar em algo que fora previsto — ainda será preciso decidir o que será esse *algo*. Lembre-se que as receitas, como regra, não são vinculadas, de modo que a baixa arrecadação de determinada receita não afeta uma despesa específica, e sim o conjunto das finanças públicas. Essa conclusão é afastada em algumas poucas hipóteses específicas, previstas na Constituição: i) determinados percentuais da arrecadação dos impostos são vinculados à saúde, educação e erradicação da pobreza; a receita das contribuições sociais[143] e de intervenção no domínio econômico é vinculada ao financiamento dos respectivos setores[144]. Tais exceções apenas confirmam a regra

143 Para uma descrição analítica das hipóteses de vinculação da receita de impostos e contribuições sociais, com discriminação do destino dos recursos, v. SCAFF, Fernando Facury. Como a sociedade financia o Estado para a implementação dos direitos humanos. In: COUTINHO, Jacinto Nelson de Miranda; MORAIS, José Luis Bolzan de; e STRECK, Lenio Luiz. *Estudos constitucionais*, 2007, pp. 83-85

144 CF/88, art. 149: "Compete exclusivamente à União instituir contribuições sociais, de intervenção no domínio econômico e de interesse das categorias profissionais ou econômicas, como instrumento de sua atuação nas respectivas áreas, observado o disposto nos arts. 146, III, e 150, I e III, e sem prejuízo do previsto

geral e, de qualquer forma, não caracterizam vinculação a despesas específicas. Por isso mesmo, e sendo rigoroso, mesmo a queda em uma receita vinculada exigirá uma decisão sobre quais dotações serão objeto de corte e em que extensão isso ocorrerá, uma vez que a lei orçamentária não costuma atrelar toda a arrecadação prevista a um único objeto de gasto.

Da mesma forma, existe decisão orçamentária mesmo nos casos em que o Poder Público obtém uma economia imprevista. É possível que determinada previsão de despesa perca seu objeto, total ou parcialmente. Imagine-se que determinado órgão público receba dotação de 50 milhões de reais para o cumprimento de decisões judiciais ao longo do ano[145]. Se as condenações do período somarem 30 milhões, é evidente que não se pode falar em uma verdadeira decisão de não gastar o saldo. Da mesma forma, se for prevista dotação de 20 milhões para construção de um prédio público e a obra for concluída ao custo de 18 milhões, haverá um saldo. Não gastar nesses casos é uma decisão apenas em um primeiro momento, já que o dinheiro que sobra continua sendo dinheiro público e haveria uma infinidade de destinações possíveis. A inércia caracteriza a escolha por uma delas, justamente a constituição de reservas inominadas, cuja invalidade já foi demonstrada. O tratamento que deve ser dado a essas hipóteses será objeto de análise adiante.

Vale frisar novamente: não se está tratando das hipóteses de remanejamento entre diferentes opções de despesa. Para isso se exige, já no sistema atual, a observância de algum procedimento. Orçamento autorizativo não traduz a idéia de que tais procedimentos possam ser dispensados. Em alguns casos e dentro de certos limites, o Poder Executivo até pode efetuar remanejamentos por decisão autônoma, valendo-se da autorização legislativa genérica para abertura de créditos suplementares. Esse é um mecanismo instituído pela Constituição e a decisão administrativa que o aplica assume existência formal no mundo jurídico, facilitando a ocorrência de crítica e controle. Não é disso que se cuida aqui, mas sim da decisão de não fazer nada, de não liberar a verba prevista no orçamento. Como se verá, defende-se aqui a conclusão de que não gastar é uma

no art. 195, § 6º, relativamente às contribuições a que alude o dispositivo".

145 Não se faz referência, nesse ponto, às dotações para pagamento de precatórios, administradas pelo Poder Judiciário. É comum que o orçamento da União contenha também dotações para o cumprimento de decisões judiciais que determinem providências imediatas, alocadas em diferentes unidades administrativas.

opção orçamentária, devendo receber o tratamento jurídico determinado pela Constituição. Isso já ocorre no momento da elaboração do orçamento — que é promulgado com inúmeras dotações de reserva — e pode envolver também a edição de créditos adicionais: créditos especiais para a criação de novas reservas e até mesmo créditos suplementares, para transferir recursos para reservas já existentes. O que não se deve admitir é que essa categoria de decisão seja desprovida de controle e limites.

Nesse ponto, é possível imaginar que cortes decorrentes da necessidade possam ou devam receber tratamento jurídico distinto das hipóteses em que a decisão de não gastar é política. Argumentos consistentes dão suporte a essa conclusão, ainda que haja também argumentos em sentido contrário. O tema será retomado. No momento, pretendia-se chamar a atenção para esse mundo selvagem no interior da execução orçamentária brasileira, que financia um conjunto abrangente de decisões administrativas informais à custa do esvaziamento de decisões tomadas no processo deliberativo orçamentário. Antes de dar exemplos concretos, é necessário fazer uma distinção de extrema importância, de modo a identificar com precisão o que se está denominando *vinculação orçamentária*.

II. Uma distinção essencial: vinculação do orçamento e vinculação pelo orçamento

É importante notar que a vinculação de que se está cogitando como possível e desejável é aquela decorrente do orçamento anual, elaborado pela atuação conjunta dos Poderes Legislativo e Executivo, com preponderância jurídica do primeiro — possibilidade de dar a última palavra — e preponderância fática do segundo — decorrente da elaboração do projeto inicial e de seu maior domínio sobre as informações e praxes administrativas. Defende-se que o resultado desse jogo de forças não deve poder ser desconsiderado sem maior cerimônia, o que esvazia o papel do legislador e, por extensão e com maior importância, do próprio processo deliberativo público que fora realizado. Tal vinculação é produzida no âmbito do próprio sistema político e não soa disparatada, encontrando paralelo, *e.g.*, na prática orçamentária dos Estados Unidos. O ponto será demonstrado em detalhe quando da análise do sistema orçamentário daquele país.

Situação diversa, e substancialmente mais polêmica, consiste na criação de vinculações impostas ao próprio legislador, que condicionam o processo deliberativo já na fase da elaboração. Tais vinculações podem decorrer de emenda constitucional, de leis e até de decisões judiciais, hipótese que se reveste de complexidades ainda maiores[146]. Nos Estados Unidos, a questão tem sido objeto de intenso e continuado debate, deflagrado pela ascensão das despesas ditas mandatórias, os chamados *entitlements*. Como a denominação sugere, trata-se da atribuição de *titulação* a alguém — verdadeiro direito subjetivo — a determinado quinhão dos recursos, limitando de forma cada vez mais profunda a deliberação orçamentária. De forma geral, os *entitlements* dizem respeito a programas de assistência social, como os relacionados à saúde — *medicare* e o *medicaid* — ou ao apoio financeiro aos veteranos de guerra[147].

Em oposição aos *entitlements*, existem as despesas discricionárias (*discretionary*). O termo não é empregado, porém, no sentido que lhe é atribuído correntemente no Brasil. Isso porque o referido caráter discricionário diz respeito ao momento de elaboração do orçamento, e não ao da execução. Ao contrário, os Estados Unidos, na década de 1970, vivenciaram uma profunda reordenação de seu sistema orçamentário, caminhando justamente para a reafirmação do Poder Legislativo como principal instância decisória, barrando de forma efetiva pretensões de contingenciamento manifestadas pelos diferentes Presidentes, especialmente a partir de Richard Nixon[148]. Nesse processo, a Suprema Corte marcou posição, sustentando a primazia do legislador e a inexistência de um direito do Presidente a contingenciar verbas por desígnio próprio.

146 Sobre tais vinculações do próprio processo orçamentário, v. TORRES, Ricardo Lobo. O princípio constitucional orçamentário da não-afetação, *Revista de Direito do Estado* nº 6, 2007, p. 229-246.

147 Segundo dados oficiais do Governo norte-americano, no final do século XX, a cada dólar gasto em despesas discricionárias, dois dólares estavam vinculados a *entitlements*, ou seja, gastos que sequer poderiam deixar de ser incluídos no orçamento, a menos que houvesse modificação em outras leis. V. SCHICK, Allen. *The federal budget — Politics, policy, process*, 2000, pp. 17-18. Descrevendo a ascensão dos *entitlements* e o esforço de contenção iniciado na década de 1980, incluindo a redução da abrangência dos programas de saúde, v. WILDAVSKY, Aaron e CAIDEN, Naomi. *The new politics of the budgetary process*, 1997, p. 187 e ss.

148 Remete-se o leitor ao Capítulo 3 da terceira parte do estudo.

Esse quadro pode ser parcialmente transposto para a discussão brasileira. Com efeito, o volume das despesas orçamentárias obrigatórias vem crescendo consideravelmente, sobretudo por conta de vinculações introduzidas por emenda constitucional[149]. É possível formular diferentes juízos sobre a conveniência política dessas medidas, elogiosos — entendendo que se trata da garantia de um financiamento mínimo para a concretização de direitos fundamentais[150] — ou acidamente críticos — denunciando um engessamento excessivo e até contramajoritário da Administração e do próprio legislador[151]. Veja-se, porém, que não é desse tipo de vinculação que se trata no presente trabalho. A vinculação aqui referida não incide no momento da elaboração do orçamento[152], e sim sobre o produto da deliberação: o orçamento aprovado deve, em princípio, ser tomado como uma pauta vinculante, sem prejuízo dos muitos mecanismos de flexibilização já existentes, e também dos que serão propostos.

Como se pretende demonstrar, essa é uma exigência imposta diretamente pela legalidade orçamentária e por um conjunto formado por outros princípios constitucionais igualmente fundamentais, como a separação dos Poderes, a democracia, a República e a segurança jurídica. O sistema atual permite que as decisões políti-

149 Assim é que foram criadas vinculações para o *Fundo Nacional de Saúde* (CF/88, art. 198, §§ 2º e 3º), para o *Fundo Nacional de Educação* (CF/88, art. 212) e para o *Fundo de Combate e Erradicação da Pobreza* (CF/88, ADCT, arts. 80 e 82).

150 Nesse sentido, inclusive criticando quaisquer mecanismos ou propostas que venham a reduzir o que denomina *estrutura mínima de financiamento dos direitos humanos*, v. SCAFF, Fernando Facury. Como a sociedade financia o Estado para a implementação dos direitos humanos. In: COUTINHO, Jacinto Nelson de Miranda; MORAIS, José Luis Bolzan de; e STRECK, Lenio Luiz. *Estudos constitucionais*, 2007, p. 83 e ss.

151 TORRES, Ricardo Lobo. O princípio constitucional orçamentário da não-afetação, *Revista de Direito do Estado* nº 6, 2007, p. 231: "A principal crítica às vinculações constitucionais é que engessam o orçamento, retirando da Administração e do próprio Legislativo a competência discricionária para as escolhas acerca dos investimentos e das políticas sociais. Constituem instrumento pouco democrático porque transformam em regras superiores as escolhas dos partidos políticos, que deveriam ficar ao sabor das manifestações da cidadania nas eleições periódicas".

152 Ao contrário, foram tecidas inúmeras críticas a normas regimentais que limitam de forma artificial a deliberação parlamentar.

cas produzidas no processo deliberativo sejam inteiramente esvaziadas e substituídas por decisões unilaterais e imotivadas do Poder Executivo. Nesse contexto, políticas públicas relevantes — decididas pelo procedimento majoritário em sua essência — têm sido desconsideradas de forma pouco consistente, para dizer o mínimo. É certo que o controle desse quadro passa também, e talvez sobretudo, pela cidadania fiscal, mas não se deve tomar como fato da vida um sistema orçamentário que institucionaliza o referido esvaziamento. Para demonstrar que não se está tratando de um risco hipotético, será útil observar mais de perto a execução orçamentária no Brasil.

III. A execução real do orçamento

Na linha do que acaba de ser exposto, a execução orçamentária real é caracterizada por ampla discricionariedade do Poder Executivo na liberação das dotações previstas na lei orçamentária. O art. 8º da LRF determina que, em até trinta dias após a aprovação do orçamento, o Poder Executivo deve estabelecer a programação financeira e o cronograma de execução mensal de desembolsos[153]. A providência tem sido implementada por decreto e justifica-se até mesmo pelo fato de a receita ser apurada gradualmente ao longo do exercício, em patamares variáveis, criando a necessidade inafastável de que também a despesa seja escalonada.

Na realidade, porém, a medida tem servido para se determinar o contingenciamento abrangente das previsões orçamentárias, dias após a sua aprovação. Os cortes poupam apenas as despesas consideradas obrigatórias, acima referidas. Ou seja, aquelas que decorrem diretamente de alguma outra previsão constitucional ou legal, diferente da sua inclusão na lei orçamentária. Isso sem prejuízo de que contingenciamentos adicionais sejam realizados durante o ano, mediante a edição de novos decretos ou simplesmente pela não-liberação do dinheiro[154]. Da mesma forma, há casos em que a libera-

153 LC 101/200, art. 8º: "Até trinta dias após a publicação dos orçamentos, nos termos em que dispuser a lei de diretrizes orçamentárias e observado o disposto na alínea *c* do inciso I do art. 4º, o Poder Executivo estabelecerá a programação financeira e o cronograma de execução mensal de desembolso".

154 A doutrina não fornece dados sistemáticos a respeito, o que certamente se-

ção das verbas acontece fora dos períodos inicialmente previstos, muitas vezes quando o ano já segue adiantado, dificultando a realização de um planejamento adequado por parte dos órgãos administrativos encarregados de desenvolver a atividade correspondente.

Para um observador externo, a execução do orçamento parece assumir um caráter quase aleatório, sobretudo pela falta de motivação formal das retenções. Isso se o observador for dedicado e perseverante, pois não é fácil acompanhar o andamento concreto da despesa pública no Brasil. Embora haja muitas informações disponíveis — sobretudo nos bancos de dados do Senado Federal e da Presidência da República — falta unidade e consolidação, obrigando o interessado a analisar documentos extensos e efetuar cruzamentos de dados[155]. Superada a dificuldade, tome-se como exemplo o ano de 2005. Para introduzir a exposição, veja-se o seguinte trecho de notícia publicada em 27.09.2005 no Jornal Valor Econômico, reproduzida e ainda disponível no próprio *site* da Secretaria

ria desejável. De qualquer forma, a informação é de conhecimento notório e pode ser confirmada por uma breve incursão nos bancos de dados do Governo. Ao longo do tópico serão fornecidos diversos exemplos. No mesmo sentido, destacando esse fato e valorando-o também como negativo, v. SABBAG, César. *Orçamento e desenvolvimento — Recurso público e dignidade humana: o desafio das políticas públicas desenvolvimentistas*, 2007, p. 153: "Com relativa facilidade e sob a invocação de metas fiscais, os executores da lei orçamentária alteram fluxos financeiros da noite para o dia, ocasionando cortes nos investimentos, anulação de programas, paralisação de serviços e obras importantes. Não são incomuns orçamentos realizados pela metade ou execução que sai do papel nos últimos dois meses do exercício financeiro".

155 Como será analisado adiante, a motivação das decisões orçamentárias e a consolidação de dados são indispensáveis para que um indivíduo comum possa tirar alguma conclusão da enorme quantidade de informações disponíveis. Não é suficiente — embora seja necessário — que seja possível acessar os dados de qualquer unidade orçamentária. Isso porque o acerto ou desacerto de cada decisão só pode ser aferido com base em seus motivos e tendo em vista o quadro mais amplo das finanças públicas. Não investir em certo projeto educativo parece ruim em si mesmo, mas talvez seja possível justificar a decisão a partir de outras considerações. Não se pode exigir que cada cidadão tenha tempo, condições ou mesmo disposição de fazer essa pesquisa, que será certamente exaustiva e, apesar de tudo, potencialmente incompleta. Por isso se afirma que os bancos de dados disponíveis no Brasil produzem a pior forma de obscuridade: um emaranhado de informações pontuais sem maior tratamento sistemático, que mais servem para conferir uma aura de transparência às finanças públicas do que para informar realmente.

de Orçamento Federal, órgão do Ministério do Planejamento, Orçamento e Gestão:

> *"O governo federal continua a gastar muito pouco com investimentos em 2005, deixando de aproveitar o forte aumento dos recursos previstos no orçamento para esse objetivo. Neste ano, as despesas com investimento estão proporcionalmente menores do que em 2004, na comparação com o orçamento aprovado pelo Congresso e sancionado pelo Executivo.*
> *De janeiro a 17 de setembro deste ano, foram liquidados apenas 8,94% de um montante de R$ 22,070 bilhões; no mesmo período de 2004, o governo liquidara 15,06% de um orçamento de R$ 13,027 bilhões. As informações são do Instituto de Estudos Socioeconômicos (Inesc), elaboradas a partir de números obtidos nos bancos de dados da Câmara dos Deputados e do Senado.*
> *(...)*
> *Em alguns programas, o governo federal liquidou menos de 10% dos valores previstos no orçamento, de acordo com o levantamento do Inesc. No caso do saneamento ambiental urbano, o governo federal liquidou apenas 0,43% da verba autorizada, R$ 838,613 milhões. No caso dos investimentos em infra-estrutura de transportes, o governo liquidou 7,43% dos R$ 206,688 milhões autorizados."*

A notícia — similar a inúmeras outras publicadas todos os anos — apenas dá conta de um fato incorporado ao conhecimento comum. No entanto, para conferir maior densidade à discussão e não produzir um juízo com base apenas em matérias jornalísticas, confira-se o seguinte quadro relacionando diversas previsões orçamentárias e sua execução em 2005. Os itens em negrito identificam o Ministério ou grande estrutura envolvidos, ao passo que as demais células dizem respeito a programas, entidades ou órgãos específicos. A seleção tomou como critério a relação da despesa com direitos fundamentais ou políticas públicas de inegável relevância. A referência é extensa, mas se justifica pela necessidade de evidenciar concretamente a distorção de que se tem falado.

ESTRUTURA/PROGRAMA	LOA 2005	EXECUÇÃO 2005	VARIAÇÃO EM R$	VARIAÇÃO EM %
Presidência da República	3.041.683.670	2.451.576.546	590.107.124	80,60
Secretaria Especial dos Direitos Humanos	77.648.108	60.950.374	16.697.734	78,50
Secretaria Especial de Políticas para as Mulheres	24.554.087	19.225.874	5.328.213	78,30
Secretaria Especial de Políticas de Promoção da Igualdade Racial	19.573.844	14.830.303	4.743.541	75,77
Fundo Nacional Antidrogas	7.782.579	4.288.678	3.493.901	55,11
Fundo Nacional para a Criança e o Adolescente — FNCA	41.600.000	12.454.970	29.145.030	29,94
Atendimento Socioeducativo do Adolescente em Conflito com a Lei	15.050.000	2.811.668	12.238.332	18,68
Promoção e Defesa dos Direitos da Criança e do Adolescente	26.550.000	9.643.302	16.906.698	36,32
Ministério da Ciência e Tecnologia	5.128.321.035	3.589.204.138	1.539.116.897	69,99
Fundo Nacional de Desenvolvimento Científico e Tecnológico	1.667.667.382	784.897.811	882.769.571	47,07
Ministério da Fazenda	10.538.444.284	9.600.545.140	937.899.140	91,10
Fundo de Garantia à Exportação	311.100.000	41.616.054	269.483.946	13,38
Ministério do Desenvolvimento, Indústria e Comércio Exterior	909.499.404	745.523.015	163.976.389	81,97
Superintendência da Zona Franca de Manaus	233.492.894	157.356.252	76.136.642	67,38
Ministério da Saúde	40.542.754.890	40.174.955.571	367.799.319	99,09
Saneamento Básico Urbano	826.391.568	656.068.039	170.323.529	79,39
Fundação Oswaldo Cruz	884.518.610	544.282.700	340.235.919	61,53
Ministério da Educação	21.022.574.093	20.028.496.888	994.077.205	95,27
Desenvolvimento da Educação Infantil	16.629.600	8.594.976	8.034.624	51,68
Desenvolvimento do Ensino Fundamental	1.169.403.499	989.044.586	180.358.913	84,58
Ministério da Cultura	633.168.766	542.635.256	90.533.510	85,70
Programa Livro Aberto	43.188.426	32.842.923	10.345.503	76,05
Fundação Biblioteca Nacional	62.423.841	54.886.790	7.537.051	87,93
Fundo Nacional de Cultura	190.574.557	132.456.543	58.118.014	69,50
Ministério do Desenvolvimento Social e Combate à Fome	15.961.440.416	15.742.106.939	219.333.477	98,63
Bolsa Família	5.617.510.000	4.517.675.933	1.099.834.067	80,42
Ministério da Defesa	32.273.794.037	33.080.065.115	+806.271.078	+2,50
Reaparelhamento e Adequação do Exército Brasileiro	94.793.622	60.418.004	34.375.618	67,74

Reaparelhamento e Adequação da Marinha do Brasil	177.219.231	216.656.219	+39.436.988	+22,25
Reaparelhamento e Adequação da Força Aérea Brasileira	259.401.382	581.756.326	+322.354.944	+124,27
Ministério do Turismo	1.040.297.618	599.943.591	440.354.027	57,67
Programa Turismo no Brasil: uma Viagem para Todos	839.300.616	578.434.992	260.865.624	68,92
Ministério das Cidades	4.057.993.744	2.817.254.762	1.240.738.982	69,43
Saneamento Ambiental Urbano	131.771.720	37.331.640	99.440.080	28,33
Revitalização de Bens do Patrimônio Histórico Nacional	20.340.000	2.437.500	17.902.500	11,98
Habitação de Interesse Social	209.145.102	99.703.141	109.441.961	48,67
Ministério das Comunicações	3.624.913.440	1.086.769.959	2.538.143.481	29,98
Universalização dos Serviços de Comunicação Eletrônica	4.743.200	0	4.743.200	100,00
Universalização dos Serviços de Telecomunicações	34.049.825	84.362	33.965.463	0,25
ANATEL	2.012.500.263	231.144.021	1.781.356.242	11,49
Ministério do Trabalho e Emprego	30.462.431.102	23.367.385.429	7.095.045.673	76,71
Erradicação do Trabalho Infantil	1.098.737	483.655	615.082	44,02
Qualificação Social e Profissional	131.331.468	88.869.926	42.461.542	67,67
Primeiro Emprego	139.730.456	100.103.243	39.627.225	71,64
Ministério do Meio Ambiente	2.136.908.512	1.148.998.028	987.910.484	53,77
Saneamento Básico Urbano	3.495.999	524.780	2.971.219	15,01
ANA — Agência Nacional de Águas	216.385.022	89.717.369	126.667.653	41,46
Fundo Nacional de Meio Ambiente	47.687.777	16.170.285	31.517.492	33,91
Ministério da Integração Nacional	7.070.598.861	6.769.639.901	300.958.960	95,74
Programa Proágua — Infra-estrutura	489.395.341	331.684.824	157.710.517	67,77
Ministério dos Transportes	9.499.643.895	8.155.429.489	1.344.214.406	85,85
Fomento ao Desenvolvimento da Marinha Mercante e da Indústria Naval	55.550.000	10.464.075	45.085.925	18,84
Ministério das Minas e Energia	4.307.506.010	851.157.448	3.456.348.562	19,76
Eficiência Energética	1.294.701	4.066	1.290.635	0,31
Ministério da Justiça	5.120.001.657	4.663.005.349	456.996.308	91,07
Defensoria Pública da União	42.288.363	32.252.049	10.036.314	76,27
Fundo Penitenciário	272.012.827	158.564.721	113.448.106	58,29
Fundação Nacional de Segurança Pública	412.936.600	242.958.512	169.978.088	58,84

Ministério do Planejamento, Orçamento e Gestão	4.304.686.395	1.778.031.690	2.526.654.705	41,31
Gestão do Patrimônio Imobiliário da União	31.933.633	24.527.095	7.406.538	76,81
Ministério do Desenvolvimento Agrário	2.494.256.435	2.901.812.065	+407.555.630	+16,34
Regularização e Gerenciamento da Estrutura Fundiária	101.561.522	61.306.691	40.254.831	60,36
Crédito Fundiário	122.595.000	88.388.496	34.206.504	72,10
Ministério do Esporte	631.745.498	423.460.947	208.284.551	67,03
Programa Rumo ao Pan 2007	57.390.000	6.400.930	50.989.070	11,53
Programa Esporte e Lazer da Cidade	365.832.600	219.852.833	145.979.767	60,10

Os dados são reveladores em si mesmos, mas há duas observações a fazer. A primeira é a de que não se deve menosprezar as quantias aqui relacionadas: a magnitude das cifras orçamentárias pode induzir uma certa perda de referencial. Nesse sentido, 4,7 milhões de reais cortados podem parecer pouco quando comparados ao total de 421 bilhões do orçamento fiscal referente ao exercício, mas representam um contingente respeitável em si mesmo. E podem representar mais ainda quando colocados em contexto, como no exemplo acima: a opção de não gastar nenhum centavo de uma previsão inicial de 4,7 milhões de reais, originalmente destinados a um programa de *universalização dos serviços de comunicação eletrônica*. Vale dizer: um contingenciamento de 100% numa política pública considerada relevante no orçamento aprovado pelo Congresso.

Por outro lado, tampouco se mostra adequado considerar percentuais isoladamente. Uma execução de 80% da previsão inicial pode parecer auspiciosa, mas não se deve ignorar o que os 20% restantes podem representar em termos absolutos. Como no exemplo fornecido, em que foram cortados cerca de 1,1 bilhões de reais originalmente destinados ao programa *bolsa família*. Em suma: os contingenciamentos aqui representados são vultosos e afetaram programas que, à primeira vista, teriam inegável interesse público. Parece mais do que razoável imaginar que, no mínimo, deveriam ter vindo acompanhados de motivação consistente. Isso conduz à segunda observação que se pretende fazer.

Não se está fazendo um juízo de valor sobre o acerto ou mesmo sobre a necessidade política dos cortes de verba aqui identificados. Em outras palavras, não se está dizendo que gastar menos nessa ou naquela previsão foi ruim por conta de sua importância intrínseca. Na verdade, inúmeras razões podem, de fato, justificar ou até exigir investimentos menores do que os previstos no orçamento: dificuldades permanentes ou momentâneas de caixa, obtenção de economias imprevistas no custeio e manutenção de materiais e serviços, surgimento de outras necessidades prioritárias, apenas para citar alguns exemplos. O mesmo raciocínio vale para as hipóteses, menos frequentes, de gasto superior à previsão inicial. Como exposto acima, a complementação de dotações pode se mostrar necessária e adequada por uma série de motivos. A crítica não se dirige, portanto, aos cortes e aumentos em si, mas sim ao sistema, que confere ao Poder Executivo a faculdade de ignorar as previsões orçamentárias sem nem mesmo indicar os motivos que justificariam essa conduta.

Na linha do que se vem sustentando no presente trabalho, as opções de investimento reproduzidas no quadro acima terão servido para demonstrar que o orçamento veicula decisões. Políticas públicas são definidas concretamente na lei orçamentária, em função das possibilidades financeiras do Estado[156]. É lógico que a qualidade e eficiência de um programa estatal não decorrem apenas da quantidade de recursos disponíveis, não sendo possível negar o papel desempenhado por elementos como gestão eficiente, competência técnica e até mesmo outros de mais difícil apreensão, como criatividade e fatores motivacionais. Mas não se questiona que o dinheiro é necessário até mesmo para se obter esses elementos e aproveitar suas potencialidades.

Nesse sentido, a retenção de verbas tende a produzir, na melhor das hipóteses, programas menos abrangentes. E a verdade é

156 O conceito de políticas públicas tem gerado discussão doutrinária, notadamente em relação a sua abrangência. No presente estudo, o termo será empregado para identificar as atividades desenvolvidas pelo Poder Público diretamente para a satisfação de necessidades sociais, valendo-se dos recursos orçamentários. Ainda que isso possa incluir ações de fomento à atuação de particulares, como uma política de incentivos fiscais. Sobre o tema, e atribuindo especial importância às implicações financeiras das políticas públicas, v. BARCELLOS, Ana Paula de. Constitucionalização das políticas públicas em matéria de direitos fundamentais: o controle político-social e o controle jurídico no espaço democrático, *Revista de Direito do Estado*, nº 3, 2006, pp. 17-54. V. tb. BUCCI, Maria Paula Dallari. *Direito administrativo e políticas públicas*, 2006, especialmente a p. 241 e ss.

que os cortes têm atingido programas relacionados a áreas em que, para além de qualquer dúvida, a atuação do Estado tem sido insatisfatória ou insuficiente. Ainda que não se queira fazer um juízo como esse, identifica-se a ocorrência de cortes drásticos, indicando uma verdadeira reavaliação de prioridades. Apenas para dar alguns exemplos, a partir de dados do quadro acima:

1) O sistema penitenciário nacional é precário, negando condições mínimas de dignidade aos detentos e permitindo até que alguns permaneçam no comando de organizações criminosas de dentro dos presídios. Apesar disso, foram liberados apenas 58,2% dos recursos destinados ao Fundo Penitenciário Nacional, incumbido de financiar a modernização dessas instituições (corte de mais de 113 milhões de reais).

2) O país enfrentou uma grave crise energética e há preocupação permanente com o suprimento de energia. Isso não impediu que fossem liberados apenas 0,314% dos recursos destinados a um programa de estímulo à eficiência energética, do Ministério das Minas e Energia (corte de quase 1,3 milhões de reais).

3) O saneamento básico é uma necessidade primária de saúde pública, mas ainda não é fornecido a parte considerável das residências brasileiras. Nada obstante, o programa correspondente do Ministério da Saúde foi reduzido em cerca de 21% (corte de mais de 170 milhões de reais);

4) O Fundo Nacional de Desenvolvimento Tecnológico tem a função de financiar projetos relacionados ao setor, como a recuperação e modernização da infra-estrutura das entidades de ensino e pesquisa. Apenas 47% das verbas a ele destinadas foram liberadas (corte superior a 882 milhões de reais).

O orçamento é aprovado pelo Congresso Nacional, que pode modificar as alocações de recursos, criando novos programas de ação, aumentando ou reduzindo os já existentes. Na prática, como visto, o desenho geral do orçamento é elaborado pelo Poder Executivo, no projeto de lei orçamentária, mas esse desenho é submetido ao órgão de representação popular, a quem incumbe a palavra final. Vale dizer, as políticas públicas referidas acima foram consideradas importantes pelo Congresso Nacional e dimensionadas na medida dessa importância[157]. Diversos fatores podem exigir modificações

157 GOSLING, James J. *Budgetary politics in american governments*, 2002, pp.

e o presente trabalho não tem a pretensão de desautorizar nenhum deles. Nem mesmo a opção pela redução de investimentos para o aumento de reservas por razões de política econômica. O que se entende exigível é que essa decisão não seja concentrada de forma imperial no Poder Executivo, ignorando as decisões orçamentárias que ele mesmo esboçou e cujo desenho final foi produzido pelo legislador.

E isso apesar de todas as vicissitudes do processo legislativo em geral e da tramitação do orçamento em particular. A importância da deliberação legislativa será objeto de novas considerações na segunda parte desse estudo, mas desde logo parece evidente que a decisão do Congresso não deve ser simplesmente desconsiderada. A menos que se pretenda excluir a participação do Poder Legislativo e conferir formalmente hegemonia ao Executivo na definição de quais serão as atividades concretas do Estado. Essa seria uma solução na contramão da história, que consagrou a necessidade de um controle recíproco entre as diferentes instâncias de poder[158]. Mas seria, pelo menos, algo mais sincero do que a prática brasileira atual.

Por tudo que se acaba de descrever, seria razoável supor que esse estado de coisas decorre de previsões inequívocas, provavelmente de estatura constitucional. A rigor, se esse sistema decorresse de forma inafastável do texto aprovado pelo constituinte originário, a controvertida tese das normas constitucionais inconstitucionais teria aqui um bom exemplo de aplicação potencial, não por violação a um suposto Direito suprapositivo, mas por contradizer logicamente e de forma insanável o núcleo de princípios basilares da própria Constituição[159]. Felizmente não é necessário ir tão lon-

---

4-5: "At a minimum, public budgeting sets spending priorities for the year or biennium to come. In setting spending levels, budget makers place relative values on the many purposes of government spending: certain programs are created and funded for the first time, some programs are allowed to grow master than others, and other programs are reduced or eliminated alltogether. In this sense, budget participants decide that at a given time certain policy areas are more important than others and therefore deserve more financial support".

158 O tema da separação dos Poderes será retomado na segunda parte do estudo.

159 BACHOF, Otto. *Normas constitucionais inconstitucionais*, 1994. Na literatura brasileira, v. MENDES, Gilmar. *Jurisdição constitucional*, 2004, pp. 126.131. Como se sabe, o STF rejeitou expressamente a possibilidade de decla-

ge. Não foi possível encontrar na ordem jurídica brasileira nenhum dispositivo normativo que atribua ao Poder Executivo, de forma inequívoca, tamanha dose de poder decisório. Isso pode aumentar a perplexidade do observador, mas facilita a superação do problema, como se pretende demonstrar na terceira parte do estudo.

IV. As bases normativas nada sólidas da atual prática orçamentária brasileira

Como visto, a lei orçamentária anual responde pela importante função de equacionar receitas e despesas públicas, tendo em vista a satisfação das necessidades coletivas. Em um contexto de recursos limitados, a realização de uma opção de investimento significa que outras serão preteridas. Nesse sentido, modificar ou ignorar uma dotação orçamentária significa deixar de realizar concretamente um investimento que fora considerado não apenas relevante, mas também *mais relevante* do que muitos outros. Isso não deve ser tratado como um acontecimento banal. Ao contrário, deve ser encarado com cautela, ainda que, ao final, o corte venha a ser considerado necessário para viabilizar outras atividades. O orçamento é aprovado pelo Poder Legislativo, por lei formal, não havendo motivo para presumir que as opções de gasto assim definidas sejam uma mera recomendação ao Poder Executivo. Aliás, vale lembrar que as leis são presumivelmente imperativas, assim como os demais atos praticados pelos agentes do Poder Público nas respectivas esferas de competência[160].

Por tudo isso, seria de se esperar que a compreensão do orçamento como mera autorização estivesse respaldada por enunciados normativos inequívocos. Seria necessário, então, investigar a constitucionalidade de tais enunciados. Não é esse o caso, porém. A matéria simplesmente não está positivada na ordem jurídica brasileira, pelo menos não de forma clara. Não se nega a evidência de

---

rar a inconstitucionalidade de normas da Constituição originária. V. STF, ADIn 815/DF, DJ 10.05.1996, Rel. Min. Moreira Alves.

160 Sobre o princípio da presunção de constitucionalidade das leis e atos do Poder Público, v. BARROSO, Luís Roberto. *Interpretação e aplicação das Constituição*, 2001, pp. 171-184.

que o orçamento no Brasil, em termos práticos, tem funcionado como mera autorização para que gastos sejam realizados. Destaca-se apenas a peculiaridade de tal situação não decorrer de forma expressa de nenhum dispositivo normativo vigente, embora seja no mínimo inusitado presumir que uma lei não vincula a Administração ou o faz apenas parcialmente, na forma de limite. A legislação que trata especificamente da matéria é dúbia, começando pela Constituição, podendo indicar tanto um modelo autorizativo, como um modelo impositivo.

Apesar disso, sustenta-se no presente trabalho que a melhor leitura do texto constitucional aponta no sentido de que a execução orçamentária deve ser, em princípio, vinculada. Em sentido contrário, seria possível argumentar que o orçamento já funcionava como simples autorização de gastos quando a Constituição de 1988 foi editada[161], sendo de se presumir que o constituinte teria sido expresso se tivesse pretendido modificar o *status quo*. A crítica é consistente, mas não insuperável. Pelo contrário, é notório que a interpretação histórica não pode ser tomada isoladamente e que o método sistemático merece papel de destaque no esforço de definir o sentido das normas em geral. No caso da Constituição, tal interpretação deve ser conduzida pelos princípios, notadamente aqueles a que se reconheça função essencial ou estruturante[162].

---

161 As Constituições anteriores também não traziam uma definição precisa da matéria. O art. 63 da Constituição de 1967 tinha redação que poderia indicar a opção por um modelo impositivo: "A despesa pública obedecerá à lei orçamentária anual, que não conterá dispositivo estranho à fixação e à previsão da receita. Não se incluem na proibição: I — a autorização para abertura de créditos suplementares e operações de crédito por antecipação de receita; II — a aplicação do saldo e o modo de cobrir o deficit, se houver. Parágrafo único. As despesas de capital obedecerão ainda a orçamentos plurianuais de investimento, na forma prevista em lei complementar".

O comando imperativo do caput se une à regra do inciso II, que pode ser interpretado como obrigatoriedade de cobertura de eventual *deficit*, isto é, impossibilidade de que dotação não anulada seja simplesmente ignorada pela Administração. O teor do dispositivo foi reproduzido pela Emenda nº 1, de 1969, sob nova numeração (art. 60), com a supressão apenas da referência à cobertura de *deficit*. Tal como foi destacado, contudo, o orçamento no Brasil sempre foi considerado autorizativo, por influência da doutrina tradicional.

162 BARCELLOS, Ana Paula de. *A eficácia jurídica dos princípios constitucionais — O princípio da dignidade da pessoa humana*, 2002, p. 74: "Além dessas hipóteses, a eficácia interpretativa poderá operar também dentro da própria

Pela tese aqui defendida — que será objeto de análise cuidadosa ao longo da exposição — um conjunto expressivo de princípios constitucionais impõe que a execução do orçamento corresponda à lei aprovada pelo Poder Legislativo, sem prejuízo de se admitir mecanismos de flexibilização. Se essa interpretação for compatível com a literalidade dos enunciados constitucionais — e se acredita que seja — é ela que deve prevalecer, sobretudo porque não se vislumbra nenhuma norma da Constituição apta a sustentar a idéia de que as decisões orçamentárias devem poder ser ignoradas pela Administração. Colocada a questão nesses termos, a existência de um costume empedernido em sentido contrário[163] não deve ser vista como impedimento absoluto ao reconhecimento da inconstitucionalidade da prática orçamentária atual. Veja-se que a situação não era muito diferente em relação ao tema da fidelidade partidária. Há muitos anos vigorava o entendimento, com o aval do STF, de que a mudança de partido não poderia gerar a perda do mandato parlamentar obtido pelo sistema proporcional[164]. Isso não impediu que aquele tribunal modificasse seu entendimento por entender ser essa uma exigência decorrente de princípios constitucionais[165].

Admitida, em tese, a possibilidade de que a atual prática orçamentária brasileira seja inconstitucional, passa-se à demonstração concreta de duas circunstâncias: i) tal solução decorre da melhor interpretação dos enunciados constitucionais que tratam especificamente do tema; ii) a legislação infraconstitucional não consagra, de forma clara, o entendimento oposto.

Constituição, em relação aos princípios, pois, embora eles não disponham de superioridade hierárquica sobre as demais normas constitucionais, até mesmo por força da unidade da Constituição, é fácil reconhecer-lhes uma ascendência axiológica sobre o texto constitucional em geral. (...) Desse modo, os princípios constitucionais vão orientar a interpretação das regras em geral (não apenas as constitucionais, é bem de ver), de modo que o intérprete se encontra obrigado a optar, dentre as possíveis exegeses para o caso, aquela que realiza melhor o efeito pretendido pelo princípio constitucional pertinente. Note-se que se trata de uma modalidade de eficácia jurídica exatamente porque se pode exigir que o magistrado faça essa opção".

163 Sobre o costume inconstitucional, confira-se BARROSO, Luís Roberto. *Interpretação e aplicação da Constituição*, 2004, p. 145.

164 STF, MS 20.927/DF, DJ 15.04.1994, Rel. Min. Moreira Alves.

165 STF, MS 26.603/DF, DJ 16.10.2007, Rel. Min. Celso de Mello.

IV.1. O tratamento do tema pela Constituição

Como referido, a Constituição não contém uma decisão explícita sobre a eficácia da lei orçamentária. Isso deveria bastar para que a ela fosse reconhecida a eficácia normal dos atos legislativos, ou seja, força imperativa. Ainda mais quando se tem em conta que, em relação a outras questões, a Constituição foi expressa ao conferir à lei eficácia meramente autorizativa[166]. De toda forma, não é necessário basear a conclusão apenas nesse tipo de inferência. Alguns dispositivos fornecem indicações pontuais e o conjunto normativo por eles formado parece fornecer uma resposta mais consistente. Confira-se.

O art. 165, § 8º, da Constituição, determina que a lei orçamentária anual não poderá conter matéria estranha à *previsão* da receita — que é naturalmente variável — e *fixação* da despesa, o que parece apontar no sentido do cumprimento obrigatório. Ainda mais quando se considera que na sequência do mesmo dispositivo está previsto que a própria lei orçamentária poderá *autorizar* a abertura de créditos suplementares. Autorização e fixação certamente são conceitos distintos e o constituinte empregou ambos. Não se trata de supervalorizar o elemento literal, mas sim de destacar que não haveria fundamento para inverter a regra geral de que as leis são vinculantes e presumir que a lei orçamentária, que traz subjacente o propósito de limitar a Administração, não o seja.

Há ainda um outro raciocínio pontual que parece apontar na mesma direção: como referido, a Constituição proíbe que o Poder Legislativo, ao emendar o projeto de lei orçamentária, aumente a despesa prevista. Vale dizer: os parlamentares não podem criar dotações ou aumentar as existentes sem promover cancelamentos que mantenham o equilíbrio inicial. O fundamento da restrição,

---

166 As hipóteses são destacadas por José Afonso da Silva, embora o autor logo depois se associe à corrente tradicional que atribui ao orçamento eficácia autorizativa, a despeito da inexistência de previsão constitucional expressa. V. SILVA, José Afonso da. *Processo constitucional de formação das leis*, 2006, p. 331: "A Constituição prevê algumas hipóteses de leis autorizativas. Assim é que só por lei específica pode ser autorizada a instituição de empresa pública, de sociedade de economia mista e de fundação, assim como depende de autorização legislativa, em cada caso, a criação de subsidiárias das empresas públicas e sociedades de economia mista (art. 37, XIX e XX). Além desses casos é necessário autorização legislativa para alienação de bens imóveis pelo Poder Executivo".

como se sabe, é evitar que as emendas inviabilizem a atividade da Administração, em detrimento da separação dos Poderes. Ora, se o orçamento contivesse uma mera enunciação de despesas possíveis, em seus patamares máximos, não haveria impedimento lógico à previsão de *possibilidades* de gasto superiores às receitas reais[167].

Em outras palavras, o aumento do gasto total *possível* não inviabilizaria nenhuma atividade. Em vez disso, representaria apenas a concessão de uma gama maior de opções ao Poder Executivo, que selecionaria onde e quanto gastar. Um modelo como esse não veicularia, tampouco, uma autorização ao desequilíbrio orçamentário. A rigor, a Constituição não contém norma expressa que impeça o Executivo de elaborar um projeto de orçamento deficitário e admite expressamente, como não poderia deixar de ser, a contratação de operações de crédito. O equilíbrio das finanças públicas é uma medida de responsabilidade fiscal, hoje decorrente de lei complementar[168]. O que a Constituição proíbe é que o legislador modifique o projeto para criar o *déficit*.

Em sentido contrário, talvez fosse possível dizer que o aumento das possibilidades de gasto poderia gerar pressão política e social para a realização dos investimentos. Esse não seria, contudo, um argumento conclusivo, especialmente quando se lembra que o Executivo atualmente já deixa de efetuar uma série de despesas previs-

167 Um exemplo elucida o argumento: tendo recebido um projeto de lei orçamentária com previsão de gastos em saúde no patamar de 40 bilhões de reais, referentes a um conjunto de atividades e políticas públicas, o Legislador poderia acrescentar outras possibilidades que também lhe parecem importantes. Isso aumentaria apenas a despesa total possível, a ser concretizada segundo critério do Poder Executivo.

168 Vale dizer que a opção do legislador não parece incompatível com a Constituição. A decisão de adotar ou não orçamentos deficitários — que chegou prevalente no chamado Estado de bem-estar social — não parece ter sido atribuída pela Constituição ao Poder Executivo. A rigor, ainda que se entenda ser essa uma opção possível ao Poder Público, não há fundamento constitucional para impedir que o legislador assuma posição na matéria. Ao contrário, a regra é a legalidade orçamentária. Eventual política xiita de estabilidade fiscal pode merecer a crítica ideológica, mas não legitima que o sistema constitucional seja distorcido ou sobreinterpretado. Em sentido aparentemente oposto, v. BERCOVICI, Gilberto. *Planejamento e políticas públicas: por uma nova compreensão do papel do Estado*. In: BUCCI, Maria Paula Dallari. *Políticas públicas — Reflexões sobre o conceito jurídico*, 2006.

tas, muitas relacionadas a importantes políticas públicas, sem que haja maior comoção. Diversos exemplos foram fornecidos no tópico anterior. Como se vê, a determinação constitucional de que as emendas parlamentares preservem o equilíbrio entre receita e despesa, tal como idealizado pelo Poder Executivo, parece assentar-se na premissa lógica de que as previsões de gasto serão, de fato, concretizadas.

No entanto, mais importante do que desdobrar dispositivos específicos será observar a lógica intrínseca do sistema orçamentário instituído pela Constituição. Para facilitar a compreensão, a idéia pode ser decomposta em duas constatações e uma pergunta. As constatações são as seguintes:

i) a Constituição determina que o orçamento seja aprovado por lei e reserva a iniciativa ao Poder Executivo;

ii) a Constituição disciplina de maneira analítica as hipóteses de modificação de dotações. A criação de novas rubricas dependerá sempre de lei, salvo em casos emergenciais, quando será admissível o uso de medidas provisórias. A complementação de dotações exige autorização legal, admitindo-se que uma autorização genérica seja concedida já na lei orçamentária, acompanhada de parâmetros.

A soma desses dois elementos produz um sentido claro: a criação de novas hipóteses de despesa e o remanejamento de recursos entre hipóteses já existentes foram disciplinados pelo constituinte e envolverão sempre a participação do legislador, em diferentes extensões. Agora vem a pergunta: por que a Constituição não tratou da retenção de recursos? Com efeito, quando se fala que o orçamento é meramente autorizativo não se está dizendo que o Executivo pode modificá-lo de forma autônoma, mas sim que pode permanecer inerte. Ou seja: que pode reter recursos por decisão própria. Aparentemente, a Constituição não tratou de retenção e isso tem permitido que a prática seja distorcida. Apenas aparentemente, porém.

Como analisado acima, a idéia de que a Constituição não disciplina a retenção de recursos parte da premissa equivocada de que o dinheiro público que não é gasto encontra-se em um suposto limbo, fora do orçamento. Isso não é verdade. A razão de ser do orçamento é dar destinação aos recursos públicos, em todo seu conjunto. No Brasil, essa exigência de universalidade pode ser inferida de princípios constitucionais e foi expressamente consagrada pelo legislador ordinário[169]. Mais do que isso, a doutrina nacional e estrangeira destaca que se trata de regra inerente à lógica orçamentária, que reparte recursos escassos por necessidades em permanente evolução[170]. Qualquer destinação que se dê ao dinheiro público representa uma decisão orçamentária. Isso inclui despesas evidentes como manutenção da estrutura administrativa ou custeio do serviço de saúde. Mas inclui também o pagamento de juros da dívida pública e a constituição de reservas monetárias. Os recursos correspondentes foram arrecadados da coletividade e naturalmente integram a partilha orçamentária. Tanto assim que são contemplados com dotações específicas já na elaboração do orçamento.

A conclusão a que se quer chegar é óbvia. A Constituição não precisou tratar de forma específica da retenção de recursos porque essa é uma forma de redistribuição, uma modalidade de remanejamento. Na prática, recursos são retirados da finalidade prevista e deslocados para a constituição de reservas. Afinal, esse dinheiro não desaparece e nem se torna maldito, sendo insuscetível de transferência para qualquer outra finalidade. Na prática, essas verbas convertem-se em uma inconstitucional reserva inominada, apesar da inexistência de decisão formal e do lançamento contábil correspondente.

---

169 A universalidade consta dos arts. 3º e 4º da Lei nº 4.320/64, recepcionada pela Constituição de 1988 com status de lei complementar: "Art. 3º A Lei de Orçamentos compreenderá tôdas as receitas, inclusive as de operações de crédito autorizadas em lei. (...) Art. 4º A Lei de Orçamento compreenderá tôdas as despesas próprias dos órgãos do Govêrno e da administração centralizada, ou que, por intermédio dêles se devam realizar, observado o disposto no artigo 2º".

170 Na doutrina brasileira, v., por todos: TORRES, Ricardo Lobo. *Tratado de direito constitucional financeiro e tributário — O orçamento (volume V)*, 2000, p. 272. Na doutrina estrangeira, a título de exemplo, confiram-se as seguintes obras: Na Argentina (refletindo conhecimento convencional nos demais países de língua espanhola), fala-se em universalidade, clareza e exatidão. Nesse sentido, v. JARACH, Dino. *Finanzas publicas y derecho tributario*,1996, p. 82. Na legislação e doutrina alemãs, fala-se em completude (Vollständigkeit), precisão (Genauigkeit) e veracidade (Wahrheit), entendida como dever de sinceridade orçamentária. Sobre o ponto, v. WIESNER, Herbert e WESTERMEIER, Antonius. *Das staatliche Haushalts-, Kasse- und Rechnungswesen*, 2005, pp. 35 e 43. V. tb. *Das System der öffentlichen Haushälte*, 2001 (publicação editada pelo Ministério das Finanças alemão, disponível na página eletrônica www.bundesfinanzministerium.de). Na França, fala-se em universalidade e sinceridade. V. MEKHANTAR, Joël. *Finances publiques de l'État — La LOLF et le noveau droit budgétaire de la France*, 2007, pp. 20 e 23.

É nisso que reside o problema. Não faz qualquer sentido que essa decisão possa contornar o procedimento instituído pela Constituição para modificação do orçamento. Para transferir dinheiro da saúde para a educação, o Executivo está sujeito a exigências. Por que elas devem ser afastadas quando o dinheiro da saúde é deslocado para o aumento das reservas monetárias ou para a superação de metas fiscais? Não se está dizendo que essas finalidades sejam ilegítimas, mas é certo que devem ser discutidas no processo de deliberação orçamentária. E é fato que são contempladas no orçamento aprovado. Mudanças podem ser necessárias ao longo do exercício, tal como ocorre com as dotações orçamentárias em geral. Apenas devem observar algum procedimento jurídico, mesmo que seja uma decisão administrativa formalmente existente (e motivada), de modo a permitir alguma forma de controle efetivo.

Não se tem a ingenuidade de supor que os constituintes pensaram exatamente isso e que toda a prática orçamentária desde 1988 constitui um imenso equívoco de interpretação, não percebido. É evidente que as coisas não são assim. O que se queria destacar é que o texto constitucional comporta perfeitamente essa interpretação. A rigor, ela é de longe a melhor possível, ainda que outras sejam imagináveis. E não se trata apenas da melhor interpretação de dispositivos tomados de forma isolada. Como se verá, princípios fundamentais impõem tal resultado, incluindo a separação dos Poderes e o princípio democrático. Bem antes disso, porém, esse tópico não ficaria completo sem uma análise da legislação infraconstitucional, também marcada por ambiguidades.

IV.2. O tratamento do tema pela legislação infraconstitucional

No plano infraconstitucional, há um dispositivo que tanto pode corroborar a tese da obrigatoriedade como afastá-la, dependendo da leitura que se faça. Trata-se do art. 9º da Lei de Responsabilidade Fiscal, que complementa o disposto no art. 8º da mesma Lei. Confira-se a redação dos enunciados:

> *"Art. 8º. Até trinta dias após a publicação dos orçamentos, nos termos em que dispuser a lei de diretrizes orçamentárias e observado o disposto na alínea c do inciso I do art. 4º, o Poder Executivo estabelecerá a programação financeira e o cronograma de execução mensal de desembolso.*

Parágrafo único. Os recursos legalmente vinculados a finalidade específica serão utilizados exclusivamente para atender ao objeto de sua vinculação, ainda que em exercício diverso daquele em que ocorrer o ingresso.

Art. 9º. Se verificado, ao final de um bimestre, que a realização da receita poderá não comportar o cumprimento das metas de resultado primário ou nominal estabelecidas no Anexo de Metas Fiscais, os Poderes e o Ministério Público promoverão, por ato próprio e nos montantes necessários, nos trinta dias subsequentes, limitação de empenho e movimentação financeira, segundo os critérios fixados pela lei de diretrizes orçamentárias.

§ 1º No caso de restabelecimento da receita prevista, ainda que parcial, a recomposição das dotações cujos empenhos foram limitados dar-se-á de forma proporcional às reduções efetivadas.

§ 2º Não serão objeto de limitação as despesas que constituam obrigações constitucionais e legais do ente, inclusive aquelas destinadas ao pagamento do serviço da dívida, e as ressalvadas pela lei de diretrizes orçamentárias.

§ 3º No caso de os Poderes Legislativo e Judiciário e o Ministério Público não promoverem a limitação no prazo estabelecido no caput, *é o Poder Executivo autorizado a limitar os valores financeiros segundo os critérios fixados pela lei de diretrizes orçamentárias.*

§ 4º Até o final dos meses de maio, setembro e fevereiro, o Poder Executivo demonstrará e avaliará o cumprimento das metas fiscais de cada quadrimestre, em audiência pública na comissão referida no § 1º do art. 166 da Constituição ou equivalente nas Casas Legislativas estaduais e municipais.

§ 5º No prazo de noventa dias após o encerramento de cada semestre, o Banco Central do Brasil apresentará, em reunião conjunta das comissões temáticas pertinentes do Congresso Nacional, avaliação do cumprimento dos objetivos e metas das políticas monetária, creditícia e cambial, evidenciando o impacto e o custo fiscal de suas operações e os resultados demonstrados nos balanços".

Como já referido, o art. 8º determina que, em até trinta dias após a aprovação do orçamento, o Poder Executivo estabeleça cronograma de liberação dos recursos, o que é feito mediante decreto. Essa é uma providência administrativa bastante natural, sobretudo quando se pensa que o orçamento contém previsões para todo o exercício e a receita é apurada gradualmente, sendo necessário escalonar as liberações de verba. Veja-se que o dispositivo nada diz sobre a possibilidade de contingenciamentos. O parágrafo único do artigo diz respeito aos recursos atrelados constitucionalmente a determinada finalidade, como os decorrentes da cobrança de contribuições sociais, os quais não ingressam no caixa-geral do Estado para livre distribuição. O dispositivo apenas reitera que essa modalidade de verbas não pode ser liberada para finalidade diversa daquela prevista na Constituição.

Até aqui, portanto, nenhuma palavra sobre uma suposta competência discricionária do Presidente para escolha dos montantes a serem efetivamente colocados à disposição das autoridades encarregadas do seu emprego. Lembre-se, novamente, que o silêncio milita em favor da presunção de imperatividade. O art. 9º, por sua vez, parece confirmar essa conclusão. Com efeito, o *caput* do dispositivo estabelece uma condição para o contingenciamento das dotações orçamentárias: a verificação, ao final de um bimestre, de que a realização da receita poderá não comportar o cumprimento de metas fiscais. Ao prever essa hipótese de restrição dos gastos previstos, o artigo poderia ser interpretado como uma vedação nos demais casos. Ainda mais pelo caráter imperativo que parece assumir o §1º, determinando a recomposição das dotações que tiverem sido limitadas caso a receita inicialmente prevista seja restabelecida.

Sem prejuízo de possíveis críticas quanto à constitucionalidade de partes do dispositivo[171] ou mesmo da conveniência de atrelar, de forma taxativa, a execução orçamentária a metas fiscais, parece razoável sustentar que a norma tornaria obrigatórias as despesas

171 O § 3º do art. 9º da LRF teve sua eficácia liminarmente suspensa pelo STF na ADIn nº 2.238, ainda pendente de julgamento de mérito: "O Tribunal deferiu o pedido de medida cautelar para suspender, até decisão final, a eficácia do § 3º do art. 9º da citada LC ("§ 3º No caso de os Poderes Legislativo e Judiciário e o Ministério Público não promoverem a limitação no prazo estabelecido no caput, fica o Poder Executivo autorizado a limitar os valores financeiros segundo os critérios fixados pela lei de diretrizes orçamentárias"). O Tribunal, à primeira vista, considerou relevante a arguição de inconstitucionalidade quanto ao § 3º do art. 9º da Lei impugnada, dado que tal dispositivo viabiliza uma interferência do Executivo em domínio constitucionalmente reservado à atuação autônoma dos poderes Legislativo e Judiciário" (Inf. STF 21, j. 22.02.01, Rel. Min. Ilmar Galvão).

consignadas no orçamento, ressalvada a limitação fática da não-realização da receita estimada. Adicionalmente, tornaria obrigatória também a recomposição das previsões originais em caso de restabelecimento das receitas projetadas.

O mesmo artigo, porém, em seu §2°, agrega ao tema complexidades adicionais. O dispositivo afasta expressamente a possibilidade de contingenciamento de despesas referentes a obrigações constitucionais e legais do ente público[172]. Embora não se defina quais seriam essas despesas, parece razoável entender que seriam aquelas decorrentes de dispositivo constitucional ou legal que confere direitos aos indivíduos ou institui obrigações para o Poder Público, de forma específica. Imagine-se, por exemplo, uma lei que assegure aos portadores de HIV o direito ao coquetel de medicamentos para tratamento da doença.

Ou seja, por essa interpretação, o referido § 2° estaria proibindo o corte das dotações que concretizam decisões legislativas, de ordem constitucional ou legal, evitando a inefetividade de normas jurídicas que estabeleçam deveres concretos e claramente identificáveis. Nesses casos, a obrigatoriedade da execução orçamentária não decorreria do orçamento, mas sim do fato de essas obrigações terem sede em outros diplomas legais. Nesses termos, a medida é inegavelmente positiva, ajudando a assegurar a força normativa dos atos legislativos. Isso não impediria, contudo, o corte de dotações que guardem relação com deveres constitucionais ou legais genéricos, como o próprio direito à saúde. Seria possível, por exemplo, contingenciar verba destinada à implementação de programa de conscientização sobre o perigo das drogas, considerando que não haja lei específica impondo a sua realização. Entender o contrário esvaziaria a própria possibilidade/necessidade de contingenciamento, já que a abrangência das normas constitucionais tende a fazer com que elas tenham algo a dizer a respeito de praticamente qualquer política pública.

Há, todavia, uma importante pergunta a ser respondida: ao prever uma categoria de obrigações constitucionais e legais e impedir que sejam objetos de cortes, estaria o legislador endossando for-

172 A disposição é reforçada pelo art. 8°, parágrafo único, da mesma lei: "Os recursos legalmente vinculados a finalidade específica serão utilizados exclusivamente para atender ao objeto de sua vinculação, ainda que em exercício diverso daquele em que ocorreu o ingresso".

malmente a tese de que as demais despesas são de execução facultativa? Em outras palavras, teria o legislador criado uma categoria de despesa obrigatória e entregando o restante à discrição do Poder Executivo? Não parece que seja esse o entendimento adequado, inclusive por considerações de pura hermenêutica jurídica. Com efeito, o § 2° do art. 8° deve ser interpretado em harmonia com o *caput* do mesmo dispositivo, que parece restringir a possibilidade de contingenciamento às situações em que as expectativas de receita permitem antever o descumprimento de metas fiscais. Nesse contexto, o que o § 2° faz é limitar, mesmo nessa situação, as possibilidades de contenção, colocando a salvo certas despesas. Sem prejuízo de que, em situações de normalidade, os contingenciamentos não fossem admissíveis.

Não estaria criada, portanto, uma categoria de despesas obrigatórias, em detrimento das demais. Haveria, isso sim, *despesas especialmente obrigatórias*, insuscetíveis de contingenciamento ainda quando a receita ficasse aquém das expectativas. Tal conclusão ainda precisa superar outra dificuldade, colocada pelo art. 17 da mesma lei, que cuida das chamadas *despesas obrigatórias de caráter continuado*. A denominação poderia dar a entender, novamente, que o legislador instituiu uma divisão das despesas em obrigatórias e facultativas. Essa não é, contudo, a única interpretação possível. E certamente não é a melhor. Confira-se a redação do dispositivo:

> *"Art. 17. Considera-se obrigatória de caráter continuado a despesa corrente derivada de lei, medida provisória ou ato administrativo normativo que fixem para o ente a obrigação legal de sua execução por um período superior a dois exercícios.*
> *§ 1º Os atos que criarem ou aumentarem despesa de que trata o* caput *deverão ser instruídos com a estimativa prevista no inciso I do art. 16 e demonstrar a origem dos recursos para seu custeio.*
> *§ 2º Para efeito do atendimento do § 1º, o ato será acompanhado de comprovação de que a despesa criada ou aumentada não afetará as metas de resultados fiscais previstas no anexo referido no § 1º do art. 4º, devendo seus efeitos financeiros, nos períodos seguintes, ser compensados pelo aumento permanente de receita ou pela redução permanente de despesa.*
> *§ 3º Para efeito do § 2º, considera-se aumento permanente de receita o proveniente da elevação de alíquotas, ampliação da base*

de cálculo, majoração ou criação de tributo ou contribuição.
§ 4º A comprovação referida no § 2º, apresentada pelo proponente, conterá as premissas e metodologia de cálculo utilizadas, sem prejuízo do exame de compatibilidade da despesa com as demais normas do plano plurianual e da lei de diretrizes orçamentárias.
§ 5º A despesa de que trata este artigo não será executada antes da implementação das medidas referidas no § 2º, as quais integrarão o instrumento que a criar ou aumentar.
§ 6º O *disposto no § 1º não se aplica às despesas destinadas ao serviço da dívida nem ao reajustamento de remuneração de pessoal de que trata o inciso X do art. 37 da* Constituição.
§ 7º Considera-se aumento de despesa a prorrogação daquela criada por prazo determinado".

Veja-se que o *caput* do artigo identifica as obrigações de que se trata: as que geram despesa corrente, *decorrentes de lei, medida provisória ou ato administrativo normativo que fixem para o ente a obrigação legal de sua execução por um período superior a dois exercícios*. Ao contrário do art. 9º, não há menção às obrigações definidas na Constituição. Isso não significa, por óbvio, que eventuais despesas impostas pela Constituição tenham deixado de ser obrigatórias. O que se faz necessário é interpretar conjuntamente os dois artigos, que foram instituídos simultaneamente e se presumem harmônicos

O sentido do art. 9º já foi objeto de análise, podendo ser entendido como uma forma de proteger certas dotações de forma especial, impedindo que sejam objeto de corte mesmo quando as metas fiscais estejam em risco. O art. 17, por sua vez, teria sido instituído para conferir tratamento especial às despesas correntes — *isto é, de custeio regular da máquina estatal* — que atendessem a dois requisitos adicionais: i) serem decorrentes de previsão normativa; ii) serem destinadas a se prolongar no tempo. Isso não quer dizer que somente tais despesas sejam obrigatórias, mas apenas que essas são e, por serem continuadas, exigem disciplina específica. O regime diferenciado conferido às despesas continuadas se explicaria pela busca de austeridade fiscal, *ratio* da LRF, exigindo-se que a criação de gastos permanentes ou de longa duração seja precedida de uma série de precauções. Notadamente para garantir a estabilidade orçamentária ao longo dos sucessivos exercícios financeiros e evitar a produção de impacto negativo nas metas fiscais[173]. A medida pode ser compreendida até mesmo como uma reação à prática pouco republicana, mas bastante difundida, de um governo criar, no final de seu mandato, despesas insustentáveis a longo ou médio prazo, deixando a conta para seu sucessor, assim como o ônus político de realizar eventuais cortes.

No entanto, é preciso ressaltar a existência de entendimento doutrinário diverso, no sentido de afirmar que o art. 17 da LRF teria de fato servido para polarizar as previsões orçamentárias em obrigatórias e facultativas[174]. A obrigatoriedade decorreria da natureza corrente, da expressa previsão legal — permitindo que se identifique a constituição de uma obrigação para o Poder Público — e do caráter continuado. Com a devida vênia, não parece que esses sejam critérios adequados para diferenciar previsões orçamentárias — disposições de lei, portanto — em obrigatórias e facultativas.

173 Em sentido semelhante, v. CRUZ, Flávio da (coord.). *Lei de responsabilidade fiscal comentada*, 2001, p. 61: "Esse dispositivo visa atender ao programa de estabilidade fiscal criado pelo governo federal para conter gastos na área pública. As despesas obrigatórias de caráter continuado, para serem implementadas, devem indicar com clareza a fonte de receita e o respectivo fluxo financeiro que viabilizará as ações a serem implementadas, acompanhado de demonstrativo de cálculos, demonstrando que não haverá comprometimento no alcance das metas estabelecidas para o resultado fiscal do exercício".

174 NASCIMENTO, Carlos Valder do. O orçamento público na ótica de responsabilidade fiscal: autorizativo ou impositivo?, *Revista Ibero-americana de Direito Público*, nº 6, 2002, p. 16: "Porque brotam de comando legal, elas obrigam a administração ao seu cumprimento ao longo dos exercícios financeiros. Exigem estimativas de custos para o período de três anos e mecanismos compensatórios do lado da receita ou da despesa. Deriva, pois, essa categoria de despesas de lei preexistente, independentemente de autorização orçamentária. São aspectos que identificam sua natureza: a) caráter corrente, envolvendo a operação e manutenção dos serviços; b) emana de atos ou leis específicas, sem natureza orçamentária; c) efeito, no mínimo, de dois anos. Exige estimativa trienal, demonstração de que não afetaria as metas fiscais e plano de compensação.(...) Na espécie, o comando legal há de ser incisivo, determinante, no sentido que timbre pelo caráter de obrigatoriedade da execução da despesa, sendo, pois, insuficiente o termo meramente autorizativo da sua realização. O verbo é dever, porquanto a mera autorização não comporta o conceito concebido pela Lei de Responsabilidade Fiscal e, portanto, não pode ser objeto de cancelamento". No mesmo sentido, v. MILESKI, Helio Saul. O *controle da gestão pública*, 2003, p. 74.

Isso não significa que se esteja adotando a conclusão de que a LRF impõe a execução obrigatória do orçamento, o que tornaria a prática orçamentária brasileira ilegal. Ainda que a legislação comporte tal possibilidade interpretativa — como se pretendeu demonstrar — o que se constata verdadeiramente é a inexistência de uma definição precisa acerca da eficácia da lei orçamentária. E se é verdade que, como foi referido, a dúvida deveria pender a favor da presunção de que as leis devem ser cumpridas, também é verdade que se encontra consolidada toda uma praxe em sentido contrário.

Na realidade, é mais do que plausível supor que a LRF — editada em 2000 — simplesmente partiu dessa premissa, sequer se dando ao trabalho de enunciar o "óbvio". Nesse sentido, o art. 9º não estaria condicionando a realização de contingenciamentos à verificação de receitas insuficientes, mas antes impondo o contingenciamento nesses casos, como medida de austeridade fiscal, ressalvadas apenas as despesas impostas por outras previsões legais que não o orçamento. Isso sem prejuízo da liberdade geral de efetuar contingenciamentos, tradicionalmente reconhecida ao Poder Executivo.

Essa é a prática brasileira atual, referendada ou, pelo menos, aceita com passividade, pela doutrina dominante e pela jurisprudência. E também pelo legislador[175].

---

175 No mesmo sentido do texto, entendendo que o legislador tem aceitado com passividade uma indevida posição de inferioridade em matéria orçamentária, v. SABBAG, César. *Orçamento e desenvolvimento — Recurso público e dignidade humana: o desafio das políticas públicas desenvolvimentistas*, 2007, p. 145: "Ao aderir de forma incondicional ao planejamento financeiro do governo e a seu modo de enxergar as necessidades e futuro do país, o legislativo encontra-se em um processo quase irreversível de consolidação de sua *inferioridade decisória* nesse assunto". Como se verá adiante, é normal que cada Poder tente maximizar sua própria autonomia orçamentária e mesmo a sua interferência no conjunto das finanças públicas. É ainda mais comum que o Executivo tente dominar o processo orçamentário para implementar suas próprias opções políticas. A hipertrofia do Executivo tem se manifestado em diversos campos e esse é um dos mais diretamente relacionados à concretização de um programa de governo, qualquer que seja ele. O que tem faltado na experiência brasileira é um contraponto mais consistente por parte do Poder Legislativo, talvez por conta de sua crescente fragilização política. O exame da experiência norte-americana servirá para demonstrar como é possível e necessário que o legislador estabeleça essa linha de resistência.

V. O tiro de misericórdia: a DRU — Desvinculação das Receitas da União

A atual compreensão equivocada do orçamento — como mero limite de gastos — atinge seu ponto máximo na chamada DRU — Desvinculação das Receitas da União. O mecanismo foi criado pela Emenda Constitucional de Revisão nº 1, de 1994, que acrescentou os arts. 71 e 72 ao ADCT, instituindo o *Fundo Social de Emergência*, alimentado por receitas tributárias específicas e destinado a satisfazer finalidades parcialmente indeterminadas, relacionadas ao saneamento financeiro da União[176]. A medida destinava-se a viger nos anos de 1994 e 1995. Esse prazo foi prorrogado até o final de 1997, por meio da EC 10/96, que modificou a denominação para *Fundo de Estabilização Fiscal*, talvez pelo incômodo gerado pela sugestão de que o país estaria imerso em situação de emergência permanente. No final de 1997, o fundo foi novamente prorrogado pela EC 19/97, que reinstituiu a denominação original e estendeu a vigência até o final de 1999.

Em 2000, foi aprovada nova emenda constitucional (EC 27/00), agora para criar o artigo 76 no ADCT e instituir a DRU. O novo dispositivo estabelecia que 20% da arrecadação dos impostos e contribuições sociais da União seria desvinculado de qualquer órgão, fundo ou despesa, até o final de 2003. Nova prorrogação foi efetuada pela EC 42/03, estendendo a vigência da DRU até 2007 e acrescentando no seu âmbito as contribuições de intervenção no domínio econômico, também na base de 20%. Finalmente, a EC 56/2007 prorrogou a DRU até o final de 2011, mantendo os termos da EC 42/03. Ou seja, a despeito das importantes modificações ao longo do caminho, alguma forma de desvinculação orçamentária plena encontra-se em vigor desde 1994.

---

176 CF/88, ADCT, art. 71: "Fica instituído, nos exercícios financeiros de 1994 e 1995, o Fundo Social de Emergência, com o objetivo de saneamento financeiro da Fazenda Pública Federal e de estabilização econômica, cujos recursos serão aplicados no custeio das ações dos sistemas de saúde e educação, benefícios previdenciários e auxílios assistenciais de prestação continuada, inclusive liquidação de passivo previdenciário, e outros programas de relevante interesse econômico e social. Parágrafo único. Ao Fundo criado por este artigo não se aplica, no exercício financeiro de 1994, o disposto na parte final do inciso II do § 9.º do art. 165 da Constituição".

À luz de tudo que se disse até aqui, já é possível antever a necessária conclusão: a DRU é o *não-orçamento* e, nesses termos, é manifestamente inconstitucional. Explica-se.

Em suas primeiras versões — antes de assumir a denominação DRU — a medida ainda era acompanhada de alguns parâmetros, determinando-se que os recursos teriam de ser investidos no saneamento financeiro da União. Ainda que a expressão *relevante interesse econômico e social* seja particularmente aberta, já era alguma indicação, complementada pela referência a investimentos preferenciais em saúde, educação e previdência, incluindo a liquidação de passivos. Nesses termos — sobretudo se tivesse havido realmente limitação temporal — seria possível sustentar a constitucionalidade da medida. Não como desvinculação, mas sim como dotação aberta.

A conversão desse mecanismo em desvinculação genérica de receitas orçamentárias é que parece impossível de conciliar com o sistema constitucional e com a própria lógica essencial do orçamento público. Como visto, a lei orçamentária anual é responsável pela repartição de todas as receitas disponíveis entre as incontáveis opções de gasto. Sem desqualificar nenhuma dessas opções *a priori*, cabe ao orçamento alocar verbas limitadas e sempre insuficientes em face das necessidades sociais. A lógica evidente do sistema é a inclusão de todos os recursos disponíveis no processo distributivo, sem que qualquer parcela fique de fora por descuido e menos ainda por decisão deliberada de qualquer dos Poderes. Excluir recursos escassos do processo distributivo — para além de qualquer outra consideração — parece mesmo incompatível com uma noção elementar de moralidade pública.

Como demonstrado, alguns autores chegam a identificar como inerente à lógica orçamentária a existência de um princípio da realidade ou da sinceridade orçamentária, que inclui a obrigação de que as receitas sejam estimadas com a máxima precisão. Mas não é preciso ficar no campo doutrinário. A Constituição determina de forma taxativa que nenhum programa estatal pode ser desenvolvido sem prévia inclusão no orçamento, o que dá origem à referida exigência de especificidade mínima, e veda remanejamentos clandestinos. Veda igualmente a concessão de dotações ilimitadas, o que impede uma autorização irrestrita de gastos, mas também exige que o orçamento seja baseado em uma expectativa quantificada de receitas. Pelos motivos referidos, tal expectativa deve representar *todas* as receitas à disposição.

Essa circunstância é reconhecida até mesmo pela legislação orçamentária infraconstitucional[177] e pela prática desenvolvida pelos Poderes Legislativo e Executivo, que admite como etapa normal da elaboração do orçamento que o legislador efetue reestimativas da receita para a correção de *erros* e *omissões*. E ainda o impede de aumentar as receitas sem correspondência na realidade, o que também acabaria produzindo um processo de alocação fantasioso e abrindo espaço para descumprimentos corriqueiros[178].

Como se percebe, o orçamento é o próprio momento de distribuição, informado pela exigência de que se desenvolva um processo deliberativo em que a palavra final é atribuída ao legislador. Essa atribuição esteve na raiz das revoluções contra o absolutismo e desde então incorporou-se ao conteúdo essencial da separação dos Poderes, mesmo nos sistemas parlamentaristas de governo. A DRU — como a própria denominação indica — é mais do que uma dotação orçamentária extremamente genérica. A DRU é o *não-orçamento*, e isso em relação a um montante extremamente expressivo de recursos, incluindo alguns de aplicação vinculada pelo próprio constituinte originário[179]. Um não-orçamento caracteriza a perfeita

177 V. arts. 3º e 4º da Lei nº 4320/64, já transcritos.

178 LC 101/2000, art. 12: "Art. 12. As previsões de receita observarão as normas técnicas e legais, considerarão os efeitos das alterações na legislação, da variação do índice de preços, do crescimento econômico ou de qualquer outro fator relevante e serão acompanhadas de demonstrativo de sua evolução nos últimos três anos, da projeção para os dois seguintes àquele a que se referirem, e da metodologia de cálculo e premissas utilizadas.§ 1º Reestimativa de receita por parte do Poder Legislativo só será admitida se comprovado erro ou omissão de ordem técnica ou legal. (...)".

179 Nesse sentido, a desvinculação de receitas das contribuições sociais e das contribuições de intervenção no domínio econômico ainda suscita uma dificuldade adicional. Toda tributação é legitimada pela destinação que será dada aos recursos, que deve atender ao interesse público. No caso dessas contribuições, no entanto, o próprio constituinte originário já estabeleceu as finalidades que justificam a imposição, de modo que essa finalidade parece ser parte indissociável da constitucionalidade e legalidade desses tributos. Destinação diversa afigura-se incompatível com a legalidade tributária, que constitui cláusula pétrea. A questão da necessária correspondência entre receitas e despesas será retomada na segunda parte do estudo, fornecendo novos subsídios para que o leitor realize um juízo sobre o ponto. Optou-se aqui por destacar a questão, mas concentrar o foco

antítese da legalidade orçamentária, parte essencial da competência privativa do legislador. Mal comparando — mas comparando — seria como permitir, por emenda constitucional, que 20% das lides tributárias fossem julgadas pela própria Fazenda ou mesmo pelo Congresso.

Nesse sentido, a DRU é manifestamente inconstitucional, por violação ao núcleo essencial da separação dos Poderes, da legalidade orçamentária, do princípio democrático e do princípio republicano, que exige a transparência e a racionalidade na gestão de todos os recursos públicos[180]. Somente um sistema orçamentário arcaico poderia cogitar de uma desvinculação nesses termos, devolvendo o orçamento público ao estágio de mero teto de gastos, como se a sua função fosse apenas evitar desvios e domesticar um Poder Executivo parasita.

Não por acaso, os argumentos da Administração Pública para justificar a DRU deixam transparecer a idéia de que o mecanismo — assim como o próprio orçamento — deveria servir para ajudar o administrador a perseguir as *suas* próprias prioridades. E não as prioridades definidas segundo o processo orçamentário. Mais do que isso, o discurso deixa claro que o governo não apenas se sente legitimado a ter *outras* prioridades além daquelas definidas no orçamento, como também se acha no direito de não considerar as

---

na violação da legalidade orçamentária, que parece não comportar qualquer dúvida.

180 Em linha semelhante, afirmando que essa forma de desvinculação é *totalmente descabida* e seria *incompatível com o todo constitucional*, v. OLIVEIRA, Regis Fernandes. *Curso de direito financeiro*, 2008, p. 358. Partindo de argumentos diversos, Fernando Facury Scaff chega parcialmente ao mesmo ponto, reputando inconstitucional que recursos reservados para aplicação em direitos sociais — notadamente saúde, educação e erradicação da pobreza — sejam afetados pela DRU. Como referido, determinados percentuais da arrecadação de impostos e a totalidade da arrecadação das contribuições sociais têm essa destinação específica, que acaba sendo reduzida em função da DRU. Sobre o ponto, v. SCAFF, Fernando Facury. Como a sociedade financia o Estado para a implementação dos direitos humanos. In: COUTINHO, Jacinto Nelson de Miranda; MORAIS, José Luis Bolzan de; e STRECK, Lenio Luiz. *Estudos constitucionais*, 2007, pp. 97-98. De forma semelhante, afirmando que a incidência da DRU sobre a receita das contribuições sociais seria inconstitucional na medida em que a Constituição associou a cobrança de tais tributos à sua destinação, v. NOGUEIRA, Roberto Wagner Lima. *Direito financeiro e justiça tributária*, 2004, p. 37.

dotações orçamentárias como prioridades. Tanto assim que fala em *sobras* verificadas em diversas dotações, que não poderiam ser remanejadas para cumprir o programa do Governo. Como demonstrado, essas *sobras* incluem previsões de despesa não executadas em políticas públicas aprovadas pelo Congresso Nacional, incluindo saneamento básico, promoção da cultura, modernização dos presídios, inserção social dos portadores de deficiência, apenas para dar alguns exemplos.

A seguinte justificativa do Ministério do Planejamento é totalmente ilustrativa[181]. O texto é transcrito na íntegra para afastar o risco de cortes seletivos, capazes de modificar a mensagem:

> "*O excesso de vinculações no Orçamento Geral da União cresceu nos últimos anos, o que levou a União a se endividar no mercado para pagamento de despesas obrigatórias quando dispunha de recursos sobrando em outros itens. Recentemente foi aprovada mais uma vinculação de gastos com uma emenda à Constituição destinando um percentual da arrecadação para a saúde. Essas vinculações, somadas a gastos em boa medida incomprimíveis — pagamento de pessoal, benefícios previdenciários, contrapartidas de empréstimos externos — dificultam a capacidade do governo federal de alocar recursos de acordo com suas prioridades sem trazer endividamento adicional para a União. Assim, o Poder Executivo propôs ao Congresso Nacional em 1994 um projeto de emenda à Constituição que autorizava a desvinculação de 20% de todos os impostos e contribuições federais que formava uma fonte de recursos livre de carimbos. Foi criado o Fundo Social de Emergência, posteriormente denominado Fundo de Estabilização Fiscal que vigorou até 31 de dezembro de 1999. A partir do ano 2000 foi reformulado e passou a se chamar DRU — Desvinculação de Recursos da União tendo sua prorrogação aprovada pelo Congresso Nacional até 2007.*
> *A DRU objetiva tão somente dar uma maior flexibilidade à alocação dos recursos públicos e não significa elevação das receitas disponíveis para o governo federal. Além disso, não afeta as*

181 Texto obtido no endereço eletrônico: http://www.planejamento.gov.br/orcamento/conteudo/sistema_orcamentario/dru.htm. Acesso em 03.02.2008

transferências constitucionais para Estados e municípios, cuja principal fonte de receita é o IPI e o Imposto de Renda, uma vez que a desvinculação é feita após os cálculos das transferências.

FINALIDADES DA DRU

1. permitir a alocação mais adequada de recursos orçamentários;
2. não permitir que determinados itens de despesas fiquem com excesso de recursos vinculados, ao mesmo tempo que outras áreas apresentam carência de recursos;
3. permitir o financiamento de despesas incomprimíveis sem endividamento adicional de União".

Como se vê, trata-se da confirmação do quadro descrito acima: o orçamento autorizativo permite que o Executivo desconsidere as previsões orçamentárias de gasto (direito de não fazer nada), mas não permite o remanejamento autônomo dos recursos (direito de estabelecer novas prioridades próprias, sem submetê-las ao processo constitucional de alocação dos recursos). A partir disso, o Poder Executivo acha natural que deva receber um imenso pacote lacrado de verbas, para desenvolver suas próprias idéias sobre o que são as prioridades públicas.

Veja-se que não se está tratando com desprezo os projetos do Poder Executivo ou suas preocupações com uma distribuição mais racional dos recursos públicos. Planejamento inadequado pode gerar a circunstância descrita — dotações insuficientes para fazer frente a despesas insuscetíveis de compressão imediata, como gastos de pessoal — tornando inevitável a realização de cortes em outras previsões orçamentárias. E isso mesmo sem partir da premissa equivocada de que essas outras dotações não constituem prioridades, título que estaria reservado aos projetos autônomos do Poder Executivo, tão geniais ou evidentes que nem precisaram ingressar no processo deliberativo e se expor à comparação direta com outras opções de despesa.

Em outras palavras, o planejamento orçamentário é imprescindível mesmo sem esse tique imperial da Administração. A necessidade de cortes desequilibra o esquema original, que se presume corresponder à síntese da vontade política manifestada pelos diferentes grupos politicamente representados, e isso tomando por base um projeto inicial encaminhado pelo próprio Poder Executivo. Ou seja, a necessidade de cortes em razão de um planejamento mal-feito é ruim justamente porque esvaziará, em alguma medida, escolhas realizadas segundo o procedimento complexo estabelecido pela Constituição. Por isso deve ser evitada, na medida do possível, por um planejamento mais racional.

Pois bem. Segundo o Poder Executivo, o desequilíbrio é causado por despesas que não poderiam ser contingenciadas — nas demais prevalece a arbitrariedade, como foi demonstrado — notadamente aquelas que decorrem de maneira direta de atos já praticados pelo Poder Público, como despesas de pessoal, encargos da dívida pública, contrapartidas contratuais, etc. Pergunta-se: por que é tão difícil estimar com maior precisão justamente esse tipo de gastos, amplamente conhecidos? Mais ainda: veja-se que, em princípio, tais despesas não podem ser objeto de redução por meio de emendas parlamentares ao projeto de orçamento. Ou seja, caberia ao próprio Poder Executivo aperfeiçoar as estimativas. E agora vem a pergunta mais candente: será que 14 anos de desvinculação justificada por esses motivos — 8 deles sem qualquer parâmetro — já não foram suficientes para que a Administração aperfeiçoe algum *know-how* na matéria?[182]

Em suma, a DRU não consegue ocultar sua principal finalidade, que é terminar de promover a concentração de decisões orçamentárias no Poder Executivo, em violação aos conteúdos básicos da separação dos Poderes, da legalidade orçamentária, do princípio democrático e do princípio republicano. A tese do orçamento autorizativo permite que as prioridades definidas no orçamento sejam ignoradas. A DRU dá ao Presidente o poder de financiar suas próprias prioridades, sem ter de submetê-las ao processo deliberativo orçamentário. Aliás, a pretensão do Executivo apenas confir-

---

182 E aqui se fala em aperfeiçoamento — sendo a desvinculação uma rede de segurança — uma vez que muitas das despesas em questão existem desde sempre. Estimativas para as despesas de pessoal, encargos da dívida ou obrigações contratuais já eram feitas no tempo do Primeiro Reinado. Mesmo que haja novidades, 14 anos não bastaram para se identificar parâmetros? Por acaso a população brasileira têm oscilado por guerras ou calamidades a ponto de se tornar impossível uma estimativa minimamente realista dos custos envolvidos na manutenção de serviços de saúde ou educação de ano para ano?

ma que o orçamento autorizativo não confere à Administração liberdade para perseguir supostas necessidades sociais. Trata-se apenas do poder de não gastar, de não fazer o previsto. O cenário parece bem identificado, portanto. É hora de aprofundar o estudo dos princípios constitucionais que informam o devido processo orçamentário.

PARTE II

Fundamentos teóricos para a constitucionalização do orçamento público

Introdução

Nos últimos anos, tornaram-se comuns as referências a um processo de *constitucionalização do direito* em geral, bem como às suas implicações sobre inúmeros ramos jurídicos particulares, como o direito civil, o direito administrativo e, mais recentemente, o próprio direito financeiro[183]. O termo constitucionalização pode ser entendido em diferentes sentidos e extensões, incluindo o mais óbvio, que consiste no tratamento de questões diretamente pela Constituição. Não é necessário aprofundar aqui o ponto, que é objeto de rica literatura específica[184]. Para o presente estudo, interessa a noção de constitucionalização como releitura da ordem jurídica à luz da Constituição[185]. A rigor, essa é uma consequência neces-

183 TORRES, Ricardo Lobo. A constitucionalização do direito financeiro. In: SOUZA NETO, Cláudio Pereira de Souza e SARMENTO, Daniel. *A constitucionalização do* Direito, 2007, pp. 961-986.

184 Para um estudo abrangente da matéria, com farta indicação de bibliografia adicional, v. BARROSO, Luís Roberto. Neoconstitucionalismo e a constitucionalização do Direito (O triunfo tardio do direito constitucional no Brasil), *Revista de Direito Administrativo*, nº 240, 2005, p. 1-42.

185 SCHIER, Paulo Ricardo. *Filtragem constitucional*, 1999, pp. 102 e 103: "Da conjugação dessas duas realidades — força normativa da Constituição e sistema constitucional — emergem possibilidades potencializadoras de uma nova práxis constitucional. (...) a normatividade da Constituição impõe-se de maneira positiva, exigindo que se faça uma leitura (ou releitura) da ordem infraconstitucional

sária do reconhecimento de força normativa[186] e supremacia[187] às normas constitucionais, que devem funcionar como padrão de validade e vetor interpretativo de todo e qualquer ato jurídico.

Essa enunciação aparentemente simples disfarça uma série de sutilezas e dificuldades. A principal delas consiste na definição de um equilíbrio entre a força expansiva da Constituição e o processo político majoritário, de modo a evitar que todas as decisões importantes sejam retiradas da arena política ordinária e convertidas em matéria constitucional, abrindo espaço para a judicialização excessiva da política e da vida social[188]. O Direito funciona como ele-

---

a partir daquela. Em outras palavras, os valores constitucionais primeiro devem buscar realização, impondo-se mediante a ordem infraconstitucional".

186 O conceito de força normativa supera o ceticismo, encontrado em Ferdinand Lassale ou Karl Marx, segundo o qual os fatores reais de poder existentes em determinada sociedade irão necessariamente prevalecer sobre o Direito. Por outro lado, não despreza a relevância desses fatores e os limites que podem impor às pretensões normativas. A ordem jurídica em geral e a Constituição em particular — dada a sua especial proximidade com o fenômeno político —estabelecem uma tensão permanente com a realidade. Existe potencial para a produção de mudanças, mas o Direito não é onipotente. A idéia encontra-se exposta em HESSE, Konrad. *Die normative Kraft der Verfassung*, 1959. No Brasil, como se sabe, um percurso longo levou até o reconhecimento de força normativa à Constituição, processo que só se consolida verdadeiramente após a Constituição de 1988. Há dois marcos teóricos essenciais: SILVA, José Afonso da. *Aplicabilidade das normas constitucionais*, 2000 (edição original de 1967) — que desenvolveu uma teoria sobre a eficácia jurídica da Constituição — e, sobretudo, BARROSO, Luís Roberto. *O direito constitucional e a efetividade de suas normas*, 2000 (edição original de 1990) — que introduziu o conceito de efetividade no panorama constitucional brasileiro, entendido como a produção concreta dos efeitos pretendidos pela norma. Para um panorama do caminho percorrido em direção à efetividade, v. BARROSO, Luís Roberto. *A doutrina brasileira da efetividade*. In: *Temas de direito constitucional*, v. III, 2005, pp. 61-77.

187 Sobre a supremacia da Constituição, seus fundamentos e implicações, v. BARROSO, Luís Roberto. *Interpretação e aplicação da Constituição*, 2001, p. 158 e ss.

188 Não se desconhece a discussão a respeito da existência e importância de um constitucionalismo não-judicializado ou caracterizado por *formas mais brandas* de intervenção judicial. A idéia de que o discurso constitucional pode e deve ser apropriado pelas diferentes instâncias políticas e sociais, do legislador aos grupos de opinião. De certa forma, tal noção encontra-se em germe na obra de HÄBERLE, Peter. *Hermenêutica constitucional — A sociedade aberta dos intérpretes da Constituição: contribuição para a interpretação pluralista e 'procedimental' da Constituição*,1997. Autores norte-americanos têm retomado a idéia, em contex-

mento limitador do sistema político e garante a aplicação isonômica e coerente das decisões por ele produzidas. Para isso, porém, precisa estar separado da política[189] — não se confundir com ela — sem prejuízo dos seus muitos pontos de aproximação e até de contato[190]. A confusão dos sistemas político e jurídico pode atender a

---

to diverso e com motivação mais específica, notadamente como forma de limitar a influência de uma Suprema Corte crescentemente reacionária. Nesse sentido, v. TUSHNET, Mark. *Taking the Constitution away from the courts*, 2000. É certamente desejável que a substância constitucional — limitação do poder em nome da proteção de direitos fundamentais — seja utilizada como pressuposto e ferramenta básica em qualquer discussão que se desenvolva na esfera pública. Coisa diversa é negar a possibilidade de judicialização de argumentos que se pretendem jurídicos. No limite, deve caber ao Judiciário identificar o sentido e o alcance do Direito, sob pena de este se converter em mais um discurso e perder sua força impositiva. Sobre a judicialização da política no Brasil, em linha que se considera equilibrada e identificando o potencial democrático de um processo judicial constitucionalizado e aberto ao pluralismo, v. CITTADINO, Gisele. *Judicialização da política, constitucionalismo democrático e separação de Poderes*. In: VIANNA, Luiz Werneck. *A democracia e os três Poderes no Brasil*, 2002, pp. 17-42.

189 Nesse sentido, v. GRIMM, Dieter. *Constituição e política*, 2006, especialmente as pp. 3 a 20. Na p. 17, encontra-se a seguinte passagem: "Por um lado, a separação entre direito e política depende de que os órgãos legislativos não possam interferir na aplicação do direito. Contudo, por outro lado, ela também depende de que os órgãos aplicadores do direito não possam eles mesmos definir suas regras decisórias".

190 José Eduardo Faria ressalta a necessidade de que os sistemas político e jurídico conservem sua lógica própria de funcionamento — sua *clausura operativa* — para que sejam possíveis a abertura e influência recíprocas. Embora o pensamento do autor parta de premissas muito particulares, derivadas de sua expressa filiação à intrincada teoria dos sistemas sociais, de Niklas Luhman, o ponto parece realmente essencial para que não ocorra a colonização de um domínio pelo outro, enfraquecendo o colonizado ou mesmo ambos. V. FARIA, José Eduardo. *Política, sistema jurídico e decisão judicial*, 2002, pp. 62-3: "O acoplamento estrutural entre os sistemas político e jurídico tem mão dupla. Não se trata apenas de uma suposta 'politização da magistratura' ou de um Judiciário que se estrutura considerando as operações do sistema político, mas operando internamente com base em seus códigos de identificação do direito válido. O sistema político também é cognitivamente aberto às operações do sistema judicial (particularmente ao controle judicial da constitucionalidade das leis). O problema central do acoplamento estrutural entre o sistema político e o sistema jurídico reside no alto risco de que cada um deles deixe de operar com base em seus próprios elementos (o Judiciário com a legalidade e a Política com a agregação de interesses e a tomada de decisões coletivas) e passe a atuar com uma lógica diversa da sua e, consequentemente, incompreensível para as auto-referências do sistema".

aspirações imediatistas, sobretudo em face do déficit de legitimação que atinge as instâncias majoritárias, mas tende a produzir um enfraquecimento do Direito a médio ou longo prazo[191]. Afinal, juízes não são ontologicamente diferentes de legisladores, administradores ou quaisquer outros indivíduos. Não há motivos para supor que juízes politizados escapariam (suficientemente) ilesos das mazelas que atingem a classe política em geral e da crise de confiança que sobre elas se instaurou.

O risco é real e já foi notado[192]. Mas ainda não se aplica ao orçamento público no Brasil. Ao contrário, o que se pretende demonstrar é a urgente necessidade de constitucionalização do sistema orçamentário brasileiro. Embora as linhas gerais do processo orçamentário sejam disciplinadas na própria Constituição, sustenta-se aqui que os dispositivos constitucionais em questão têm sido interpretados de

191 BARCELLOS, Ana Paula de. *A eficácia jurídica dos princípios constitucionais — O princípio da dignidade da pessoa humana*, 2002, pp. 7-8: "A confusão entre opiniões, discursos políticos ou ideológicos, de um lado, e conclusões jurídicas, de outro, tem, como se sabe, o poder de esvaziar o direito de suas propriedades específicas. O efeito progressivo desse equívoco é o oposto do que o voluntarismo jurídico pretende: em vez de transformar tudo, inclusive suas opiniões, em direito, é o direito como um todo que vai perdendo suas características e se transformando em apenas mais uma opinião. Esta circunstância é particularmente ameaçadora no campo do direito constitucional, a tanto custo alçado ao *status* de jurídico".

192 Na literatura brasileira, v. SARMENTO, Daniel. Ubiquidade constitucional: os dois lados da moeda, *Revista de Direito do Estado*, nº 2, 2006, pp. 83-118. O autor alerta para os riscos da constitucionalização excessiva da ordem jurídica, tanto pelo deslocamento de questões da política ordinária para o texto constitucional, quanto por meio da interpretação jurídica que restrinja em demasia a liberdade de conformação do legislador. Na p. 97, encontra-se um momento de síntese da tensão básica entre constitucionalismo e democracia: "Embora na visão contemporânea do Estado Democrático de Direito, democracia e constitucionalismo sejam vistos como valores complementares, interdependentes e até sinérgicos, a correta dosagem dos ingredientes desta fórmula é essencial para o seu sucesso. Por um lado, constitucionalismo e limitações ao poder em demasia podem sufocar a vontade popular e frustrar a autonomia política do cidadão, como co-autor do seu destino coletivo. Por outro, uma 'democracia' sem limites tenderia a pôr em sério risco os direitos fundamentais das minorias, bem como outros valores essenciais, que são condições para a manutenção ao longo do tempo da própria empreitada democrática. Teríamos aqui, provavelmente, um projeto 'suicida'". Ainda sobre a referida relação conflituosa e sobre a necessária conciliação entre constitucionalismo e democracia, v. BRANDÃO, Rodrigo. *Direitos fundamentais, democracia e cláusulas pétreas*, 2008, p. 33 e ss.

forma isolada, sem que seja levada em conta — ao menos na extensão adequada — a influência de normas constitucionais fundamentais, como os princípios da separação dos Poderes e democrático[193]. É necessário, portanto, inserir a *Constituição orçamentária*[194] no contexto mais amplo da Constituição em seu conjunto e, a partir daí, reinterpretar a legislação infraconstitucional. É disso que se passa a tratar, começando com uma nota sobre o papel do Direito nas decisões orçamentárias, que servirá para afastar a alegação de que este seria um domínio exclusivamente político.

193 Na imagem feliz do Ministro Eros Roberto Grau, não se pode interpretar a Constituição *em tiras*, desconsiderando as implicações sistemáticas do texto constitucional em seu conjunto. V. GRAU, Eros Roberto. *Ensaio e discurso sobre a interpretação/aplicação do Direito*, 2003, p. 40. Na mesma linha, defendendo a eficácia interpretativa dos princípios constitucionais, inclusive em relação aos demais enunciados da Constituição, v. BARCELLOS, Ana Paula de. *A eficácia jurídica dos princípios constitucionais — o Princípio da dignidade da pessoa humana*, 2002, p. 74.

194 TORRES, Ricardo Lobo. *Tratado de direito constitucional financeiro e tributário — O orçamento (volume V)*, 2000, p. 1: "A Constituição orçamentária é um dos subsistemas da Constituição Financeira, ao lado da Constituição Tributária e da Monetária, sendo uma das subconstituições que compõem o quadro maior da Constituição do Estado de Direito, em equilíbrio e harmonia com os outros subsistemas, especialmente a Constituição Econômica e a Política".

Capítulo I

O devido processo orçamentário e os princípios constitucionais que o informam

I. A exigência — jurídica — de transparência e racionalidade na gestão da atividade financeira estatal. O *devido processo orçamentário.*

É provável que ninguém se oponha à afirmação de que a atividade financeira do Estado deve ser minimamente racional e sujeita a controle popular. Em outras palavras, ninguém defenderá que a arrecadação deva ser aleatória e que os recursos devam ser empregados sem um planejamento que permita equacionar as possibilidades de investimento e as necessidades sociais, tampouco que o planejamento existente deva ser sigiloso. Nas campanhas políticas, os candidatos tentam convencer os eleitores de que farão exatamente o oposto disso e o sucesso do governo eleito dependerá, dentre outros fatores, da capacidade que tenha de cumprir essas promessas de boa administração.

Com efeito, é evidente que a competência dos gestores influencia a eficiência de um empreendimento ou projeto, não sendo diferente em relação ao "empreendimento Estado", que traz em si um gigantesco esforço de gestão. O resultado prático produzido pela atividade pública dependerá, em grande medida, da eficiência dos agentes públicos encarregados de executá-la, em todos os níveis. Não há como evitar isso. Pelo contrário, é preciso encontrar meios para potencializar a contribuição das capacidades individuais e estabelecer mecanismos de controle. Nesse sentido, a referência às idéias de racionalidade e transparência não podem ser entendidas apenas como meta desejável, a ser alcançada por bons governantes. A ordem jurídica tem alguns papéis relevantes a desempenhar nesse domínio.

O primeiro deles é assegurar que os processos decisórios sejam realizados de forma democrática, no espaço público. Isso vale também para as escolhas orçamentárias. Definir as formas de obtenção de receita, seu montante e os destinatários da carga tributária, bem como as prioridades de alocação do dinheiro público não caracteriza uma atividade puramente técnica ou contábil. Ao contrário, cuida-se aqui de escolhas políticas fundamentais, que moldarão o tamanho do Estado e suas responsabilidades para com a sociedade. Nenhuma democracia pode passar ao largo dessa discussão[195].

O segundo papel do Direito é prover meios para que as escolhas não sejam aleatórias ou arbitrárias[196] e estejam sujeitas a alguma forma de controle efetivo, não apenas jurídico, mas também político-social[197]. É da essência do Estado de Direito que a ordem jurídica condicione e limite o exercício do poder político[198]. Isso ocorre

---

195 Segundo o Tribunal Constitucional Federal da Alemanha, o direito orçamentário envolve um *"ato superior de orientação do Estado"* ou ainda *"um plano de governo sob a forma de lei"*. A referência consta em PÜNDER, Hermann. *Haushaltsrecht im Umbruch — Eine Untersuchung am Beispiel der Kommunalverwaltung*, 2003, p. 140.

196 A noção de *coerência* como elemento integrante da própria idéia de ordem jurídica será desenvolvida adiante.

197 O controle político-social tem como pressuposto uma dose mínima de transparência das decisões em si mesmas, bem como dos elementos da realidade que foram ou deveriam ter sido levados em consideração. Isso é especialmente verdadeiro em relação ao processo de alocação de recursos públicos, na medida em que uma opção de investimento pode ser meritória em si mesma, mas se mostrar manifestamente equivocada em razão da preterição de necessidades mais urgentes. Por conta disso, o controle orçamentário só faz pleno sentido se houver mecanismos para visualizar o conjunto das decisões. Ao impor padrões mínimos de clareza e racionalidade, o Direito pode potencializar a capacidade de controle dos agentes políticos e sociais, como as entidades da sociedade civil.

198 No sentido contemporâneo da expressão, isso significa que todos as instâncias do poder constituído, incluindo o legislador, estão submetidos a limites de forma e conteúdo. Nesse sentido, diferenciando a noção forte — Estado de Direito Constitucional — de uma noção fraca — Estado de Direito Legal — v. FERRAJOLI, Luigi. O *Estado de Direito entre o passado e futuro*. In: COSTA, Pietro e ZOLO, Danilo (orgs.), O *Estado de Direito — História, teoria, crítica*, 2006, p. 417. No mesmo sentido, falando da passagem de um Estado legal para um Estado constitucional, v. GARCÍA DE ENTERRÍA, Eduardo. Principio de legalidad, Estado material de Derecho y facultades interpretativas y constructivas de

de variadas formas, como a partilha de competência entre diversos centros decisórios, a fixação de procedimentos e até mesmo a exclusão de certas matérias da esfera de disposição das maiorias, sobretudo o reconhecimento e proteção dos direitos fundamentais.

Em matéria financeira, o principal instrumento jurídico a serviço dos fins mencionados é ou deveria ser o orçamento público[199]. Como visto, a Constituição prevê a existência de três leis orçamentárias[200] e estabelece a regra da legalidade, tanto para a conformação da receita, sobretudo em matéria tributária[201], quanto para a definição da despesa[202]. O conjunto dessas previsões corresponde ao que se pode denominar *devido processo orçamentário*, cuja observância deveria funcionar como primeiro requisito de legitimida-

la jurisprudencia en la Constitución. In: *Reflexiones sobre la ley y los principios generales del Derecho*, 1996, p. 96 e SANCHÍS, Luis Prieto. *Ley, principios, Derecho*, 1998, p. 25.

199 TORRES, Ricardo Lobo. *Tratado de direito constitucional financeiro e tributário — O orçamento (volume V)*, 2000, pp. 59-60: "O Estado Orçamentário, que pelo orçamento fixa a receita fiscal e a patrimonial, autoriza a entrega de prestações de educação, saúde, seguridade e transportes e orienta a promoção do desenvolvimento econômico, o equilíbrio da economia e da redistribuição de renda, é um Estado de Planejamento".

200 CF/88, art. 165: "Leis de iniciativa do Poder Executivo estabelecerão: I — o plano plurianual; II — as diretrizes orçamentárias; III — os orçamentos anuais. (...)".

201 CF/88, art. 150: "Sem prejuízo de outras garantias asseguradas ao contribuinte, é vedado à União, aos Estados, ao Distrito Federal e aos Municípios: I — exigir ou aumentar tributo sem lei que o estabeleça; (...)".

202 Como se sabe, a Constituição impõe a prévia inclusão na lei orçamentária como pressuposto para a realização de gastos públicos, excepcionando-se os casos de guerra ou calamidade. A regra vem detalhada em diversos incisos do art. 167 da Carta. V. CF/88, art. 167: "São vedados: I — o início de programas ou projetos não incluídos na lei orçamentária anual; II — a realização de despesas ou a assunção de obrigações diretas que excedam os créditos orçamentários ou adicionais; (...) V — a abertura de crédito suplementar ou especial sem prévia autorização legislativa e sem indicação dos recursos correspondentes; VI — a transposição, o remanejamento ou a transferência de recursos de uma categoria de programação para outra ou de um órgão para outro, sem prévia autorização legislativa; VII — a concessão ou utilização de créditos ilimitados (...)". No caso das referidas despesas emergenciais, o § 3º do art. 167 admite que o Presidente da República determine a abertura de créditos extraordinários, por meio de medida provisória: "A abertura de crédito extraordinário somente será admitida para atender a despesas imprevisíveis e urgentes, como as decorrentes de guerra, comoção interna ou calamidade pública, observado o disposto no art. 62".

de das decisões tomadas nesse domínio. Cuida-se, em parte, de uma especificação do devido processo legislativo, uma vez que o orçamento é aprovado por lei formal. Não se limita a isso, contudo, uma vez que a execução concreta do orçamento deve ser transparente e compatível com a lei orçamentária anual.

Como se sabe, a existência de um devido processo legislativo não é controversa, dando origem ao controle da constitucionalidade formal dos atos normativos após a sua edição[203] e, em certos casos, até mesmo durante o procedimento de elaboração dos mesmos[204]. Da mesma forma, não há nenhum fundamento jurídico que autorize o intérprete a considerar como meramente sugestivo o conjunto de determinações constitucionais que regem diretamente a elaboração e a execução das leis orçamentárias. Tampouco para considerar que essa matéria seria infensa à influência de normas constitucionais como a separação dos Poderes e o princípio democrático.

Ao contrário, o cumprimento de um devido processo constitucional atende a duas finalidades básicas e complementares em um Estado de Direito. A primeira é a contenção do poder político em balizas jurídicas, evitando o casuísmo e o arbítrio. A segunda é justamente a promoção de transparência e racionalidade nas decisões estatais. Não é diferente em relação ao devido processo orçamentário. Na verdade, tais funções apresentam especial importância em matéria de orçamento, dado o enorme conjunto de variáveis envolvidas e a natural dificuldade de se equacionar um conjunto virtualmente infinito de interesses e coordenar a atividade de um número imenso de agentes públicos.

Além da quantidade, lembre-se que tais agentes estão sujeitos a uma pluralidade de regimes jurídicos, que determinam em grande medida as respectivas lógicas de atuação. Agentes políticos do Poder Executivo, legisladores, juízes e servidores públicos exer-

---

203 BARROSO, Luís Roberto. O *controle de constitucionalidade no Direito brasileiro*, 2008, p. 26.

204 STF, DJ 19.12.2006, ADIn 3146/DF, Rel. Min. Joaquim Barbosa: "A Constituição Federal, ao dispor regras sobre processo legislativo, permite o controle judicial da regularidade do processo. Exceção à jurisprudência do Supremo Tribunal Federal sobre a impossibilidade de revisão jurisdicional em matéria *interna corporis*".

cem diferentes graus de influência sobre o conjunto das finanças estatais, obedecem a limites próprios a cada domínio, estabelecem relações diferentes com a opinião pública e dispõem de uma quantidade variável de informações sobre a realidade material. Apesar disso, todos eles interferem nas decisões orçamentárias concretas, em diferentes níveis. Ao contrário de um orçamento doméstico ou empresarial, que pode seguir uma lógica bem mais linear, o orçamento público está sujeito a interferências vindas de todos os lados, tornando impossível, em termos práticos, a obtenção de uma coordenação perfeita entre os diferentes centros decisórios[205].

No entanto, o fato de não ser possível alcançar a racionalidade plena não deve ter como consequência o abandono do esforço pela racionalidade possível e, mais do que isso, necessária. A rigor, as dificuldades mencionadas acima permeiam toda a atividade estatal, ainda que possam ser colocadas em evidência pela dinâmica do processo orçamentário e pela particular abrangência das suas decisões. Se as dificuldades são maiores, a importância de um patamar mínimo de racionalidade também é especialmente sentida. O mesmo vale para o dever de transparência, que deve ser exercido na forma de atos estatais capazes de facilitar a compreensão das decisões orçamentárias em curso.

Em relação aos atos do Poder Público, especialmente em matéria orçamentária, parece possível dividir a idéia de transparência em dois conteúdos: i) *transparência propriamente dita*, identificando o acesso do público ao processo de formação das decisões, notadamente às discussões que levam à sua produção; e ii) *inteligibilidade*, identificando a produção de decisões compreensíveis para o grande público, não apenas em si mesmas, mas também no que diz respeito à sua inserção em determinado contexto mais abrangente[206]. No caso, no contexto mais amplo das escolhas orça-

---

205 RUBIN, Irene. *The politics of public budgeting*, 1997, pp. 10-11: "The first characteristic of public budgeting was the variety of actors involved in the budget and their frequently clashing motivations and goals. On a regular basis, bureau chiefs, executive budget officers, and chief executives are involved in the budget process, as are legislators, both on committees and as a whole group. Interest groups may be involved at intervals, sometimes for relatively long stretches of time, sometimes briefly. Sometimes citizens play a direct or indirect role in the budget process. Courts may play a role in budgets at any level of government, at unpredictable intervals".

206 Nesse sentido, abordando especificamente o processo orçamentário, v.

mentárias. Os dois conteúdos são importantes. A transparência evita que o orçamento seja apropriado por argumentos e interesses particulares, os quais poderiam ser ocultados no texto final por meio de decisões aparentemente genéricas ou mesmo se perder ou diluir em um conjunto tão abrangente de decisões. A inteligibilidade, por sua vez, revela-se imprescindível para o controle das opções orçamentárias realizadas e para o controle da sua execução.

Em um contexto de escassez de recursos, é apenas evidente que a distribuição real dos mesmos não deve ser motivada por interesses particulares. Exige-se, portanto, que a opinião pública tenha acesso ao procedimento de deliberação, ainda que não seja possível — e talvez nem seja adequado — limitar totalmente os acordos partidários não ostensivos[207]. A transparência — nos dois sentidos referidos — deve evitar também que a distribuição seja aleatória ou mesmo negligente, sob pena de se admitir que necessidades públicas deixarão de ser atendidas não apenas em razão da falta de recursos e de escolhas políticas, mas também por descuido e falta de controle. Para que isso não ocorra, é necessário dispor de uma visão de conjunto das possibilidades financeiras em cotejo com as neces-

---

VERMEULE, Adrian. *Mechanisms of democracy*, 2007, p. 187: "The transparency of the budget process is only one sense of 'transparency'. The literature addresses both the transparency of the process, or of the inputs into the budget, and the transparency of the output itself or of the budget document produced by government officials. The latter concern, which might better be labeled 'intelligibility', enphasizes the easy with which people, the press, financial markets, and others can understand budgetary decisions reached by policymakers. Indeed, much of the literature on fiscal transparency seems more concerned with intelligibility rather than the openness of the deliberations themselves".

207 Nesse sentido, Adrian Vermeule destaca que a abertura total do procedimento poderia aumentar em demasia os custos políticos de certos compromissos entre as maiorias e as minorias, geralmente em detrimento de projetos relevantes para o segundo grupo. Com efeito, cessões recíprocas constituem um elemento importante em qualquer sistema político e poderiam ficar inviabilizadas ou teatralizadas em um contexto de publicidade irrestrita. Para evitar esse inconveniente, o autor propõe mecanismos de abertura diferida, fazendo com que a transparência aumente gradativamente em função do grau de especificidade da discussão. Na discussão de pontos específicos, a transparência ampla deveria ser a regra, dado o alto risco de decisões movidas por interesses particulares. V. VERMEULE, Adrian. *Mechanisms of democracy*, 2007, p. 200-208. Não é preciso concordar com o autor em toda a extensão do argumento para endossar a conclusão de que as decisões específicas devem ser especialmente transparentes e, mais do que isso, a idéia de que o resultado final deve ser inteligível.

sidades coletivas. Caberia justamente ao orçamento público fornecer tal visão e veicular as escolhas democráticas sobre a alocação dos recursos. E isso não em uma perspectiva estática — como um retrato das finanças públicas no momento de elaboração do orçamento — mas sim em perspectiva dinâmica: como uma câmera de segurança que acompanha a realidade estatal ao longo de todo o exercício. Para isso é necessário que se possa presumir a congruência entre as previsões orçamentárias e a realidade da atividade administrativa, na origem e de forma corrente. Disso decorre que mudanças de orientação — diferentes da mera execução variável de dotações flexíveis — devem ser precedidas de modificação formal do orçamento.

O cumprimento dessas duas tarefas — promoção de racionalidade e transparência — é mais do que meramente desejável, caracterizando-se antes como um imperativo jurídico decorrente de inúmeros comandos constitucionais, com destaque para a separação dos Poderes, a legalidade e o princípio democrático. Como se sabe, tais princípios proscrevem decisões autoritárias ou arbitrárias e qualificam os agentes estatais como gestores da coisa pública, que devem satisfação de suas escolhas. O orçamento público, como qualquer instrumento, deverá ser estruturado de forma a atender as finalidades que o justificam. Não se deve admitir, portanto, que a sua elaboração seja dominada por uma instância hegemônica de poder, tampouco que se converta em "peça de ficção", pecha que se tornou corrente dada a grande distância entre as previsões legais e a efetiva execução orçamentária.

Por fim, vale fazer uma última observação. A valorização da legalidade orçamentária e a ênfase nos seus balizamentos jurídicos não têm como finalidade a colonização das finanças públicas pelo Direito ou a redução da importância do controle político-social sobre esse domínio. Um orçamento realista e efetivo será, antes de tudo, um instrumento de concretização e harmonização das escolhas políticas, além de constituir fórum privilegiado para a fiscalização social do Estado. Nesse sentido, trata-se de uma forma de agregar consistência à atividade dos três Poderes, sobretudo do Legislativo e do Executivo, valorizando a *dignidade* de suas funções[208]. No presente trabalho, defende-se que as instâncias tipica-

---

208 Faz-se alusão à obra de WALDRON, Jeremy, sugestivamente intitulada *A dignidade da legislação*, 2003 (edição original de 1999). Em síntese, o autor de-

mente políticas deverão ter uma ascendência natural sobre o processo orçamentário, sem prejuízo de se reconhecer ao Judiciário importantes funções de controle. Para isso, contudo, é razoável exigir que o procedimento de decisão seja dotado de condições mínimas de transparência e racionalidade.

Não é preciso subordinar a política ao Direito para reconhecer que a liberdade de conformação dos agentes eleitos não se estende ao ponto de lhes conceder a prerrogativa de tomar decisões absolutamente irrealizáveis, incoerentes entre si, ou mesmo de ocultar as decisões reais por meio de um sistema orçamentário incompreensível e ilógico. A precedência dos agentes eleitos no domínio orçamentário, como nas decisões políticas em geral, fundamenta-se na sua legitimidade democrática direta e na sua suposta capacidade de considerar conjunturas complexas e elementos sistêmicos. Esses dois argumentos costumam ser invocados, inclusive, para restringir a atuação do Judiciário na matéria. Sendo assim, não faz nenhum sentido que as decisões legislativas e executivas reais sejam obscuras — dificultando o acompanhamento pelos cidadãos — e possam ser tomadas sem a observância de padrões mínimos de planejamento e racionalidade. Antes de se discutir um eventual controle jurídico sobre o mérito das decisões alocativas, há amplo espaço para rediscutir o próprio sistema orçamentário.

---

fende a necessidade de prestigiar as decisões do legislador como forma de respeitar a autonomia moral dos indivíduos. O argumento é utilizado para criticar o que seria uma excessiva transferência de poderes para as instâncias judiciais, em desprestígio aos fóruns majoritários. Outras obras também já se propõem a rediscutir o papel e as potencialidades do Poder Legislativo, superando a idéia — progressivamente incorporada ao senso comum — de que ele seria pouco mais do que um mal necessário. Nessa linha, v. BAUMAN, Richard W. e TSVI, Kahana (ed.). *The least examined branch — The role of legislatures in the constitutional State*, 2006. Dentre os artigos que compõem a coletânea, alguns dedicam-se a analisar a idéia de diálogo institucional, sobretudo entre o Poder Legislativo e o tribunal constitucional. Essa seria uma forma de conciliar a supremacia da Constituição, garantida por instâncias judiciais, com a importância dos legisladores, e até de agregar mais consistência aos dois pólos dessa equação. Sobre o mesmo ponto, destacando que a atividade jurisdicional estabelece naturalmente um diálogo com o Poder Legislativo, uma vez que a interpretação judicial acerca de determinado ato normativo — incluindo a declaração de sua inconstitucionalidade — "devolve" a questão ao legislador, que pode efetuar ajustes ou mesmo reformular o sistema, v. BARAK, Aharon. *The judge in a democracy*, 2006, p. 236 e ss.

Os elementos essenciais do sistema orçamentário praticado atualmente no Brasil foram descritos na primeira parte do estudo. O objetivo agora é aprofundar a discussão sobre as normas constitucionais que devem ser concretizadas por meio do devido processo orçamentário. São elas os princípios da separação dos Poderes, legalidade, republicano, da segurança jurídica e democrático. Pretende-se, igualmente, ressaltar os pontos de incompatibilidade entre esses princípios e a prática orçamentária brasileira. É o que se passa a expor.

II. O princípio da separação dos Poderes em matéria orçamentária: o orçamento como instrumento de contenção do Poder e coordenação entre suas diferentes instâncias

O primeiro princípio a ser analisado será a separação dos Poderes[209], na medida em que a sua observância será apresentada como pressuposto para a concretização das demais normas constitucionais no âmbito orçamentário, especialmente a legalidade e a democracia[210]. A correlação entre as três idéias é de fácil percepção. Assim é que a prevalência da lei sobre os demais atos do Poder constituído decorre da especial organização do parlamento como ins-

209 Sobre o tema, v. PIÇARRA, Nuno. *A separação dos Poderes como doutrina e como princípio constitucional — Um contributo para o estudo das suas origens e evolução*, 1989; BATTIS, Ulrich e GUSY, Cristoph. *Einführung in das Staatsrecht*, 1991, p 217 e ss; e BARCELLOS, Ana Paula de. *A eficácia jurídica dos princípios constitucionais — O princípio da dignidade da pessoa humana*, 2002, p. 239 e ss e BONAVIDES, Paulo. *Ciência política*, 2000, pp. 134-148. Sobre a organização dos Poderes no Brasil, apontando os pontos de interseção e com indicação da jurisprudência, v. MENDES, Gilmar Ferreira, COELHO, Inocêncio Mártires e BRANCO, Paulo Gustavo Gonet. *Curso de direito constitucional*, 2007, p. 807 e ss. Para uma interessante discussão sobre novos desenvolvimentos do princípio, v. ACKERMAN, Bruce. The New separation of Powers, *Harvard Law Review* nº 113, 2000, pp. 642-729.

210 Sem prejuízo da constatação de que, em sua origem moderna, a separação dos Poderes tenha servido justamente para minorar o potencial arbitrário de regimes caracterizados pela concentração de poder estatal nas mãos do monarca. O surgimento dos parlamentos foi a ante-sala para a sua posterior supremacia. Destacando esse caráter inicial da separação dos poderes, como substitutivo à democracia, v. BATTIS, Ulrich e GUSY, Cristoph. *Einführung in das Staatsrecht*, 1991, p 217.

tância de representação popular, a qual se atribui, por isso mesmo, a prerrogativa de criar o Direito e orientar a atividade administrativa. Ou seja, determinado ramo estatal assume a primazia sobre os demais no domínio das decisões políticas justamente por ser, em princípio, o *mais democrático*[211]. Não assume, entretanto, todo o poder, uma vez que isso colocaria em risco os próprios fundamentos da democracia. É necessário que haja um ramo encarregado de aplicar impessoalmente as lei produzidas e até um outro — idealmente preservado da política majoritária — ao qual as minorias possam recorrer para a manutenção de seus direitos[212]. A partir desse esquema clássico é fácil perceber as relações entre os princípios da separação dos Poderes, da legalidade e democrático. Não por acaso, o abrandamento da vinculação legislativa estará associado a um novo período de expansão do Poder Executivo, tendo como marco a passagem para o chamado Estado Social[213]. E diante dessa nova realidade, novas formas de legitimação terão de ser desenvolvidas para conservar o apego ao princípio democrático.

Não se entende necessário fazer um excurso teórico sobre os fundamentos e o sentido básico da separação dos Poderes, questões amplamente sedimentadas na teoria constitucional e até na prática das democracias contemporâneas. Como se sabe, cuida-se aqui da idéia de que o poder político — essencialmente unitário — deve ser partilhado por entre diferentes instâncias[214], ocupadas por

---

211 BATTIS, Ulrich e GUSY, Cristoph. *Einführung in das Staatsrecht*, 1991, pp. 220-221.

212 HESSE, Konrad. *Grundzüge des Verfassungsrechts der Bundesrepublik Deutschland*, 1993, p. 202.

213 GRIMM, Dieter. *Die Zukunf der Verfassung*, 1991, pp. 166-175. O ponto será retomado.

214 LOEWENSTEIN, Karl. *Teoría de la Constitución*, 1986, p. 55: "Lo que en realidad significa la así llamada 'separación de poderes', no es, ni más ni menos, que el reconocimiento de que por una parte el Estado tiene que cumplir determinadas funciones — el problema técnico de la división de trabajo — y que, por otra, los destinatarios del poder salen beneficiados si estas funciones son realizadas por diferentes órganos: la liberdad es el *telos* ideológico de la teoría de la separación de poderes. La separación de poderes no es sino la forma clásica de expresar la necesidad de distribuir y controlar respectivamente el ejercicio del poder político. Lo que corrientemente, aunque erróneamente, se suele designar como la separación de los *poderes* estatales, es en realidad la distribuición de determinadas *funciones* estatales a diferentes órganos del Estado. El concepto de

agentes diversos[215], de modo a se evitar o surgimento de um centro de poder hegemônico[216], potencialmente arbitrário. Para que o sistema funcione, cada instância deve ser dotada de autonomia — independência orgânica[217] — e de funções privativas — especialização funcional[218]. A fórmula é complementada pelo exercício eventual de competências atípicas por parte de cada Poder, inclusive como garantia de sua autonomia, e por mecanismos de controle recíproco previstos expressamente pela Constituição. A exposição ficará concentrada na aplicação da separação dos Poderes ao orçamento.

'poderes', pese a lo profundamente enraizado que está, debe ser entendido en este contexto de una manera meramente figurativa". V. tb. JELLINEK, Georg. *Teoria general del Estado*, 1954, p. 373.

215 Reconhecendo que a separação dos Poderes seria ilusória se, a despeito da existência de diferentes ramos, um mesmo agente pudesse atuar em mais de um deles simultaneamente, v. BATTIS, Ulrich e GUSY, Cristoph. *Einführung in das Staatsrecht*, 1991, p. 227.

216 STF, MS 23.452-RJ, DJ 12.05.2000, Rel. Min. Celso de Mello: "A essência do postulado da divisão funcional do poder, além de derivar da necessidade de conter os excessos dos órgãos que compõem o aparelho de Estado, representa o princípio conservador das liberdades do cidadão e constitui o meio mais adequado para tornar efetivos e reais os direitos e garantias proclamados pela Constituição. Esse princípio, que tem assento no art. 2º da Carta Política, não pode constituir e nem qualificar-se como um inaceitável manto protetor de comportamentos abusivos e arbitrários, por parte de qualquer agente do Poder Público ou de qualquer instituição estatal. (...) O sistema constitucional brasileiro, ao consagrar o princípio da limitação de poderes, teve por objetivo instituir modelo destinado a impedir a formação de instâncias hegemônicas de poder no âmbito do Estado, em ordem a neutralizar, no plano político-jurídico, a possibilidade de dominação institucional de qualquer dos Poderes da República sobre os demais órgãos da soberania nacional".

217 Isso significa que cada instância organiza sua própria estrutura institucional e exerce sua função por direito próprio. V. BATTIS, Ulrich e GUSY, Cristoph. *Einführung in das Staatsrecht*, 1991, p 221.

218 Na mesma linha, caracterizando a independência organiza e a especialização funcional como elementos básicos da separação dos Poderes, v. SILVA, José Afonso da. *Curso de direito constitucional positivo*, 2001, p. 113. Veja-se que as duas coisas estabelecem uma conexão entre si: determinado Poder é independente para que possa exercer uma função relevante. Seria uma fraude a criação de uma instância protegida contra intromissões externas, mas esvaziada de real capacidade de interferência na gestão da coisa pública. Por isso mesmo, a especialização funcional deve ser acompanhada de aparelhamento institucional adequado ao exercício da função típica de cada Poder.

O orçamento público é sede de um conjunto delicado de relações entre os Poderes estatais, que dependem do dinheiro público para o seu funcionamento e para a realização de suas atividades-fim. Nessa linha, o sistema orçamentário desempenha quatro funções relacionadas à separação dos Poderes:

i) garante a independência orgânica de cada Poder, na vertente de sua autonomia financeira. Cada Poder tem acesso garantido ao seu quinhão de verbas orçamentárias, necessário para garantir seu funcionamento regular, sem que a liberação fique condicionada à decisão política de outra instância estatal;

ii) funciona como instrumento de controle da Administração Pública, estabelecendo os objetos possíveis de gasto e seus limites;

iii) indica as possibilidades financeiras do Estado, fornecendo um panorama das opções de arrecadação e do montante de dinheiro público disponível, bem como das opções de investimento em curso. Na medida em que os três Poderes interferem nas finanças públicas, os agentes encarregados da tomada de decisões devem ter o orçamento como indicador das possibilidades do Estado — que é um só — em face das necessidades coletivas, ainda que a natureza desse juízo varie consideravelmente nas diferentes instâncias de poder político. Isso pressupõe um nível razoável de congruência entre as previsões orçamentárias e sua execução real;

iv) é pressuposto de efetividade de parte importante das decisões tomadas pelo Poder Público, em todas as suas esferas. Sempre que a realização concreta dessas decisões demandar o gasto de dinheiro público — o que é frequente — haverá implicações orçamentárias, ainda que essas sejam omitidas ou mesmo ignoradas.

As duas primeiras funções são reconhecidas tradicionalmente pela doutrina, compondo a chamada *função política do orçamento*[219]. Ambas guardam relação com o conteúdo mais típico da sepa-

---

219 O professor Ricardo Lobo Torres menciona também as funções econômica e reguladora, que não interessam diretamente ao objeto desse trabalho e podem ser referidas conjuntamente. Em linhas gerais, identificam-se com o impacto que as opções orçamentárias provocam na condução da ordem econômica. Ao longo da história, as finanças públicas foram usadas como forma de intervir na economia, acompanhando as concepções predominantes sobre a matéria em cada momento. Como se sabe, o Estado Liberal foi marcado pela atuação contida do Poder Público nas ordens econômica e social, sob o fundamento de que as leis naturais do mercado seriam a forma mais eficiente, bem como a única legítima, de regulação e promoção de bem-estar. O modelo de orçamento correspondente

ração de Poderes: garantia da independência orgânica de cada esfera de Poder e controle recíproco entre elas. Nesse sentido, podem ser caracterizadas como *funções de contenção*, destinadas a evitar que um Poder se torne hegemônico e subjugue os demais.

Embora a prevenção do arbítrio seja inegavelmente importante, não é suficiente para realizar de forma plena a separação dos Poderes em âmbito orçamentário. Isso porque as funções de contenção não promovem qualquer coordenação, o que parece necessário na medida em que suas atividades ocorrem simultaneamente e afetam um orçamento único. Isso dá margem a inúmeras distorções e aumenta o risco de inefetividade das decisões regularmente produzidas. Para suprir essa deficiência é que são propostas as duas funções adicionais, descritas acima, que podem ser caracterizadas como *funções de coordenação*.

Veja-se uma descrição de cada uma das funções mencionadas, agrupadas segundo o critério que se acaba de enunciar.

II.1. Funções de contenção

Como referido, destinam-se a evitar que um Poder — notadamente o Poder Executivo — assuma proeminência sobre os demais. Englobam duas funções:

---

era orientado, portanto, pelo equilíbrio entre receita e despesa ou mesmo pela busca de entesouramento. De forma diametralmente oposta, a ascensão do Estado Social trouxe consigo forte intervencionismo do Poder Público, que assumiu a tarefa de realizar justiça distributiva e conduzir a economia. Ao dirigismo que marca essa fase correspondem os orçamentos anticíclicos, que pretendiam suplantar as crises periódicas do capitalismo por meio de investimentos públicos substitutivos do papel dinamizador da iniciativa privada. As funções do Estado crescem e com elas o tamanho do orçamento. A ênfase é colocada na despesa, admitindo-se o endividamento e os orçamentos deficitários como forma de fazer frente às decisões de gasto. Todavia, o exaurimento do Estado Social ou, pelo menos, da crença ilimitada em suas potencialidades, traz de volta a busca pela austeridade financeira, considerada vital em um mundo globalizado e economicamente interdependente. O Estado abandona o papel de protagonista em diversos setores produtivos, assumindo, em contrapartida, um papel regulador e de planejamento. Esse novo cenário alcança o orçamento, que prima novamente pelo equilíbrio entre receita e despesa. V. TORRES, Ricardo Lobo. *Tratado de direito constitucional financeiro e tributário — O orçamento (volume V)*, 2000, p. 53-59.

a) Garantia da independência orgânica de cada Poder

O funcionamento regular de todas as estruturas estatais é financiado por recursos públicos, de modo que a independência orgânica dos Poderes só será real se for acompanhada de autonomia financeira. Apesar disso, é o Poder Executivo que detém o controle da arrecadação[220], o que poderia lhe colocar em manifesta posição de controle. Para superar essa dificuldade, a Constituição institui normas em dois níveis. Em primeiro lugar, garante-se a participação dos três Poderes já na elaboração do orçamento, na definição do "tamanho" de cada um deles, portanto.

Embora o projeto final seja consolidado pelo Poder Executivo, os outros dois Poderes lhe encaminham suas propostas orçamentárias. É verdade que não há mecanismos jurídicos que impeçam taxativamente a redução das pretensões iniciais de cada Poder, mas o risco é minimizado por alguns fatores. No caso do Legislativo, a própria competência para discussão e votação do projeto funciona como garantia. Mesmo em relação ao Judiciário, porém, a dinâmica de controles recíprocos tende a evitar cortes caprichosos, na medida em que um boicote orçamentário poderia gerar retaliações posteriores. Ou seja, o equilíbrio de forças que a Constituição estabelece, em caráter geral, acaba produzindo respeito mútuo também em sede orçamentária.

No entanto, a principal vertente de garantia da independência orgânica nesse domínio não diz respeito à elaboração do orçamento, mas sim à sua execução. Definido o quinhão de cada Poder, faz-se necessária a sua liberação efetiva. Lembre-se, novamente, que o Executivo detém o aparato de arrecadação e gestão das receitas. A retenção dos recursos destinados a um Poder seria uma forma evidente de asfixia política, por isso mesmo vedada pela ordem constitucional[221]. O art. 168 da Carta determina que as verbas de cada Poder, do Ministério Público e da Defensoria lhes sejam incondicionalmente entregues, a despeito de eventuais tensões políti-

220 Salvo, naturalmente, por receitas pontuais que as demais instâncias podem auferir pela cobrança de taxas ou imposição de sanções pecuniárias. Sem prejuízo dessas possibilidades, é fato que o custeio dos Poderes é suportado primordialmente pela repartição dos recursos captados dos particulares na forma de impostos, atividade gerenciada pelo Poder Executivo.

221 WEISS, Fernando Leme. *Princípios tributários e financeiros*, 2006, p. 241.

cas[222]. Trata-se da chamada regra do duodécimo, que impõe a liberação mensal, em cotas de 1/12 do montante referente ao exercício.

b) Controle da Administração Pública

Outra função clássica atribuída ao orçamento é o controle da Administração Pública, em um sentido óbvio: definição de quais serão as atividades desenvolvidas pelo Poder Público e de qual será o limite de gasto em cada uma delas. Como visto, a própria origem do orçamento está relacionada a essa finalidade: em um primeiro momento, como autorização anual dos tributos — exigência que perdeu importância, sendo absorvida pela legalidade tributária em geral — e posteriormente como autorização das despesas. Nessa fase seminal, engendrada sob o signo da limitação do poder real, a ênfase recaia naturalmente sobre o controle do Poder Executivo pelo Poder Legislativo, controle do parlamento sobre o rei, notadamente para limitar o valor total de seus gastos e domesticar seu parasitismo[223]. Não é nesse sentido restrito, porém, que a idéia deve ser compreendida em sua acepção moderna. Isso exige duas observações.

A primeira observação diz respeito aos pólos envolvidos nessa relação de controle. O orçamento funciona como controle das despesas da Administração Pública em geral, presente nos três Poderes. Em outras palavras, o controle continua sendo exercido precipuamente pelo Poder Legislativo, mas recai sobre toda a estrutura estatal. Na verdade, uma vez que o Executivo e o Judiciário também participam ativamente na elaboração do orçamento, pare-

222 CF/88, art. 168: "Art. 168. Os recursos correspondentes às dotações orçamentárias, compreendidos os créditos suplementares e especiais, destinados aos órgãos dos Poderes Legislativo e Judiciário, do Ministério Público e da Defensoria Pública, ser-lhes-ão entregues até o dia 20 de cada mês, em duodécimos, na forma da lei complementar a que se refere o art. 165, § 9º".

223 BALEEIRO, Aliomar. *Uma introdução à ciência das finanças*, 2002, p. 420: "O orçamento, por essas razões, floresceu em sua primeira fase como processo de fiscalização financeira e cerceamento das tendências perdulárias de governantes dissociados do interesse geral das massas. Estabelecido para cada ano, forçava o rei à convocação periódica e regular dos representantes em Parlamento". Para uma interessante descrição histórica do surgimento e consolidação do orçamento público, v. pp. 412-417.

ce até possível dizer que se cuida aqui de um controle dos Poderes sobre si mesmos, em nome da racionalidade, previsibilidade e transparência. Isso sem prejuízo de se reconhecer a referida proeminência do Poder Legislativo, mitigada na prática pelo agigantamento da Administração. De qualquer forma, embora se admita que o legislador possa criar espaços de ampla discricionariedade e até delegar competências normativas, não se discute que a liberdade da Administração é demarcada pela lei, e não o contrário[224]. O legislador continua sendo o órgão de representação popular por excelência, formalmente — o que se reflete na preferência da lei sobre os atos infralegais — e até do ponto de vista material.

Com efeito, embora a Chefia do Poder Executivo também seja ocupada por agente eleito, é no Parlamento que se encontram representadas, idealmente, as diferentes correntes ideológicas ou mesmo grupos de interesse presentes em uma dada sociedade. É certo que um Presidente ou Primeiro-Ministro não deve governar apenas para seus eleitores diretos, mas fato é que ele terá se originado de determinada agremiação ou bloco partidário, sendo natural — e até desejável — que tenha um programa de governo alinhado com essa origem. Isso não quer dizer que as demais forças sociais devam ser excluídas das decisões políticas. O Estado não pode funcionar no esquema de "o vencedor leva tudo", uma vez que a democracia não se confunde com uma ditadura majoritária e a pró-

224 Assim, afirmando que a função política deve assegurar o primado do sistema político — e, por extensão, do Poder Legislativo — sobre a Administração, v. PÜNDER, Hermann. *Haushaltsrecht im Umbruch — Eine Untersuchung am Beispiel der Kommunalverwaltung*, 2003, p. 140. Referindo-se ao âmbito comunal, mas destacando expressamente que a lógica é extensiva a qualquer sistema orçamentário, o autor destaca: "Der Rat ist mehr als 'nur ein kontrollierender Aufsichtsrat'. Wenngleich — worauf unten kritisch eizugehen ist — die Verwaltung einen erheblichen Einfluâ auf die Haushaltsplanung hat, ist das Haushaltsrecht doch durch das Bestreben gekennzeichnet, den Primat der Politik in der Haushaltswirtschaft sicherzustellen. Unter der Geltung des Demokratieprinzips ist die Verwirklichung der 'politische Budgetfunktion' des Haushaltsplanes nicht nur rein Recht, sondern eine Pflicht". (negrito no original). (Tradução livre: "O conselho [no caso, órgão legislativo] é mais do que apenas um conselho controlador de supervisão. Embora — o que é de se criticar — a Administração tenha uma influência crescente no planejamento orçamentário, o direito orçamentário é caracterizado pelos esforços em garantir o primado da política na economia orçamentária. Sob a validade do princípio democrático, a concretização da função política do orçamento é não apenas um direito, mas sim um dever").

pria manutenção do vínculo de cooperação social pressupõe alguma abertura à participação das minorias[225].

O ponto será retomado nos tópicos referentes à democracia e legalidade. O que se queria destacar no momento é que um sistema baseado na legalidade orçamentária confere essa primazia ao Poder Legislativo na definição dos objetos de despesa pública. Como visto, a Constituição de 1988 faz essa opção formalmente, mas ela acaba sendo esvaziada pelas limitações ao processo legislativo instituídas pelo próprio Congresso Nacional e pela desconsideração das decisões orçamentárias, levado a cabo pelo Poder Executivo no momento da execução, com a complacência do legislador. Por isso é que se defendeu a inconstitucionalidade das limitações qualitativas e quantitativas descritas na primeira parte do estudo, por impedirem a discussão das grandes decisões orçamentárias.

A segunda observação diz respeito à extensão do controle inerente ao orçamento. Como demonstrado, prevalece no Brasil a tese de que o orçamento é autorizativo, isto é, funciona apenas como definição dos gastos possíveis e de seus limites. Não haveria, contudo, a obrigação jurídica de liberação dos recursos, ao menos em sua maioria, e tampouco de justificar retenções. Diversos exemplos reais foram fornecidos para embasar a conclusão, inclusive exemplos de contingenciamento em políticas públicas de inegável importância e atualmente marcadas por prestação manifestamente insatisfatória, como saneamento básico. Tal compreensão do orçamento viola a separação dos Poderes, mais uma vez pelo esvaziamento da competência atribuída pela Constituição ao Poder Legislativo e, sobretudo, por concentrar no Executivo poder excessivo e desprovido de controle eficaz. Confira-se a demonstração do argumento.

O orçamento público incorporou-se à vida política e jurídica do Estado no ambiente histórico de contenção e posterior superação do absolutismo. Nesse momento, a mera imposição de limites aos gastos do Poder Executivo já representava um avanço substancial,

---

225 Nesse sentido, defendendo que a democracia envolve necessariamente um *momento comunicativo* aberto a todos os indivíduos, até para que eles conservem a percepção de que integram uma comunidade política e não um regime de dominação, v. SOUZA NETO, Cláudio Pereira de. *Teoria constitucional e democracia deliberativa — Um estudo sobre o papel do Direito na garantia das condições para a cooperação democrática*, 2006, p. 159.

ainda mais quando se tem em mente que o modelo de Estado então prevalente era não-intervencionista, pautando-se pela mínima interferência nas relações sociais e econômicas. Nesse contexto, não se colocava em evidência o fato de que as decisões orçamentárias seriam determinantes para a definição das políticas públicas a ser implementadas. A rigor, prevalecia a idéia de que as políticas públicas realmente devidas — relacionadas à garantia de direitos individuais, da segurança e da ordem — dependiam essencialmente de abstenções do Estado, e não de despesas diretas. A preocupação reinante era garantir que a máquina não se expandisse em demasia, domesticando o parasitismo do monarca e, num segundo momento, evitando que o Estado viesse a ocupar os espaços que se queria ver livres para a iniciativa privada.

Não por acaso, a passagem para o chamado Estado Social foi acompanhada de mudanças também no domínio orçamentário. No entanto, não ainda para reconhecer a necessidade de escolhas políticas — muitas vezes trágicas — a serem veiculadas por decisões orçamentárias. Em lugar disso, como a doutrina registra, o período foi marcado pelos orçamentos deficitários, admitindo-se o endividamento público como instrumento corriqueiro de financiamento das intervenções estatais, especialmente como forma de contornar os ciclos de retração do capitalismo. Já estava presente, ainda que em germe, a percepção do conteúdo decisório inerente à alocação de dinheiro público. Faltava a percepção de que este era insuficiente, a qual começou a se produzir por ocasião da chamada crise do Estado Social[226]. É notório que esse modelo refluiu, sendo substituído por questionamentos sobre o tamanho e o papel ideal do Estado, bem como por uma convicção quase generalizada sobre a necessária austeridade fiscal.

Não é preciso enveredar por essas discussões para constatar que o liberalismo clássico não está de volta — aparentemente em lugar algum e certamente não no Brasil[227] — e que mesmo a prote-

226 Para uma exposição desse processo evolutivo, sobretudo o período de expansão dos orçamentos deficitários, sob inspiração da teoria econômica de John Maynard Keynes, e sua posterior superação, v. TORRES, Ricardo Lobo. *Tratado de direito constitucional financeiro e tributário — O orçamento (volume V)*, 2000, p. 53 e ss.

227 Sem prejuízo de que se constate a existência de teorias que lhe dão sustentação. Nessa linha, para uma defesa inspirada de que o Estado mínimo não é apenas mais vantajoso, mas também, e principalmente, o único Estado legítimo, por

ção dos chamados direitos de liberdade exige o dispêndio de recursos públicos[228]. A novidade é que se tem consciência plena dos custos envolvidos na atividade estatal, incluindo a promoção de direitos, e também da finitude dos recursos. Esse binômio confere nitidez a uma circunstância antes obscurecida: a alocação de verbas para atender a certa necessidade importa a preterição de outras possibilidades igualmente relevantes, para as quais também haveria demanda social. Simplesmente não é possível ignorar a realidade da escassez de inúmeros bens de interesse coletivo[229], incluindo o

---

não tratar a nenhum indivíduo como meio para a satisfação de metas coletivas, v. NOZICK, Robert. *Anarchy, State and utopia*, 2001 (v. especialmente a Parte II).

228 A constatação de que todos os direitos têm custos públicos tem se difundido após a obra de Cass Sunstein e Stephen Holmes, *The cost of rights*, de 1999. Os próprios autores fazem questão de destacar a obviedade da sua constatação e o caráter ideológico do mito dos direitos gratuitos. Até porque os custos dos direitos não estavam tão ocultos assim: "The widespread but obviously mistaken premise that our most fundamental rights are essentially costless cannot be plausibly traced to a failure to detect hidden costs. For one thing, the costs in question are not so terribly hidden". (SUNSTEIN, Cass e HOLMES, Stephen. *The cost of rights*, 1999, p. 25). No Brasil, o tema é desenvolvido por GALDINO, Flávio. *Introdução à teoria dos custos dos direitos — Direitos não nascem em árvores*, 2005. Para uma análise sob perspectiva essencialmente tributária, destacando que os direitos de liberdade têm custos vultosos suportados por toda a coletividade e servem majoritariamente aos mais abastados, v. NABAIS, José Casalta. *Estudos de direito fiscal*, 2005: "Mais, ao contrário do que a rejeitada distinção pretende fazer crer, os clássicos direitos e liberdades não só assentam em avultados custos públicos, como assentam em custos públicos com efeitos visivelmente regressivos, porquanto os seus custos são proporcionais às reais e efectivas possibilidades de exercício dos referidos direitos e liberdades".

229 Não se trata apenas de dinheiro. O Estado lida cotidianamente com a necessidade de estabelecer critérios para a distribuição de inúmeros bens ou utilidades encontrados em quantidade insuficiente, como leitos hospitalares, órgãos humanos para transplante, vagas no ensino superior, frequências para prestação do serviço de radiodifusão de sons e imagens, dentre outros. Sobre o tema, discutindo a alocação de bens escassos e também dos sacrifícios sociais, v. ELSTER, Jon. *Local justice — How institutions allocate scarce goods and necessary burdens*, 1992. Na mesma linha, chamando a atenção para a impossibilidade de contornar a necessidade de decisão, ainda que trágica, v. AMARAL, Gustavo. *Direito, escassez e escolha*, 2001, pp. 171-2: "Talvez pela própria complexidade da questão e pela complexidade moral de ostensivamente negar a alguém um recurso que lhe é vital, há a tentação de 'escolher por não escolher', disfarçar a existência de escolhas trágicas por meio de critérios que parecem neutros, onde a 'negativa à vida' pode ser creditada à Providência. Um exemplo disso parece ser o uso estrito do prin-

dinheiro público[230]. Sendo assim, é inevitável que escolhas sejam feitas, verdadeiras decisões políticas fundamentais. No presente trabalho, tais decisões estão sendo denominadas *decisões orçamentárias*. Não por acaso ou descuido. Ao contrário, logo no começo da exposição foi feito o registro de que o orçamento ostenta conteúdo decisório, não se caracterizando como mero registro contábil. O percurso histórico referido deixa claro que o orçamento não se caracteriza mais como mero instrumento de domesticação do Poder Executivo, repartindo — *decidindo* como repartir — recursos escassos entre objetivos definidos[231].

Em parte, a lei orçamentária concretiza decisões políticas anteriores, *e.g.* quando prevê os recursos necessários ao custeio de certo programa legislativo detalhado, como o fornecimento de medi-

---

cípio igualitário na Itália quanto ao programa de hemodiálise, onde se atende por ordem de ingresso na lista, ainda quando a pessoa sofra de doença terminal que a hemodiálise não aliviará. Em consequência, outras pessoas que também necessitam do tratamento aguardam por mais tempo, com a saúde sendo deteriorada".

230 Veja-se que a escassez de dinheiro e dos demais itens necessários à produção não é exclusividade do Estado. A idéia de escassez é parte integrante do próprio conceito de atividade econômica e de economia. Assim, v. VASCONCELLOS, Marco Antonio e GARCIA, Manuel. *Fundamentos de economia*, 2004, p. 2: "Economia é a ciência social que estuda como o indivíduo e a sociedade decidem (escolhem) empregar recursos produtivos escassos na produção de bens e serviços, de modo da distribuí-los entre as várias pessoas e grupos da sociedade, a fim de satisfazer as necessidades humanas".

231 A partir dessa constatação essencial — mudança qualitativa do orçamento por conta da passagem de um Estado liberal mínimo para um Estado engajado em atividades diversas — é possível construir teorias mais ou menos ambiciosas sobre o papel do orçamento no planejamento econômico e social. Diversas versões ambiciosas foram construídas sob o conceito de orçamento-programa, que funcionaria como principal instrumento de planejamento da atividade estatal, orientada pelos resultados que se esperaria obter. Nessa linha, v. SILVA, José Afonso da. *Orçamento-programa no Brasil*, 1973, pp. 40-43. Sem prejuízo do refluxo experimentado pela idéia de planejamento, nos termos descritos, sustenta-se que o retorno ao modelo de orçamento tradicional não é possível. Não apenas por convicção política, mas substancialmente porque significaria esvaziar o papel do legislador na matéria e, por extensão, o papel do processo deliberativo que a Constituição instituiu para a definição das prioridades de investimento estatal. A importância da deliberação legislativa em geral, e nessa seara em particular, será demonstrada ao longo do trabalho. Em reforço, será constatado que a experiência de países como os Estados Unidos e a Alemanha conferem valor a esse processo deliberativo, demonstrando que ele não está necessariamente associado à ideia de planificação da vida econômica ou social.

camentos aos indivíduos que se enquadrem em determinados critérios. Em situações como essa, seria possível imaginar que não haveria verdadeira decisão orçamentária, mas sim mera execução de política previamente definida, em instância diversa. Afinal, parece evidente que os recursos necessários ao cumprimento de obrigações legais devem ser incluídos obrigatoriamente no orçamento. Além disso, foi demonstrado que, uma vez incluídos, não podem sofrer retenções, nos termos do art. 9º, § 2º, da LRF. A verdade, no entanto, é que essas hipóteses não parecem ser tão numerosas e, de qualquer forma, há casos em que a legislação vigente é simplesmente ignorada sem que o legislador oponha maior resistência[232]. Nesse sentido, mesmo o cumprimento de anteriores decisões específicas parece estar sujeito a considerável discricionariedade política, exercitada quando da elaboração e execução do orçamento.

O conteúdo decisório do orçamento fica ainda mais claro — incontestável, na verdade — quando se atenta para outro conjunto de despesas, bem mais abrangente, que não decorre diretamente de previsão normativa específica. Lembre-se do exemplo do Fundo Penitenciário Nacional, citado acima. Embora a sua existência seja prevista em lei, não há critério legal para definir o montante que lhe será destinado. Em 2005, como se viu, foram pouco mais de 272 milhões de reais. Essa é uma decisão política, assim como foi política a decisão de contingenciar 42% da verba prevista. Esse e os outros exemplos fornecidos acima terão demonstrado de forma cabal a existência de um conteúdo decisório no orçamento.

---

232 Um exemplo bastante expressivo é fornecido pela Lei nº 10.835/2004, que instituiu a *renda básica da cidadania*, consistente no direito de cada cidadão ao recebimento de uma prestação pecuniária anual incondicionada, ou seja, desvinculada de qualquer critério sócio-econômico. A lei prevê que o programa seja implementado gradualmente, começando pela população mais carente, mas é fato que sequer começou a sair do papel e não há sinal de mobilização política para tanto. A iniciativa tem inspiração declarada em construções teóricas sofisticadas, baseadas no conceito de liberdade econômica e até em considerações pragmáticas, como a idéia de que uma prestação social incondicionada seria mais barata de se administrar do que programas de assistência social. Os indivíduos que não necessitam do benefício acabariam devolvendo-o pela via da tributação. Sobre o tema, v. WRIGHT, Erik Olin (ed.). *Redesigning distribution — Basic income and stakeholder grants as cornerstones for an egalitarian capitalism*, 2006. Para uma resenha da obra, v. MENDONÇA, Eduardo. Redesenhando a distribuição: duas propostas para um capitalismo mais igualitário, *Revista de Direito do Estado*, nº 2, 2006, pp. 367-377.

Ou seja, as políticas públicas reais são definidas e dimensionadas na lei orçamentária. Vale dizer: são aprovadas por decisão final do Poder Legislativo, a partir de projeto encaminhado pelo Poder Executivo. A matéria é regida por reserva legal formal, por decisão expressa do constituinte, que só admitiu a utilização de medidas provisórias para a abertura de créditos extraordinários, em situações de emergência ou, pelo menos, séria anormalidade. Isso nem chega a surpreender, uma vez que todo o conhecimento convencional registra a importância do Poder Legislativo na definição das opções políticas, justamente por encarnar a representação popular por excelência. A doutrina clássica chegava aos limites de sugerir que a Administração seria inteiramente subordinada à lei, limitando-se a executar suas previsões.

É certo que essa visão romântica da separação dos Poderes foi fortemente abalada, constatando-se que, mais do que deixar de existir, na verdade ela nunca chegou a descrever a realidade de forma precisa. É inevitável que o Poder Executivo assuma papel ativo na definição dos caminhos políticos e essa situação tem sido amplificada por diversos fatores. Tampouco se está dizendo que essa circunstância, por si só, seja uma fatalidade ilegítima. A verdade é que a Chefia do Executivo tende a gozar de apoio popular consistente e que o próprio legislador tem delegado poderes cada vez mais amplos à Administração, o que tem sido considerado legítimo no Brasil e nas principais democracias contemporâneas[233].

A discussão aprofundada desses temas produziria um desvio excessivamente longo, em prejuízo do foco. O que se quer destacar é que a ascensão do Poder Executivo não justifica que lhe seja concedido poder quase imperial, à custa do esvaziamento da participação legislativa na definição das grandes opções políticas. Pelo menos não como sistema institucionalizado, ainda que se admita a possibilidade de o legislador conferir, pontualmente, maior ou menor discricionariedade ao administrador. Como se verá, é possível que a aprovação de créditos orçamentários seja feita de forma a

233 Abordando o tema como fenômeno mundial, embora enfocando especialmente Estados Unidos, Reino Unido e Canadá, confiram-se os diversos artigos contidos na já referida obra BAUMAN, Richard W. e TSVI, Kahana (ed.). *The least examined branch — The role of legislatures in the constitutional State*, 2006.

conceder doses variadas de discricionariedade, mas não parece legítimo que as decisões legislativas possam ser descumpridas ou simplesmente ignoradas[234]. Ao contrário, a própria noção de discricionariedade traz ínsita a existência de uma liberdade controlada, interna ao Direito e sujeita a um controle de razoabilidade[235].

Mesmo os autores que aceitam a possibilidade de que o Poder Legislativo autorize instâncias administrativas a superar a lei — por meio da chamada *deslegalização*[236] — não defendem de forma ostensiva a subtração de poder decisório ao legislador, uma vez que ele mesmo efetua a transferência e poderia desfazê-la a qualquer tempo, editando uma lei nova. Nesse sentido, a teoria da deslegali-

---

234 Nesse sentido, Cass Sunstein registra que a delegação legislativa tem sido largamente empregada e aceita nos Estados Unidos, mas não se cogita que a Administração possa descumprir decisões legislativas. V. SUNSTEIN, Cass. Nondelegation principles. In: BAUMAN, Richard W. e TSVI, Kahana (ed.). *The least examined branch — The role of legislatures in the constitutional State*, 2006, p. 139: "Rather than invalidating federal legislation as excessively vague and open-ended, courts say that executive agencies may not engage in certain controversial activities, unless and until Congress has expressly authorized than to do so. When fundamental rights and interests are at stake, the choices must be made legislatively".

235 Essa é a conclusão de Marcus Vinícius Filgueiras Júnior, após analisar inúmeras definições de discricionariedade, na doutrina nacional e estrangeira. V. FILGUEIRAS JÚNIOR, Marcus Vinícius. *Conceitos jurídicos indeterminados e discricionariedade administrativa*, 2007, p. 18-19. Na mesma linha, conceituando a discricionariedade como uma liberdade concedida ao Administrador no interior da ordem jurídica — e não como um poder que lhe seja externo — verificada em diferentes medidas e sujeita aos limites correspondentes, v. BINENBOJM, Gustavo. *Uma teoria do direito administrativo — Direitos fundamentais, democracia e constitucionalização*, 2006, p. 193 e segs..

236 ARAGÃO, Alexandre Santos de. *Agências reguladoras e a evolução do direito administrativo econômico*, 2006, pp. 422-423: "Por este entendimento, com o qual concordamos, não há qualquer inconstitucionalidade na deslegalização, que não consistiria propriamente em uma transferência de poderes legislativas, mas apenas na adoção, pelo próprio legislador, de uma política legislativa pela qual transfere a uma outra sede normativa a regulação de determinada matéria. E, com efeito, se este tem poder para revogar uma lei anterior, por que não o teria para, simplesmente, rebaixar o seu grau hierárquico? Por que teria que direta e imediatamente revogá-la, deixando um vazio normativo até que fosse expedido o regulamento, ao invés de, ao degradar a sua hierarquia, deixar a revogação para um momento posterior, a critério da Administração Pública, que tem maiores condições de acompanhar e avaliar a cambiante e complexa realidade econômica e social?".

zação, que já parece excessiva[237], ainda fica aquém da idéia de que o Executivo poderia ignorar a lei por desígnio próprio. A verdade é que o sistema jurídico parece comportar diferentes níveis de delegação — motivadas por necessidade ou conveniência política — mas não pode ter como desenho institucional uma hegemonia incontrastada do Poder Executivo.

Para dar um exemplo, o legislador pode aprovar um crédito de 272 milhões para o Fundo Penitenciário Nacional sem esmiuçar as medidas que terão de ser adotadas, o que acabará conferindo à Administração considerável margem de apreciação *in concreto*, para definir as opções prioritárias de investimento na matéria (as possibilidades são muitas: ampliação de presídios, melhoria das condições sanitárias ou das medidas de segurança, capacitação de agentes, dentre outras). Coisa diversa é se admitir como normal que apenas metade do investimento previsto seja realizado, sem que haja, pelo menos, um dever de explicitar as razões que justificam um corte dessa magnitude. A modernização do sistema penitenciário é uma política pública que foi considerada relevante pelo órgão de representação popular. A faculdade de simplesmente ignorá-la, sem qualquer motivação, é *poder demais*, claramente incompatível com o princípio da separação dos Poderes. E isso antes mesmo de se discutir a importância intrínseca da lei e do processo parlamentar em matéria de orçamento.

Na prática, é possível identificar uma clara hegemonia do Poder Executivo no domínio orçamentário, entendido não como mero setor técnico de gestão da contabilidade estatal, mas como o espaço em que se concretizam as reais decisões políticas. Por isso se defende que o modelo de orçamento autorizativo é inconstitucional. A execução de um orçamento regularmente elaborado é pressuposto para o controle efetivo das atividades desenvolvidas pelo Poder Público, que não deve se resumir a uma auditoria contábil. Em lugar disso, o que se espera é um controle real do que *é feito* e do que *deixa de ser feito*, isto é, das opções políticas em curso. A terceira parte do estudo oferecerá um modelo alternativo, baseado nessa premissa.

237 Adere-se, portanto, à posição de BINENBOJM, Gustavo. *Uma teoria do direito administrativo — Direitos fundamentais, democracia e constitucionalização*, 2006, pp. 275 e ss.

II. 2. Funções de coordenação

As duas funções referidas acima dizem respeito ao equilíbrio entre os Poderes, para que sua independência orgânica seja preservada e haja controle efetivo e adequado sobre a atividade estatal. Sem minimizar a importância da contenção do Poder — essencial em um Estado de Direito[238] — pretende-se com o presente estudo chamar a atenção para outra dimensão da função política do orçamento, que tem sido negligenciada pela doutrina. A ênfase, aqui, recai sobre a coordenação entre as atividades desenvolvidas por cada Poder, tendo em vista o fato de que o tesouro público é um só.

Apesar disso, não há como evitar que os três Poderes, atuando nos respectivos âmbitos de competência, produzam decisões que interferem nas finanças públicas. A lei que institui o *bolsa família*, o programa administrativo de prevenção e combate à dengue e a decisão judicial que obriga o Estado a fornecer determinado tratamento médico são três exemplos reais, selecionados dentre um elenco incontável. Tais decisões precisam guardar o mínimo de compatibilidade entre si, porque se pretendem simultaneamente executáveis, e devem ser efetivas, como os atos do Poder Público em geral. Nesse sentido, defende-se que compete ao orçamento desempenhar duas funções políticas de coordenação:

1) harmonizar as decisões estatais que envolvem dispêndio de recursos públicos, conferindo alguma visão de conjunto às autoridades encarregadas de produzir atos capazes de ensejar gasto. Por óbvio, tais decisões não geram automaticamente as verbas necessárias à sua execução, apropriando-se de recursos do caixa estatal. Por isso mesmo, é necessário que os processos de decisão levem em conta a realidade orçamentária, de modo a evitar que prioridades sejam inadvertidamente preteridas. Em um contexto de escassez de recursos, não se pode admitir que o seu emprego seja aleatório[239].

---

238 V. LARENZ, Karl. *Derecho justo*, 1991, p. 158.

239 Naturalmente há problemas técnicos relacionados a isso. A doutrina aponta, sobretudo, o despreparo ou mesmo a suposta incapacidade do Judiciário de lidar com indicadores macroeconômicos. Embora a dificuldade seja real e deva ser enfrentada, fato é que muitas decisões judiciais interferem no orçamento. Fechar os olhos para essa realidade não minimizará os problemas a ela associados. O

2) dar concreção às decisões políticas que envolvem o dispêndio de recursos públicos, tomadas pelos três Poderes estatais no âmbito de suas respectivas competências. O orçamento é o momento inicial de concretização de tais decisões, que poderão vir a ser executadas com maior ou menor eficiência, mas simplesmente não sairão do papel caso não haja recursos para tanto e só serão realizáveis na extensão em que tais recursos forem efetivamente liberados. Como visto acima, essa efetivação das decisões orçamentárias está envolvida no próprio controle do Poder Público, que deve dizer respeito às opções políticas em curso e às que são preteridas, em vez de funcionar apenas como limitação de gastos. No momento, porém, a ênfase não recai sobre o controle, mas sim sobre a atuação coordenada dos Poderes, cujas decisões não devem ficar na dependência da vontade política de outra instância estatal.

Essas duas funções também podem ser caracterizadas como políticas. A rigor, também dizem respeito à autonomia dos Poderes, mas em um sentido diverso do que foi anteriormente mencionado. Cuida-se aqui da garantia de que as decisões tomadas no exercício das diferentes esferas constitucionais de competência sejam efetivas e compatíveis entre si. É preciso ter em conta que a separação dos Poderes não é um fim em si mesmo, caracterizando-se como instrumento para que o Estado possa cumprir suas funções de forma adequada. A lógica do sistema é quebrada quando uma das estruturas passa a ter poder discricionário sobre a realização prática das decisões produzidas pelas demais. Da mesma forma, não se deve admitir que os atos provenientes de um Poder sejam irrealizáveis ou tornem irrealizáveis outras medidas, possivelmente mais urgentes, apenas pelo fato de não ter sido possível levar em consideração o todo no qual estão inseridos. As duas idéias apresentadas serão desenvolvidas de forma mais extensa.

a) Harmonização das decisões políticas que envolvem dispêndio de recursos públicos

A primeira função de coordenação é a de harmonizar, na medida do possível, as decisões do Poder Público que impliquem comprometimento do caixa estatal. Tais decisões são tomadas cotidia-

---

tema será retomado.

namente por agentes dos três Poderes, muitas vezes sem qualquer preocupação em situar a medida no contexto geral das finanças públicas. Nesse ponto, as maiores dificuldades residem no Legislativo e no Judiciário, já que as ações da Administração estão em princípio atreladas à existência de prévia dotação orçamentária. Embora as decisões dos outros dois Poderes também devam ser inseridas no orçamento, é um dado da realidade que a atividade do legislador e dos magistrados ao longo do ano produz reflexos sobre a alocação dos recursos públicos, de maneira imediata — basta lembrar das decisões judiciais que determinam o fornecimento de alguma prestação social — ou para os exercícios seguintes. A rigor, não há como ser diferente, sendo impossível paralisar o funcionamento regular dessas estruturas em nome de uma absoluta linearidade do processo orçamentário. Não é factível que as decisões sejam tomadas de forma concentrada e absolutamente coordenada[240].

A constatação das dificuldades é importante, mas não justifica que esses agentes públicos estejam inteiramente desobrigados de atentar para a realidade financeira do Estado. Vale repetir o que foi dito acima: as decisões políticas não fazem com que os recursos necessários à sua implementação surjam por geração espontânea. Sendo assim, cada um dos atos estatais que determina a realização de gastos interfere com o todo. O fato de não se ter controle sobre esse todo dissimula o problema, mas não faz com que ele desapareça. Muito pelo contrário, a falta de uma visão de conjunto apenas maximiza o risco de que a alocação seja arbitrária e prioridades sejam preteridas.

O orçamento público poderia e deveria fornecer a visão do conjunto. Uma visão aproximada e sujeita a algumas distorções? Certamente. Mas ainda assim uma visão de conjunto, espelhando os

240 Essa circunstância dinâmica é destacada por RUBIN, Irene. *The politics of public budgeting*, 1997, p. 287: "Budgeting is characterized by semi-independent, overlapping streams of decision making that depend on one another for key pieces of information. What makes this process complex and interesting is that the clusters are not timed sequentially to feed into one another. The clusters occur at different intervals and last for different lengths of time. In order to make the key decisions in any one stream, actors may have to look backward, to the last time the decision was made in another stream, or forward, to anticipated decisions, or even sideways, to decisions being made at the same time. Much of this information is tentative; it can and does change as the budget mover toward implementation".

custos de manutenção da máquina pública e as opções de investimento em curso. Todos os ramos estatais interferem no plano geral de distribuição dos recursos e devem, portanto, ter a noção do bolo que estão partilhando. O tratamento que cada Poder dá a esses dados, todavia, pode variar em função de seu papel institucional e, sobretudo, da natureza das decisões por ele tomadas. Explica-se.

Na elaboração do projeto de lei orçamentária, idealmente, o Poder Executivo analisa os diversos indicadores sociais e econômicos e estabelece as previsões e estimativas cujo conjunto comporá o orçamento público. Nesse processo, é desejável que a execução orçamentária do ano anterior seja levada em conta, como indicador do estado atual das finanças públicas e das linhas de ação que vêm sendo adotadas. Após a aprovação do orçamento, este será pressuposto para as atividades materiais da Administração, garantindo-se, dessa forma, que as mesmas estejam inseridas no plano geral de repartição dos recursos públicos. Mesmo assim, é natural que as dotações orçamentárias não sejam inteiramente detalhadas, deixando considerável espaço de decisão para o Executivo[241]. No preenchimento desse espaço, a Administração realizará escolhas, cujo acerto só pode ser verificado em conjunto. A implantação de um projeto de reurbanização e embelezamento da orla é uma medida positiva, mas talvez seja incompatível com o péssimo estado de conservação das vias públicas nos bairros populares. Cuida-se aqui da exigibilidade de alguma coerência nas escolhas do Poder Público, que pressupõe a visualização conjunta das possibilidades, necessidades e atividades em fase de desenvolvimento.

A situação é mais grave no Poder Legislativo, onde os riscos de irracionalidade são mais pronunciados. Em princípio, a ordem jurídica brasileira não exige a análise do impacto financeiro das leis como requisito de validade para a sua edição, a não ser em algumas hipóteses bastante específicas[242]. Curiosamente, o art. 16 da LRF

---

241 Como já foi mencionado e será desenvolvido adiante, a criação desse espaço de discricionariedade controlada, além de inevitável, pode ser positiva.

242 Um exemplo é a lei de criação de Município, cuja edição deve ser precedida de estudo de viabilidade. V. CF/88, art. 18, § 4º: "A criação, a incorporação, a fusão e o desmembramento de Municípios, far-se-ão por lei estadual, dentro do período determinado por Lei Complementar Federal, e dependerão de consulta prévia, mediante plebiscito, às populações dos Municípios envolvidos, após divulgação dos Estudos de Viabilidade Municipal, apresentados e publicados na forma da lei". (Redação dada pela Emenda Constitucional nº 15, de 1996).

determina que tal avaliação seja realizada antes do início efetivo de qualquer ação governamental, momento em que se verifica também a existência de dotação orçamentária[243]. A lei não estabelece o que fazer no caso de um resultado preocupante, o que pode acabar sendo resolvido pela simples inércia permitida por um orçamento autorizativo. Ainda que não seja assim, seria mais lógico submeter as estimativas de impacto a algum tipo de análise antes que as leis sejam editadas. Não apenas para evitar que se prometa o impossível[244], mas principalmente para que o projeto seja confrontado com outras necessidades e opções de investimento possíveis ou já em fase de execução. Para isso, contudo, é preciso que haja meios de analisar o conjunto das finanças públicas e decisões orçamentárias, ainda que de forma aproximada.

Em atenção a esse objetivo, a LRF prevê a existência do Conselho de Gestão Fiscal, integrado pelos três Poderes, pelo Ministério Público e pela sociedade civil. Esse órgão, que ainda não foi instituído, teria a função de produzir e sistematizar informações para otimizar o fluxo de caixa e a alocação dos recursos nos três níveis federativos[245]. Sem prejuízo da importância que o Conselho possa

243 LC 101/2000, art. 16: "A criação, expansão ou aperfeiçoamento de ação governamental que acarrete aumento da despesa será acompanhado de: I — estimativa do impacto orçamentário-financeiro no exercício em que deva entrar em vigor e nos dois subsequentes; II — declaração do ordenador da despesa de que o aumento tem adequação orçamentária e financeira com a lei orçamentária anual e compatibilidade com o plano plurianual e com a lei de diretrizes orçamentárias. § 1º Para os fins desta Lei Complementar, considera-se: I — adequada com a lei orçamentária anual, a despesa objeto de dotação específica e suficiente, ou que esteja abrangida por crédito genérico, de forma que somadas todas as despesas da mesma espécie, realizadas e a realizar, previstas no programa de trabalho, não sejam ultrapassados os limites estabelecidos para o exercício; II — compatível com o plano plurianual e a lei de diretrizes orçamentárias, a despesa que se conforme com as diretrizes, objetivos, prioridades e metas previstos nesses instrumentos e não infrinja qualquer de suas disposições. (...)".

244 Sobre insinceridade normativa e suas consequências negativas, v. BARROSO, Luís Roberto. O *direito constitucional e a efetividade de suas normas*, 2000, pp. 59-65.

245 LC 101/2000, art. 67: "O acompanhamento e a avaliação, de forma permanente, da política e da operacionalidade da gestão fiscal serão realizados por conselho de gestão fiscal, constituído por representantes de todos os Poderes e esferas de Governo, do Ministério Público e de entidades técnicas representativas da sociedade, visando a: I — harmonização e coordenação entre os entes da Federação; II — disseminação de práticas que resultem em maior eficiência na alocação

vir a ter algum dia, é fora de dúvida que o orçamento continuará sendo o principal mecanismo de visualização das decisões políticas que envolvem dispêndio de recursos. Veja-se que não se está cogitando aqui, pelo menos ainda, da possibilidade de controle jurisdicional. Antes ou mesmo sem tal controle, é necessário que os Poderes Legislativo e Executivo disponham de parâmetros para considerar as opções políticas em curso e as possibilidades disponíveis, de modo a evitar que suas escolhas sejam desordenadas ou aleatórias. E também para que o controle social possa ser exercido em bases mais consistentes. Como referido, transparência também significa *inteligibilidade*.

Como vem sendo destacado, as opções de gasto têm um valor intrínseco, mas o seu mérito só pode ser plenamente apreciado em cotejo com o conjunto das necessidades e das políticas públicas em andamento. A construção de um sofisticado complexo cultural é, sem dúvida, uma medida louvável, mas seria difícil de sustentar em um contexto de calamidade pública. Por conta dessa conexão entre cada opção e o conjunto das opções, os agentes políticos devem ter à sua disposição meios que lhes permitam a realização de escolhas minimamente coerentes entre si.

As referências explícitas à idéia de coerência como dever jurídico ainda são relativamente escassas[246], embora haja uma discussão densa sobre o tema no âmbito da teoria da argumentação[247]. O

---

e execução do gasto público, na arrecadação de receitas, no controle do endividamento e na transparência da gestão fiscal; III — adoção de normas de consolidação das contas públicas, padronização das prestações de contas e dos relatórios e demonstrativos de gestão fiscal de que trata esta Lei Complementar, normas e padrões mais simples para os pequenos Municípios, bem como outros, necessários ao controle social; IV — divulgação de análises, estudos e diagnósticos. (...)"

246 Apesar disso, a matéria já mereceu menção expressa em decisão do Supremo Tribunal Federal. V. STF, DJ 09.06.1995, RE 160486/SP, Rel. Min. Celso de Mello: "Os postulados que informam a teoria do ordenamento jurídico e que lhe dão o necessário substrato doutrinário assentam-se na premissa fundamental de que o sistema de direito positivo, além de caracterizar uma unidade institucional, constitui um complexo de normas que devem manter entre si um vinculo de essencial coerência".

247 Sobre o tema, v. ALEXY, Robert e PECZENIK, Aleksander. The concept of coherence and its significance for discursive rationality, *Ratio Juris* nº 3, 1990, pp. 130-147; MACCORMICK, Neil. *Rethoric and the rule of Law*, 2005, p. 189 e ss.; PERELMAN, Chaïm e OLBRECHTS-TYTECA, Lucie. *Tratado da argumentação — A nova retórica*, 2002, p. 221 e ss e ATIENZA, Manuel. *As razões*

requisito da coerência parece decorrer da própria idéia de ordenação estatal e ordenamento jurídico[248], refletindo-se no chamado método sistemático de interpretação[249] e na técnica da analogia[250]. Embora as manifestações do Poder Público possam irromper de maneira aparentemente isolada, são atribuídas a uma mesma vontade, ao menos do ponto de vista ideal. Por conta disso, os atos estatais devem ser minimamente coordenados e espelhar uma certa regularidade valorativa, até como corolário do direito fundamental à igualdade. É nesse sentido que Ronald Dworkin fala do *Direito*

---

do Direito — Teorias da argumentação jurídica, 2003, p. 129. No Brasil, v. ÁVILA, Humberto. *Sistema constitucional tributário*, 2004, p. 27 e ss., e GAENSLY, Marina. O *princípio da coerência. Reflexões de teoria geral do direito contemporânea*, 2005 (Dissertação de mestrado apresentada à UERJ, *mimeo*).

248 A idéia de ordenação racionalmente apreensível está na raiz da própria idéia de sistema jurídico. Nesse sentido, v. CANARIS, Claus-Wilhelm. *Pensamento sistemático e conceito de sistema na ciência do Direito*, 2002, pp. 18-19: "A ordem interior e a unidade do Direito são bem mais do que pressupostos da natureza científica da jurisprudência e do que postulados da metodologia; elas pertencem, antes, às mais fundamentais exigências ético-jurídicas e radicam, por fim, na própria idéia de Direito. Assim, a exigência de 'ordem' resulta directamente do reconhecido postulado da justiça, de tratar o igual de modo igual e o diferente de forma diferente, de acordo com a medida de sua diferença; tanto o legislador como o juiz estão adstritos a retomar 'consequentemente' os valores encontrados, 'pensando-os, até ao fim', em todas as consequências singulares e afastando-os apenas justificadamente, isto é, por razões materiais, — ou, por outras palavras: estão adstritos a proceder com *adequação*. Mas a adequação racional é, como foi dito, a característica da ordem no sentido do conceito de sistema, e por isso a regra da adequação valorativa, retirada do princípio da igualdade, constitui a primeira indicação decisiva para a aplicação do pensamento sistemático na Ciência do Direito (...)".

249 Ou seja, a idéia de que o sentido dos enunciados normativos só pode ser apreendido após a consideração do seu conjunto. Na prática, disposições isoladas podem ter seu alcance consideravelmente ampliado ou restringido em razão da necessidade de se obter harmonia com os demais elementos do sistema. Sobre o tema, v. BARROSO, Luís Roberto. *Interpretação e aplicação da Constituição*, 2004, p. 136.

250 Na analogia, estende-se a aplicação de certa norma a situação por ela não regulada, mas que apresenta os mesmos elementos essenciais. O fundamento, como é evidente, é a idéia de que a ordem jurídica deve tratar de forma idêntica ou aproximada situações similares, conservando sua coerência valorativa. Sobre a estrutura do raciocínio analógico, v. PERELMAN, Chaïm e OLBRECHTS-TYTECA, Lucie. *Tratado da argumentação — A nova retórica*, 2002, p. 423 e ss. Relacionando expressamente analogia e coerência, v. MACCORMICK, Neil. *Rethoric and the rule of Law*, 2005, p. 205 e ss.

como integridade, elevando a coerência a valor autônomo e absolutamente necessário a uma ordem jurídica dinâmica, em que os momentos da criação e da aplicação/desenvolvimento estão inevitavelmente mesclados e são realizados simultaneamente por uma pluralidade de agentes[251].

A teoria de Dworkin foi cunhada no contexto do *common law* e se trata de uma forma, bastante contestada, de pensar a realidade jurídica. Nada obstante, parece possível destacar o cerne da idéia e o transpor para qualquer ordem jurídica ou política. Afinal, o mérito intrínseco da coerência é praticamente intuitivo, opondo-se às idéias de arbitrariedade e aleatoriedade. A coerência nunca será plena, como se o Direito fosse fruto de uma vontade única e perfeitamente racional, e talvez isso seja até positivo[252]. Tal constatação não desqualifica a busca por integridade valorativa como ideal regulador e o repúdio a incoerências manifestas. Para os fins do presente estudo, esse dever de coerência temperado pode ser vi-

251 DWORKIN, Ronald, O *império do Direito*, 1999, pp. 215 e 271: "A integridade não seria necessária como uma virtude politicamente distinta em um Estado utópico. A coerência estaria garantida porque as autoridades fariam sempre o que é perfeitamente justo e imparcial. (...) O princípio judiciário de integridade instrui os juízes a identificar direitos e deveres legais, até onde for possível, a partir do pressuposto de que foram todos criados por um único autor — a comunidade personificada —, expressando uma concepção coerente de justiça e igualdade".

252 Nesse sentido, analisando o conceito de integridade em Dworkin e destacando seus limites, identificados com a inevitabilidade ou mesmo conveniência de eventuais quebras na coerência em razão de compromissos morais entre grupos divergentes e até pela sucessão de legislaturas com diferentes visões de mundo, v. MARMOR, Andrei. Should we value legislative integrity? In: BAUMAN, Richard W. e TSVI, Kahana (ed.). *The least examined branch — The role of legislatures in the constitutional State*, 2006, p. 138: "The new government is typically forced to introduce legislative changes amid a tight network of previous laws and policies that may conflict with the new ones. This circumstances are likely to produce a patchwork of statutory law that cannot possibly reflect the moral and ethical views of a single, morally coherent, legislature. But this is not a regrettable aspect of democracy. On the contrary. As we have seen, the resulting legislative incoherence reflect moral political considerations that are supported by principled reasons. Those reasons derive from the need to maintain a certain level of legal stability as well as the need to respect value pluralism. Partisan realignment requires a delicate compromise competing considerations. Not every compromise is regrettable. This is the kind of compromise that manifests respect for the moral complexity of our social and political realities. The best solution to social problems often consists in doing without the best".

sualizado em dois níveis: i) *coerência em sentido amplo*, referente à escolha entre opções relacionadas a finalidades distintas, como incentivo à cultura e segurança pública; ii) *coerência interna*, relacionada a opções concernentes a uma mesma finalidade. Dois exemplos ajudarão a entender o argumento.

A primeira situação diz respeito à idéia de coerência em sentido amplo, naturalmente mais complexa. Ainda assim, é possível formular diversos exemplos e até citar casos reais. Imagine-se que um pequeno Município litorâneo decida realizar *shows* e espetáculos culturais gratuitos nas praias, semanalmente, com artistas renomados. Considerada em si mesma, a decisão é positiva, servindo como opção democrática de lazer, contribuindo para a difusão da cultura e, possivelmente, dinamizando a atividade turística e os negócios locais. No entanto, imagine-se que os dois postos de saúde e o pequeno hospital público localizados no hipotético Município estejam em estado absolutamente precário, sem condições sequer para realizar os serviços básicos de prevenção.

A análise do quadro não é simples. As decisões do Poder Público estão sujeitas a variáveis complexas e seria simplista paralisar todas as opções de gasto e reverter o dinheiro para o atendimento de necessidades tidas como essenciais. Apesar disso, a coexistência das duas situações — *shows* gratuitos na praia e hospitais caóticos — evidencia uma possível incongruência, a exigir reflexão governamental e atenção da sociedade. A solução para o problema talvez não seja o cancelamento dos eventos culturais, que podem até impulsionar a economia local e produzir receita para a municipalidade. Caberia precipuamente aos agentes eleitos definir a procedência dos recursos que irão restabelecer padrões mínimos no serviço de saúde. Mas a realização dos *shows* parece demonstrar, no mínimo, que existe algum dinheiro passível de redistribuição.

No extremo, essa constatação reforçaria a possibilidade de controle externo da situação dos hospitais, inclusive judicial. No entanto, antes mesmo de se chegar a isso, a consideração das necessidades e das possibilidades econômicas será pressuposto para uma decisão consciente dos próprios agentes políticos, bem como para uma fiscalização social mais esclarecida. Até mesmo para decidir que, a despeito do problema dos hospitais, os eventos devem ser realizados por seu potencial econômico, é necessário que as autoridades disponham de meios para avaliar o conjunto das possibilidades em face das necessidades.

Um segundo exemplo, agora real, ajudará a demonstrar o potencial da noção de coerência em sentido amplo, inclusive em sede judicial. O Ministério Público do Estado do Rio de Janeiro ajuizou ação civil pública requerendo a adoção de providências emergenciais para a recuperação do Hospital Estadual Carlos Chagas. A ação foi precedida de inquérito civil no qual foi constatado o estado deplorável das instalações, bem como a falta de equipamentos e pessoal. Com base nesse estudo, a ação especificava medidas que teriam de ser tomadas, incluindo a alocação de novos médicos, por concurso, remoção ou contratação direta. Na tentativa de superar os óbices relacionados à separação dos Poderes e à reserva de lei orçamentária, o Ministério Público sustentou o dever estatal na matéria e, como argumento de reforço, a existência de programas sociais, conduzidos pelo Governo do Estatal, que seriam evidentemente menos prioritários. De forma destacada, foi mencionado um programa de salões de beleza subsidiados, em que a população carente recebia serviços de cabeleireiro e manicure ao preço simbólico de R$ 1,00 (um real).

A demanda foi julgada improcedente em primeira instância, sob o argumento de que a intervenção judicial na definição de políticas públicas abrangentes seria necessariamente incompleta e potencialmente irracional, dada a dificuldade do Judiciário de atentar para contextos macroeconômicos complexos. Além disso, haveria violação à separação dos Poderes e à reserva de lei orçamentária. Tal decisão foi reformada no Tribunal de Justiça do Estado, que acolheu os argumentos do Ministério Público e determinou a implementação das medidas[253]. A demonstração da incoerência das escolhas administrativas desempenhou um papel na decisão. Os recursos investidos no salão popular certamente não seriam suficientes para custear as melhorias no hospital, mas demonstram uma inversão de prioridades manifesta. Na linha do presente trabalho, não se sustenta que esse tipo de incoerência seja suficiente para a imposição judicial de qualquer medida, embora seja um elemento a tomar em consideração. O que se queria demonstrar era a necessidade de que as escolhas orçamentárias sejam analisadas, sobretu-

253 TJRJ, AC 2003.00134812, j. 24.08.2204, Rel. Des. José Carlos Varanda. A decisão é comentada em PAULO JUNIOR, José Marinho. *O poder jurisdicional de administrar — criação judicial de órgão administrativo*, 2007, p. 96.

do para que o controle social incida sobre as quebras de racionalidade.

Veja-se agora a idéia de coerência interna, por meio de outro exemplo real. O Estado do Rio de Janeiro editou uma lei que obriga o Poder Executivo a garantir o acesso dos usuários de cadeiras de rodas às praias e ao banho de mar. A Administração deverá fornecer gratuitamente cadeiras de rodas especiais, que possam transitar na areia e na água[254]. Além do custo dos próprios equipamentos, será necessário manter uma equipe de funcionários para a administração do serviço, inclusive para prevenir possíveis acidentes. A lei prevê a possibilidade de empresas explorarem a atividade e assumirem os custos, em troca da possibilidade de veicular propaganda nas cadeiras[255]. Apesar disso, a obrigatoriedade da implantação não fica, em tese, condicionada à obtenção dos parceiros privados. Ou seja, se não houver interesse dos empresários, o Poder Público teria de arcar sozinho com as despesas, que seriam de caráter continuado e não seriam inexpressivas em um Estado com uma faixa litorânea extensa e tão frequentada.

A finalidade da lei é a promoção da qualidade de vida e da independência dos portadores de necessidades especiais, garantindo seu acesso aos lugares públicos. Essa é uma meta de inegável relevância, contemplada pela própria Constituição[256] e por leis ordinárias[257]. Idealmente, seria desejável que fossem suprimidas todas as restrições naturais e arquitetônicas à locomoção desses indivíduos, inclusive nas praias. Nada obstante, um breve passeio pela cidade do Rio de Janeiro bastará para constatar que essas pessoas enfrentam dificuldades bem mais emergenciais, encontrando barreiras

---

254 Lei nº 4.812, de 10.07.06, art. 1º: "O Governo do Estado do Rio de Janeiro deverá garantir a acessibilidade de pessoas portadoras de deficiência às praias do Estado através da aquisição de cadeiras de rodas que possam se mover na areia e entrar na água, contribuindo, desta forma, para o acesso universal ao espaço público".

255 Lei nº 4.812, de 10.07.06, art. 1º, parágrafo único: "O Governo está autorizado a realizar parcerias com empresas privadas, que custearão a aquisição e a manutenção do equipamento e, em troca, poderão fazer propaganda de suas marcas nas próprias cadeiras".

256 CF/88, art. 227, § 2º: "A lei disporá sobre normas de construção dos logradouros e dos edifícios de uso público e de fabricação de veículos de transporte coletivo, a fim de garantir acesso adequado às pessoas portadoras de deficiência".

257 V. Leis nºs 8.899/94 e 10.098/2000.

até mesmo para o exercício de trabalho remunerado e consequente obtenção de autonomia plena. Os meios de transporte público, de um modo geral, não contam com adaptações. A maioria das calçadas não tem rampas de acesso. Os sinais de trânsito não emitem sinais sonoros que possam orientar os portadores de deficiência visual. Nem mesmo os prédios públicos oferecem acesso adequado, com raras exceções. Esse quadro pode até não tornar ilegítima a iniciativa do acesso às praias, mas chama atenção para uma incoerência interna. A mesma finalidade — liberdade de locomoção dos portadores de deficiência — exige uma série de medidas mais prioritárias, do ponto de vista objetivo. Se há dinheiro para o banho de mar, logicamente deveria haver também para as adaptações do dia-a-dia.

Talvez haja recursos para as duas coisas. Talvez os parlamentares cheguem à conclusão de que *deve* haver recursos para as duas coisas, ainda que outros projetos tenham de ser adiados. Qualquer que seja a decisão, é necessário que ela seja passível de aferição racional, pelos agentes públicos e pela população. O orçamento público poderia contribuir para esse objetivo, funcionando como um retrato abrangente das decisões políticas que pressupõem investimento de recursos públicos. Poderia servir, *e.g.*, para que se constate a inexistência de dotações orçamentárias relacionadas a modificações arquitetônicas que melhorem a qualidade de vida dos deficientes físicos. A partir desse registro, as autoridades poderiam ter uma dimensão razoavelmente exata das possibilidades de investimento e das políticas públicas em curso. Tais informações interessam a todos, podendo ser especialmente úteis para os agentes dos Poderes Executivo e, sobretudo, Legislativo, que dispõem de amplo poder de conformação das decisões orçamentárias.

Por fim, cumpre tratar do Poder Judiciário, sendo esse exatamente o ponto de maior complexidade. Em primeiro lugar, é preciso desconstruir o mito de que os juízes não devem intervir nas decisões sobre a alocação dos recursos públicos. A verdade é que o Judiciário atua nessas questões de forma cotidiana, sendo que muitas dessas intervenções passam despercebidas ou são aceitas como absolutamente normais. Essa é uma circunstância inerente ao Estado de Direito, que toma como pressuposto a vinculação do Poder Público à ordem jurídica. Cada uma das demandas tributárias constitui uma potencial intervenção nas finanças públicas. Sem receita não há verba e sem verba é inevitável que previsões de gasto tenham de ser contingenciadas. Apesar disso, não se sustenta seriamente que os juízes estejam proibidos ou devam ser parcimoniosos no controle da tributação, sob o argumento de que essa seria uma forma inválida de intromissão na seara política[258]. Assim é por se reconhecer a necessidade de preservar os direitos fundamentais dos contribuintes, que não estão à disposição do poder político.

Da mesma forma, o Judiciário decide todos os dias demandas que exigem reparações civis do Estado por conta de danos provocados pela conduta dos agentes públicos[259]. Essa também é uma forma de intervenção nas finanças públicas, aplicando-se aqui os mesmos fundamentos expostos acima. Os valores envolvidos podem ser vultosos[260], mas nem por isso se diz que uma eventual decisão condenatória do Estado representaria intervenção ilegítima na esfera política. Novamente se reconhece aqui um direito à reparação, sendo ilegítimo que o Estado — a coletividade — se locuplete à custa de prejuízos individuais[261]. Esse direito seria imune a considerações políticas e a atuação do Judiciário não ensejaria um confronto entre os Poderes.

Em sentido oposto, esse argumento é quase sempre invocado quando juízes determinam que prestações sociais sejam entregues

---

258 A circunstância é destacada também em MORO, Sérgio Fernando. *Desenvolvimento e efetivação judicial das normas constitucionais*, 2001, p. 99.

259 Para uma série de exemplos, v. BARROSO, Luís Roberto. *Constituição da República Federativa do Brasil* anotada, 2003, nota 38 ao artigo 37, § 6º, pp. 365-371.

260 Um bom exemplo é a ação de indenização movida pela Varig contra o Governo Federal, atualmente tramitando no STJ. A empresa vem obtendo êxito em todas as instâncias, inclusive no próprio STJ. Caso a tendência seja mantida, a União será condenada a pagar uma indenização de cerca de 3 bilhões de reais. V. STJ, DJ 06.08.2007, EDiv. em REsp 628.806-DF, Rel. Min. Castro Meira.

261 CAVALIERI FILHO, Sergio. *Programa de Responsabilidade Civil*, 2003, p. 239-240: "(...) a Administração Pública gera riscos para os administrados, entendo-se como tal a possibilidade de dano que os membros da comunidade podem sofrer em decorrência da normal ou anormal atividade do Estado. Tendo em vista que essa atividade é exercida em favor de todos, seus ônus devem ser também suportados por todos, e não apenas por alguns. Consequentemente, deve o Estado, que a todos representa, suportar os ônus da sua atividade, independentemente de culpa dos agentes. (...) Essa teoria, como se vê, surge como expressão concreta do princípio da igualdade dos indivíduos diante dos encargos sociais por todos aqueles que são beneficiados pela atividade da Administração Pública".

a um indivíduo e ainda mais intensamente quando um litigante exige que o Estado preste determinado serviço em caráter geral ou melhore a qualidade de serviços já prestados. A explicação dessa disparidade não pode deixar de denunciar um aspecto ideológico, geralmente velado. Nos dois primeiros casos, a matéria é tratada como *questão de direito*, atraindo a falsa máxima de que *direito não se discute*. Não se discute que a tributação é limitada pelos direitos dos contribuintes e não se discute que o Poder Público deve indenizar os danos que cause. Quando se cuida da atividade prestacional do Estado[262], ao contrário, parece imperar ainda uma percepção difusa de que se estaria diante de uma decisão exclusivamente política ou mesmo de uma "liberalidade estatal", a ser concedida na extensão da generosidade dos agentes eleitos. Isso explicaria as tentativas de resistência obstinada à intervenção do Judiciário, o que é diferente de se discutir a necessidade de parâmetros.

Essa visão distorcida guarda íntima relação com o tema dos "custos dos direitos"[263] e com o mito de que o dispêndio de recursos seria uma característica presente apenas nos chamados direitos prestacionais. Não se discute que certas medidas possam custar mais do que outras, mas não há direitos gratuitos. No que concerne aos custos, a diferença entre direitos "positivos" e "negativos" é de grau, e não de essência. Isso não muda o fato de que o Estado tem limites financeiros e é preciso fazer escolhas. Tampouco se defende que as demandas em que se pede repetição de indébito tributário ou indenização contra o Estado (também) passem a ser contestadas com base na reserva do possível, geralmente brandida como argumento retórico.

---

262 O correspondente subjetivo de tal atividade são os direitos a prestações positivas do Estado. Robert Alexy destaca que tais prestações podem ser normativas — como a necessária criminalização ou desestímulo a certa conduta, como o aborto — ou materiais, correspondendo aos chamados direitos sociais. Adicionalmente, destaca que é possível extrair tais direitos de normas que protegem valores objetivos — como a dignidade da pessoa humana e a cláusula do Estado social. Isso para fundamentá-los a partir da Lei Fundamental alemã, bem mais econômica do que a brasileira na explicitação de direitos subjetivos a prestações estatais. Nesse sentido, v. ALEXY, Robert. *Theorie der Grundrechte*, 1994, pp. 179 e 395 e ss.

263 O tema já foi abordado acima, destacando-se novamente o papel desmistificador da obra de SUNSTEIN, Cass e HOLMES, Stephen. *The cost of rights*, 1999.

A solução adequada certamente não é relativizar a imperatividade dos direitos individuais, nivelando por baixo a eficácia das pretensões oponíveis ao Estado. O que se sustenta no presente trabalho é a necessidade de que os direitos a prestações estatais sejam tratados como verdadeiros direitos, sem prejuízo de que, na definição de sua extensão, a realidade financeira do Estado seja levada em conta. Ou seja, uma vez estabelecido o conteúdo desses direitos e os correlatos deveres estatais[264], a matéria deve ser sindicável, quer pela via individual, quer por meio de ações coletivas.

De forma mais concreta, é preciso definir o que pode ser exigido do Poder Público. Direito se discute sim, mas a conclusão — o direito reconhecido após o processo de concretização do ordenamento jurídico — deve valer como tal. E a discussão não pode ficar restrita ao Executivo e ao Legislativo, embora seja certo que a definição de direitos e obrigações deve ser feita prioritariamente em caráter geral e abstrato pelas instâncias políticas. Apesar dessa prevalência, é inevitável que o Judiciário intervenha no processo, dada a inafastabilidade da jurisdição e a estrutura necessariamente aberta dos enunciados normativos. Nem todos os direitos decorrem de forma evidente da Constituição e das leis, abrindo espaço para uma investigação material levada a cabo pelos juízes. Mesmo quando as leis sejam claras, sempre é possível arguir a sua constitucionalida-

264 Deliberadamente evita-se ingressar na discussão sobre o caráter fundamental dos direitos sociais, sem prejuízo da sua importância. E isso porque mesmo os autores que negam tal fundamentalidade costumam estar dispostos a aceitar a existência de deveres estatais ao fornecimento ou garantia de certas prestações materiais básicas, relacionadas à proteção do chamado mínimo existencial. No presente trabalho, defende-se que tais prestações devem ser tratadas como verdadeiros direitos — no sentido forte da expressão, ou seja, como trunfos individuais que, como regra, deverão prevalecer mesmo contra argumentos de conveniência política. A concepção que se tenha acerca dos direitos sociais não afastará tal conclusão, embora possa limitar o elenco de prestações cobertas pela fundamentalidade e, nessa condição, diretamente exigíveis a despeito de eventual inércia das instâncias políticas. Sobre o ponto, tratando as referidas prestações básicas como pressuposto para o exercício dos direitos de liberdade, v. TORRES, Ricardo. *Tratado de direito constitucional financeiro e tributário — Valores e princípios constitucionais tributários (volume III)*, 2005, p. 154-156. Em sentido oposto, reconhecendo fundamentalidade aos direitos sociais, sem prejuízo de lhes atribuir diferentes níveis de eficácia, v. SARLET, Ingo Wolfgang. *A eficácia dos direitos fundamentais*, 2007, p. 296 e ss.

de, ainda que se defenda que o Judiciário deva ser parcimonioso nessa análise[265].

Como destaca Robert Alexy, a estrutura das normas que consagram direitos fundamentais desempenha papel decisivo na divisão de espaços entre o Judiciário — ele se refere essencialmente ao Tribunal Constitucional — e as instâncias majoritárias[266]. Normas principiológicas abrem espaço para diferentes formas de concretização, sendo possível identificar i) opções vedadas; ii) opções possíveis e iii) atividades ou condutas estatais necessárias, impostas diretamente pela ordem constitucional[267]. Na prática, pode-se cogitar de diferentes formas de balanceamento entre a jurisdição constitucional e o espaço de conformação (*Spielraum*) atribuído ao sistema político. Aprofundar o ponto produziria um desvio excessivamente longo — um novo trabalho monográfico — de modo que as observações que seguem não têm pretensão de exaustividade[268]. O ponto específico a que se quer chegar é o seguinte: um sistema de seriedade orçamentária pode agregar consistência à atuação do Poder Público em seu conjunto, sobretudo ao Legislativo e ao Executivo. Isso permitiria maior controle social das escolhas políticas, possivelmente reduzindo a necessidade de um controle jurisdicional mais intenso. Ou, pelo menos, conferindo balizas mais realistas para o seu exercício e permitindo que as decisões judiciais sejam observadas com maior atenção no espaço público.

Retomando o ponto, veja-se que não há como afastar o Judiciário do processo de definição do conteúdo dos direitos e obrigações, inclusive quando oponíveis ao Estado. Não é possível chegar à conclusão diversa sem subverter a lógica do Estado de Direito[269]. E isso

---

265 Tal parcimônia é fundada em considerações relacionadas à separação dos Poderes e ao próprio princípio democrático, sendo sintetizada na idéia de presunção da constitucionalidade das leis e atos do Poder Público. V. BARROSO, Luís Roberto. *Interpretação e aplicação da Constituição*, 2001, p. 171 e ss.

266 ALEXY, Robert. *Theorie der Grundrechte*, 1994, p. 71.

267 ALEXY, Robert. *Theorie der Grundrechte*, 1994, p. 474.

268 Tratando especificamente do tema, além da obra do próprio Robert Alexy, destacam-se especialmente: SARLET, Ingo Wolfgang. *A eficácia dos direitos fundamentais*, 2008, especialmente a p. 296 e ss.; e LEIVAS, Paulo Gilberto Cogo. *Teoria dos direitos fundamentais sociais*, 2006.

269 LARENZ, Karl. *Derecho justo*, 1991, p. 176: "Uno de los principios fundamentales de la construcción del Estado de Derecho es el otorgamiento de una amplia tutela jurídica. Con ello no se quiere indicar sólo el otorgamiento de pro-

se aplica aos direitos em geral, uma vez que a textura aberta não é uma característica exclusiva dos chamados direitos a prestações sociais. O conteúdo dos clássicos direitos de liberdade também não se encontra inteiramente definido nos enunciados normativos, exigindo concretização no momento da aplicação[270]. Qual a extensão exata dos direitos à intimidade e à imagem, sobretudo na sua inter-relação com a cláusula geral da liberdade e com direitos específicos como a liberdade de expressão e de informação? O direito de informar sobre fatos reais nunca encontra limites? Os direitos à intimidade e à imagem conferem a uma personalidade pública o poder de impedir a divulgação de uma biografia? Tais direitos certamente apresentam conteúdos mínimos — não seria admissível, *e.g.* divulgar fotos íntimas de um indivíduo sem o seu consentimento — mas também amplas zonas de parcial indefinição. A opção por determinada forma de concretização cabe precipuamente às instâncias majoritárias, sem prejuízo da inafastabilidade do controle jurisdicional para avaliar a razoabilidade das escolhas realizadas ou mesmo atuar de forma mais incisiva nos casos de inércia[271].

No caso dos direitos a prestações positivas do Estado, as dificuldades aumentam ainda mais, uma vez que a própria definição do conteúdo dos direitos parece depender de uma avaliação sobre a sua viabilidade financeira[272]. Tal avaliação não se processa de forma

tección a los ciudadanos en sus relaciones entre sí, que es algo que desde hace siglos dispensan los Estados, los señores feudales o los municipios, sino, antes de nada, la tutela jurídica de los ciudadanos y de las corporaciones incardinadas en el Estado frente a los actos de soberanía estatal".

270 ALEXY, Robert. *Theorie der Grundrechte*, 1994, p. 467: "Nicht selten ergeben sich bei den Freiheitsrechten sehr complexe Abwägungsprobleme, deren Lösung für das Leben der Gemeinschaft weitreichend Konsequenzen haben kann" (tradução livre: "Não raramente surgem complexos problemas de ponderação envolvendo os direitos de liberdade, cuja solução pode ter consequências abrangentes para a comunidade"). O ponto é destacado tb. por SARLET, Ingo Wolfgang. *A eficácia dos direitos fundamentais*, 2008, p. 310.

271 A idéia de que a omissão total ou parcial dos agentes políticos — em áreas nas quais seja possível identificar um verdadeiro dever de agir — pode ser tomada como argumento de reforço à legitimidade de intervenções judiciais mais intensas será desenvolvida em mais detalhe na terceira parte do estudo.

272 SARLET, Ingo Wolfgang. *A eficácia dos direitos fundamentais*, 2007, p. 378: "Importante é ter sempre em mente que mesmo uma Constituição do Estado Social não pode negligenciar o patamar de desenvolvimento social, político, econômico e cultural da comunidade, sob pena de comprometer seriamente sua

estática — num suposto marco zero de distribuição dos recursos escassos — e sim de forma dinâmica, em meio ao imenso conjunto de atividades desenvolvido pelo Poder Público. Parece impossível que o Judiciário estabeleça, de forma rígida, uma ordem léxica de prioridades estatais, invalidando as decisões políticas que caracterizem preterição de objetivos mais importantes[273]. Tratar toda e qualquer medida de austeridade fiscal ou mesmo de intervenção no domínio econômico como necessariamente menos legítima do que a promoção direta de direitos sociais seria uma postura no mínimo simplista, desconsiderando a interação de diferentes fatores para a promoção do bem-estar coletivo. Em pouco tempo, é provável que houvesse menos a redistribuir.

Tampouco seria legítimo ao Judiciário (pretender) ignorar as escolhas majoritárias e estabelecer uma pauta autônoma de prioridades, uma vez que os recursos não se multiplicam e as decisões judiciais inevitavelmente afetam a pauta geral de alocação. A rigor, aqui acaba sendo inevitável reconhecer ainda maior primazia às instâncias tipicamente políticas. Mas isso não significa que as maiorias possam tudo, como se os direitos sociais fossem desprovidos de sentido. Apenas será necessária maior cautela, exigindo-se que seja levada em conta a capacidade financeira do Estado em cotejo com as políticas públicas que já estejam em curso. Qual é o catálogo de prestações de saúde exigíveis do Poder Público? Quais medidas são exigíveis com base no direito à moradia? Em que ponto é possível identificar uma deficiência real nas políticas públicas correspondentes? Para dar resposta a essas e outras perguntas, quando instados a tanto, juízes e tribunais terão muitas vezes de atentar para a realidade financeira do Estado. A menos que alguém defenda que

---

força normativa e suas possibilidades de alcançar uma plena efetividade".

273 Qualquer pretensão de controle de mérito das decisões financeiras pressupõe a identificação de uma pauta constitucional de prioridades, o que não significa que o Judiciário possa ou deva paralisar todas as atividades estatais que não se reconduzam diretamente a uma dessas prioridades. Cabe ao Judiciário fazer valer direitos e deveres decorrentes da ordem jurídica. Nos casos extremos, é possível cogitar de um controle das incoerências manifestas na eleição de prioridades, mas essa não deve ser uma intervenção corriqueira. Sobre o risco de uma *política constitucional totalizante*, em que as instâncias políticas se convertem em meros executores de um programa constitucional cujo sentido último é definido por juízes e tribunais, v. REIS, Jane. *Interpretação constitucional e direitos fundamentais*, 2006, p. 326.

as respostas possam ser as mesmas na Suécia, no Brasil e em Serra Leoa. A diferença não decorre, evidentemente, de uma suposta partição da dignidade humana. Não se sustenta que os habitantes da África subsaariana sejam menos dignos do que os escandinavos, tampouco que os brasileiros estejam a meio caminho.

Por isso mesmo optou-se por fazer referência ao que *pode ser exigido do Estado*, e não propriamente ao conteúdo dos direitos humanos. Filosófica e politicamente, seria possível discutir a distribuição de riqueza a nível mundial, mas fato é que a ONU ainda não está apreciando pretensões individuais ao fornecimento de medicamentos. É inevitável, portanto, que se investigue o que é possível exigir do Poder Público no âmbito interno, sendo certo que a resposta passa pela análise de vários elementos[274]. De forma esquemática, é possível dizer que se cuida da interação entre as possibilidades financeiras, o conteúdo das normas constitucionais pertinentes e as decisões políticas tomadas em cada momento. É possível sintetizar esses fatores sob a rubrica da reserva do possível, englobando não apenas o limite decorrente da limitação dos recursos, mas também as dificuldades jurídicas envolvidas na imposição de deveres de gasto[275]. Ao fazer essa avaliação, o Judiciário nem sempre en-

---

274 Não se trata, portanto, apenas de aferir as possibilidades financeiras do Estado — embora esse elemento seja relevante —, e sim de definir quais são os deveres da comunidade política para com seus membros, tarefa cometida com primazia ao legislador. Nessa linha, v. SARLET, Ingo Wolfgang. *A eficácia dos direitos fundamentais*, 2007, p. 304: "Para além disso, colhe-se o ensejo de referir a decisão da Corte Constitucional federal da Alemanha que, desde o paradigmático caso *nummerus clausus*, versando sobre o direito de acesso ao ensino superior, firmou jurisprudência no sentido de que a prestação reclamada deve corresponder ao que o indivíduo pode razoavelmente exigir da sociedade, de tal sorte que mesmo em dispondo o Estado dos recursos e tendo o poder de disposição, não se pode falar em uma obrigação de prestar algo que não se mantenha nos limites do razoável. Assim, poder-se-ia sustentar que não haveria como impor ao Estado a prestação de assistência social a alguém que efetivamente não faça jus ao benefício, por dispor, ele próprio, de recursos suficientes para o seu sustento. O que, contudo, corresponde ao razoável também depende — de acordo com a decisão referida e boa parte da doutrina alemã — da ponderação por parte do legislador". Para uma descrição analítica da referida decisão do Tribunal Constitucional Federal da Alemanha, v. KOMMERS, Donald P. *The constitutional jurisprudence of the Federal Republic of Germany*, 1997, 282-291.

275 Com efeito, identificar a reserva do possível apenas como a escassez absoluta de recursos tende a ser o mesmo que nada, considerando que estados minimamente organizados tendem a ser capazes de suprir qualquer necessidade indivi-

contra respostas claras na ordem jurídica, impondo-se que realize complexas valorações e as sustente no espaço público.

Três objeções, pelo menos, parecem capazes de se opor à tese de que os juízes devem atentar para a realidade financeira estatal. A primeira delas seria a de que os direitos não devem ser medidos pelas disponibilidades orçamentárias. Não é isso que se defende. O Judiciário pode determinar a realização de despesas desprovidas de lastro orçamentário[276]. Lembre-se que esses agentes têm competência até mesmo para declarar uma lei inconstitucional, não sendo razoável que seu juízo sobre a existência de direitos — decorrentes da Constituição e de leis infraconstitucionais — fique inteiramente condicionado pelo orçamento, que não deixa de ser uma lei. A inexistência de dotações em determinado momento tampouco significa, por si só, impossibilidade financeira, esta sim intransponível. Alocações podem ser repensadas e até mesmo a receita pode ser ampliada. O Judiciário pode chegar à conclusão de que determinada prestação estatal é taxativamente imposta pela ordem jurídica e determinar que seja fornecida, cabendo aos outros dois Poderes reorganizar as finanças públicas ou modificar — validamente — o direito vigente[277].

---

dual tomada isoladamente. Tratando a reserva do possível no sentido que se reputa correto, v. SARLET, Ingo Wolfgang. *A eficácia dos direitos fundamentais*, 2007, p. 305.

276 Sequer é preciso recorrer aos (inúmeros) casos verdadeiramente trágicos, em que se decide sobre o custeio de prestações que significaram a vida ou a morte dos envolvidos. V. STF, DJ 24.05.02, RE 224.775-6, Rel. Min. Néri da Silveira. O acórdão confirmou a obrigatoriedade de o Estado custear exame de DNA em ação de investigação de paternidade, a despeito da inexistência de dotação orçamentária. Veja-se trecho do voto do Ministro relator, acolhido por unanimidade: "Não seria possível concluir que não há obrigação de cobertura desse ônus, tão-só, porque não prevista no orçamento de certo exercício. As providências são da Administração estadual, no sentido de vir a atender a essa despesa, de base constitucional e de tão acentuada importância social".

277 SARLET, Ingo Wolfgang. *A eficácia dos direitos fundamentais*, 2007, p. 377: "A referência ao fato de que a concessão judicial de prestações sociais a determinados indivíduos por vezes traz consigo efeitos perversos em termos de justiça distributiva e estimula o assim designado 'free-rider' (carona ou predador) também há de ser relativizada. Em primeiro lugar, importa recordar que o princípio da igualdade (alegadamente violado nestes casos) não pode implicar na violação da dignidade concreta de cada cidadão, ainda mais quando o impacto negativo para os seus pares (por exemplo, a possível inexistência de recursos para satisfação de necessidades básicas de terceiros) na maior parte dos casos não é ob-

Nesse contexto, destaca-se a existência de decisões judiciais que reconhecem a existência de um dever estatal e determinam a inclusão de verbas no orçamento para a sua execução, no exercício seguinte[278]. Se o orçamento fosse um instrumento confiável para a avaliação das opções políticas de gasto, esse tipo de decisão ainda teria uma vantagem adicional: seria possível acompanhar eventuais mudanças efetuadas no orçamento para viabilizar a inclusão da nova despesa, permitindo maior controle político-social e minimizando o risco de que outra atividade igualmente relevante viesse a ser esvaziada. Ou então evidenciando que a intervenção judicial foi realmente desastrada e prejudicou o financiamento de serviços públicos de forma incontornável. Como se sabe, esse risco é muitas vezes mencionado nas contestações da Fazenda Pública: seria uma boa hora de mostrar suas bases reais, sem incorrer na demagogia às avessas dos argumentos *ad terrorem*.

Assim, quando se diz que o Judiciário deve atentar para a realidade financeira do Estado, a expressão não deve ser entendida como deferência absoluta às decisões orçamentárias[279]. Defende-se apenas que essa realidade deve ser considerada, o que pressupõe um orçamento real, que verdadeiramente indique o que está sendo feito pelo Poder Público e a que custo. A recusa em fornecer certo

---

jeto de demonstração plausível e, de resto, não impede uma realocação de recursos no âmbito do sistema".

278 A título de exemplo, lembre-se da já citada decisão do STJ que determinou ao Município de Santos que criasse um serviço de apóio a indivíduos alcoólatras e dependentes de substâncias entorpecentes, com base em ato normativo editado pelo Conselho Municipal dos Direitos da Criança e do Adolescente: STJ, DJU 15.03.2004, REsp 493.811/SP, Rel.ª Min.ª Eliana Calmon. : "Na atualidade, o império da lei e o seu controle, a cargo do Judiciário, autoriza que se examinem, inclusive, as razões de conveniência e oportunidade do administrador. 2. Legitimidade do Ministério Público para exigir do Município a execução de política específica, a qual se tornou obrigatória por meio de resolução do Conselho Municipal dos Direitos da Criança e do Adolescente. 3. Tutela específica para que seja incluída verba no próximo orçamento, a fim de atender a propostas políticas certas e determinadas".

279 Vale citar novamente ALEXY, Robert. *Theorie der Grundrechte*, 1994, p. 466: Die Kraft des Prinzips der Haushaltskompetenz des Gesetzgebers ist nicht unbegrenzt. Es ist kein absolutes Prinzip. Individuelle Rechte können finanzpolitische Gründe überwiegen". (Tradução livre: "A força do princípio da competência orçamentária do legislador não é ilimitada. Não se trata de um princípio absoluto. Direitos individuais podem superar razões de política financeira").

tratamento médico específico pode ser mais digna de respeito se acompanhada da demonstração de que uma política mais abrangente de saúde pública e saneamento está sendo desenvolvida. No extremo oposto, a falta de investimento nessas áreas poderá caracterizar uma omissão inconstitucional do Poder Público, justificando maior ativismo judicial[280]. Sobretudo se for possível constatar a existência de outros investimentos menos prioritários, como obras de embelezamento urbano. Em síntese, o Judiciário não é refém absoluto das previsões orçamentárias, mas também não deve tratálas como supérfluas, passíveis de superação banal.

A segunda objeção caminha no extremo oposto, afirmando que não caberia ao Poder Judiciário interferir na definição de políticas públicas, a despeito da existência de verba e mesmo da eventual omissão flagrante dos Poderes Legislativo e Executivo. Essa tarefa, que envolve a realização de escolhas políticas, caberia aos agentes eleitos democraticamente.

Antes de mais nada, é preciso reconhecer que o argumento é parcialmente verdadeiro. A escolha entre as diversas opções de políticas públicas deve competir efetivamente aos agentes eleitos. É da essência do regime democrático que tais escolhas disjuntivas — nas quais uma linha de ação pressupõe a exclusão de outras imagináveis, igualmente legítimas — sejam realizadas pelas maiorias de cada momento. Diferentes visões de mundo produzirão diferentes escolhas: investimento na geração de empregos ou na assistência social? Que tipo de assistência? Geração de empregos por meio de qual estratégia? As questões são infinitas e reclamam solução essencialmente política, inclusive por força da própria Constituição, que protege a deliberação majoritária[281]. Em outras palavras, se é

280 BARROSO, Luís Roberto. Da falta de efetividade à judicialização excessiva: direito à saúde, fornecimento gratuito de medicamentos e parâmetros para a atuação judicial, *Revista Interesse Público*, nº 46, 2007, p. 51: "Ressalvadas as hipóteses acima, a atividade judicial deve guardar parcimônia e, sobretudo, deve procurar respeitar o conjunto de opções legislativas e administrativas formuladas acerca da matéria pelos órgãos institucionais competentes. Em suma: onde não haja lei ou ação administrativa implementando a Constituição, deve o Judiciário agir. Havendo lei e atos administrativos, e não sendo devidamente cumpridos, devem os juízes e tribunais igualmente intervir. Porém, havendo lei e atos administrativos implementando a Constituição e sendo regularmente aplicados, eventual interferência judicial deve ter a marca da autocontenção".

281 Ao lado de certas decisões materiais desde logo estabelecidas, a Constitui-

verdade que as decisões orçamentárias não são um limite intransponível ao Judiciário, tampouco é de se imaginar que o limite seja a disponibilidade de recursos, como se os juízes pudessem corriqueiramente desconsiderar as políticas públicas formuladas pelos Poderes Executivo e Legislativo, substituindo-as por opções próprias.

No entanto, é preciso ter em conta que as políticas públicas não se justificam por si mesmas, destinando-se a realizar objetivos que são de observância obrigatória pelos agentes eleitos, ainda quando se possa discutir em que medida. Ao não atentar para essa circunstância, a objeção aqui enfocada acaba incorrendo no problema citado acima, de tratar certos direitos — notadamente os direitos sociais previstos sob a forma de princípios — como benesses do Estado. Na raiz das políticas públicas de saúde ou educação há direitos assegurados pela Constituição e pelas leis, que, como tais, não se encontram à disposição das maiorias políticas[282]. A elas cabe a primazia na definição do conteúdo desses direitos e das medidas que devem ser implementadas, mas não se lhes reconhece a faculdade de ignorar a sua existência ou de concretizar tais comandos abaixo de certo patamar mínimo[283], que tenderá a ser identificável mesmo

---

ção apresenta também um conteúdo procedimental, destinado a organizar o exercício do Poder com vistas à produção de escolhas majoritárias legítimas.

282 Nesse sentido, v. ALEXY, Robert. *Theorie der Grundrechte*, 1994, p. 365. É possível falar em atividades mínimas, impostas ao Poder Público pela ordem jurídica. No caso brasileiro, a existência de uma grande variedade de direitos sociais previstos na Constituição simplifica as coisas, sem prejuízo da necessidade de se concretizar previsões genéricas e determinar a extensão das prestações que podem ser exigidas do Poder Público. Uma visão um pouco mais abrangente — pelo menos na forma de apresentação —, mas com a qual se concorda nos elementos essenciais, identifica a existência de políticas públicas constitucionais vinculantes, como a humanização dos presídios. V. LEAL, Rogério Gesta. O controle jurisdicional das políticas públicas no Brasil: possibilidades materiais. In: SARLET, Ingo Wolfgang. *Jurisdição e direitos fundamentais*, v. I, Tomo I, 2005, pp. 165 e ss.

283 PAULO JUNIOR, José Marinho. O *poder jurisdicional de administrar — criação judicial de órgão administrativo*, 2007, p. 107: "É óbvio que a escolha de como se atingirem tais metas cabe ao administrador, e justamente nesse ponto residiria alguma discricionariedade. No entanto, ao não atender a tais metas minimamente, seja por não adotar qualquer política pública de efetividade dos direitos fundamentais, seja por adotar políticas claramente deficitárias, privilegiando outras metas que não as constitucionalmente estabelecidas, poderá incidir

a partir de enunciados dotados de textura aberta[284], como o direito à saúde ou à moradia[285].

Justamente por conta dessa primazia controlada é que se defende a necessidade de um orçamento real, que possa ser tomado como indicação pelo Judiciário. Constatando-se que faz parte da atividade jurisdicional definir, em última instância, o conteúdo dos direitos oponíveis ao Estado, juízes e tribunais devem atuar com cautela, atentando para a realidade financeira e levando em consideração as escolhas das maiorias políticas. Tais escolhas até poderão ser superadas — como é próprio de um sistema jurídico basea-

---

controle jurisdicional, preservando-se a própria força normativa da Constituição".

284 Mesmo nas disposições de conteúdo aberto, tende a ser possível identificar um sentido mínimo, sem o qual o enunciado ficaria inteiramente privado de significado. Sobre o tema, v. BARCELLOS, Ana Paula de. *Ponderação, racionalidade e atividade jurisdicional*, 2005, p. 178: "Ao longo do texto, e até aqui, falou-se sempre de efeitos *relativamente* (e não *completamente*) indeterminados, e o mesmo acontece com as condutas. E isso porque, a despeito de todas as indeterminações, é possível afirmar, como frequência, que certos efeitos estão contidos de forma inexorável na descrição do princípio, até por força de uma imposição linguística, já que toda expressão haverá de ter um sentido mínimo. Esse conjunto de efeitos forma um núcleo essencial de sentido do princípio, com natureza de regra, uma vez que se trata agora de um conjunto de efeitos *determinados*. Igualmente, muitas vezes, será possível afirmar que certas condutas são absolutamente indispensáveis para a realização do fim indicado pelo princípio".

285 O direito à saúde será objeto de considerações adiante. O direito à moradia, enunciado de forma genérica no art. 6º da Constituição, fornece um bom exemplo. Tal direito pode ser concretizado em diferentes extensões, desde a garantia de uma casa própria em condições habitáveis, até o reconhecimento de que o Estado possui apenas o dever de fornecer abrigos coletivos aos que se encontrem em estado de necessidade. Permitir que os mendigos se valham de marquises e becos parece aquém de qualquer conteúdo mínimo do referido direito. Nesse sentido, pode-se identificar, pelo menos, uma zona de certeza negativa, um conjunto de situações que evidentemente violam determinada norma jurídica, cabendo ao Estado atuar para suprimi-las. Embora as instâncias eleitas tenham a primazia na definição das linhas de ação que serão implementadas, parece consistente defender que o mínimo — um direito ao abrigo — poderia ser garantido judicialmente, inclusive pela determinação de que as condições materiais sejam criadas. Sobre o conteúdo do direito à moradia, defendendo que ostenta uma dimensa de defesa e também uma dimensão prestacional e admitindo, em tese, a possibilidade de se reconhecer um direito individual a prestações positivas, v. SARLET, Ingo Wolfgang. O direito fundamental à moradia na Constituição, *Revista Brasileira de Direito Público*, nº 2, 2003, p. 111.

do na supremacia constitucional, cuja proteção é confiada, em última instância, ao Judiciário — mas essa não deve ser uma prática corriqueira ou inconsequente[286]. É verdade que a abertura dos enunciados normativos faz com que a jurisdição ostente, muitas vezes, uma dimensão criativa[287]. Essa é, contudo, uma contingência presente na aplicação do Direito em geral, cabendo aos juízes fundamentar suas decisões de forma consistente e demonstrar sua vinculação à ordem jurídica[288]. Há farta doutrina sobre o tema e parâmetros já razoavelmente assentados[289].

---

286 Concorda-se, portanto, com a posição de Robert Alexy, para quem o reconhecimento de um dever estatal ao fornecimento de prestações positivas, a partir de enunciados não específicos, envolve uma ponderação entre, de um lado, a liberdade fática e, de outro, os princípios formais da competência decisória do legislador democrático e da separação dos Poderes, bem como princípios materiais relacionados à liberdade e aos direitos sociais de terceiros, ou mesmo a bens coletivos. Como solução a essa ponderação, Alexy não define quais seriam os direitos à prestações, mas assenta a possibilidade da sua existência observadas as seguintes condições: i) as prestações sejam indispensáveis à existência da liberdade fática; ii) não se verifique restrição significativa aos princípios da competência decisória do legislador e da separação dos Poderes, bem como a eventuais direitos de terceiros. Em conclusão, o autor propõe um direito mínimo às seguintes prestações: mínimo existencial, moradia simples, instrução mínima, aprendizado de uma profissão e cuidados médicos básicos. V. Nesse sentido, v. ALEXY, Robert. *Theorie der Grundrechte*, 1994, p. 466.

287 A questão será abordada em diferentes passagens do presente estudo. Para uma exposição cuidadosa da interpretação constitucional nesse novo contexto, analisando o papel desempenhado pelos enunciados normativos e pelo intérprete, v. BARROSO, Luís Roberto. Neoconstitucionalismo e a constitucionalização do Direito (O triunfo tardio do direito constitucional no Brasil), *Revista de Direito Administrativo*, nº 240, 2005, p. 1-42.

288 HASSEMER, Winfried. Rechtssystem und Kodification. In: KAUFMANN, Arthur; HASSEMER, Winfried e NEUMANN, Ulfried (orgs.). *Einfhürung in die Rechtsphilosophie und Rechtstheorie der Gegenwart*, 2004, p. 267. Identificando consistência com o dever de demonstrar que a decisão judicial se fundamenta em enunciados normativos válidos e também é compatível com os fatos tomados como relevantes e verdadeiros, v. ATINEZA, Manuel. *As razões do* Direito, 2003, pp. 128-129.

289 A importância dos parâmetros para o controle da atividade jurisdicional é destacada por BARCELLOS, Ana Paula de. *Ponderação, racionalidade e atividade jurisdicional*, 2005, pp. 39-40: "Em primeiro lugar, os sistemas jurídicos contemporâneos, e em particular o brasileiro, conferem ao intérprete um espaço de atuação e criação cada vez mais amplo. (...) a utilização intensiva pelos enunciados constitucionais e legais de princípios e conceitos abertos ou indeterminados,

Como se percebe, não se está pressupondo que cada magistrado atuará como um poder soberano, e sim que reiteradas decisões, inclusive em grau de recurso, produzirão uma discussão institucional e, em algum momento, a formação de uma jurisprudência predominante[290]. O compromisso com a universalidade agrega responsabilidade à atividade judicante e reforça a legitimidade democrática do Poder Judiciário, uma vez que atende às exigências da isonomia e da racionalidade inerentes à noção de ordem jurídica[291]. Além disso, os entendimentos judiciais consolidados ingressam no espaço público de forma ostensiva, expondo-se à crítica dos demais Poderes e da sociedade em geral. Esse cuidado é especialmente relevante quando esteja em causa a interpretação de enunciados de conteúdo aberto, sobretudo nos casos em que a decisão pretenda impor deveres ao Poder Público, mobilizando recursos escassos.

---

dentre outros mecanismos, transfere ao Judiciário contemporâneo um amplo poder de definição do que é, afinal, o direito. Sob pena de serem acusadas de puramente arbitrárias e ilegítimas em um Estado democrático de direito, as escolhas do intérprete nesse ambiente demandam justificação".

290 Embora o sistema judicial brasileiro não seja regido pela idéia de vinculação do precedente, as reformas processuais dos últimos anos têm produzido mudanças tendentes a garantir maior uniformidade nas decisões, inclusive por meio de itinerários recursais simplificados, que facilitam a revisão dos entendimentos divergentes. A multiplicação de decisões inteiramente desencontradas sobre uma mesma questão jurídica constitui, em si mesma, uma forma de violação a inúmeras normas da Constituição, notadamente os princípios da igualdade e da segurança jurídica. É nesse sentido que se está tratando o Judiciário como uma instância única de Poder, sem ignorar o processo de consolidação dos entendimentos e a possibilidade residual — que nunca deve ser suprimida — de decisões que fujam à jurisprudência cristalizada com base em argumentos consistentes. Sobre a ascensão dos precedentes no Direito brasileiro, v. BARROSO, Luís Roberto. Mudança da jurisprudência do Supremo Tribunal Federal em matéria tributária. Segurança jurídica e modulação dos efeitos temporais das decisões judiciais, *Revista de Direito do Estado* nº 2, 2006, pp. 269-273.

291 Sobre a pretensão de universalidade — entendida como meta a ser buscada por cada decisão — v. BARCELLOS, Ana Paula de. *A eficácia jurídica dos princípios constitucionais — O princípio da dignidade da pessoa humana*, 2002, pp. 125-132. O argumento pode ser estendido para sustentar a necessidade — ou pelo menos o evidente valor intrínseco — de que o conjunto de decisões judiciais observe pautas minimamente comuns. O momento da distribuição de um novo processo não pode ser o mais decisivo para a identificação da regra jurídica que regerá o caso, sob pena de se esvaziar princípios como a isonomia, a segurança jurídica e o próprio acesso à Justiça.

Certos direitos são positivados de forma expressa e objetiva, como o acesso à educação fundamental[292]. Nesses casos, já se verifica uma decisão política específica a respeito do conteúdo do direito, sendo de se esperar que os Poderes Legislativo e Executivo aloquem verbas para o seu cumprimento, espontaneamente. Caso não o façam, deverá o Judiciário intervir, sem maiores investigações orçamentárias. Determina-se a prestação imposta pela ordem jurídica, e as autoridades eleitas é que devem decidir da onde sairá o dinheiro. Eventualmente, porém, o juízo sobre a existência de um direito não será tão simples e a definição das prestações exigíveis não poderá prescindir de uma análise da realidade financeira global. Em muitos casos, essa será a única forma de aferir se as opções orçamentárias se contiveram no amplo domínio da deliberação política, hipótese em que deverão ser respeitadas, ou desconsideraram as exigências mínimas da ordem jurídica, hipótese em que terão de ser revistas.

Um exemplo real ajudará a aclarar o ponto. Uma pesquisa de jurisprudência nos principais tribunais do país revelará a existência de decisões proferidas em ações individuais impondo ao Estado o dever de financiar tratamentos médicos de alto custo e complexidade, alguns ainda em fase experimental, muitas vezes no exterior[293]. Essa é uma prestação exigível do Poder Público? A resposta

292 CF/88, art. 208: "O dever do Estado com a educação será efetivado mediante a garantia de: I — ensino fundamental, obrigatório e gratuito, assegurada, inclusive, sua oferta gratuita para todos os que a ele não tiveram acesso na idade própria; (Redação dada pela Emenda Constitucional nº 14, de 1996) (...)". Em caso de falta de vagas na rede pública, a Constituição, em seu art. 213, admite como solução transitória o custeio de bolsas de estudo em escolas privadas, impondo ao Estado a tarefa de investir na expansão de sua rede de atendimento. Sobre o fornecimento de educação básica como conteúdo do chamado mínimo existencial, v. BARCELLOS, Ana Paula de. *A eficácia jurídica dos princípios constitucionais — O princípio da dignidade da pessoa humana*, 2002, pp. 260-72.

293 Veja-se a seguinte decisão do Tribunal de Justiça de Santa Catarina, confirmando liminar *inaudita altera pars* que condenava o Estado ao custeio de tratamento experimental para vítima de distrofia progressiva de Duchenne, nos Estados Unidos, no valor de U$ 163.000,00. Confiram-se trechos do voto do relator: "E mesmo tendo em mente que o tratamento médico a que pretende submeter-se não constitui cura plena para o seu mal, o simples fato de dar-lhe a perspectiva de uma sobrevida maior, diminuindo o dano diário a que estaria submetido, com retardamento na evolução da moléstia, é o suficiente para caracterizar a existência do chamado 'perigo de dano' caso a medida não seja deferida de imediato.

não se encontra explícita em nenhum enunciado normativo. Ao contrário, a Constituição tratou do tema de forma genérica[294] e a

(...) Perece também, desse modo, a alegação de que a liminar não poderia ser concedida porque não está cientificamente comprovada a eficácia do tratamento por transplante de células mioblásticas. É que basta a perspectiva, a esperança passível de concreção, a real possibilidade, enfim, de que se tenha a melhora no estado de saúde do agravado para que se imponha a tutela, no mínimo, do direito à saúde e à vida" (TJRS, AI 97.00511-3, j. 18.09.97, Rel. Des. Sérgio Paladino). Posteriormente, o Estado de Santa Catarina ingressou no STF com pedido de suspensão dos efeitos da liminar, negado monocraticamente pelo Min. Celso de Mello: "O acolhimento da postulação cautelar deduzida pelo Estado de Santa Catarina certamente conduziria a um desfecho trágico, pois impediria, ante a irreversibilidade da situação, que o ora requerido merecesse o tratamento inadiável a que tem direito e que se revela essencial à preservação de sua própria vida. Entre proteger a inviolabilidade do direito à vida, que se qualifica como direito subjetivo inalienável assegurado pela própria Constituição da República (art. 5°, caput), ou fazer prevalecer, contra essa prerrogativa fundamental, um interesse financeiro e secundário do Estado, entendo — uma vez configurado esse dilema — que razões de ordem ético-jurídica impõem ao julgador uma só e possível opção: o respeito indeclinável à vida. Por tal motivo, indefiro o pedido formulado pelo Estado de Santa Catarina, pois a decisão proferida pela Magistratura catarinense — longe de caracterizar ameaça à ordem pública e administrativa local, como pretende o Governo estadual (fls. 29) — traduz, no caso em análise, um gesto digno de reverente e solidário apreço à vida de um menor, que, pertencente a família pobre, não dispõe de condições para custear as despesas do único tratamento médico-hospitalar capaz de salvá-lo de morte inevitável" (STF, MC na PET 1.246-SC, Rel. Min. Celso de Mello). O caso é relatado por AMARAL, Gustavo. *Direito, escassez e escolha*, 2001, p. 26. O autor traz também decisões do TJSP em demandas relativas ao custeio de tratamento similar para o mal de *Duchenne*, as quais foram indeferidas.

294 SARLET, Ingo Wolfgang. Algumas considerações em torno do conteúdo, eficácia e efetividade do direito à saúde na Constituição de 1988, *Revista Interesse Público*, n° 12, 2001, p. 102: "Talvez a primeira dificuldade que se revela aos que enfrentam o problema seja o fato de que nossa Constituição não define em que consiste o objeto do direito à saúde, limitando-se, no que diz com este ponto, a uma referência genérica. Em suma, do direito constitucional positivo não se infere, ao menos não expressamente, se o direito à saúde como direito a prestações abrange todo e qualquer tipo de prestação relacionada à saúde humana (desde atendimento médico até o fornecimento de óculos, aparelhos dentários, etc.) ou se este direito à saúde encontra-se limitado às prestações básicas e vitais em termos de saúde, isto em que pese os termos do que dispõem os artigos 196 a 200 da nossa Constituição". O autor conclui que a definição é atribuída precipuamente ao legislador, sem prejuízo da possibilidade de concretização judicial, caso a caso, orientada pela ponderação dos princípios constitucionais em jogo.

legislação ordinária também não foi minudente, tendo optado pela enunciação de um dever amplo atribuído ao Estado. Não há como evitar, portanto, que o Judiciário emita um juízo quando provocado[295], a menos que se parta da premissa de que as disposições de conteúdo aberto devem ser privadas de eficácia vinculante, ficando inteiramente condicionadas a decisões subsequentes das instâncias políticas[296]. Rejeitando-se tal concepção, o Judiciário terá de investigar o sentido adequado de tais disposições. Imaginar que deve ser o sentido mínimo nem sempre será suficiente, uma vez que a própria percepção dominante acerca de quais são as condições materiais básicas parece variar em função do contexto sócio-econômico[297]. Sem falar no fato de que as limitações financeiras impõem obstáculos de fato. Qualquer que venha a ser a resposta dada pelo juiz, parece fora de dúvida que as possibilidades financeiras devem ser levadas em conta, assim como as iniciativas estatais já em fase de execução.

No caso do Brasil, é notório que o sistema de saúde pública não presta um atendimento básico de qualidade. Idealmente, é mais do

---

295 Caso um juiz decidisse pela impossibilidade de reconhecer o direito pelo fato de não existir uma resposta clara no ordenamento, já estaria se manifestando pela inexistência desse mesmo direito. Somente reconhecer direitos quando decorrentes de disposições específicas parece até ir de encontro à tendência atual da legislação, cada vez mais pautada por cláusulas abertas. Nesse sentido, caracteriza o esvaziamento interpretativo de um sistema que é aberto por decisão do próprio legislador.

296 Como será referido, essa é a concepção defendida por VERMEULE, Adrian. *Judging under uncertainty — An institutional theory of legal interpretation*, 2006. Talvez seja parcialmente adequada a países em que o desenvolvimento social encontra-se mais avançado. No presente trabalho, sustenta-se que ela certamente não é adequada a países como o Brasil. Em sentido diametralmente oposto — e que também se reputa exagerado — defendendo uma possibilidade quase irrestrita de *desenvolvimento* do conteúdo de normas de textura aberta, v. MORO, Sérgio Fernando. *Desenvolvimento e efetivação judicial das normas constitucionais*, 2001, pp. 90-97. O autor cogita, *e.g.*, da fixação de um novo salário-mínimo por decisão judicial, de modo a atender às exigências do art. 7°, IV, da Constituição Federal.

297 Basta observar a imensa variação dessa percepção ao longo do tempo, da idade média aos dias atuais, passando pelas condições de vida insalubres que alimentaram a revolução industrial. Da mesma forma, a noção de condições sociais mínimas tende a variar também no espaço. Basta comparar a situação de países como o Brasil e os Estados escandinavos e figurar as diferentes concepções aí encontradas.

que desejável que uma sociedade possa tratar a vida como valor inquestionável, gastando tanto quanto for necessário para tentar mantê-la e aumentar sua qualidade. Mas será que o custeio de tratamentos complexos em alguns casos isolados estará justificado ainda que seja inconciliável com a manutenção de saúde básica para todos[298]? De forma mais pragmática, será que o Judiciário pode e deve impor essas prestações ainda que constate a existência de uma política pública de saúde, decidida pelas instâncias políticas, que optou por não cobrir esses tratamentos? Ou, no extremo oposto, caso constate que a política atual é sofrível e deve ser reformada para impor o atendimento a necessidades básicas, antes de se pretender vôos mais altos?[299]

---

298 Invocar considerações financeiras diante da necessidade de determinada prestação para a manutenção de uma vida humana pode parecer imoral. Contudo, desconsiderar as limitações de recursos é a verdadeira conduta imoral, já que essa postura não resolve a escassez, apenas renuncia antecipadamente ao esforço que seria exigido para lidar com ela da melhor forma possível. O compromisso com os direitos fundamentais impõe a busca pelo melhor resultado alcançável, não pelo resultado mais confortável para as pessoas encarregadas de tomar decisões. Sobre a dimensão moral da consideração dos custos, v. HOLMES, Stephen e SUNSTEIN, Cass. *The cost of rights*, 1999, p. 19: "True, the cost of rights can be morally relevant, for a theory of rights that never descends from the heights of morality into the world of scarce resources will be sorely incomplete, even from a morally perspective. Since 'ought implies can', and lack of resources implies cannot, moral theorists should probably pay more attention than they usually do to taxing and spending". Como demonstrado acima, dilemas morais também podem ser observados nas decisões sobre a distribuição de outros bens escassos, como órgãos para transplante. A opção igualitária — e aparentemente neutra do ponto de vista moral — de se adotar o critério da ordem de inclusão na fila pode se chocar com a pretensão de dar preferência às pessoas com maiores chance de cura, em detrimento de pacientes terminais que terão reduzida possibilidade de sobrevivência. Da mesma forma, o respeito incondicional pela ordem de inclusão pode conflitar com a eventual proposta de privilegiar pacientes graves, que passariam à frente de pessoas em melhores condições clínicas, embora estejam esperando há mais tempo. O importante é observar que, em verdade, não há decisões moralmente neutras quando se trata de distribuir bens essenciais e insuficientes.

299 Cuida-se aqui da idéia de incrementalismo. Não apenas como estratégia para reduzir a resistência contra intervenções judiciais, mas sobretudo pela percepção de que a intervenção do Judiciário demanda certo tempo para produzir efeitos e tende a ser difusa, sendo determinada por diferentes instâncias — em escala pontual — antes que se comece a observar uma mudança nos padrões dominantes. Nesse sentido, v. FEELEY, Malcolm e RUBIN, Edward. *Judicial poli-*

Vale reforçar: não se está dizendo que as duas coisas sejam, de fato, inconciliáveis. Tampouco que não sejam. A conclusão a que se quer chegar diz respeito ao momento da decisão. Para definir a extensão da obrigação estatal em matéria de prestações de saúde — para verificar, *e.g.*, se tratamentos no exterior estão abarcados — o Judiciário terá de levar em conta os fatores citados acima. Após essa análise, é possível que conclua pela obrigatoriedade de fornecimento da prestação, hipótese em que a mesma deverá ser garantida de forma sistemática tendo em vista a sua generalização. Por outro lado, caso entenda que prestações complexas podem inviabilizar a garantia de saúde básica ou simplesmente não decorrem necessariamente da ordem jurídica, terá pela frente a trágica missão de negar essas pretensões. Ninguém disse que a função de juiz deve ser cômoda. Simultaneamente, porém, terá de ser possível que o Judiciário exerça algum controle sobre os serviços básicos de saúde, considerando-se que seja a tanto provocado. Do contrário, permanecerá o quadro esquizofrênico atual, no qual o Estado custeia transplantes no exterior ao mesmo tempo em que faltam condições mínimas de atendimento digno nos hospitais públicos.

Essa é, sem dúvida, uma forma de intervenção nas políticas públicas. Mas uma forma de intervenção inerente à função institucional do Poder Judiciário: decidir sobre a existência de direitos no âmbito da ordem jurídica e sobre a sua extensão. Se um direito é

---

cy making and the modern State — How courts reformed America's prisons, 2000, p. 235: "The result is incremental change, of course, and as Martin Shapiro and others have suggested, incremental change is in fact a familiar feature of judicial decision making. For present purposes, the important point is not that incrementalism is only a tradition within the judiciary, or a personal preference of the middle-class, middle-of-the-road individuals who constitute it; it is not simply an empirical observation about judges' institutional role expectations or personal beliefs. Rather it is a structural feature of the coordination process. Even if some judges were smitten with the desire for comprehensive, root-and-branch reform, they could not coordinate their desire with the rest of the judiciary and they probably could not coordinate it with each other. In effect, the organization's bulk precludes the lambency of individual thought; individuals can change their minds in an instant, like Paul on the road to Damascus, but institutions generally change only by degrees". De forma específica, a obra descreve os substanciais avanços que o Judiciário dos Estados Unidos produziu no sistema prisional daquele país. A questão é descrita em riqueza de detalhes e analisada por GOUVÊA, Marcos Maselli. O *controle judicial das omissões administrativas*, 2003.

reconhecido, a regra é que seja sindicável. A definição dos direitos, contudo, deve ser feita de forma prudente. Não se tem aqui a pretensão de dizer como o Judiciário deve decidir tais demandas, mas sim a pretensão de dizer que não pode fazê-lo sem atentar para as finanças públicas, para as políticas públicas que já estejam sendo desenvolvidas e para aquelas que deveriam ser implementadas em caráter prioritário. A alocação de recursos escassos é por demais dramática para que a decisão seja relegada a fatores aleatórios ou puramente emocionais.

Os limites da atividade jurisdicional e o controle da sua racionalidade têm sido discutidos na moderna interpretação jurídica. A discussão seria pertinente também aqui, fazendo-se necessária a criação de balizas para delimitar os espaços do Judiciário e dos demais Poderes na definição das políticas públicas em caráter geral e, de forma específica, em setores nevrálgicos, como saúde e educação. No momento, o objetivo era apenas demonstrar que o controle judicial é inerente ao Estado de Direito e que, nos limites em que for exercido, deverá atentar para as decisões orçamentárias, sob pena de abrir espaço para incoerências graves e violações ao princípio da igualdade.

Apenas para afastar uma possível crítica de que o sistema aqui apresentado não serviria para nada, convém dar a resposta que se entende adequada para o exemplo da saúde. A prestação de saúde básica é um direito diretamente decorrente da ordem constitucional e não está inserida na margem de deliberação política. Além disso, houve uma opção legislativa por um serviço de saúde universal, com atendimento preventivo e curativo[300]. Nesse sentido, seria legítima maior intervenção judicial para assegurar condições mínimas de dignidade nos hospitais públicos, incluindo o fornecimento adequado de tratamentos compatíveis com o padrão de desenvolvimento tecnológico do País[301]. Na verdade, a discussão no Brasil

300 Lei nº 8.080/90, art. 2º: "A saúde é um direito fundamental do ser humano, devendo o Estado prover as condições indispensáveis ao seu pleno exercício. § 1º O dever do Estado de garantir a saúde consiste na formulação e execução de políticas econômicas e sociais que visem à redução de riscos de doenças e de outros agravos e no estabelecimento de condições que assegurem acesso universal e igualitário às ações e aos serviços para a sua promoção, proteção e recuperação".

301 Um referencial natural seria o tratamento disponível na rede privada de qualidade. É lógico que o serviço público não poderá fornecer as mesmas comodida-

— ao menos nos grandes centros urbanos — não reside tanto no elenco de tratamentos disponíveis, mas sim na qualidade do atendimento e na universalização da sua oferta. Isso facilita muito as coisas: tendo havido uma decisão estatal de prestar determinados serviços, há bons fundamentos jurídicos para não admitir que a atividade seja desenvolvida abaixo de padrões mínimos de qualidade[302].

O custeio de tratamentos no exterior, por sua vez, ainda que seja suportável pelo caixa público, deve ser decidido pelas maiorias de cada momento, na medida em que tal decisão parece estar inserida em uma faixa de "sintonia fina" do processo de alocação dos recursos públicos. É possível que a sociedade brasileira evolua para o tratamento incondicional da saúde, que as mudanças econômicas e sociais produzam a convicção de que esse é um dever do Poder Público e é compatível com a realidade financeira estatal. Antes disso, porém, há um longo caminho a percorrer e o Judiciário protegerá o direito à saúde de maneira mais efetiva adotando uma postura incremental. Isto é, atuando na imposição gradual de melhorias, de maneira consistente e tendo em vista a universalização dos avanços. Conforme se progrida nessa escala, a consideração da realidade financeira tende a se tornar uma exigência mais e mais rigorosa.

Com efeito, em um hipotético contexto futuro em que a saúde básica já esteja plenamente atendida, o Judiciário teria de se desincumbir de um ônus argumentativo maior para impor novos deveres ao Estado, contrariando as políticas públicas decididas no processo majoritário. Assim, para condenar o Estado ao fornecimento de

---

des dos hospitais privados e que procedimentos de espera razoável podem ser inevitáveis, mas o elenco de tratamentos, em princípio, deve ser compatível. Não há uma tabela de correlação absoluta, evidentemente. Cuida-se aqui de um parâmetro indicativo.

302 Nesse sentido, mesmo antes de considerações substanciais acerca dos direitos a prestações positivas, é possível invocar o conteúdo fundamental do princípio da eficiência, contido no art. 37 da Constituição. Ainda que haja espaço para diferentes concretizações, a falta de leitos e de medicamentos básicos — para usar dos exemplos extremos — viola de forma evidente o referido princípio. O Estado não deve ter autonomia para decidir que uma unidade administrativa irá atender pessoas doentes estiradas pelo chão. Também por esse fundamento, vale destacar novamente o acerto da decisão proferida pelo Tribunal de Justiça do Rio de Janeiro determinando medidas de recuperação de determinado hospital da rede pública estadual. V. TJRJ, AC 2003.00134812, j. 24.08.2204, Rel. Des. José Carlos Varanda.

prestações de saúde mais sofisticadas, juízes e tribunais teriam de ser capazes de demonstrar que as políticas de saúde pública vigentes seriam claramente irrazoáveis, na medida em que outras necessidades, bem menos prementes, estariam sendo privilegiadas em demasia. Isso porque, como referido, as maiorias políticas têm a preferência na definição das opções de despesa, mas não estão livres para fazer qualquer juízo e subverter de maneira flagrante as opções valorativas da Constituição. É evidente que esse não seria um juízo fácil e não se defende aqui que o Judiciário deva fazê-lo de forma corriqueira. A notícia boa é que, no Brasil, há muito espaço para atuação de juízes e tribunais antes que se chegue a essa desejável dificuldade institucional.

O direito à saúde é especialmente complexo, sobretudo pela escalada tecnológica e de custos, virtualmente infinita. Não por acaso, a matéria é debatida no mundo todo, inclusive nos países ricos, não apenas para definir quais tratamentos devem ser fornecidos, mas também para identificar quem devem ser os beneficiários do sistema público. Seria possível discorrer sobre outros direitos e políticas públicas, tais como a manutenção da dignidade no sistema penitenciário. Embora a discussão seja fascinante, é apresentada aqui a título de exemplo. O objetivo do presente trabalho é discutir o orçamento como instrumento de realização dos princípios constitucionais nas decisões sobre o destino do dinheiro público. Em princípio, esse instrumento será utilizado prioritariamente pelo Executivo e pelo Legislativo, impondo racionalidade e transparência às suas decisões. Um controle judicial mais intenso sobre o mérito dessas decisões já se insere em um momento lógico posterior, relativo à identificação de prioridades constitucionais e da medida em que elas podem ser impostas às maiorias políticas. Feita a ressalva, é hora de seguir viagem.

Por fim, passa-se à terceira e última objeção. Trata-se da suposta incapacidade técnica do Judiciário de realizar o que dele se pede. A função jurisdicional teria como configuração típica o conflito intersubjetivo de interesses, devendo produzir a solução do caso concreto e sendo incapaz de levar em consideração indicadores macroeconômicos[303]. Também aqui é forçoso reconhecer a procedên-

303 AMARAL, Gustavo. *Direito, escassez e escolha*, 2001, pp. 38-9: "O judiciário está aparelhado para decidir casos concretos, lides específicas que lhe são postas. Trata ele, portanto, da microjustiça, da justiça do caso concreto. O Judi-

cia parcial da crítica. A feição tradicional do Poder Judiciário é de fato voltada para a análise de casos concretos, sendo igualmente verdade que os órgãos judiciais não costumam dispor da *expertise* técnica para calcular as consequências sistêmicas de decisões aparentemente pontuais[304].

Apesar disso, o que foi dito até aqui terá bastado para demonstrar que a intervenção do Judiciário na atividade financeira do Estado é inevitável no ambiente de um Estado de Direito. Pode-se discutir o grau dessa interferência, mas não será possível eliminála, salvo se o próprio Judiciário for suprimido ou tiver suas funções e princípios estruturantes radicalmente modificados[305]. Sendo as-

---

ciário, usualmente, só transcende do caso concreto em questões processuais, relacionadas à celeridade processual e ao acesso à Justiça. Nesses casos, com frequência — e acerto — renuncia a um procedimento idealmente justo, onde as partes possam praticar a ampla defesa com a produção de todas as provas que se façam necessárias, em prol de um procedimento célere, com rígidas regras de preclusão e limites à defesa, notadamente quanto a recursos". No mesmo sentido, demonstrando que toda a estrutura jurídica foi concebida e ainda se encontra organizada para a proteção de direitos individuais, mas reconhecendo a necessidade de adaptações, v. LOPES, José Reinaldo de Lima. Direito subjetivo e direitos sociais: o dilema do Judiciário no Estado Social de Direito. In: FARIA, José Eduardo (org). *Direitos humanos, direitos sociais e justiça*, 2005, pp. 113-143. Para um estudo abrangente das dificuldades técnicas do Poder Judiciário, disso extraindo consequências com as quais não se concorda, v. VERMEULE, Adrian. *Judging under uncertainty*, 2006, p. 86 e ss.

304 Essa dificuldade serve de suporte para os defensores da tese de que o Judiciário deve adotar uma postura minimalista, realizando intervenções tão pontuais quanto possível e fundamentadas com o máximo de objetividade, de modo a evitar a enunciação abstrata de princípios genéricos que podem vir a se mostrar equivocados ou simplesmente inconvenientes quando aplicados em contexto diverso. Nesse sentido, v. SUNSTEIN, Cass. *One case at a time — Judicial minimalism on the Supreme Court*, 1997, p. 4: "Decisional minimalism has two attractive features. First, it is likely to reduce the burdens of judicial decision. (...) Second, and more fundamentally, minimalism is likely to make judicial errors less frequent and (above all) less damaging. A court that leaves things open will not foreclose options in a way that may do a great deal of harm. (...) A Court that decides relatively little will also reduce the risks that come from intervening in complex systems, where a single-shot intervention can have a range of unanticipated bad consequences".

305 Em sentido parcialmente contrário — mas escrevendo em realidade inteiramente diversa — v. VERMEULE, Adrian. *Judging under uncertainty — Na institutional theory of legal interpretation*, 2006. O autor parte das dificuldades técnicas do Poder Judiciário para concluir que os juízes devem se limitar a assegurar

sim — e acredita-se que seja — a consideração da realidade financeira será igualmente inevitável, sob pena de se produzir um "mal maior". As decisões judiciais afetarão a distribuição dos recursos, de uma forma ou de outra. Melhor que os juízes tenham isso em mente, até para estimular sua autocontenção e direcionar a intervenção judicial precipuamente, para a garantia da transparência e racionalidade do processo de alocação e para a correção dos desvios evidentes. O risco não diminui — antes aumenta — quando os afetados optam por ignorar sua existência.

Para além da autocontenção, esforços podem ser envidados para contornar ou atenuar as dificuldades técnicas. As formas processuais devem adaptar-se às necessidades, não o contrário[306]. Um

---

a observância de dispositivos normativos de conteúdo claro, evitando a construção de direitos a partir de enunciados de textura aberta. O autor sustenta a idéia de que essa é a solução correta do ponto de vista institucional e que tende a produzir resultados melhores em conjunto. Nesse sentido, assume uma postura claramente consequêncialista — que ele denomina *consequêncialismo das regras*, em oposição a um *consequêncialismo dos atos*, que teria a pretensão de produzir o melhor resultado em cada caso concreto, mas acabaria criando distorções sistêmicas. Veja-se as seguintes passagens, colhidas nas pp. 5 e 289: "My premises are thus firmly consequentialist. Indeed they are rule-consequentialist: judges should interpret legal texts in accordance with rules whose observance produces the best consequences overall. One contrast here is with an act-consequentialist account of interpretation, which counsels judges directly to choose whichever interpretation produces the best consequences in the case at hand. (...) The institutionalist dilemma is that their choices must rest upon institutional variables, but the information needed to fill in the values of these variables does not yet exist. I suggested that judges acting in these circumstances must fall back upon a repertoire of techniques for decisionmaking under uncertainty. Those techniques counsel judges to adopt an unassuming posture of rule-bound, relatively inflexible decisionmaking, using a small set of interpretive tools and deferring to agencies and legislatures where texts are anything less than clear and specific". A argumentação remete de forma expressa ao utilitarismo filosófico — justificação da conduta humana e do sistema social com base na idéia de maximização dos benefícios (ou do prazer) e redução dos prejuízos (ou da dor) —, que também se divide em utilitarismo das regras e utilitarismo dos atos. Sobre o tema, v. EDMUNDSON, William. *Uma introdução aos direitos*, 2006, pp. 99-100.

306 Nesse sentido, v. MARINONI, Luiz Guilherme. *Técnica processual e tutela dos direitos*, 2004, p. 222: "Por ser um instrumento de proteção, é evidente que o processo civil não pode deixar de se estruturar de maneira idônea à efetiva tutela dos direitos". Além de reconhecer tal necessidade, o autor sustenta que os juízes têm o dever de interpretar a legislação processual de forma a permitir a concessão de tutelas adequadas à necessidade social.

passo necessário é incrementar a transparência orçamentária, na elaboração e, sobretudo, na execução. Somente um orçamento real apresenta utilidade, o que também conduz à conclusão de que o orçamento meramente autorizativo se mostra insatisfatório. Com efeito, a indicação dos objetos possíveis de gasto pouco diz sobre o que está sendo ou será feito realmente pelo Poder Público. Nesse ambiente, juízes podem se sentir mais tentados a fazer suas próprias escolhas alocativas, já que sequer podem conhecer com precisão quais seriam as tais escolhas majoritárias.

Da mesma forma, é possível explorar o princípio de que as partes têm o ônus de trazer aos autos os elementos de convicção. O Judiciário pode não dispor do aparato e do tempo necessários para esquadrinhar as finanças públicas, mas pode exigir que explicações sejam fornecidas por quem tem condições de fazê-lo. Caberá ao demandante reunir dados consistentes em respaldo à sua pretensão. Imagine-se, nesse passo, o potencial de ação do Ministério Público e de outras entidades dotadas de legitimação adequada[307], no manejo de ações coletivas[308]. Por outro lado, caberá ao demandado

---

307 O conceito de legitimidade ou representatividade adequada procura evitar que interesses coletivos ou difusos venham a ser tutelados por associações que não disponham de estrutura satisfatória ou ainda que não sejam expressivas do segmento em questão. Isso para impedir aventuras judiciais ou mesmo fraudes que poderiam prejudicar o interesse em questão, uma vez que uma decisão judicial desfavorável tende a produzir efeitos mais negativos do que a indefinição anterior. Sobre o conceito e a sua implementação, v. MAZZILLI, Hugo Nigro. *A defesa dos interesses difusos em juízo*, 1999, pp. 150-151; e VIGILAR, José Marcelo Menezes. *Tutela jurisdicional coletiva*, 1998, pp. 144-147.

308 Sem colocar em dúvida a possibilidade de ações individuais, é fácil constatar que as ações coletivas são mais adequadas para a definição do conteúdo de direitos a prestações positivas, tornando mais simples a verificação da possibilidade de universalização da medida requerida. Nesse sentido, v. GOUVÊA, Marcos Maselli. *O controle judicial das omissões administrativas*, 2003, p. 339: "Direitos prestacionais, na medida em que implicam despesas que podem afetar a fruição dos mesmos direitos por outras pessoas, não devem ser tratados de forma pulverizada, mas molecularmente, e a ação coletiva proporciona ao Judiciário a perspectiva global que permite definir a extensão dos direitos vagamente enunciados sem prejuízo para as demais pessoas e com viabilidade financeira. Não seria justo que as primeiras pessoas que intentassem ações visando ao reconhecimento destes direitos recebessem maximamente seus quinhões, deixando as demais desassistidas". Entretanto, como foi referido, não é possível fechar a via da tutela individual, de modo que também nesse momento os magistrados deverão ter em mente, na maior medida possível, a noção do conjunto.

— ao Estado, portanto — expor de forma compreensível e objetiva as opções de gasto priorizadas e as justificativas para tanto. A Fazenda Pública já tem a seu favor a prevalência das instâncias políticas na definição do regime de alocação dos recursos públicos, regra geral na matéria. Não deve poder contar também com a possibilidade de se valer de argumentos meramente retóricos como a invocação de uma "reserva do possível" genérica e nunca comprovada ou evidenciada[309].

Lembre-se, ademais, que a circunstância de lidar com questões de alta complexidade e dependentes de conhecimento técnico não é nova para os magistrados, chamados a decidir conflitos de interesse relacionados a todo tipo de questão, a despeito da possível complexidade[310]. Diga-se o mesmo da necessidade de tomar em consideração possíveis efeitos sistêmicos de decisões teoricamente isoladas, dificuldade que não é uma característica exclusiva das demandas relacionadas à definição do gasto público. Um exemplo ilustra bem o argumento. O Supremo Tribunal Federal fugiu à literalidade do texto de uma emenda constitucional para determinar que o benefício da licença-maternidade fosse custeado integralmente pelo INSS, sem participação do empregador, para evitar que as mulheres fossem preteridas no mercado de trabalho[311]. A

---

309 SARLET, Ingo Wolfgang. *A eficácia dos direitos fundamentais*, 2007, p. 381: "O que tem sido, de fato, falaciosa, é a forma pela qual muitas vezes a reserva do possível tem sido utilizada entre nós como argumento impeditivo da intervenção judicial e desculpa genérica para a omissão estatal no campo da efetivação de direitos fundamentais, especialmente de cunho social. Assim, levar a sério a 'reserva do possível' (e ela deve ser levada a sério, embora sempre com as devidas reservas) significa também, especialmente em face do sentido do dispositivo no art. 5, § 1°, da CF, que cabe ao Poder Público o ônus da comprovação efetiva da indisponibilidade total ou parcial de recursos do não desperdício dos recursos existentes, assim da eficiente aplicação dos mesmos".

310 Tome-se como exemplo as inúmeras ações de responsabilidade civil por suposto erro médico. Para além dos casos de negligência ou imperícia óbvias, haverá situações que exigirão uma gama de conhecimentos técnicos sobre o estado da arte médica, as condições clínicas do paciente, etc. Outro exemplo, particularmente complexo: o STF julgou a constitucionalidade das pesquisas médicas com células-tronco embrionárias (v. STF, ADIn 3.526-DF, Rel. Min. Celso de Mello). Ao fazê-lo, teve de posição sobre questões científicas que ainda despertam dúvidas na própria comunidade especializada.

311 STF, DJ 16.05.03, p. 90, ADIn 1946-DF, Rel. Min. Sydney Sanches: "Na verdade, se se entender que a Previdência Social, doravante, responderá apenas

decisão é fundada em motivos pragmáticos e considerações sistêmicas, sem prejuízo da existência de enunciados normativos que respaldam o juízo[312].

Após o desenvolvimento do tópico e as observações sobre cada Poder, será útil retomar a idéia central e produzir uma síntese do argumento apresentado. Os três Poderes compõem, em verdade, ramos de um mesmo e único poder estatal. Na medida do possível, suas ações devem ser coordenadas e não antagônicas. No caso das decisões que envolvem o dispêndio de recursos públicos, o orçamento pode servir para fornecer uma visão de conjunto das finanças do Estado e da sua distribuição. Todas as instâncias de decisão devem atentar para essa realidade, sem prejuízo de que cada Poder dê às informações destinação compatível com seu papel institucional.

O Legislativo e o Executivo são os grandes responsáveis pelas escolhas políticas. Disso decorrem maiores oportunidades de mo-

---

por R$1.200,00 (hum mil e duzentos reais) por mês, durante a licença da gestante, e que o empregador responderá, sozinho, pelo restante, ficará sobremaneira, facilitada e estimulada a opção deste pelo trabalhador masculino, ao invés da mulher trabalhadora. Estará, então, propiciada a discriminação que a Constituição buscou combater, quando proibiu diferença de salários, de exercício de funções e de critérios de admissão, por motivo de sexo (art. 7°, inc. XXX, da C.F./88), proibição, que, em substância, é um desdobramento do princípio da igualdade de direitos, entre homens e mulheres, previsto no inciso I do art. 5° da Constituição Federal. Estará, ainda, conclamado o empregador a oferecer à mulher trabalhadora, quaisquer que sejam suas aptidões, salário nunca superior a R$1.200,00, para não ter de responder pela diferença. Não é crível que o constituinte derivado, de 1998, tenha chegado a esse ponto, na chamada Reforma da Previdência Social, desatento a tais consequências. Ao menos não é de se presumir que o tenha feito, sem o dizer expressamente, assumindo a grave responsabilidade. (...) Reiteradas as considerações feitas nos votos, então proferidos, e nessa manifestação do Ministério Público Federal, a Ação Direta de Inconstitucionalidade é julgada procedente, em parte, para se dar, ao art. 14 da Emenda Constitucional n° 20, de 15.12.1998, interpretação conforme à Constituição, excluindo-se sua aplicação ao salário da licença gestante, a que se refere o art. 7°, inciso XVIII, da Constituição Federal".

312 A rigor, é comum que tais considerações sejam passíveis de recondução a elementos normativos, especialmente tendo em vista a textura aberta da ordem jurídica e a existência de normas que, mais do que permitirem, impõem a consideração dos efeitos sociais da atuação judicial. Nesse sentido, v. FALCÃO, Joaquim; SCHUARTZ, Luís Fernando; e ARGUELHES, Diego Werneck. Jurisdição, incerteza e Estado de Direito, *Revista de Direito Administrativo*, n° 243, 2006, p. 99.

dificação da equação financeira do Estado, pela redefinição global de despesas ou mesmo pela via da ampliação da receita. Essas searas são praticamente impenetráveis para o Judiciário, que não pode refazer o orçamento e tampouco determinar a criação de um novo tributo ou mesmo a majoração de um já existente[313]. Essa maior liberdade dos Poderes tipicamente políticos tem como contrapartida maiores responsabilidades sistêmicas na aferição das possibilidades financeiras e na definição de prioridades. Esses Poderes não devem determinar providências incompatíveis com as decisões orçamentárias em vigor — sob pena de incorrerem em insinceridade normativa ou pura demagogia — mas podem modificar a feição dessas decisões para produzir a compatibilidade e viabilizar a providência pretendida.

O Judiciário, por sua vez, não deve interferir de forma corriqueira na alocação dos recursos públicos. Em princípio, não cabe a ele realizar as escolhas políticas, mas deve fazer valer em cada caso — e, quando possível, em caráter geral — as decisões que tenham sido efetivamente tomadas. Além disso, deve garantir que a deliberação política permaneça circunscrita ao espaço disciplinado pela ordem jurídica, preservando direitos que não se encontram na esfera de disposição das maiorias e controlando a coerência das opções formuladas, ainda que de forma excepcional. Nesse sentido, o Judiciário tem menos liberdade para interferir nas finanças públicas. Em contrapartida, nos casos em que deva intervir, sua responsabilidade sistêmica é menor, ainda que esse elemento tenha de ser levado em consideração. Em outras palavras: o Judiciário pode determinar providências obrigatórias incompatíveis com as decisões orçamentárias concretas, transferindo para os outros dois Poderes a tarefa de realizar os arranjos necessários. Não pode, contudo, ignorar a realidade financeira do Estado, que deverá ser levada em consideração para definir a extensão dos deveres impostos ao Poder Público.

---

313 Com efeito, seria muito difícil fundamentar democraticamente uma decisão judicial que instituísse ou majorasse tributos por alegada insuficiência da arrecadação. A definição da carga tributária e dos seus destinatários envolve um conjunto amplo de decisões políticas e considerações sistêmicas. Nesse sentido, destacando a existência de precedentes no direito americano, revertidos pelas instâncias superiores, v. TORRES, Ricardo Lobo. *Tratado de direito constitucional financeiro e tributário — Valores e princípios constitucionais tributários (volume III)*, 2005, p. 446.

Embora a importância de um grau mínimo de harmonia entre as decisões políticas dos três Poderes possa parecer uma obviedade, a prática brasileira atual, em matéria orçamentária, está longe desse ideal. Leis são editadas sem levar em conta a realidade das finanças e acumulam-se os exemplos de obrigações legais continuamente descumpridas pelo Poder Público. O Judiciário, a seu turno, costuma ignorar a importância do orçamento, multiplicando-se as decisões que impõem deveres ao Poder Público, alguns especialmente gravosos, sem que a inexistência de dotações orçamentárias seja sequer enfrentada como problema real (ainda que solúvel). Os exemplos colhidos na área da saúde pública são muito expressivos, dando lugar à incômoda coexistência de decisões generosas no plano individual com a realidade de um sistema inteiramente sucateado. O irrealismo orçamentário — total incongruência entre as previsões e a execução — e a falta de transparência contribuem para esse quadro: dada a dificuldade na visualização das opções orçamentárias reais, é natural que os agentes estatais confiem pouco no orçamento como indicador da capacidade de ação do Poder Público em face das necessidades coletivas. Perde-se com isso a racionalidade que decorreria de uma visão de conjunto, que o orçamento deveria fornecer.

Para concluir a análise do princípio da separação dos Poderes em sua aplicação ao orçamento público, resta analisar a segunda das funções de coordenação referidas acima.

b) Concretização das decisões políticas, dos três Poderes, que pressuponham dispêndio de recursos públicos

Por fim, resta referir a função de concretizar as decisões políticas que envolvem o dispêndio de recursos públicos, tomadas pelos três Poderes. Como se tem demonstrado, no desempenho regular de suas competências constitucionais, os três Poderes produzem atos que importam gasto para o Estado. Como regra, no entanto, tais atos não têm o condão de determinar a realização das despesas necessárias. Assim, além de servir como indicador para a tomada de decisões harmônicas entre si, o orçamento concretiza as decisões efetivamente alcançadas. Essa é uma função de coordenação na medida em que consolida o produto do esforço simultâneo dos três Poderes. Se as três funções anteriores tiverem sido desempenhadas de forma eficaz, se estará consolidando o produto de um esforço ordenado[314] e capaz de funcionar como instrumento eficaz de controle das atividades do Poder Público (mais do que um controle sobre a regularidade formal de gastos, como se viu).

Essa etapa de concretização é essencial para que decisões políticas saiam do papel. Como referido, haverá casos em que a decisão — uma lei, por exemplo — terá conteúdo específico, fazendo com que a definição do montante a ser incluído no orçamento dependa da aferição de situações fáticas e cálculos aritméticos. Em outros casos, mais numerosos, a elaboração do orçamento envolverá um conteúdo decisório mais pronunciado, sendo de se lembrar o exemplo do Fundo Penitenciário Nacional. De qualquer forma, o que se quer ressaltar é que o orçamento deve funcionar como etapa de concretização dessas decisões, e não como veículo para que o Chefe do Poder Executivo ou mesmo os agentes administrativos as desfaçam ou refaçam discricionariamente, ignorando-as ou reduzindo a medida de sua concretização. O Presidente não pode revogar leis e a tentativa de fazê-lo certamente despertaria alguma celeuma[315]. Por que se deve aceitar como natural que possa esvaziá-las por asfixia financeira, sem nem mesmo justificar tal medida? Um orçamento meramente autorizativo dá ao Executivo o poder de promover essa asfixia. Ainda que as observações feitas até aqui já tenham habilitado o leitor a identificar como isso ocorre, convém explicitar o ponto.

Quando o Poder Judiciário determina que o Estado pague uma indenização ou efetue um pagamento, inicia-se um procedimento administrativo para o cumprimento da ordem, ou seja, para a realização da despesa. Como se sabe, trata-se da sistemática dos precatórios, prevista diretamente na Constituição[316]. O mecanismo

314 Naturalmente na medida do possível, recordando-se o que foi dito sobre as dificuldades de se obter racionalidade plena em um sistema que recebe aportes tão variados.

315 É verdade que pode editar medidas provisórias revogando legislação ordinária anterior, mas o efeito pode ser revertido pelo Congresso Nacional.

316 CF/88, art. 100: "À exceção dos créditos de natureza alimentícia, os pagamentos devidos pela Fazenda Federal, Estadual ou Municipal, em virtude de sentença judiciária, far-se-ão exclusivamente na ordem cronológica de apresentação dos precatórios e à conta dos créditos respectivos, proibida a designação de casos ou de pessoas nas dotações orçamentárias e nos créditos adicionais abertos para

apresenta inúmeros inconvenientes, sobretudo pela espera institucional que impõe aos credores do Estado. Além disso, acabou sendo enfraquecido pelo próprio Supremo Tribunal Federal, ao entender que a não-inclusão de precatório no orçamento não pode ser controlada por nenhum remédio efetivo — nem sequestro de verbas[317] e, na prática, nem intervenção federal[318] — convertendo o pagamento das dívidas estatais em faculdade política. No entanto, uma vez que o crédito supere esse calvário e seja incluído no orçamento, a verba será liberada automaticamente para o Judiciário e o pagamento será efetuado.

Vale ainda o registro de que, em muitas situações, o Judiciário tem determinado que a Administração implemente determinadas

---

este fim. § 1º É obrigatória a inclusão, no orçamento das entidades de direito público, de verba necessária ao pagamento de seus débitos oriundos de sentenças transitadas em julgado, constantes de precatórios judiciários, apresentados até 1º de julho, fazendo-se o pagamento até o final do exercício seguinte, quando terão seus valores atualizados monetariamente.(Redação dada pela Emenda Constitucional nº 30, de 2000) (...)".

317 O STF assentou o entendimento de que a não inclusão no orçamento de dotação necessária para o pagamento de precatório não equivale à preterição da ordem cronológica de pagamentos para efeito de permitir sequestro de verbas. Ou seja, existe remédio para o desrespeito à ordem cronológica, mas não para as situações em que o ente simplesmente ignora a obrigação constitucional. A solução pode até ser coerente com a sistemática adotada pelo Tribunal, mas é manifestamente inconveniente do ponto de vista político. V. STF, Rcl 1.091/PA, DJ 16.8.2002, Rel. Min. Maurício Corrêa: "Precatório. Não-inclusão do débito no orçamento do ente público devedor. Sequestro: Impossibilidade. 1. Reclamação. Legitimidade ativa do Governador do Estado para defender interesses de órgãos estatais da Administração pública direta e indireta. 2. Não-inclusão do débito judicial no orçamento do ente devedor. Hipótese que não se equipara à preterição de ordem, sendo ilegítima a determinação de sequestro em tais casos. A presunção de existência de recursos financeiros não elide a ausência de previsão orçamentária, não consistindo motivo suficiente para a decretação de bloqueio de verbas públicas".

318 STF, IF 2915/SP, DJ 28.11.2003, Rel. Min. Marco Aurélio: "INTERVENÇÃO FEDERAL. 2. Precatórios judiciais. 3. Não configuração de atuação dolosa e deliberada do Estado de São Paulo com finalidade de não pagamento. 4. Estado sujeito a quadro de múltiplas obrigações de idêntica hierarquia. Necessidade de garantir eficácia a outras normas constitucionais, como, por exemplo, a continuidade de prestação de serviços públicos. 5. A intervenção, como medida extrema, deve atender à máxima da proporcionalidade. 6. Adoção da chamada relação de precedência condicionada entre princípios constitucionais concorrentes. 7. Pedido de intervenção indeferido".

medidas de forma imediata, especialmente nos casos de urgência da tutela concedida. O cumprimento dessas ordens é garantido pela autoridade natural das decisões judiciais e por medidas bastante persuasivas, como ordens de prisão. Tornou-se até comum que o orçamento da União atribua a certos órgãos públicos dotações para o cumprimento desse tipo de ordem. Sem prejuízo das dificuldades teóricas e práticas associadas a tais decisões, o que se quer destacar é que, como regra, a realização concreta das decisões tomada pelo Poder Judiciário não fica na dependência de uma manifestação discricionária de outros agentes públicos. O descumprimento de decisões judiciais pode resultar em sanções de ordem administrativa, penal, ou mesmo política[319].

O mesmo não pode ser dito em relação às decisões do Poder Legislativo, ao qual não compete a execução do orçamento — salvo no que diz respeito às suas atividades internas — mas tão-somente a sua elaboração e fiscalização. Nada obstante, é inegável que esse Poder toma inúmeras decisões políticas e que muitas delas pressupõem a realização de gastos. Há casos em que as leis são explícitas no sentido de determinar a alocação dos recursos necessários ao seu cumprimento, tal como ocorre, *e.g.*, no parágrafo único do art. 134 do Estatuto da Criança e do Adolescente (ECA), que trata dos Conselhos Tutelares: "*Constará da Lei Orçamentária Municipal previsão dos recursos necessários ao funcionamento do* Conselho *Tutelar.*" Na maioria das vezes, porém, não existe tal referência, sem que disso se possa inferir, por óbvio, que a ausência torne as despesas desnecessárias ou facultativas. Não há fórmulas mágicas para

319 No extremo, pode caracterizar a prática de crime de responsabilidade (CF/88, art. 85, VII) e servir de fundamento para a decretação de intervenção federal (CF/88, art. 34, VI). Vale a ressalva de que o STF tem sido parcimonioso na apreciação dos pedidos de intervenção federal por não-pagamento de precatórios, afirmando que a inexistência de recursos, nem sempre comprovada, afasta o cabimento da medida, ainda que fosse apenas para determinar o pagamento. V. STF, AgRg na IF 506/SP, DJ 25.06.2004, Rel. Min. Maurício Corrêa: "Descumprimento voluntário e intencional de decisão transitada em julgado. Pressuposto indispensável ao acolhimento do pedido de intervenção federal. 2. Precatório. Não-pagamento do título judicial em virtude da insuficiência de recursos financeiros para fazer frente às obrigações pecuniárias e à satisfação do crédito contra a Fazenda Pública no prazo previsto no § 1° do artigo 100 da Constituição da República. Exaustão financeira. Fenômeno econômico/financeiro vinculado à baixa arrecadação tributária, que não legitima a medida drástica de subtrair temporariamente a autonomia estatal".

tornar instantâneo e, sobretudo, gratuito, o efeito que apenas seria alcançado por uma atuação do Poder Público que custa dinheiro.

Ou seja, havendo ou não referência expressa, o cumprimento dessas leis dependerá de dotações orçamentárias. Até aqui, nenhum problema, sendo exatamente essa a *função orçamentária* de que se está tratando. Ademais, a lei orçamentária anual é aprovada pelo Poder Legislativo, de modo que eventual omissão do projeto encaminhado pelo Executivo — não-previsão de verbas para concretizar determinada lei ou previsão insuficiente — poderia ser suprida no Congresso Nacional. Como visto na primeira parte do estudo, esse tipo de correção não é ignorada no processo legislativo orçamentário, admitindo-se até que seja efetuada por emenda de relator. Aparentemente, tudo se encaixa.

O problema surge na execução do orçamento. Salvo pelas chamadas *obrigações legais*, referidas acima, nada impede que o Executivo retenha as verbas que dariam concreção às decisões orçamentárias, aprovadas pelo Poder Legislativo. Em muitos casos, aliás, as decisões orçamentárias estarão concretizando leis anteriores: imagine-se o Fundo Penitenciário Nacional ou os Conselhos Tutelares, instituídos por lei e cujas atividades são dimensionadas, a cada ano, pelo volume de recursos que recebem. Se esses órgãos forem deixados à mingua pela retenção de recursos, não estará ocorrendo asfixia de uma decisão legislativa? Ainda quando não seja possível identificar uma lei, a decisão orçamentária em si mesma deve ser considerada uma decisão legislativa. Lembre-se do exemplo do orçamento: a aprovação de um crédito de 300 milhões para atender a uma necessidade social notoriamente negligenciada não é uma decisão? Ainda mais quando se pensa que 300 milhões não irão resolver o problema, mas certamente podem ajudar mais do que 200 e menos do que 400. É inevitável reconhecer que existe uma decisão. Sendo assim, como negar que a liberação de apenas metade do valor previsto equivale a uma contradecisão?

A atual compreensão do orçamento público no Brasil confere todo esse poder ao Executivo, e com isso converte a função de concretização do orçamento em juízo de confirmação das decisões políticas anteriores. O resultado é um cumprimento seletivo das leis por parte da Administração, segundo sua própria conveniência, bem como um estímulo institucional ao populismo dos legisladores[320]. Ainda que os recursos necessários para implementar a decisão legal sejam incluídos no orçamento, como regra não haverá garantia jurídica de que as verbas serão efetivamente liberadas. Na prática, isso equivale a dizer que a realização concreta de cada uma das decisões contidas no orçamento vai depender quase sempre de contingências políticas e, não raro, de uma barganha silenciosa — ou nem tanto — entre os Poderes. E isso mesmo quando as previsões orçamentárias estejam concretizando decisões políticas veiculadas em outras leis, às quais ninguém cogita atribuir eficácia meramente autorizativa, como é o caso do Estatuto da Criança e do Adolescente e da imensa maioria dos diplomas legais. Isso viola de maneira frontal a separação dos Poderes.

Certamente seria difícil defender a obrigatoriedade de uma execução inteiramente fiel ao orçamento aprovado, por razões pragmáticas. As estimativas de receita e despesa e as próprias necessidades estão sujeitas a inúmeras variáveis, tornando inevitável que sejam feitas correções de rota ao longo do exercício. Apesar disso, não é necessário caminhar para o extremo oposto e desembocar em uma execução orçamentária discricionária e imotivada. O tema será retomado na terceira parte do estudo, com a exposição de uma proposta alternativa. Antes disso, porém, há dois outros princípios constitucionais a analisar, interligados entre si e também com a separação dos Poderes.

III. O princípio da legalidade no orçamento público

A concentração de poder na Administração que acaba de ser descrita produz reflexos negativos em dois outros princípios constitucionais. Cuida-se aqui da legalidade em si mesma e do papel por ela desempenhado na realização do princípio democrático. O presente tópico é dedicado ao primeiro aspecto.

---

320 Em 25.07.2006, o Jornal O *Globo* publicou uma matéria sugestivamente intitulada *O plenário da fantasia*, relatando que, apenas nos últimos seis anos, 215 leis do Município do Rio de Janeiro foram declaradas inconstitucionais pelo Tribunal de Justiça do Estado. Algumas dispunham sobre matérias de competência do Estado ou mesmo da União e muitas prometiam benefícios diversos, como parcelamento de multas ou meia-entrada em pontos turísticos. A matéria encontra-se disponível no site www.oglobo.globo.com (acessado em 30.07.06).

III.1. A reserva de lei formal em matéria orçamentária

Antes de qualquer indagação sobre a eventual importância da legalidade orçamentária, é preciso atentar para a legalidade em si mesma, como imposição constitucional. Como se sabe, o princípio da legalidade vem passando por um processo de flexibilização, mas não a ponto de se entender que deixou de ser obrigatório e assumiu um caráter sugestivo, admitindo-se que a lei possa ser preterida a critério do aplicador[321]. Tal conclusão não é controversa em tese, mas tem sido subvertida em sua aplicação ao domínio orçamentário. Uma breve descrição do conhecimento corrente acerca da legalidade ilustrará o argumento.

A doutrina tradicional do direito administrativo defendia a bipartição do princípio da legalidade. Para os particulares, a legalidade seria o contraponto da chamada cláusula geral de liberdade: onde não houvesse lei proibindo ou impondo condutas, prevaleceria a autonomia privada. Para o Poder Público, ao contrário, a legalidade estabeleceria uma vinculação positiva, restringindo a atuação estatal aos casos permitidos ou determinados por lei[322]. Essas duas vertentes seriam complementares, como duas faces de uma mesma moeda. Para que o particular possa fazer tudo quanto a lei não lhe interdite, seria necessário que o administrador público só pudesse agir — limitando a autonomia privada — nas situações previstas pelo legislador[323].

---

321 DI PIETRO, Maria Sylvia Zanella. *Discricionariedade administrativa na Constituição de 1988*, 2001, p. 64: "(...) perante o direito positivo brasileiro, o princípio da legalidade continua presente na Constituição tal como previsto na redação original dos arts. 37, *caput*, e 5°, II. Em consequência, a discricionariedade continua sendo um poder jurídico, ou seja, um poder limitado pela lei".

322 BANDEIRA DE MELLO, Celso Antônio. *Curso de direito administrativo*, 2003, p. 67: "A atividade administrativa não apenas deve ser exercida sem contraste com a lei, mas, inclusive, só pode ser exercida nos termos de autorização legislativa contida no sistema legal. A legalidade na Administração não se resume à ausência de oposição à lei, mas pressupõe autorização dela, como condição de sua ação".

323 MEIRELLES, Hely Lopes. *Direito administrativo brasileiro*, 1993, p. 82: "Na Administração Pública não há liberdade nem vontade pessoal. Enquanto na administração particular é lícito fazer tudo que a lei não proíbe, na Administração Pública só é permitido fazer o que a lei autoriza. A lei para o particular significa 'pode fazer assim'; para o administrador público significa 'deve fazer assim'".

Sem prejuízo de sua boa inspiração, essa teoria apresenta dificuldades teóricas e práticas, não conseguindo descrever a realidade de forma adequada, e muito menos conformá-la verdadeiramente. Com efeito, revelou-se no mínimo utópica a crença de que o relato abstrato da lei poderia descrever de forma precisa todas as condutas estatais necessárias ao bem comum ou mesmo todo o Direito, exigindo dos aplicadores — administrativos ou judiciais — uma atividade puramente mecânica[324]. Nesse sentido, mais do que ter sido superada, essa teoria ambiciosa acerca da legalidade nunca prevaleceu de fato, tendo se prestado, isso sim, a mascarar a dimensão criativa inerente à interpretação jurídica e, por extensão, reduzindo o controle sobre a sua adequação e racionalidade. Não é necessário aprofundar o ponto.

De forma mais objetiva, há pelo menos dois fatores que são apontados como temperamento à rigidez da legalidade em geral e de sua aplicação ao direito administrativo, em particular. O primeiro deles é o reconhecimento de força normativa à Constituição, acompanhada de supremacia jurídica sobre a legislação ordinária. Disso decorre a possibilidade de que condutas sejam fundamentadas com base direta em normas constitucionais, notadamente pelo Poder Público. Nesse sentido, a legalidade se converte em juridicidade administrativa, entendendo-se que a ação estatal é vinculada à ordem jurídica em seu conjunto, encabeçada pela Constituição[325]. Levada ao extremo, tal teoria parece capaz de gerar conside-

324 Como se sabe, tal idéia não é inerente ao positivismo jurídico, nem mesmo na vertente normativista desenvolvida por Hans Kelsen. A seguinte passagem é bastante elucidativa: "Para não permitir que a jurisdição constitucional valha como *jurisdição*, para poder caracterizá-la como *legislação*, Schmitt apóia-se numa concepção da relação entre essas duas funções que acreditávamos até então poder considerar-se há muito obsoleta. Trata-se da concepção segundo a qual a decisão judicial já está contida pronta na lei, sendo apenas 'deduzida' desta através de uma operação lógica: a jurisdição como automatismo jurídico". (KELSEN, Hans. *Quem deve ser o guardião da Constituição*. In: *Jurisdição constitucional*, 2003, pp. 257-8. Texto originalmente publicado em 1930).

325 BATISTA, Patrícia. *Transformações do direito administrativo*, 2003, p. 108: "Hoje, portanto, caminha-se para a construção de um princípio da legalidade não no sentido da vinculação positiva à lei, mas de vinculação da Administração ao Direito. O princípio da legalidade ganha, assim, a conotação de um *princípio da juridicidade*. Não sendo possível a inteira programação legal da Administração Pública contemporânea, é forçoso, contudo, mantê-la totalmente su-

rável insegurança, na medida em que a textura fluida das normas constitucionais pode servir de base para interpretações variadas, por vezes contraditórias, e embasar medidas as mais diversas. Sem prejuízo disso, a lógica subjacente parece irretocável — não sendo possível impedir que a Constituição seja invocada como norma jurídica — e já mereceu chancela explícita do STF[326].

O segundo fator de relativização da legalidade é a atribuição de discricionariedade ampla ou mesmo de competências normativas ao Poder Executivo, diretamente pela Constituição — caso das medidas provisórias — ou por meio de delegações legislativas, que podem ser expressas ou ainda decorrer dos termos utilizados pelo legislador. Esse segundo grupo está associado à já referida textura aberta dos enunciados legais, não apenas como fato, mas sobretudo como técnica legislativa. Com efeito, ainda que alguma dose de in-

---

bordinada aos princípios e regras do ordenamento jurídico, especialmente do ordenamento constitucional". Na Alemanha, essa idéia é expressa pelo art. 20 da Lei Fundamental, que determina a vinculação dos Poderes Judiciário e Executivo às leis e ao *Direito*. A despeito da discussão sobre o sentido exato da expressão, que poderia dizer respeito a um suposto Direito suprapositivo — inclusive como reação história à deturpação nazista do positivismo — consolidou-se a idéia de que a referência guarda relação direta com a ordem constitucional. Assim, v. BATTIS, Ulrich e GUSY, Cristoph. *Einführung in das Staatsrecht*, 1991, p. 212.

326 STF, ADC 12/DF, DJ 01.09.2006, Rel. Min. Carlos Britto: "A Resolução nº 07/05 se dota, ainda, de caráter normativo primário, dado que arranca diretamente do § 4º do art. 103-B da Carta-cidadã e tem como finalidade debulhar os próprios conteúdos lógicos dos princípios constitucionais de centrada regência de toda a atividade administrativa do Estado, especialmente o da impessoalidade, o da eficiência, o da igualdade e o da moralidade. O ato normativo que se faz de objeto desta ação declaratória densifica apropriadamente os quatro citados princípios do art. 37 da Constituição Federal, razão por que não há antinomia de conteúdos na comparação dos comandos que se veiculam pelos dois modelos normativos: o constitucional e o infraconstitucional. Logo, o Conselho Nacional de Justiça fez adequado uso da competência que lhe conferiu a Carta de Outubro, após a Emenda 45/04. Noutro giro, os condicionamentos impostos pela Resolução em foco não atentam contra a liberdade de nomeação e exoneração dos cargos em comissão e funções de confiança (incisos II e V do art. 37). Isto porque a interpretação dos mencionados incisos não pode se desapegar dos princípios que se veiculam pelo caput do mesmo art. 37. Donde o juízo de que as restrições constantes do ato normativo do CNJ são, no rigor dos termos, as mesmas restrições já impostas pela Constituição de 1988, dedutíveis dos republicanos princípios da impessoalidade, da eficiência, da igualdade e da moralidade. É dizer: o que já era constitucionalmente proibido permanece com essa tipificação, porém, agora, mais expletivamente positivado".

determinação seja decorrente da própria linguagem[327], é notório que, muitas vezes, a adoção de níveis mais elevados de abertura semântica constitui uma opção do legislador. Diversos motivos explicam esse aparente abrandamento da pretensão conformadora do Poder Legislativo. Em grande medida, tal processo tem início na passagem do Estado Liberal para o Estado Social[328], momento em que a Administração assumiu uma grande quantidade de novas competências e se tornou cada vez mais capilarizada e complexa. O refluxo do Estado Social não reduziu essa complexidade de forma substancial, que se comunicou ao Estado Regulador e ao processo de planejamento e implementação de políticas públicas[329]. A cada dia se percebe com mais clareza que boa parte das decisões políticas ocorre no âmbito da atividade administrativa, afastando o modelo clássico de separação dos Poderes em que somente ao legislador caberia a tarefa de inovar a ordem jurídica. No domínio orçamentário, como demonstrado na primeira parte do estudo, isso se manifesta no domínio técnico exercido pelo Poder Executivo, reservando-se ao parlamento uma função eminentemente reativa.

Nesse ambiente, a utilização de cláusulas abertas e conceitos parcialmente indeterminados por parte do legislador pode decorrer da natural dificuldade de disciplinar em abstrato uma infinidade de situações imagináveis ou mesmo de uma opção política do Poder Legislativo, motivada, idealmente, pela convicção de que o administrador público terá melhores condições de avaliar as circunstâncias concretas e responder de forma adequada. Interessantes estudos, inclusive em matéria orçamentária, discutem se as delegações devem ser compreendidas como *escolha política deliberada* ou *abdicação desesperada*[330], movida por uma incapacidade

---

327 Nesse sentido, com base no estudo de autores ligados à filosofia da linguagem, v. STRUCHINER, Noel. *Direito e linguagem*, 2002, p. 15. Na sequência da obra, o autor concentra-se no positivismo de Hart e demonstra como essa teoria pressupõe a abertura da linguagem como necessidade para que seja dado tratamento jurídico à infinidade de situações verificadas no mundo da vida.

328 Sobre o referido percurso histórico, v. BONAVIDES, Paulo. *Do Estado Liberal ao Estado Social*, 1996; e GRIMM, Dieter. *Recht und Staat der bürgerlichen Gesellschaft*, 1987, pp. 138-161.

329 Para uma análise da mudança por que passou a reserva de lei e a pretensão orientadora do legislador, na linha dos argumentos expostos no texto, v. GRIMM, Dieter. *Die Zukunf der Verfassung*, 1991, pp. 166-175.

330 V. KIEWIET, D. Roderick e MCCUBBINS, Mathew. *The logic of delega-*

do Legislativo em atender à demanda social por regulação jurídica[331]. É provável que a resposta não seja única para todas as hipóteses de delegação e que, na maior parte das vezes, a verdade se encontre em algum ponto a meio caminho. Para o presente trabalho, basta constatar que tais delegações são uma realidade no panorama jurídico brasileiro e têm sido consideradas compatíveis com a Constituição, exigindo-se, em tese, que venham acompanhadas de parâmetros para a atuação administrativa, ainda que fluidos[332]. Mesmo que a definição de qual seja a densidade mínima da lei de delegação permaneça parcialmente em aberto, como é próprio desse tipo de disposição, existe uma diretiva — proibição das delegações em branco —, bem como a possibilidade de controle[333].

---

tion, 1991; HUBER, John D. e SHIPAN, Charles R. *Deliberate discretion — The institutional foundations of bureaucratic autonomy*, 2002 e EPSTEIN, David e O'HALLORAN, Sharyn. *Delegating powers — A transaction cost politics approach to policy making under separate Powers*, 1999.

331 Tal dificuldade, aliada à baixa identificação entre parlamentares e eleitores, tem sido identificada como causa para uma verdadeira crise do parlamento ou, pelo menos, da lei. A diminuição da representatividade, por sua vez, pode ser explicada por fatores diversos, incluindo a própria abertura dos órgãos legislativos aos diferentes grupos sociais, rompendo com a relativa homogeneidade que caracterizava os parlamentos liberais. De forma paralela, é possível citar o enfraquecimento da fé iluminista na razão humana e a explosão do pluralismo. Também contribuiu de forma decisiva, como mencionado, a superação do Estado liberal clássico e o consequente aumento exponencial das tarefas a cargo da Administração Pública, o que acabou promovendo seu agigantamento, além de tornar a legislação mais complexa. Sobre o tema, enfatizando um ou outro dos aspectos referidos acima, v. CLÈVE, Clèmerson Merlin. *Atividade legislativa do Poder Executivo*, 2000, p. 45. e ss e FERREIRA FILHO, Manoel Gonçalves. *Processo legislativo*, 2007, p. 12 e ss. Para uma análise especialmente profunda, abarcando todos os fatores referidos, v. SANCHÍS, Luis Prieto. *Ley, princípios, Derecho*, 1998, p. 5 e ss.

332 A título de exemplo, v. STF, ADInMC 1668/DF, DJ 16.04.2004, Rel. Min. Marco Aurélio.

333 A Suprema Corte norte-americana e o Tribunal Constitucional alemão chegaram a resultados semelhantes, exigindo que a lei de delegação contenha *princípios inteligíveis (intelligible principles)* ou que obedeça ao critério da essencialidade (*Wesentlichkeitskriterium)*, estabelecendo pautas de orientação que mantenham as decisões políticas básicas no âmbito legislativo. Nesse sentido, v. BINENBOJM, Gustavo. *Uma teoria do direito administrativo — Direitos fundamentais, democracia e constitucionalização*, 2006, pp. 279-280. E lá, tal como aqui, a doutrina pôde observar o caráter aberto de tais critérios e as dificuldades que disso resultam. Sobre a experiência alemã, v. BATTIS, Ulrich e GUSY,

Diante dessa nova realidade, a doutrina vem redesenhando o princípio da legalidade. Para fins didáticos, parece possível decompor a legalidade em dois subprincípios — *preferência da lei e reserva legal* — destinados a atuar conjuntamente[334]. A preferência da lei, tratada em maior detalhe abaixo, identifica-se com a posição hierárquica desta espécie normativa, superior a dos atos infralegais. A reserva legal, por sua vez, destina-se a identificar as matérias que devem ser objeto de lei e o grau de detalhamento que esta deve assumir[335]. Divide-se, assim, em duas classificações complementares: i) reserva formal ou material; ii) reserva absoluta ou relativa.

Cristoph. *Einführung in das Staatsrecht*, 1991, p. 242-243.

334 É importante fazer uma nota conceitual. Como relata Alexandre Aragão, a preferência da lei pode funcionar como critério isolado, determinando que a Administração terá liberdade para agir salvo nos casos em que haja vedação legal. Assim, ficaria estabelecida uma vinculação meramente negativa do Administrador à lei. A reserva legal, ao contrário, funcionaria como parâmetro nos sistemas em que se exige vinculação positiva, servindo justamente para graduar a intensidade dessa vinculação. A despeito dessa constatação teórica, entende-se que a prática brasileira atual é mais bem explicada pela combinação das duas idéias. Exigência de vinculação positiva, em alguma medida, combinada com uma preferência genérica de qualquer ato legal válido e aplicável sobre eventuais atos infralegais. Isso porque, muitas vezes, a lei que delega competências normativas terá fixado parâmetros mínimos e eles serão respeitados — estando obedecida a reserva legal — mas ainda assim o ato regulamentar poderá entrar em choque com outras leis. Nesse caso, entraria em cena a preferência da lei. Para um estudo aprofundado do tema, v. ARAGÃO, Alexandre Santos de. *Direito dos serviços públicos*, 2007, p. 324 e ss.

335 Em sentido diverso, Maria Sylvia Zanella Di Pietro identifica o conceito de reserva legal com exigência de que o legislador esgote a regulação de determinada matéria. No presente trabalho, tal situação é denominada reserva legal absoluta. No mesmo sentido, v. BINENBOJM, Gustavo. *Uma teoria do direito administrativo — Direitos fundamentais, democracia e constitucionalização*, 2006, pp. 150-151. Apesar das diferenças conceituais, a referida autora reconhece a possibilidade de uma gradação interna no princípio da legalidade, ponto central aqui enfocado. V. DI PIETRO, Maria Sylvia Zanella. *Discricionariedade administrativa na Constituição de 1988*, 2001, p. 59: "O princípio da legalidade tem diferentes amplitudes, admitindo maior ou menor rigidez e, em consequência, maior ou menor discricionariedade. Não é por outra razão que se distingue legalidade e reserva da lei, a primeira admitindo que o legislador estatua de forma mais genérica, deixando maior discricionariedade à Administração Pública para regular a matéria e, a segunda, exigindo legislação mais detalhada, com pouca margem de discricionariedade administrativa; neste caso, fala-se em legalidade estrita, tendo em vista que a Constituição é que reserva a matéria à competência do legislador".

A reserva legal formal exige a edição de lei em sentido estrito, isto é, ato editado pelo Poder Legislativo segundo o procedimento constitucional. Nos casos de reserva material, basta a edição de ato com força de lei, o que acaba abrindo espaço para a edição de medidas provisórias. As hipóteses de reserva legal formal devem ser identificadas a partir da análise do texto constitucional, tarefa que foi substancialmente facilitada pela EC 32/2000, ao interditar de forma explícita a utilização de medidas provisórias em uma série de matérias. Essa classificação diz respeito à exigência de lei, mas nada fala sobre o seu conteúdo, que é objeto do próximo binômio.

A distinção em reserva absoluta e relativa diz respeito à medida da discricionariedade que pode ser atribuída ao aplicador, judicial ou administrativo. A reserva absoluta exige disciplina detalhada, com identificação de todos os elementos essenciais do direito ou obrigação que estão sendo constituídos. Ainda que algum espaço de complementação seja inevitável[336], a idéia é que este seja verdadeiramente residual. Na reserva relativa, ao contrário, admite-se o uso deliberado de conceitos indeterminados e cláusulas abertas, conferindo ao aplicador parcela considerável de apreciação. Há, nesse sentido, uma nítida transferência de poder normativo, ainda que balizado pelos parâmetros legais. A Constituição não se vale dessa classificação, de modo que é a doutrina que tenta dividir os espaços, prevalecendo o domínio das reservas relativas[337]. Na prá-

---

336 ARAGÃO, Alexandre Santos de. Princípio da legalidade e poder regulamentar no Estado contemporâneo, *Boletim de Direito Administrativo* nº 5, 2002, p. 378: "(...) sabemos que o caráter exaustivo da lei, pretensamente excludente de qualquer subjetividade por parte do seu concretizador, é uma idealização irrealizável na prática. Basta vermos a grande quantidade de divergências doutrinárias e judiciais existentes em matéria tributária e criminal, com posições jurídicas diversas, todas plausíveis".

337 Em sentido parcialmente contrário, sugerindo a idéia de que haveria reserva absoluta sempre que a Constituição exige de forma expressa a edição de lei para a regulamentação de determinada matéria, v. CLÈVE, Clèmerson Merlin. Proscrição da propaganda comercial do tabaco nos meios de comunicação de massa, regime constitucional da liberdade de conformação legislativa e limites da atividade normativa de restrição a direitos fundamentais, *Revista Forense* nº 382, 2005, p. 238: "Está-se a reportar nessa linha, reafirme-se, à *reserva absoluta de lei*. Aqui, o papel normativo acessório do Chefe do Executivo ou da Administração é ainda mais insignificante, destacando-se, com toda evidência, ademais, a insuscetibilidade do transpasse pelo Congresso Nacional, ainda que velado, de parcial competência normativa a órgão constitucional incumbido da aplicação da

tica, tem se destacado a existência de reserva absoluta na criação de tipos penais e definição de penas e, de forma mais controvertida, na criação de obrigações tributárias e majoração das exações[338]. Identifica-se também a imposição ao legislador de um especial dever de clareza quando se trate da limitação de direitos fundamentais[339]. Ainda que as reservas absolutas sejam escassas e talvez até se encontrem em declínio, parece que a classificação conserva interesse na medida em que coloca em evidência o potencial de certas matérias na restrição da liberdade, justificando cuidados adicionais na interpretação do Direito vigente e no controle da atividade administrativa.

Por fim, o sistema é completado pela idéia de preferência ou supremacia da lei, cujo conteúdo chega a parecer um truísmo. Mas um truísmo cada vez mais necessário, como ilustrará a aplicação da teoria ao orçamento público. Esse subprincípio determina que os enunciados legais têm preferência sobre eventuais disposições infralegais com eles conflitantes, ainda quando estas sejam editadas em momento posterior. Em outras palavras, a lei pode até ser vazada em termos abertos e deixar amplo espaço de conformação para os administradores. No entanto, onde houver decisão legislativa, esta haverá de prevalecer[340]. Essa é a diferença entre a delegação e a modificação pura e simples da competência decisória. Tal com-

---

lei. Pois, em geral, as *restrições expressamente autorizadas pela Constituição* apontam para um âmbito material tributário de reserva absoluta da lei. É, particularmente, o que ocorre, parece indisputável, com o art. 220, § 4º, da Constituição da República, quando prescreve, de modo eloquente e cristalino, que a propaganda comercial dos produtos que especifica *'estará sujeita à restrições legais'* ".

338 A legalidade tributária será objeto de considerações específicas adiante.

339 MENDES, Gilmar Ferreira. *Direitos fundamentais e controle de constitucionalidade*, 1998, pp. 35-6: "*Princípio da clareza e determinação das normas restritivas* [de direitos fundamentais]. O princípio da segurança jurídica, elemento fundamental do Estado de Direito, exige que as normas restritivas sejam dotadas de clareza e precisão, permitindo que o eventual atingido possa identificar a nova situação jurídica e as consequências que dela decorrem. Portanto, clareza e determinação significam cognoscibilidade dos propósitos do legislador".

340 Essa conclusão geral não é infirmada nem mesmo pelos autores que entendem possível a chamada deslegalização, que não retiram do Poder Legislativo a possibilidade de tomar decisões específicas e mesmo de retomar o controle sobre matérias delegadas ou mesmo deslegalizadas. V. *supra*.

petência remanesce no legislador, de modo que a delegação só vale na medida que for por ele determinada, não assumindo o caráter de permissivo geral. Da mesma forma, os enunciados abertos podem ser entremeados com disposições específicas[341]. O legislador pode, *e.g.*, delegar ao Poder Executivo a tarefa de estruturar um sistema de saúde pública, mas, ao mesmo tempo, optar por definir taxativamente que certas prestações estarão incluídas ou excluídas da cobertura. A medida administrativa que descumpre essas determinações não pode pretender estar amparada pela delegação inicial.

Essa breve exposição teórica aplica-se de maneira muito direta ao orçamento público. A estimativa da receita e, sobretudo, a fixação da despesa são objeto de nítida reserva legal formal. Isso é o que decorre do art. 165, *caput*, da Constituição que exige a edição de lei e estabelece que a iniciativa será privativa do Presidente da República. Embora não fosse necessário dizer que a modificação de uma lei só pode decorrer de outra lei, a Constituição explicitou o ponto, dispondo sobre a aprovação de créditos adicionais. Como visto, os créditos suplementares — destinados a complementar dotações já existentes — podem ser objeto de autorização legislativa genérica, contida já na lei orçamentária anual, que prevê também limitações. Os créditos especiais — destinados a introduzir novas dotações — devem ser objeto de lei específica. Por fim, os créditos extraordinários constituem hipótese peculiar, admitindo-

341 HUBER, John D. e SHIPAN, Charles R. *Deliberate discretion — The institutional foundations of bureaucratic autonomy*, 2002, p. 76: "Legislative statutes are blueprints for policymaking. In some cases, legislatures provide very detailed blueprints that allow little room for other actors, such as bureaucrats, to create policy on their own. In other cases, legislatures take a different approach and write statutes that provide only the broad outlines of policy, which give bureaucrats the opportunity to design and implement policy". Na sequência de seu estudo, os autores realizam um esforço de comparação entre a legislação de diversos países, em diferentes ares. De forma ainda mais específica, analisa a legislação que organizou o sistema de saúde do Estado de Michigan, nos Estados Unidos. Por fim, buscam sistematizar aspectos políticos que poderiam explicar os diferentes níveis de discricionariedade concedidos pelo legislador às instâncias administrativas. Sem prejuízo do grande interesse de que se reveste a matéria, o foco do presente trabalho é o arcabouço jurídico das decisões orçamentárias, responsável pela promoção de racionalidade e transparência. Nesse sentido, o mais importante é constatar que o legislador efetivamente conserva a prerrogativa de estabelecer a medida da discricionariedade administrativa.

se, nos termos do art. 167, § 3º, que sejam criados por medida provisória, em razão de seu caráter supostamente emergencial.

Longe de enfraquecer a conclusão geral sobre a existência de uma reserva formal em matéria orçamentária, a previsão constitucional de um regime flexível para os créditos suplementares — autorização legislativa genérica — e de uma exceção, relativa aos créditos extraordinários, apenas confirma a regra. Com efeito, tendo a Constituição estabelecido a exigência de lei e disciplinado as situações particulares de forma analítica, parece evidente que o intérprete não está legitimado a criar exceções adicionais por meio de interpretações heterodoxas. É possível afirmar com segurança, portanto, que o orçamento está sujeito a uma reserva de lei formal.

III.2. O orçamento autorizativo como violação ao princípio da legalidade

A exposição feita até aqui já permite uma conclusão, antes mesmo de se discutir se a reserva, na hipótese, é absoluta ou relativa: o orçamento não pode ser modificado ou contrariado por ato infralegal. Não seria válida, *e.g.*, a edição de um decreto destinado a criar uma nova dotação orçamentária ou anular algumas das já existentes. Isso não é sequer controverso. O que deveria causar perplexidade é se admitir como normal que as previsões orçamentárias sejam simplesmente ignoradas. Se o Executivo não pode editar um ato anulando formalmente as dotações, por que se admite que possa deixar de cumpri-las como medida corriqueira e imotivada? Como já foi mencionado, isso decorre do entendimento de que a lei orçamentária anual conteria uma mera autorização. Resta investigar, portanto, o conteúdo dos comandos orçamentários, a fim de saber se tal modalidade de eficácia decorre da própria natureza das coisas ou é determinada pela ordem jurídica. E também para saber se é ou não compatível com a Constituição.

Nesse ponto, é fora de dúvida que o orçamento é sujeito a reserva legal relativa. Na verdade, seria impossível pretender que o Poder Legislativo detalhasse todos os possíveis gastos estatais. Não apenas impossível, mas também contraproducente. Como se verá na terceira parte, mesmo em um modelo de orçamento vinculante, o legislador pode e deve se valer de previsões abertas para conferir à Administração graus variáveis de liberdade. Valendo-se desse mecanismo, o legislador tanto pode ser específico em pontos de seu especial interesse, quanto pode optar por disposições propositalmente vagas, transferindo ao Executivo competência decisória *in concreto*. Nenhum desses dois extremos é tão extremo quanto a eficácia meramente autorizativa. O ponto é simples de demonstrar.

Mesmo em uma dotação aberta, o Legislativo estará realizando uma decisão efetiva sobre uma opção de investimento, em detrimento de outras possíveis. De forma mais concreta, estará decidindo, *e.g.*, que uma política de melhoria dos presídios deve ser implementada, com determinada magnitude — imagine-se a diferença entre um investimento 400 ou de 40 milhões de reais. Essa é uma inequívoca e relevante decisão, ainda que o legislador prefira deixar à Administração a tarefa de decidir como investir o dinheiro, dentre as inúmeras opções possíveis. Tal delegação pode decorrer de fatores diversos, provavelmente relacionados ao reconhecimento de que o Executivo estará mais apto a identificar os maiores problemas e as medidas mais adequadas para resolvê-los. Isso é diferente de assumir como normal que a Administração possa *decidir tudo de novo* e deixe de executar a política aprovada para privilegiar outras opções. O processo deliberativo orçamentário parece longo, desgastante — politicamente falando — e custoso demais para que seu produto final seja tratado como mera sugestão.

Não se deseja que o administrador esteja obrigado a gastar por gastar, ainda que seja promovendo uma festa ou distribuindo brindes para comemorar eventuais economias. O ponto será desenvolvido na parte final do estudo, em que será sugerido um sistema que permita a superação motivada de previsões orçamentárias. Por ora, o que se quer ressaltar é o imenso poder que decorre da idéia do orçamento como autorização. Mais do que isso, também se quer constatar que tal poder não corresponde ao padrão normal da legalidade, caracterizando, na verdade, uma violação a essa exigência constitucional.

De fato, não se presume que as leis em geral sejam meramente autorizativas. Esse é um conteúdo possível, sem dúvida, mas deve ser identificado a partir de enunciados legais expressos ou, pelo menos, de um sistema normativo claro. Não é preciso grande capacidade imaginativa para figurar o caos que se instalaria caso os particulares pudessem decidir quais exigências legais são obrigatórias ou se a Administração resolvesse pressupor que leis comuns são meras recomendações[342]. No caso do orçamento, os problemas são ainda maiores, na medida em que, como foi demonstrado, o resultado produzido é o esvaziamento possível de uma infinidade de decisões legislativas acerca das políticas públicas que devem ser implementadas. Essa seria uma pressuposição e tanto, sem dúvida.

Por tudo isso, e considerando que o orçamento tem sido tratado como autorização, seria de se esperar que houvesse disposição legal inequívoca atribuindo-lhe tal eficácia. Contudo, como demonstrado analiticamente na primeira parte do estudo, não existe tal disposição, por mais que alguns dispositivos dúbios comportem essa possibilidade interpretativa. Na verdade, a teoria do orçamento autorizativo parece decorrer de um senso comum generalizado, hoje alimentado pela inércia — fenômeno que, como se sabe, afeta com especial intensidade as grandes estruturas. Somente isso pode explicar que um sistema tão problemático sobreviva sem contestação mais incisiva, sobretudo em âmbito judicial. Talvez contribua também a utilidade que pode ser extraída da obscuridade do orçamento e das oportunidades de barganha política fornecidas por uma execução fortemente discricionária. O registro é importante, mas a ênfase aqui é jurídica e não política ou sociológica.

Voltando, portanto, ao domínio jurídico, convém analisar as raízes desse senso comum de duvidosa constitucionalidade. Em primeiro lugar, convém lembrar que suas origens remontam à doutrina produzida na época de introdução do orçamento público como instrumento de controle do poder político. Naquele contexto histórico — marcado pela limitação do absolutismo e por uma concepção minimalista de Estado, se comparado aos padrões atuais — a limitação dos gastos possíveis já era um avanço substancial. Não é mais assim. De fato, não há motivos para se aceitar como rotina que as decisões orçamentárias — atribuídas ao legislador em última instância, mas produzidas com intensa participação do Executivo — sejam meras recomendações, passíveis de serem ignoradas sem maior alarde.

---

342 SUNDFELD, Carlos Ari. *Direito administrativo ordenador*, 2003, p. 34: "Do silêncio da lei se infere proibição de agir para a Administração. Por isso, o poder há de ser conferido expressamente. Não briga com essa idéia o reconhecimento dos chamados poderes administrativos implícitos. Estes serão sempre sacados da *coerência do sistema legal*, nunca da opinião que a Administração tenha a respeito de uma regulamentação normativa ideal".

Diante dessa mudança substancial de realidades, é certamente necessário rediscutir as bases do entendimento doutrinário tradicional. De um modo geral, os autores brasileiros que tratam do tema enveredam por dois caminhos. O primeiro diz respeito à natureza da lei orçamentária, mas acaba não produzindo qualquer conclusão acerca de sua eficácia. O segundo baseia-se na suposta necessidade de evitar que pretensões subjetivas pudessem ser fundamentadas unicamente na existência de dotações orçamentária. Nesse sentido, parece colocar um falso problema e, de qualquer forma, conclui demais, na medida em que esse mesmo resultado pode ser obtido sem que seja necessário negar ao orçamento qualquer poder vinculante, com os problemas e inconvenientes que isso importa. É o que se passa a demonstrar.

III.3. Improcedência dos argumentos que apontam a eficácia autorizativa como natural ou necessária

a) o orçamento seria lei apenas em sentido formal e, por conta disso, teria eficácia autorizativa

A primeira linha de argumentação procura apresentar a eficácia autorizativa como uma decorrência imediata da própria natureza do orçamento, que seria um ato legislativo apenas em sentido formal, ostentando conteúdo materialmente administrativo[343]. Em

343 Sobre as teorias acerca da natureza da lei orçamentária, v. TORRES, Ricardo Lobo. *Tratado de direito constitucional financeiro e tributário — O orçamento (volume V)*, 2000, pp. 74-78. Segundo o autor, a tese de que o orçamento seria lei em sentido material teria ganhado força na Espanha, por força de dispositivo constitucional que autoriza a lei orçamentária anual a modificar normas tributárias, desde que haja autorização para tanto em uma lei tributária substantiva. No entanto, afirmar que o orçamento pode conter "disposições materiais" — relativas ao sistema tributário — não significa dizer que o conteúdo típico da lei orçamentária seja material. De qualquer forma, vale o registro de que a reserva de lei orçamentária na Espanha é enfraquecida pela atividade legislativa do Poder Executivo na matéria, exercida por meio de Decretos-lei, cuja utilização gera acirrado debate na doutrina espanhola. Sobre o tema, v. MARTIÍNEZ LAGO, Miguel Ángel. *Ley de presupuestos y Constitución. Sobre las singularidades de la reserva de ley en materia presupuestaria*, 1998, pp. 262-3: "Más bien, por todo ello, cabe pensar que el Gobierno ha utilizado en muchas ocasiones esta vía para aprobar créditos presupuestarios fuera de la Ley de Presupuestos, posiblemente para evi-

outras palavras, o orçamento seria um ato de efeitos concretos e não um ato normativo. Partindo dessa premissa, autores como Duguit chegaram a sustentar que as previsões de despesa deveriam ser caracterizadas como um *ato*-condição, isto é, uma formalidade necessária, um pressuposto para a realização de despesa pública. A efetiva liberação dos recursos, porém, ficaria a critério do Poder Executivo. Nesse sentido, veja-se novamente o magistério do professor Ricardo Lobo Torres, em passagem que merece ser transcrita uma vez mais por identificar de forma clara a associação entre a pecha de lei formal e os efeitos autorizativos, além de apontar alguns problemas daí decorrentes:

> *"A teoria de que o orçamento é* lei formal, *que apenas* prevê *as receitas públicas e* autoriza *os gastos, sem criar direitos subjetivos e sem modificar as leis tributárias e financeiras é, a nosso ver, a que melhor se adapta ao direito constitucional brasileiro. Tem sido defendida, entre nós, principalmente sob a influência da obra de Jèze, por inúmeros autores de prestígio, ao longo de muitos anos e de várias escrituras constitucionais. É bem verdade que a dicotomia entre lei formal e material, nos outros campos do direito, vem sendo asperamente criticada, pois enfraquece o princípio da legalidade e produz o agigantamento das atribuições do Executivo, deixando indefinido e incerto o contorno dos direitos da liberdade, que compõem o aspecto materialmente legislativo excluído da competência da Administração; mas, em tema de orçamento, ainda é importante, eis que visa a retirar da lei ânua qualquer conotação material relativamente à constituição de direitos subjetivos para terceiros, sem implicar perda de sua função de controle negativo do Executivo*

---

tar las criticas de los parlamentarios ante el aumento del gasto público. Es mucho más fácil para el Gobierno conseguir ciertas partidas presupuestarias aprobando un decreto-ley y sometiéndose al breve debate de convalidación, que hacerlo pasar por la ordinaria tramitación de los proyectos de Ley (incluido, con sus especialidades, el de Presupuestos). Con este comportamiento se esta eludiendo el debate y falseando el control parlamentario de los gastos públicos, a la vez que se están vulnerando la Constitución, el principio de competencia parlamentaria en materia presupuestaria (recuérdese que el Senado no participa en la convalidación de los Decretos-leyes), los principios presupuestarios de unidad, universalidad y especialidad, el principio de legalidad y el espíritu de la figura del Decreto-ley".

no que pertine aos limites do endividamento e das renúncias de receita".[344]

Como se vê, o autor aborda também a suposta necessidade de impedir que o orçamento produza direitos subjetivos, que será analisada a seguir. No momento interessa demonstrar que esses dois axiomas sobre o orçamento — natureza formal e conteúdo autorizativo — não estão mutuamente implicados. Com a devida vênia, não parece que essa associação seja necessária ou mesmo adequada. Os atos administrativos emanam do Poder Público e são, por isso mesmo, de observância obrigatória. Essa é a regra geral, sem prejuízo da existência de atos administrativos autorizativos, assim como há leis que veiculam autorizações ou normas supletivas, que podem ser afastadas pela vontade dos destinatários. Como referido, essa circunstância é identificada a partir do enunciado normativo, não se presumindo que as determinações contidas nos comandos estatais sejam de observância facultativa. Ou seja, a caracterização do orçamento como lei formal, por si só, não bastaria para deduzir que se trata de mera autorização.

De qualquer forma, mesmo essa caracterização — em geral, válida — parece exigir cuidados especiais. A definição do que seria o conteúdo típico das leis é controversa[345]. No Brasil, tem prevalecido a idéia de que leis em sentido material são atos dotados de natureza normativa, que disciplinam a realidade em caráter geral e abstrato[346]. A distinção não é estabelecida pelo direito positivo,

---

344 TORRES, Ricardo Lobo. *Tratado de direito constitucional financeiro e tributário — O orçamento (volume V)*, 2000, pp. 76-7.

345 Sobre o tema, v. CLÈVE, Clèmerson Merlin. *Atividade legislativa do Poder Executivo*, 2000, p. 63 e segs..

346 Uma outra visão identifica como conteúdo típico das leis a estipulação de regras de direito, destinadas a modificar a situação jurídica dos cidadãos, ainda que de forma específica e não geral. Nesse sentido, v. CLÈVE, Clèmerson Merlin. *Atividade legislativa do Poder Executivo*, 2000, p. 64 e CANOTILHO, J. J. Gomes. *Direito constitucional e teoria da Constituição*, 2003, p. 716. Essa definição parece excessivamente ampla, sobretudo quando se passa a reconhecer um maior espaço de conformação à atividade administrativa, inclusive a partir da própria Constituição, flexibilizando-se a exigência de lei para o reconhecimento de direitos e obrigações. Sendo assim, parece mais consistente a teoria que identifica no caráter normativo o conteúdo típico da lei. Isso não significa que seja legítimo utilizar essa construção doutrinária para restringir a eficácia das "leis formais" ou o cabimento de ações judiciais. No caso da ação direta de inconstitu-

mas sim pela doutrina[347] e eventualmente pela jurisprudência, notadamente para condicionar a utilização de certas ações judiciais à natureza do ato impugnado. A título de exemplo, ações diretas de inconstitucionalidade só podem ter como objeto atos normativos, ao passo que mandados de segurança são cabíveis apenas em face de atos materialmente administrativos, incluindo as leis de efeitos concretos, o que apenas confirma o que foi dito sobre a inexistência de uma correspondência necessária entre as idéias de lei formal e mera autorização. Não se encontra na jurisprudência, porém, nenhuma decisão afirmando que atos administrativos são presumivelmente autorizativos.

Essas considerações têm sido aplicadas parcialmente à lei orçamentária. No caso, a pecha de lei formal tem servido realmente para inviabilizar o cabimento da ação direta de inconstitucionalidade[348]. Por outro lado, as previsões orçamentárias não têm sido invocadas, ao menos não como fundamento exclusivo, para embasar

cionalidade, a Constituição utilizou a expressão "leis ou atos normativos", do que se poderia inferir a possibilidade de impugnação de qualquer lei, a despeito de seu conteúdo. Nesse mesmo sentido, criticando a jurisprudência do STF, v. MENDES, Gilmar Ferreira. *Jurisdição constitucional*, 1999, p. 162-3.

347 O mesmo ocorre na Alemanha, como registra Konrad Hesse, citando expressamente a questão das leis orçamentárias. O autor ainda acrescenta que a distinção doutrinária entre lei formal e material não pode ser usada para cindir a função legislativa, naturalmente unitária. Tal cisão seria incompatível com a Lei Fundamental e com a ordem democrática. V. HESSE, Konrad. *Grundzüge des Verfassungsrechts der Bundesrepublik Deutschland*, 1993, p. 205.

348 Na jurisprudência do STF, a título de exemplo, v. QO na ADIn 1640/DF, DJ 03.04.198, Rel. Min. Sydney Sanches: "Contribuição provisória sobre movimentação financeira — C.P.M.F. Ação Direta de Inconstitucionalidade 'da utilização de recursos da C.P.M.F.' como prevista na Lei nº 9.438/97. Lei orçamentária: ato político-administrativo — e não normativo. Impossibilidade jurídica do pedido: art. 102, I, 'a', da C.F. 1. Não há, na presente Ação Direta de Inconstitucionalidade, a impugnação de um ato normativo. Não se pretende a suspensão cautelar nem a declaração final de inconstitucionalidade de uma norma, e sim de uma destinação de recursos, prevista em lei formal, mas de natureza e efeitos político-administrativos concretos, hipótese em que, na conformidade dos precedentes da Corte, descabe o controle concentrado de constitucionalidade como previsto no art. 102, I, 'a', da Constituição Federal, pois ali se exige que se trate de ato normativo. Precedentes. 2. Isso não impede que eventuais prejudicados se valham das vias adequadas ao controle difuso de constitucionalidade, sustentando a inconstitucionalidade da destinação de recursos, como prevista na Lei em questão".

mandados de segurança voltados à tutela do suposto direito líquido e certo de algum indivíduo ou entidade à liberação de verbas públicas. Ao contrário do que uma visão apressada poderia sugerir, contudo, o mandado de segurança não se mostra inadequado em razão da natureza administrativa do orçamento, e sim por conta da baixa densidade jurídica da imensa maioria de suas previsões, quando consideradas isoladamente. A questão será retomada.

No momento, o objetivo era desarticular a associação entre natureza legislativa e conteúdo obrigatório. Na verdade, é preciso reconhecer que o orçamento não disciplina situações do mundo da vida em caráter geral e abstrato. Se essa for a nota característica dos atos normativos, será correto excluir dessa categoria a lei orçamentária. Ocorre, todavia, que tal conclusão, por si só, não produz nenhuma consequência em relação à eficácia da lei orçamentária. Atos do Poder Público são presumivelmente imperativos e só a partir de seus próprios termos é possível identificar o contrário. E não há dúvida de que o orçamento é um deles. Na verdade, trata-se de um ato estatal dotado de especial significação.

A lei que modifica o nome de determinada rua é um ato materialmente administrativo, de observância obrigatória. Não há motivo para presumir que a lei orçamentária, por sua própria natureza, mereça menos consideração. Ao contrário, como tem sido destacado, o orçamento público não é um mero registro contábil, um imenso livro-caixa despido de conteúdo decisório. Decisões abrangentes são veiculadas na lei orçamentária, nela são realizadas e/ou concretizadas escolhas políticas essenciais. A face oculta de tais escolhas é a preterição de outras opções de investimento[349]. Um ins-

349 Essa conclusão é endossada por Ricardo Lobo Torres, embora o autor enfatize as ligações do orçamento com a ética e defenda um controle jurídico restrito sobre o orçamento: "Pertence, pois, à temática das relações entre ética e orçamento a questão das escolhas trágicas. A lei orçamentária anual é o instrumento que sintetiza as políticas e opta entre as suas diversas possibilidades. Depois que se esgotou a ideologia da inesgotabilidade dos recursos públicos, sustentada pelos empréstimos internos e externos ilimitados, e que se reacendeu a convicção de que a escassez deve ser considerada não só nos cálculos da economia nacional, mas também nos do orçamento, transferiram-se para as alocações anuais de verbas as decisões básicas das políticas sociais. Em outras palavras, não é mais apenas problema administrativo a execução de certos serviços e a entrega de determinadas prestações, senão que se transformou o orçamento no plano final de distri-

trumento como esse não constitui mera redução a termo das expectativas de receita e despesa[350]. Tais expectativas não espelham fatos naturais, como se fossem previsões meteorológicas.

O orçamento apresenta, assim, uma importante dimensão material[351]. Ainda que contenha atos concretos de alocação de receita, não há como negar a sua natureza decisória. Mais do que isso, cumpre reconhecer que tais decisões irradiam seus efeitos sobre um conjunto indeterminado e quase sempre indeterminável de indivíduos e situações jurídicas, ostentando uma espécie de generalidade que os aproxima, ainda que parcialmente, dos atos normativos[352].

---

buição de recursos financeiros escassos". (*Tratado de direito constitucional financeiro e tributário — O orçamento (volume V)*, 2000, pp.43-4).

350 CAMPOS, German. J. Bidart. *El orden socioeconomico en la Constitución*, 1999, pp. 359-60.

351 Nesse mesmo sentido, rejeitando expressamente a tese de que o orçamento seja despido de conteúdo material, v. HESSE, Konrad. *Grundzüge des Verfassungsrechts der Bundesrepublik Deutschlands*, 1993, p. 207: "Es gibt nach dem Grunsgesetz keine nur-formellen oder nur-materiellen Gesetze. Die Feststellung des Haushaltsplanes — das Schulbeispiel des nur-formellen Gesetzes — schafft zwar keine für die Staatsbürger verbindliche rechtliche Ordnung. Aber es wird hier in demokratischer Legitimität, im demokratischen Verfahren und unter weitgehender Beteiligung der Exekutive über wichtigste Fragen des Gemeinwesens entschieden: die Richtung des staatlichen Wirkens im kommenden Haushaltsjahr, insbesondere der Wirtschafts-, Sozial-, Verteidigungs- und Kulturpolitik; es werden rationalisierende und stabilisierende Faktoren dieses Wirkens geschaffen, und nur eine abstrakte und wirklichkeitsferne Betrachtung kann diesem grundlegenden Vorgang materielle Bedeutung absprechen". (Tradução livre: "Sob a Lei Fundamental não há leis apenas em sentido formal ou apenas em sentido material. O estabelecimento do plano orçamentário — o exemplo acadêmico das leis meramente apenas formais — não cria realmente uma ordenação jurídica vinculante para os cidadãos. Mas aqui, sob a legitimidade democrática, mediante procedimento democrático e com participação intensa do Executivo, são decididas as questões mais importantes da coletividade: a direção da ação estatal no próximo ano orçamentário, especialmente as políticas econômica, social, cultural e de defesa nacional; são criados fatores de racionalização e estabilização para essa ação estatal, e apenas uma observação abstrata e distanciada da realidade poderia negar significação material a esse processo fundamental").

352 CLÈVE, Clèmerson Merlin. *Atividade legislativa do Poder Executivo*, 2000, pp. 63-4: "A lei é geral, porque as suas disposições são tomadas em abstrato, podendo ser aplicadas a todos os casos futuros capazes de ser abrangidos pelo seu enunciado. Não foi editada tendo em vista um indivíduo ou vários indivíduos determinados, destinando-se, antes, a todos os indivíduos nas condições determinadas pelo texto".

Ademais, as previsões orçamentárias, em seu conjunto, consistem em uma fórmula de concretização das decisões constitucionais e legais que envolvam o dispêndio de recursos públicos. Ou seja, embora se cuide de atos concretos, seus efeitos não podem ser inteiramente identificados e estão intimamente entrelaçados com um conjunto amplo de típicos atos normativos. Alguns de natureza fundamental, como os direitos à saúde, educação, participação na vida política — que pressupõe uma Justiça Eleitoral estruturada — e mesmo a dignidade da pessoa humana, tão mal recebida em ambientes como os presídios e manicômios judiciários. Por tudo isso, não se pode comparar o orçamento ao estereótipo clássico de ato administrativo, marcado pela prevalência da dimensão executiva.

Ainda que as características especiais da lei orçamentária não bastem para lhe atribuir natureza normativa, certamente exigem atenção especial. Talvez até para admitir que possa ser objeto de controle de constitucionalidade abstrato. Veja-se que as circunstâncias que se acaba de descrever foram utilizadas pelo STF para admitir o cabimento de ADIn contra lei de criação de município. Embora reconhecendo ao ato efeitos concretos, o Tribunal entendeu que se tratava de evento capaz de dar origem a um conjunto abrangente de relações jurídicas, justificando o acesso à jurisdição constitucional abstrata[353]. Por coerência, parece que seria possível e razoável estender a mesma lógica à lei orçamentária. Na terceira parte do estudo será demonstrado que, como regra, a jurisdição constitucional abstrata não é de fato vocacionada ao controle das dotações orçamentárias. Ainda assim, é possível cogitar de sua utilização residual, ainda que seja para a declaração de omissões inconstitucionais manifestas ou para assegurar o cumprimento das poucas disposições constitucionais que estabelecem vinculação de receita a fins específicos[354].

---

353 STF, ADInMC 2.381/RS, RTJ 180, p. 535, Rel. Min. Sepúlveda Pertence: "Ação Direta de Inconstitucionalidade: objeto idôneo: lei de criação de Município. Ainda que não seja em si mesma uma norma jurídica, mas ato com forma de lei, que outorga status municipal a uma comunidade territorial, a criação de Município, pela generalidade dos efeitos que irradia, é um dado inovador, com força prospectiva, do complexo normativo em que se insere a nova entidade política: por isso, a validade da lei criadora, em face da Lei Fundamental, pode ser questionada por Ação Direta de Inconstitucionalidade: precedentes".

354 Nesse sentido, o STF admitiu o cabimento de ADIn para impugnar dispositivo de lei orçamentária anual, cuja aplicação violaria hipótese de vinculação

b) A eficácia autorizativa seria necessária para evitar que pretensões subjetivas sejam fundamentadas em dotações orçamentárias

Por esse segundo argumento, a eficácia autorizativa seria praticamente uma fatalidade necessária, como é possível entrever na passagem transcrita cima. Na medida em que essa solução não é imposta pela natureza do orçamento, como se acaba de demonstrar, parece impossível deixar de reconhecer que se está diante de um argumento consequencialista, fundado no receio de que uma enxurrada de ações judiciais poderia ser proposta com o fim de determinar a liberação de verbas orçamentárias, desorganizando as finanças públicas. Nesse sentido, seria até possível atacar a tese sob o argumento de que esse tipo de consideração política deveria ser veiculado por normas constitucionais ou, pelo menos, por lei, em vez de se apresentar como uma praxe administrativa. No entanto, será mais produtivo demonstrar que o medo é parcialmente ilegítimo e, o que é mais importante, quase inteiramente infundado.

Em primeiro lugar, diz-se que o medo é parcialmente ilegítimo porque não deveria ser aterradora a perspectiva de que um ato do Poder Público deverá ser cumprido, ainda que de forma coativa.

---

constitucional de receitas, contida no art. 177, § 4º, II, da Constituição. Tratava-se, no caso, de receitas da CIDE-Combustíveis: V. STF, ADIn 2.925/DF, DJ 19.12.2003, Rel.ª Min.ª Ellen Gracie, Rel. p/ acórdão Min. Marco Aurélio: "LEI ORÇAMENTÁRIA. Mostra-se adequado o controle concentrado de constitucionalidade quando a lei orçamentária revela contornos abstratos e autônomos, em abandono ao campo da eficácia concreta. (...) É inconstitucional interpretação da Lei Orçamentária nº 10.640, de 14 de janeiro de 2003, que implique abertura de crédito suplementar em rubrica estranha à destinação do que arrecadado a partir do disposto no § 4º do artigo 177 da Constituição Federal, ante a natureza exaustiva das alíneas "a", "b" e "c" do inciso II do citado parágrafo". Sobre essa decisão, vale a pena transcrever o comentário otimista de DOMINGUES, José Marcos. Contribuições sociais, desvio de finalidade e a dita reforma da previdência social brasileira. *Revista Dialética de Direito Tributário*, nº 108, 2004: "Esse precedente extremamente saudável demonstra a vigilância da cidadania e a disposição do Judiciário de sindicar área do Direito até aqui livre de controle jurisdicional, ensejando-se o surgimento da jocosa expressão *peça de ficção* em que se diz ter-se transformado o orçamento no Brasil, onde tudo seria possível dependendo de ardilosa ou nebulosa ou *hábil* redação. Vê-se aqui uma nova vertente de controle finalístico, que pode ser exercitado em matéria de contribuições, aí compreendidas as destinadas à Seguridade Social".

Como visto, decisões essenciais são realizadas no orçamento e seria de se esperar que fossem dotadas de seriedade. O controle judicial é inafastável, nos termos da Constituição, não parecendo razoável que haja um imenso limbo decisional excluído taxativamente dessa possibilidade. Sem prejuízo de tal constatação, parece relevante analisar se a temida enxurrada de ações pode mesmo se concretizar, exigindo a liberação imediata de recursos que, por razões diversas, necessitem permanecer retidos ou mesmo ser objeto de redistribuição. Isso porque, como se tem enfatizado, essas hipóteses não estão sendo qualificadas necessariamente como desvios de conduta. Ao contrário, muitas vezes elas serão necessárias ou mesmo adequadas, o que é diferente de se admitir que possam ser arbitrárias.

Com efeito, é não apenas possível como também necessário que haja um mecanismo para permitir contingenciamentos e redistribuições. Observado o mecanismo, o orçamento sofreria modificação válida, de modo que sequer seria possível cogitar de suposto direito subjetivo à liberação de recursos segundo as previsões originais. Como se verá, a proposta formulada no presente trabalho reserva ao Poder Executivo papel central nesse tipo de decisão. Não havendo mudança, porém, seria de se presumir como regra a execução regular do orçamento aprovado. Nesse ambiente, não deveria haver tanto receio de que alguém cobre judicialmente aquilo que deveria ser feito de qualquer maneira. O Executivo teria condições para, mediante atos positivos, deixar de gastar até por conveniência, e de forma legítima. E também para deixar de gastar se as receitas forem insuficientes ou se previsões tiverem perdido seu objeto. Só se estaria interditando a inércia, a decisão camuflada de não-decisão, inclusive por seu potencial ofensivo às exigências de racionalidade e transparência e pelo convite que representa ao populismo orçamentário.

Esse raciocínio já parece suficiente para vencer o medo, mas há mais. Ainda que tudo o que foi dito acima não fosse verdade, veja-se que o risco de pretensões judiciais deve ser colocado nas suas devidas proporções. Como regra, as dotações orçamentárias, por si só, terão baixa densidade jurídica autônoma, o que não caracteriza um juízo de desvalor. Ou seja, não significa, na contramão de tudo que se vem dizendo, que o orçamento seja destituído de importância. Significa apenas que a maioria das dotações orçamentárias não identifica condutas específicas ou, o que é mais importante, beneficiários determinados. Longe disso, como tem sido destacado, é possível e muitas vezes desejável que tais previsões sejam vazadas em termos abertos, impondo a adoção de políticas relacionadas a determinada finalidade, sem contudo detalhar as medidas que devem ser implementadas.

Em casos assim, a generalidade dos indivíduos não poderia invocar suposto direito subjetivo específico, sendo certo que ninguém tem direito subjetivo ao gasto estatal, considerado em si mesmo. Na verdade, mesmo ações coletivas têm esbarrado na autocontenção judicial e não há motivos para supor que a existência de dotações orçamentárias genéricas possa ser um elemento determinante para uma mudança nessa tendência. Decisão judicial que pretendesse impor ao Estado determinada providência específica com base na existência de dotação orçamentária genérica, relacionada ao tema, teria de superar uma crítica evidente já sustentada: a de que o Judiciário estaria alocando dinheiro público segundo critérios de conveniência política, como se fosse uma instância política.

Veja-se que os limites desse tipo de intervenção já são discutidos atualmente pela doutrina e mesmo no âmbito do Judiciário. Uma dotação orçamentária que reservasse verbas para investimento em saneamento básico, em termos gerais, não viria inovar substancialmente esse debate, que já é alimentado por outros enunciados constitucionais e legais semelhantes. A proposta aqui formulada não superaria a necessidade dessa discussão, uma vez que não envolve a entrega do governo aos juízes. O papel do Judiciário é verificar a existência de direitos e obrigações jurídicas e garantir sua observância. Por isso mesmo, como se verá na parte propositiva, defende-se que seja possível a uma instituição dotada de legitimidade adequada, notadamente o Ministério Público, questionar a pura e simples retenção de recursos, decidida sem a observância de um devido processo orçamentário.

No entanto, ainda que não seja permitido ao Judiciário concretizar diretamente dotações genéricas, a sua existência pode ser tomada como um parâmetro de racionalidade, minimizando o grau de intervenção judicial na esfera de decisão dos outros Poderes. Ou seja, a existência de dotação genérica sem utilização reduziria o receio de que o Judiciário poderia estar impondo medidas irreais ou incompatíveis com a realidade financeira do Estado. No outro extremo, a inexistência de dotação não é atualmente considerada razão suficiente para que o Judiciário seja proibido de intervir. E deve continuar assim, já que direitos e obrigações decorrentes da ordem jurídica — até da própria Constituição — não devem ser esvaziados por essa omissão pontual. Para isso não é necessário negar ao orçamento eficácia de lei, bastando constatar que ele evidentemente não é utilizado pelo legislador com eficácia revogatória. Nem faria sentido conferir tamanho impacto a uma ausência que pode ter decorrido da mera dificuldade em abranger todas as situações imagináveis.

Em suma, não se defende um dever genérico de gastar ou um direito subjetivo ao gasto, mas sim um dever estatal de encarar com seriedade as previsões orçamentárias. A extensão desse dever será discutida e duas propostas serão formuladas, incluindo uma de conteúdo verdadeiramente mínimo. De qualquer forma, isso não dará aos juízes o poder de concretizar previsões normativas abrangentes ao seu bel-prazer. Defende-se que o orçamento tenha eficácia de lei — ainda que com temperamentos — mas não que seja um ato supralegal ou uma lei *sui generis*, inteiramente especificada e capaz de investir os juízes em poderes absolutos. Nem a Constituição consegue tanto e nem se defende que esse resultado seria positivo. Isso deve servir para superar o medo de que o orçamento acabe com a discricionariedade administrativa. O ponto será retomado.

Antes que se diga, não sem bastante injustiça, que nesses termos o orçamento continuaria sendo uma ficção ou mero instrumento auxiliar, convém lembrar a advertência feita inicialmente: o presente trabalho não tem por objetivo judicializar toda a vida política e entregar o governo ao Judiciário. A meta principal é fazer do orçamento um instrumento eficaz a serviço dos três Poderes e colocar em evidência a responsabilidade de cada um deles nas decisões orçamentárias, até para potencializar o controle social. O Direito destina-se a conformar a realidade, mas não é onipotente. Na verdade, muitas outras disposições constitucionais e legais esbarram em dificuldades políticas semelhantes para se ver cumpridas, sem que se cogite, por conta disso, da sua inutilidade ou de suposta eficácia meramente autorizativa.

A Constituição determinou, *e.g.*, a criação da Defensoria Pública em condições de suprir a demanda por assistência judiciária, direito fundamental. Nem por isso se entendeu que o Judiciário estava autorizado a determinar a providência, dada a enorme quantidade de decisões políticas e administrativas inerentes à instalação de uma estrutura desse porte. Mais concretamente, é fato que muitos Estados ainda nem organizaram a instituição ou o fizeram de maneira precária. Ainda assim, não se admite que um juiz possa invocar a Constituição ou determinada lei de criação para ordenar a contratação de pessoal ou a compra de equipamentos. Inúmeros outros exemplos poderiam ser lembrados e é possível até rememorar um caso já mencionado. A LRF determinou a instalação de um Conselho de Gestão Fiscal, sendo certo que não se atribui a essa lei eficácia autorizativa. No entanto, o Conselho nunca foi instituído e seria difícil imaginar uma decisão judicial especificando sua composição, definindo sua estrutura e determinando a efetivação das providências. Ou seja, a LRF está sendo descumprida nesse ponto.

Por melhor que seja o sistema orçamentário, é mais do que provável que algumas dotações também sejam parcialmente descumpridas ou subaproveitadas. O objetivo aqui é minimizar essas hipóteses e torná-las tão visíveis quanto possível, para alimentar o controle político e social. O controle judicial é importante, mas tem limites que lhe são próprios. Não se deve condenar o orçamento por não permitir que o Judiciário faça mais do que estamos realmente dispostos a aceitar como intervenção legítima.

Por outro lado, a contribuição do orçamento deve se agigantar no tocante às dotações caracterizadas por maior densidade jurídica — aquelas que identificam providências, com ou sem indicação de beneficiários específicos — que são em menor número, mas existem. Muitas delas pretendem concretizar decisões políticas anteriores, tomadas pelo Legislativo ou mesmo pelo Executivo. Caso a medida não seja realizada e exista beneficiário preterido ou entidade com legitimação adequada, não deveria causar estranheza que se possa pedir ao Judiciário não exatamente a liberação da verba, mas sim a realização da providência prevista[355].

---

355 A menos que a hipótese envolva uma reserva de administração, categoria da qual se falará adiante.

A conclusão a que se acaba de chegar torna-se especialmente consistente se a Administração dispuser de mecanismos para, de maneira válida, contingenciar dotações, indicando os motivos, ou solicitar a providência ao legislador. É dizer novamente: o que se quer vedar é a decisão caprichosa e veiculada por inércia. O ponto será retomado na parte final do estudo. No presente tópico, o que se queria destacar é que o argumento de que o orçamento deve ser mera autorização para evitar pretensões judiciais é parcialmente ilegítimo e contém boa dose de exagero. Na prática, parece espelhar uma convicção mal disfarçada de que a execução orçamentária deve ser mesmo errática, que o descumprimento do plano inicial pode ser corriqueiro e desacompanhado de justificativa formal.

IV. O orçamento público como instrumento de concretização dos princípios republicano, da segurança jurídica e democrático

Finalmente, após estudar a reserva legal orçamentária como exigência constitucional em si mesma, convém fazer uma nota sobre os papéis por ela desempenhados. Em outras palavras, embora a imposição constitucional já fosse suficiente, será importante ressaltar que a legalidade orçamentária coloca-se a serviço de outras normas constitucionais, notadamente os princípios republicano, da segurança jurídica e democrático. Para que isso se realize, contudo, é necessário que a execução orçamentária guarde o máximo de congruência possível com as previsões originais, para que haja alguma possibilidade de controle efetivo das escolhas que estão sendo feitas. Também aqui, portanto, só interessa um orçamento real, composto de reais decisões orçamentárias. Veja-se uma menção a cada um dos princípios mencionados.

V.1. Princípio republicano

Após um percurso acidentado, o princípio republicano instalou-se de forma quase generalizada a partir das revoluções liberais do século XVIII, derrocando progressivamente a imensa maioria dos regimes monárquicos. Com efeito, a idéia de que alguém deva exercer uma posição de governo por direito de nascimento tornou-se quase repugnante ao ideal igualitário[356]. Essa é precisamente a projeção mais destacada da República: a necessidade de que os cargos públicos estejam ao alcance de todos os indivíduos, com possibilidade de alternância nas funções de governo. Apesar da ênfase natural que a doutrina atribui a esse aspecto[357], o princípio contém também a idéia de que tais funções não se incorporam ao agente que as exerce, como um patrimônio. Ao contrário, em uma República, todo o poder é exercido por delegação dos membros que constituem a comunidade política, nunca por direito próprio[358]. Disso decorre a responsabilidade dos agentes públicos perante a sociedade, instrumentalizada por um permanente dever de prestar contas[359]. Seria possível cogitar também de um dever cívico de se informar e influir nas decisões, atribuído a cada cidadão[360]. Tal dis-

356 Nesse sentido, a conexão entre os princípios republicano e democrático — também derivado da idéia de igualdade — é, no mínimo, bastante estreita. Não por acaso, é possível produzir o mesmo juízo negativo sobre os privilégios de nascimento a partir da democracia. Nessa linha, v. WOLFF, Johathan. *Introdução à filosofia política*, 1996, p. 152.

357 Tanto que muitos autores definem a República, fundamentalmente, como o regime de governo oposto à monarquia. Assim, v. BATTIS, Ulrich e GUSY, Cristoph. *Einführung in das Staatsrecht*, 1991, p. 34: "Eine Republik (von res publica = Gemeinwesen) ist ein Staat, der keine Monarchie ist. Das Staatsoberhaupt darf also nicht auf dinastischer Grundlage und auf Lebenszeit bestimmt werden". (Tradução livre: Uma república (de res publica = coisa comum) é um Estado que não é uma monarquia. O Chefe de Estado não pode ser determinado por critério dinástico ou em caráter vitalício". Em linha semelhante, v. JELLINEK, Georg. *Teoria general del Estado*, 1954, p. 537 e GOUVEIA, Jorge Bacelar. *Manual de directo constitucional*, 2005, v. II, p. 837; e BOBBIO, Norberto e VIROLI, Maurizio. *Diálogos em torno da República*, 2002, p. 10.

358 BATTIS, Ulrich e GUSY, Cristoph. *Einführung in das Staatsrecht*, 1991, p. 34

359 Nessa linha, desenvolvendo de forma mais detalhada as exigências decorrentes do princípio republicano, v. ATALIBA, Geraldo. *República e Constituição*, 1985. Sobre responsabilidade, extrai-se das pp. 38 e39: "Regime republicano é regime de responsabilidade. Os agentes públicos respondem por seus atos. Todos são, assim, responsáveis. (...) A responsabilidade é a contrapartida dos poderes em que, em razão da representação da soberania popular, são investidos os mandatários. É lógico corolário da situação de administradores *lato sensu*, ou seja, gestores da coisa alheia".

360 Sobre as chamadas *virtudes republicanas*, que em alguma medida são realmente pressupostas na forma de organização do sistema político, apesar de seu desprestígio na prática, v. BOBBIO, Norberto e VIROLI, Maurizio. *Diálogos em torno da República*, 2002.

posição anda em baixa no mundo como um todo e, a bem da verdade, nunca foi uma característica marcante da vida política nacional. De qualquer forma, isso não afasta o dever estatal de atuar de forma transparente e inteligível, permitindo e até fomentando o exercício consciente da cidadania.

A pertinência dessas considerações ao tema em exame parece evidente. Os agentes do Estado não atuam em interesse próprio, sendo encarregados de gerir a coisa pública e buscar o bem comum, valendo-se de recursos igualmente públicos. Nesse sentido, o orçamento pode ser um poderoso instrumento de prestação de contas. O termo não é utilizado aqui somente no sentido contábil, sem prejuízo da importância desse aspecto para a prevenção de desvios. A ênfase recai nas exigências de publicidade e transparência dos atos do Poder Público. O orçamento pode ser visto como um registro abrangente — possivelmente o único disponível — das decisões estatais de investimento em seu conjunto. Tais decisões devem ser públicas, até para que sejam passíveis de crítica e reformulação.

Não é difícil constatar que a exigência não é satisfeita de forma adequada por um orçamento meramente autorizativo. Para atender ao princípio republicano, não basta que haja um plano de ação inicial, suscetível de descumprimento sem qualquer justificativa. Mesmo que haja alguma massa de debate público por ocasião da discussão legislativa do orçamento, a sua importância e eventual influência no texto aprovado poderá ser esvaziada pela simples inércia da Administração. A existência de uma dotação orçamentária significa que houve uma decisão de gastar em algo, uma decisão que assume especial relevância quando se lembra que os recursos são escassos e outras necessidades serão inevitavelmente preteridas. Sendo assim, a decisão de não gastar o que havia sido planejado deve ter algum fundamento lógico e é bastante razoável exigir que ele seja publicizado.

É claro que essa exigência, por si só, não garantiria controle social efetivo, que pressupõe também uma mudança na atitude geral dos meios de comunicação e do próprio povo. A modernidade produziu como subproduto a valorização do espaço de autonomia privada em detrimento do engajamento cívico e a complexidade do orçamento constitui um convite tentador ao desinteresse. No entanto, sem dúvida é desejável que a opinião pública confira maior atenção ao orçamento público e por isso mesmo é necessário facilitar a fiscalização social da execução orçamentária. Um ato formal de contingenciamento — exteriorizado por um ato positivo, motivado e inteligível — terá maiores chances de obter alguma atenção da mídia do que um não-ato — a simples retenção de recursos — ou mesmo um contingenciamento genérico, que afete diversos setores da atividade estatal.

IV.2. Princípio da segurança jurídica

O princípio da segurança jurídica está indissociavelmente ligado ao conceito de Estado de Direito, impondo-se a necessidade de que os indivíduos possam conferir na seriedade dos atos do Poder Público e por eles orientar suas condutas[361]. A previsibilidade das condutas estatais não interessa apenas para controle do dinheiro público, mas também para que os particulares, em determinadas situações, possam planejar suas atividades. Não se discute que a imposição de obrigações afeta os indivíduos, sendo desejável, sempre que possível, a sua divulgação com a máxima antecedência. No caso de obrigações tributárias, como se sabe, a anterioridade foi elevada à categoria de exigência constitucional, exigindo-se que os tributos sejam instituídos no exercício anterior e com antecedência mínima de 90 dias em relação à cobrança efetiva[362].

---

361 STF, MS 24.448/DF, DJ 14.11.2007, Rel. Min. Carlos Britto: "A inércia da Corte de Contas, por sete anos, consolidou de forma positiva a expectativa da viúva, no tocante ao recebimento de verba de caráter alimentar. Este aspecto temporal diz intimamente com o princípio da segurança jurídica, projeção objetiva do princípio da dignidade da pessoa humana e elemento conceitual do Estado de Direito". Adicionalmente, a garantia da segurança jurídica pode ser inferida também a partir de inúmeros dispositivos específicos da Constituição, notadamente do art. 5º, XXXVI e das regras que protegem a confiança legítima do contribuinte. Nesse sentido, v. ÁVILA, Humberto. *Sistema constitucional tributário*, 2004, p. 295. Sobre as diversas manifestações da segurança jurídica no contexto orçamentário, v. TORRES, Ricardo Lobo. *Tratado de direito constitucional financeiro e tributário — O orçamento (volume V)*, 2000, p. 243 e ss.

362 Como se sabe, a antecedência de 90 dias foi instituída pela EC 42/2003. V. CF/88, art. 150: "Sem prejuízo de outras garantias asseguradas ao contribuinte, é vedado à União, aos Estados, ao Distrito Federal e aos Municípios: (...) III — cobrar tributos: a) em relação a fatos geradores ocorridos antes do início da vigência da lei que os houver instituído ou aumentado; b) no mesmo exercício financeiro em que haja sido publicada a lei que os instituiu ou aumentou; c) antes de decorridos noventa dias da data em que haja sido publicada a lei que os instituiu ou aumentou, observado o disposto na alínea b; (Incluído pela Emenda Constitucional nº 42, de 19.12.2003) (...)".

No outro pólo, seria no mínimo ingênuo imaginar que os investimentos públicos não repercutem sobre pessoas físicas e, sobretudo, jurídicas. A empresa que resolve expandir suas atividades em determinado setor ou região pode estar levando em conta, na sua decisão, a perspectiva de investimentos públicos na infra-estrutura local. Muitas vezes, tais investimentos terão sido prometidos em pronunciamentos ou documentos oficiais e serão concretizados em dotações orçamentárias (promessas reforçadas, portanto). Imagine-se, *e.g.*, o exemplo do PAC — Programa de Aceleração do Crescimento, amplamente divulgado pelo Poder Público no final de 2007 e constituído precisamente por um conjunto de investimentos estruturais destinados a fomentar iniciativas empresariais privadas. Para dar outro exemplo, fugindo ao mundo dos negócios, é difícil imaginar que entidade assistencial sem fins lucrativos contemplada com uma dotação orçamentária deixe contar com a liberação das verbas para seu custeio ou mesmo para viabilizar determinada atividade.

Em ambos os casos, uma decisão orçamentária terá repercussão direta sobre interesses dignos de proteção. Investimentos poderão ter sido realizados e um eventual contingenciamento acarretará prejuízos de alguma ordem. Em certas situações, a perspectiva de investimento público será mais do que um reforço bem-vindo, constituindo a própria razão de se optar por determinado investimento em lugar de outro. Não se defende que essa circunstância, por si só, gere direito subjetivo à liberação de verbas orçamentárias[363]. Como visto, é inevitável que o orçamento possa ser modificado ao longo do exercício, por fatores diversos. Ainda assim, parece razoável que a frustração de expectativas seja, pelo menos, acompanhada de motivação racional. Motivos podem exigir mu-

363 Em linha semelhante, embora utilizando o argumento de forma um pouco mais restrita (concentrando-se nas relações contratuais do Poder Público), v. WEISS, Fernando Leme. *Princípios tributários e financeiros*, 2006, p. 241: "O princípio da segurança jurídica também justifica a instituição do orçamento na medida em que garante a todos os membros da sociedade um planejamento seguro acerca de suas relações com o Poder Público. Os empresários contratados precisam realizar investimentos e assumir compromissos para executar adequadamente seus encargos. Para tanto, é necessário confiar na continuidade dos projetos vinculados aos seus contratos, bem como na manutenção dos pagamentos a eles correspondentes, o que depende da existência dos orçamentos, além do compromisso sério de respeitá-los".

danças e os particulares devem saber disso, de antemão, calculando seus próprios *riscos fiscais*[364]. Isso é diferente de aceitar como normal que o orçamento poderá ser superado de forma caprichosa ou simplesmente aleatória, fazendo do Estado um parceiro traiçoeiro[365].

Isso é ainda mais verdadeiro no caso de previsões específicas de gasto, nas quais se identifica uma decisão já concretizada, supostamente precedida da devida ponderação. A segurança jurídica é um ideal operativo, a ser implementado na maior medida possível. Não se justifica, também por conta desse princípio, que a execução orçamentária se apresente aos particulares à moda de um jogo de azar ou de uma aventura na bolsa. Em um momento em que se fala tanto em atração de investimentos — às vezes à custa de políticas monetárias controversas — uma medida de base, desprovida de contra-indicações éticas, parece ser a seriedade estatal.

IV.3. Princípio democrático

As transformações experimentadas pelo mundo após a segunda guerra mundial produziram um cenário inusitado: nunca pareceu

364 A expressão é empregada por Ricardo Lobo Torres, que defende, porém, a necessária minimização de tais riscos a partir do princípio da transparência no direito financeiro. Para o autor, o referido princípio exige clareza, abertura e simplicidade,tanto do Estado, quanto dos particulares. V. TORRES, Ricardo Lobo. O princípio da transparência no direito financeiro, *Revista de Direito da Associação dos Procuradores do Novo Estado do Rio de Janeiro* nº VIII (Direito Financeiro), 2001, p. 137.

365 BARROSO, Luís Roberto. Mudança da jurisprudência do Supremo Tribunal Federal em matéria tributária. Segurança jurídica e modulação dos efeitos temporais das decisões judiciais, *Revista de Direito do Estado* nº 2, 2006, p. 277: "A obrigação dos órgãos do Poder Público de não vulnerar a confiança legítima e de agir com boa-fé é inerente ao Estado democrático de direito. Sob um regime constitucional, Estado e sociedade não podem ser vistos como antagonistas ou como pólos opostos de uma relação conflituosa. Ao contrário, ambos devem conviver em unidade e harmonia, compartilhando valores, princípios e objetivos comuns. Nesse ambiente, a relação entre o Estado e o particular não opõe duas partes privadas, cada qual defendendo seu interesse, embora também entre partes privadas haja o dever recíproco de boa-fé. Na verdade, o Poder Público deriva sua autoridade do conjunto de administrados, agindo em nome e por conta da totalidade da população, não se concebendo que possa agir deslealmente em relação a seus próprios constituintes".

menos necessário fundamentar a democracia, mas também nunca foi tão difícil concretizá-la. Com efeito, o ideário democrático[366] incorporou-se ao senso comum — na esteira do reconhecimento de igual dignidade a todos os indivíduos —, de modo que praticamente nenhum regime político ousa desdenhar da democracia em público[367]. Por outro lado, ou talvez como desdobramento dessa consciência democrática, acentuou-se a percepção de que os sistemas políticos atuais não dispõem de um arsenal adequado para que esse ideal se realize plenamente. A democracia ficou exigente e já não se contenta com as instâncias formais de representação. Fala-se na necessária democratização das relações privadas e na importância de uma esfera pública não estatal em que a informação possa circular com liberdade, interagindo com o sistema político institucionalizado[368].

---

366 Para um panorama geral das muitas idéias reunidas sob o conceito de democracia, ao longo da história, v. GOYARD-FABRE, Simone. O *que é democracia?*, 2003. Sobre o princípio democrático, também de forma abrangente, v. DOBROWOLSKI, Samantha Chantal. *A construção social do sentido da Constituição na democracia contemporânea: entre soberania popular e direitos humanos*, 2007.

367 SHAPIRO, Ian. O*s fundamentos morais da política*, 2006, p. 245: "O fato de que governos das mais diversas colorações ideológicas, em todos os cantos do mundo, tentem se cobrir com o manto da democracia é uma prova a mais — se preciso fosse — de que o compromisso com a democracia é um componente indispensável da legalidade política. Os aspirantes à liderança política podem ser progressistas ou conservadores, meritocratas ou igualitaristas, nacionalistas ou cosmopolitas, multicuturalistas ou defensores de uma única cultura. É muito mais difícil para eles opor-se abertamente à democracia — o que raramente acontece — do que adotar qualquer uma dessas posições. Podem acatar as deturpações ou desvios da democracia, ou afirmar que determinado sistema de representação democrática é injusto. Podem discutir a respeito do significado da democracia e das instituições que ela exige. Podem até defender a tese de que seu país 'ainda' não está preparado para a democracia — reconhecendo-lhe a legitimidade no mesmo momento em que se esquivam dela. No mundo contemporâneo, portanto, a aprovação à idéia de democracia é praticamente inegociável".

368 Sobre a necessidade de que o Estado não apenas tolere essa esfera pública, mas também que facilite o seu desenvolvimento e sua democratização interna, evitando ou superando relações de clientelismo e captura autoritária, v. SANTOS, Boaventura de Souza. *A gramática do tempo — para uma nova cultura política*, v. 4, 2006, p. 369. O autor destaca que a relação do Poder Público com os segmentos sociais ativos, especialmente o chamado terceiro setor, pode ser marcada por alguma conflituosidade, inclusive para forçar a abertura de novos canais de participação em domínios em que a democracia representativa penetre com

De certa forma, assiste-se a uma redescoberta teórica da autonomia pública como parcela importante da autonomia moral, geralmente invocada para fundamentar a proteção das liberdades privadas. No entanto, agora mais do que nunca, o autogoverno dos indivíduos não pode se realizar numa *agora* gigante e nem se cogita de uma medida qualquer capaz de produzir um salto de qualidade no instituto da representação política. Ao contrário, a descrença nos sistemas políticos é um fenômeno descrito em diferentes partes do mundo e não se descortina no horizonte uma perspectiva de solução definitiva. Em vez disso, atenção se volta para a própria sociedade civil e sua crescente organização interna, sem prejuízo de que, em muitos casos, os indivíduos se reúnam em torno de causas ou interesses específicos — como a proteção do meio ambiente ou dos consumidores — sem uma pretensão de atuação política mais abrangente. A legitimação do Estado passa cada vez mais pelo diálogo com essas instâncias e com a opinião pública de forma geral.

Isso se torna ainda mais verdadeiro quando se tem em mente a dispersão da competência decisória. Ao lado do Presidente e do corpo parlamentar, que contam com um grau maior ou menor de respaldo popular — outras instâncias exercem um poder efetivo sem esse batismo, ao menos não em caráter direto. De juízes a agências reguladoras, parte importante das decisões políticas é proveniente desses canais. Tal exercício de poder busca legitimidade em diferentes fontes, começando, naturalmente, pelo consentimento generalizado acerca dessa forma de organização institucional. No caso dos juízes, legitimação pelo procedimento[369] — devido processo legal, incluindo a participação direta dos interessados — e pela demonstração de que as decisões podem ser reconduzidas

---

baixa intensidade. De forma semelhante, afirmando que o terceiro setor pode levar aos canais políticos demandas sociais oriundos de setores pouco representados, v. SARMENTO, Daniel. *Direitos fundamentais e relações privadas*, 2004, p. 3.

369 DINAMARCO, Cândido Rangel. *Instrumentalidade do processo*, 2002, p. 159: "E existe a necessidade do procedimento, como pauta de trabalhos, porque esse é o meio encontrado pelo legislador para assegurar o modo de ser do exercício da jurisdição, conforme ele deseja. Por isto é que, se de um lado o procedimento regular é fator legitimante do exercício do poder, por outro ele próprio recebe legitimidade do modo como disciplina esse exercício, ou seja, da medida em que o dimensiona segundo as garantias constitucionais e favorece a efetiva participação dos sujeitos interessados".

a decisões majoritárias — enunciados normativos válidos — por meio de argumentação racional[370]. No caso da Administração, também se verifica essa recondução e também se pode cogitar de uma legitimação pelo procedimento, observando-se preocupação crescente com a participação dos administrados e com deveres de transparência.

Como se percebe, a ênfase recai na exigência de que o processo decisório seja aberto à participação, na qual os indivíduos sejam tratados com respeito, e não como meros objetos sobre os quais incide a autoridade. Em uma estrutura tão abrangente como o Estado, essa possibilidade de participação pressupõe altos níveis de publicidade, acompanhados de um dever estatal de fornecer argumentos, de justificar suas decisões. No plano das finanças públicas, cuida-se das decisões sobre como e quanto arrecadar — por meio de contribuições coativas — e sobre como empregar os recursos. Como visto, a Constituição organiza a participação dos indivíduos nessas decisões sobretudo por meio da legalidade tributária e orçamentária, aliada à possibilidade de participação direta por meio de audiências públicas e pela fiscalização social da atividade administrativa[371].

Ao contrário do que uma leitura apressada faria supor, a exigência de lei não guarda relação apenas com a segurança jurídica na via da receita — previsibilidade das obrigações impostas pelo Poder Público — e com o controle da corrupção ou de gastos perdulários na via da despesa. Tais objetivos exigiriam apenas que as exa-

370 Nesse sentido, com suporte em Friedrich Müller, v. SILVA, Anabelle Macedo. *Concretizando a Constituição*, 2005, pp. 127-128: "O texto da lei ou da Constituição (*Normtext*) não se confunde com o texto da norma jurídica (*Text der Rechtsnorm*), este composto pelo programa e pelo campo normativo, sendo a base para a decisão individual, a norma-decisão (*Entscheidungsnorm*). A norma jurídica individualizada deve poder ser metodologicamente imputada ao texto da norma editado pelo legislador legítimo".

371 É certo que formas mais intensas de participação podem ser desenvolvidas, como os mecanismos de orçamento participativo. Não se trata, porém, de uma exigência que possa extraída diretamente da Constituição. O objetivo central do presente trabalho é delimitar o sentido do devido processo orçamentário, de extração constitucional, de modo que o ponto não será aprofundado. Sobre orçamento participativo, v. AZEVEDO, Sergio de; e FERNANDES, Rodrigo Barroso. *Orçamento participativo — construindo a democracia*, 2005; e BRANGSCH, Petra; e BRANGSCH, Lutz (orgs.) *Haushalt, Haushaltspolitik und Demokratie — Bedingungen und Strategien einer partizipativen Haushaltspolitik*, 2005.

ções e as previsões de despesa fossem registradas em ato dotado de seriedade, cuja modificação estivesse sujeita a requisitos especiais e a um dever de motivação. Não seria imprescindível, contudo, para esses fins específicos, que se tratasse de ato do Poder Legislativo. Tal necessidade decorre do princípio democrático. Na verdade, a legalidade orçamentária deve ser vista como complemento necessário da legalidade tributária, vista não apenas como garantia do contribuinte, mas também como instrumento de autonomia pública. As receitas — em qualquer dosagem — justificam-se pelo investimento que será realizado, mesmo que seja na constituição de reservas monetárias.

Em outras palavras, a decisão sobre a tributação adequada — que se atribui inequivocamente aos representantes populares — só ganha sua dimensão real quando se analisa também a outra ponta da corda, isto é, a destinação dos recursos. Uma carga tributária pesada pode ser considerada legítima por inúmeros motivos, como o financiamento de um Estado Social generoso ou mesmo de intervenções estatais na economia. Essa é uma decisão a ser tomada pelas maiorias de cada momento. É certo, porém, que qualquer carga tributária, ainda que irrisória, seria odiosa se tivesse como finalidade sustentar um governo parasitário. O exemplo extremo serve para demonstrar com especial clareza a lógica comum que interliga os sistemas tributário[372] e orçamentário, como irmãos siameses. A vida real tende a não ser assim maniqueísta, mas não afasta a conclusão de que é na correlação entre receita e despesa que se realiza a democracia e a racionalidade fiscal. Apresentado o argumento em sua essência, convém passar a uma exposição analítica do mesmo.

a) O orçamento como ponto de encontro entre receita e despesa

A lei orçamentária equaciona os dois elementos essenciais da atividade financeira do Estado: receita e despesa. Em relação à receita, a lei orçamentária realiza uma estimativa para o exercício fi-

372 Em verdade, não apenas o sistema tributário, mas todos os mecanismos de captação da riqueza privada. A referência ao sistema tributário se justifica por ser essa, de longe, a principal fonte de financiamento estatal e pela circunstância de que muitas das outras receitas apresentam um elemento contraprestacional direto, fazendo com que componham, em primeiro lugar, um sistema de equilíbrio mais restrito.

nanceiro. A principal fonte de receita, como se sabe, decorre da tributação. A lei orçamentária não institui os tributos, que são criados por outras leis, às quais a doutrina e a jurisprudência não hesitam em reconhecer normatividade típica e eficácia mandatória. Disso decorre uma primeira constatação: um dos pólos da equação orçamentária não está à disposição do Poder Executivo. Tal conclusão foi reforçada pela Lei de Responsabilidade Fiscal (LC 101/2000), cujo art. 11 determina que os entes federativos devem instituir e arrecadar efetivamente todos os tributos de sua competência como medida de responsabilidade na gestão fiscal. O descumprimento dessa exigência impede a realização de transferências voluntárias de receita para o ente federativo omisso[373]. Some-se a isso o maior controle incidente sobre isenções e outras formas de benefício fiscal, instituído pela Constituição de 1988[374], e o resultado será o reconhecimento de pouca liberdade para a Administração na atividade de concretização das receitas, pelo menos em tese.

O outro pólo da equação é constituído pela despesa. Aqui reina a tese de que a lei orçamentária constitui apenas uma autorização para o Poder Executivo, que pode deixar de cumprir as previsões de gasto, sem nem mesmo ter de expor os motivos para tanto. Essa disparidade de regimes entre receita e despesa é uma marca bastante nítida na atual prática orçamentária brasileira. Mas talvez não tenha sido sempre assim, pelo menos não em toda essa extensão.

No regime das Constituições de 1946 e 1967 vigorava o princípio (*rectius*: regra) da anualidade tributária[375]. Exigia-se que a lei

---

373 LC 101/00, Art. 11: "Constituem requisitos essenciais da responsabilidade na gestão fiscal a instituição, previsão e efetiva arrecadação de todos os tributos da competência constitucional do ente da Federação.Parágrafo único. É vedada a realização de transferências voluntárias para o ente que não observe o disposto no caput, no que se refere aos impostos".

374 CF/88, art. 150, § 6º: "Qualquer subsídio ou isenção, redução de base de cálculo, concessão de crédito presumido, anistia ou remissão, relativos a impostos, taxas ou contribuições, só poderá ser concedido mediante lei específica, federal, estadual ou municipal, que regule exclusivamente as matérias acima enumeradas ou o correspondente tributo ou contribuição, sem prejuízo do disposto no art. 155, § 2.º, XII, g".

375 A redação era praticamente a mesma, nas duas Cartas: CF/1946, art. 141, § 34: "Nenhum tributo será exigido ou aumentado sem que a lei o estabeleça; nenhum será cobrado em cada exercício sem prévia autorização orçamentária, ressalvada, porém, a tarifa aduaneira e o imposto lançado por motivo de guerra".

orçamentária anual autorizasse a cobrança dos tributos para o respectivo exercício. Sem essa autorização, as leis instituidoras das exações conservavam sua vigência, mas tinham sua eficácia paralisada. A exigência estava incluída no rol de direitos e garantias fundamentais, em conjunto com a legalidade tributária. A lógica era bastante simples e estava em plena conformidade com a idéia de que o orçamento é uma forma de controle sobre a atividade administrativa: as receitas eram autorizadas em função das despesas também autorizadas[376]. O sistema dava margem à arrecadação das receitas autorizadas sem que as despesas correspondentes saíssem do papel, tal como hoje, mas tinha o mérito de colocar em evidência, pelo menos na origem, a correlação entre receita e despesa.

A regra da anualidade foi esvaziada pela jurisprudência do STF[377] e finalmente, por meio de emenda constitucional[378], retirada da ordem jurídica[379]. Apesar disso, parece correto dizer que a

---

CF/1967, art. 150, § 29: "Nenhum tributo será exigido ou aumentado sem que a lei o estabeleça; nenhum será cobrado em cada exercício sem prévia autorização orçamentária, ressalvados a tarifa aduaneira e o imposto lançado por motivo de guerra".

376 BALEEIRO, Aliomar. *Direito tributário brasileiro*, 2005, pp. 93-94: "(...) a Constituição, desde 1946 (§ 34 do art. 141 da Constituição de 1946) acolheu o princípio da anualidade dos tributos, no pressuposto de que o Congresso concede as receitas para um volume definido de despesas específicas do programa político autorizado. Quando o Executivo propõe o orçamento para o exercício imediato, oferece na realidade um plano de realizações e serviços a ser coberto por tais receitas e só estas. Aprovando a proposta orçamentária, as duas Casas do Congresso dão anuência aos fins a serem alcançados pelas despesas ou sacrifícios que os vários grupos sociais para isso devem suportar. Decide-se politicamente que regiões e grupos vão ser beneficiados pelas despesas e que classes sociais irão suportar maior ou menor parte do ônus".

377 O Tribunal entendeu que tributo instituído após a aprovação da lei orçamentária, mas antes do início do exercício financeiro, poderia ser cobrado. Com isso, esvaziou a regra da anualidade e transformou-a em mera anterioridade. Essa interpretação do STF foi cristalizada na Súmula nº 66, de 1963: "É legítima a cobrança do tributo que houver sido aumentado após o orçamento, mas antes do início do respectivo exercício financeiro".

378 A Emenda Constitucional nº 1 à Constituição de 1967, editada em 1969, que, do ponto de vista material, deu origem a uma nova Constituição, extinguiu a regra da anualidade orçamentária.

379 Em sentido contrário, sustentando a subsistência da anualidade orçamentária, v. NOVELI, Flávio Bauer Novelli. Anualidade e anterioridade na Constituição de 1988, *Revista de Direito Administrativo* nº *179-180*, 1990, p. 19 e ss.

lógica subjacente seja inerente ao Estado de Direito, permanecendo, portanto, válida. Ao contrário de um administrador privado, o Poder Público não pode ter como objetivo de sua atividade a acumulação de riqueza como fim em si mesmo. Superadas as concepções totalitárias, prevalece a idéia de que o Estado é uma realidade instrumental a serviço de certas finalidades, mais precisamente a realização do bem comum ou do interesse público, ainda que seja difícil precisar o sentido da expressão[380]. No âmbito estatal, as receitas justificam-se pelas despesas que serão realizadas em função do interesse público[381]. Isso é especialmente visível no que concerne às receitas derivadas, ou seja, aquelas resultantes de apropriação de parcela da riqueza dos contribuintes, no exercício do poder de império. Todavia, o raciocínio exige que seja levada em conta também a riqueza obtida pelo Estado por conta da exploração de seu próprio patrimônio. Uma vez que a tributação interfere no direito fundamental de propriedade — o que é bem diferente de se dizer que o viola — soa razoável que o Estado, em princípio, só arrecade coativamente aquilo que for necessário. A medida da necessidade deve ser definida pela via democrática.

A atenção dos juristas e da população em geral — dos contribuintes — costuma concentrar-se na tributação. As pessoas têm uma consciência intuitiva de que a tributação afeta suas vidas, por-

380 Como se sabe, o momento é de redefinição do conceito de supremacia do interesse público, com a constatação de que a proteção de direitos individuais, sobretudo fundamentais, constitui em si um interesse público digno de proteção. Sobre o tema, v. SARMENTO, Daniel. (org), *Interesses públicos Vs. interesses privados — Desconstruindo o princípio da supremacia do interesse público*, 2005.

381 Como um reflexo disso, há autores que passam a qualificar a despesa como o momento inicial do processo orçamentário, do ponto de vista lógico. É o caso, e.g., de ROSA JUNIOR, Luiz Emygdio da. *Manual de direito financeiro e direito tributário*, 2003, p. 25: "O exame da despesa pública deve anteceder ao estudo da receita pública, pois não pode mais ser compreendida apenas vinculada ao conceito econômico privado, isto é, que a despesa deva ser realizada após o cálculo da receita, como ocorre normalmente com as empresas particulares. Aliás, hoje em dia, os particulares recorrem ao empréstimo sempre que a receita se apresenta deficiente em relação à despesa". Embora interessante, por enfocar a importância que deve ser dada à disciplina da despesa, a visão parece exagerada. Diante da explosão das necessidades e da limitação dos recursos, parece natural enfocar a despesa como o momento de escolha das ações possíveis em face das possibilidades.

que "sentem", ou deveriam sentir[382], o dinheiro que entregam ao Estado. Mais de uma insurreição já teve como motivo a cobrança de tributos considerados injustos, excessivos ou simplesmente não instituídos pela representação popular, não se podendo dizer o mesmo em relação à forma como é gasto o dinheiro arrecadado[383]. Não por acaso, as Constituições costumam prever uma série de limitações ao poder de tributar. No extremo oposto, a disciplina da despesa pública tem ficado relegada a um imerecido segundo plano[384]. Tão-logo as pessoas se separam do seu dinheiro, parecem es-

382 No Brasil, parte considerável da tributação incide de forma indireta, onerando produtos e serviços. Tal circunstância dificulta o pleno conhecimento da carga tributária, mas poderia ser amenizada com uma regulamentação adequada do art. 150, § 5º, da Constituição, que tem a seguinte redação: "A lei determinará medidas para que os consumidores sejam esclarecidos acerca dos impostos que incidam sobre mercadorias e serviços". Não se desconhece a realidade econômica de que todos os custos da produção — inclusive todos os custos tributários — são repassados ao consumidor. A rigor, essa é uma condição necessária para a própria viabilidade de lucro. A referência a tributos indiretos é utilizada apenas para identificar as imposições incidente sobre produtos e serviços de forma imediata, cuja participação na composição dos preços deveria ser informada ao contribuinte por determinação constitucional.

383 TRIBE, Laurence. *American constitutional law*, 2000, p. 731: "Yet, just as political science has focused far more attention on the process of congressional appropriation, and on the interaction between Congress and the agencies in the formulation of a budget, than on the actual spending of the people's money, so also constitutional law has been more concerned with taxation and appropriation than with expenditure. The emphasis is not altogether surprising: although taxation without representation has been the occasion of many a revolution, expenditure without authorization has been the cause of few, and the transfer, reprogramming, or impoundment of funds already authorized and appropriated has been the occasion of none. The brevity of this section of Chapter 4 will reflect that historic emphasis, but without meaning to endorse it; eventually, we will need a more complete theory of how constitutional law and political power have interacted, and should interact, in this vital terrain".

384 Essa divisão interna no direito financeiro é identificada com clareza por BIDART CAMPOS, German. *El orden socioeconomico en la Constitución*, 1999, pp. 353-4: "En efecto, fijar los gastos y realizar las inversiones ha sido reputada una cuestión eminentemente política, donde ya no juegan los parametros constitucionales, donde la discrecionalidad del órgano que establece los recursos y del que efectúa las inversiones queda exenta de todo control judicial de constitucionalidad, y donde — en definitiva — el llamado derecho financiero parece haber roto amarras con la constitución. (...) En la partición del derecho financiero en dos mitades: la de la tributación que se utiliza para lograr los recursos, y la del gasto que se atiende con los recursos logrados. La primera se somete a la consti-

quecer que o conjunto dos valores arrecadados pelo Estado continua sendo seu — da coletividade — e, como tal, deveria ser aplicado com o seu conhecimento e em seu benefício.

Esse descaso tem se traduzido em uma combinação perversa de mecanismos ineficazes de controle jurídico da aplicação dos recursos, de índole puramente formal, e inexistência de controle político-eleitoral efetivo, na medida em que o tema da limitação das verbas praticamente não entra nas campanhas políticas. Não por acaso, a doutrina destaca a importância de se fortalecer no Brasil uma *cultura orçamentária*, que nada mais é do que a percepção de que a cidadania fiscal não se esgota no dever de pagar tributos[385].

Isso não significa que o problema seja exclusivamente político. A Constituição limita o poder de tributar em atenção a direitos fundamentais reconhecidos aos contribuintes. Seria contraditório que não tivesse nada a dizer sobre o seu emprego, não apenas em sentido formal — pela instituição de procedimentos e controles — mas também quanto à substância das decisões[386]. Faz-se necessá-

---

tución, y la segunda no. Por qué? Porque a un buen sector de la dogmática financiera no se le ha ocurrido descubrir y aceptar que la constitución suprema también rige y se aplica en el área del gasto público y de la inversión de recursos. Allí, el presupuesto se habría convertido en el árbitro único, primero y final".

385 TORRES, Ricardo Lobo. *Tratado de direito constitucional financeiro e tributário — O orçamento (volume V)*, 2000, p. 148: "Registre-se que cuidaremos aqui da cidadania fiscal em seu sentido amplo, que abrange, além da problemática da receita, os aspectos mais largos da cidadania financeira, que, compreendendo a vertente da despesa pública, envolve as prestações positivas de proteção aos direitos fundamentais e aos direitos sociais e as escolhas orçamentárias, questões que apresentam o maior déficit de reflexão teórica no campo da cidadania. Cidadania fiscal é, sobretudo, cidadania orçamentária". Também sobre a idéia de cidadania fiscal, v. José Casalta Nabais, *Estudos de direito fiscal*, 2005, p. 59: "Todos os membros da comunidade são, assim, suportes econômicos, de um lado, e suportes políticos, de outro, do estado contemporâneo. Pelo que todos temos simultaneamente o dever de suportar financeiramente o estado e o direito (o direito-dever) de ter uma palavra a dizer sobre os impostos que estamos dispostos a pagar".

386 No Direito brasileiro, um dos primeiros registros dessa constatação encontra-se em BARCELLOS, Ana Paula de. *A eficácia jurídica dos princípios constitucionais*, 2002, pp. 240-1: "A gestão de recursos financeiros envolve sempre dois tipos de ação: a obtenção e o dispêndio. Não é diferente com os recursos públicos. A apuração de recursos pelo Poder Público é tema amplamente regulamentado pelo direito constitucional, desde as clássicas limitações ao poder de tributar, até as modernas regras que regem o endividamento público. Em suma:

rio, portanto, reconciliar os elementos da receita e da despesa no orçamento público, colocando em evidência os efeitos das opções orçamentárias.

A atual disparidade entre os regimes da receita e da despesa acaba esvaziando parcialmente a lógica da própria legalidade tributária, que deveria servir a dois objetivos: i) proteção do contribuinte contra a imposição de exações excessivas ou súbitas; e ii) participação democrática na definição da carga tributária. O primeiro objetivo independe do destino dado aos recursos, mas o segundo não. Para compreender plenamente o que se está afirmando, convém fazer uma breve incursão pela legalidade tributária. O aparente desvio servirá também para demonstrar o alto grau de proteção que essa garantia vem recebendo na ordem jurídica brasileira — ainda que nem sempre da maneira mais adequada — o que torna ainda mais contraditório o descaso para com o orçamento.

b) As duas funções da legalidade tributária: segurança e democracia

A tributação é regida pelo princípio formal da legalidade. A observância de um procedimento relativamente complexo para a instituição ou majoração de tributos seria uma forma de tentar incrementar a segurança e a racionalidade das imposições, inclusive para aumentar a probabilidade de que atendam aos princípios materiais e aos valores que informam a ordem jurídica, sobretudo a igualdade[387]. A garantia essencial da legalidade é ladeada por outras regras e princípios constitucionais igualmente destinados à promoção

---

para a apuração de receitas, o Estado deverá obediência às normas jurídicas pertinentes. O que dizer da despesa? Ora, a despesa pública é exatamente o mecanismo pelo qual o Estado, além de sustentar sua própria estrutura de funcionamento, procura realizar seus fins e atingir seus objetivos. Do ponto de vista formal, as despesas públicas deverão estar previstas no orçamento, nos termos constitucionais e legais. Mas o que deverá constar do orçamento? Em que se deverá investir? Em que os recursos públicos deverão ser aplicados? Com muito maior razão, também o conteúdo das despesas haverá de estar vinculado juridicamente às prioridades eleitas pelo constituinte originário".

387 OLIVEIRA, José Marcos Domingues de. *Direito tributário e meio ambiente*, 1995, p. 52: "A Igualdade e a Legalidade se constituem nos dois grandes princípios do Estado de Direito. (...) O princípio formal da legalidade se destina a realizar o princípio material de igualdade e só nessa perspectiva é que encontra sua justificativa".

desse conjunto de valores e interesses. Dentre eles, destacam-se as regras da irretroatividade — complemento indissociável da legalidade — e da anterioridade, que visa a conferir ao contribuinte a possibilidade de planejar minimamente as suas atividades em função das possíveis incidências tributárias. Destaca-se, também, o princípio da capacidade contributiva, que instrumenta a igualdade em matéria tributária[388]. A ofensa a essas normas caracteriza vício de inconstitucionalidade. Como tal, deve ter por consequência a paralisação da eficácia da norma violadora e, tanto quanto possível, a reversão de todos os efeitos que já tenham sido produzidos.

Tal conjunto de garantias tem por objetivo proteger o indivíduo em face da voracidade fiscal do Estado, constituindo uma parte importante do chamado *estatuto do contribuinte*[389]. Como se sabe, a domesticação do Fisco constituiu um dos principais motores das revoluções liberais contra o absolutismo, explicando em grande medida a ênfase que esse aspecto garantista sempre mereceu. Tanto assim que a doutrina logo cuidou de cercar a legalidade tributária de cuidados similares aos dedicados à legalidade em matéria penal, convertendo-a em tipicidade. O princípio da tipicidade tributária determina que o fato gerador e os demais elementos essenciais da tributação venham descritos na lei, não se admitindo que o legislador delegue essa tarefa à Administração[390]. Isso não significa necessariamente que o enunciado legal deva conter uma definição exaustiva de todos os elementos envolvidos na relação jurídico-tributária.

Com efeito, os autores destacam que a noção de *tipo*, por definição, seria aberta. A idéia central consiste na definição, por parte do legislador, de situações-padrão — situações típicas — que darão ensejo à produção de consequências jurídicas, identificadas, no

---

388 OLIVEIRA, José Marcos Domingues de. *Direito tributário — Capacidade contributiva*, 1998, p. 73.

389 A outra parte seria constituída pelos deveres do cidadão para com a coletividade, no caso o dever fundamental de pagar os tributos necessários à manutenção da sociedade. Sobre os deveres de respeito impostos a ambas as partes, v. TIPKE, Klaus. *Moral tributaria del Estado y de los contribuyentes*, 2002. Especificamente sobre o chamado estatuto do contribuinte, v. FAVEIRO, Vítor. *Estatuto do contribuinte*, 2002.

390 OLIVEIRA, José Marcos Domingues de. *Direito tributário e meio ambiente*, 1995, p. 53.

caso, com o nascimento da obrigação tributária. A doutrina refere-se a esse fenômeno como *adequação do fato gerador concreto ao abstrato*[391]. Disso não decorre, quer do ponto de vista lógico, quer por imposição normativa, que a lei tenha de ser absolutamente exaustiva ou que o legislador não possa se valer de conceitos relativamente indeterminados, até porque, a rigor, pouquíssimos são os conceitos jurídicos inteiramente determinados[392].

Apesar disso, a noção de tipicidade tributária defendida, ainda hoje, por diversos autores brasileiros, funda-se na idéia de tipicidade fechada. Para essa corrente, seria exigível que a lei defina exaustivamente todos os elementos da obrigação tributária, sendo inadmissível que o legislador delegue parte de sua competência normativa à Administração ou mesmo que utilize termos que tornem necessária a integração do aplicador[393]. Essa corrente sustenta, por-

391 TORRES, Ricardo Lobo. *Tratado de Direito Constitucional Financeiro e Tributário, Vol. II — Valores e princípios constitucionais tributários*, 2005, p. 489 e seg..

392 ENGISCH, Karl. *Introdução ao pensamento jurídico*, 2001, p. 208: "Os conceitos absolutamente determinados são muito raros no Direito. Em todo o caso devemos considerar como tais os conceitos numéricos (especialmente em combinação com os conceitos de medida e os valores monetários: 50 Km, prazo de 24 horas, 100 marcos). Os conceitos jurídicos são predominantemente indeterminados, pelo menos em parte. É o que pode afirmar-se, por exemplo, a respeito daqueles conceitos naturalísticos que são recebidos pelo Direito, como os de 'escuridão', 'sossego nocturno', 'ruído', 'perigo', 'coisa'. E com mais razão se pode dizer o mesmo dos conceitos propriamente jurídicos, como os de 'assassinato' ('homicídio qualificado'), 'crime', 'acto administrativo', negócio jurídico', etc." No mesmo sentido, afirmando que, salvo por alguns poucos conceitos verdadeiramente objetivos, a noção de lei é necessariamente tipológica e não abstrato-conceitual, v. KAUFMANN, Arthur. Problemgeschichte der Rechtsphilosophie. In: KAUFMANN, Arthur; HASSEMER, Winfried e NEUMANN, Ulfried (orgs.). *Einfhürung in die Rechtsphilosophie und Rechtstheorie der Gegenwart*, 2004, p. 135.

393 XAVIER, Alberto. *Do lançamento — Teoria geral do ato, do procedimento e do processo tributário*, 1997, p. 207: "De harmonia com o *princípio do exclusivismo*, os tipos tributários contêm uma descrição completa dos elementos necessários à tributação, de tal modo que estes elementos, para além de serem indispensáveis, são exclusivamente suficientes para a produção do efeito, isto é, para a constituição da obrigação tributária. De forma que à vontade da Administração não é lícito a criação de elementos extra-típicos que ao tipo devam acrescer como pressupostos daquela obrigação, pressupostos estes que funcionariam como um conteúdo acessório do tributo. Tão pouco pode a lei ordinária autorizar a Administração a modificar o conteúdo de qualquer elemento do tipo, em ter-

tanto, a existência de uma reserva legal absoluta em matéria tributária. A distinção entre reserva legal formal relativa e absoluta já foi analisada, não sendo o caso de se voltar ao ponto.

Para o tema em estudo, basta constatar que essa visão acerca da legalidade tributária apresenta problemas graves e, por isso mesmo, tem sido objeto de crítica por parte da doutrina mais recente. Na verdade, a defesa da chamada tipicidade fechada oculta um elemento ideológico, consistente no favorecimento da liberdade relacionada ao patrimônio em detrimento da liberdade em um sentido mais amplo, vinculada à pessoa[394].

Por determinação constitucional, é de fato exigível que a lei defina os elementos essenciais das obrigações de pagar tributos, em atenção à legalidade tributária genérica. Tal determinação constitucional é respaldada por também bons argumentos, uma vez que a tributação é uma forma de intervenção estatal na propriedade, alçada à categoria de direito fundamental. Nesse sentido, seria até razoável postular a aplicação, no domínio tributário, do dever de especial clareza, descrito acima. Isso não quer dizer que a lei deva definir de forma detalhada todos os pormenores da tributação. Pelo contrário, tal exigência teria como consequências inevitáveis:

i) o excessivo detalhamento da legislação, tornando-a complexa e exageradamente extensa, exatamente o oposto do que é exigido pelo princípio da segurança jurídica e por seus subprincípios. Em termos práticos, de nada adianta para o contribuinte médio que suas obrigações estejam contidas na lei, caso ele não possa identificar o conteúdo da norma legal com razoável simplicidade;

ii) a incapacidade de se alcançar, por meio da tributação, todas as situações que evidenciam a presença de riqueza. O objetivo de distribuir a carga tributária de forma isonômica, segundo a capacidade contributiva, seria inevitavelmente frustrado, sobretudo quando se considera que as pessoas mais aptas ao planejamento tributário são, em tese, justamente as mais ricas.

Como se percebe, longe de ser determinada pela ordem jurídica, a idéia de tipicidade fechada vai de encontro a um dos princípios es-

---

mos discricionários: sendo a tipicidade tributária uma tipicidade fechada, não pode a vontade administrativa modelar o conteúdo do tipo legal, fixado definitiva e imutavelmente pela lei".

394 DOMINGUES, José Marcos, *Direito Tributário e Meio Ambiente*, 1995, p. 114.

truturantes da ordem constitucional. Sendo assim, diversos autores negam a sua aplicação ao direito tributário, substituindo-a por uma tipicidade aberta, que admite a utilização de cláusulas gerais e conceitos jurídicos relativamente indeterminados, de modo a fazer com que a norma tributária possa incidir sobre todas as situações que demonstrem a existência de capacidade contributiva. Na verdade, essa releitura da tipicidade parece aproximá-la da sua noção original, afastando a distorção positivista consistente em equiparar tipicidade e determinação[395]. Compreendida nesses termos, a tipicidade exige apenas que a lei defina os elementos essenciais da relação jurídico-tributária, com razoável nível de concretude. Isso evita que o Estado "crie" tributos a partir de previsões legais vagas ou simplesmente destituídas de conteúdo material, mas não engessa a aplicação da lei, permitindo que a Administração atente para a realidade econômica subjacente às formas jurídicas[396].

395 Nesse sentido, TORRES, Ricardo Lobo. O princípio da tipicidade no direito tributário, *Revista de Direito Administrativo* nº 235, 2004, p. 194: "Mas nos parece que a identificação da tipicidade com o princípio da determinação (*Grundsatz der Bestimmtheit)* é exagero positivista proveniente das doutrinas portuguesa e espanhola, embora haja um certo relacionamento entre o tipo e a determinação do fato gerador, quando aquele se incluir na descrição da hipótese de incidência". No mesmo sentido, Humberto Ávila, *Sistema Constitucional Tributário*, 2004, p. 468-472. Em razão dessa crítica, o autor prefere o termo *determinabilidade*. Da p. 70 da referida obra, colhe-se o seguinte trecho: "Por essa razão, o dever de determinabilidade (em vez daquele de 'tipicidade' ou de determinação' indica, por um lado, com maior nitidez, que o texto da norma deve determinar, na medida do possível, o conteúdo da relação tributária, mas não prescreve que a sua observância bloqueia a aplicação do Direito do significado concreto, limitado pelo texto de norma e pressuposto, na medida do possível, da norma jurídica. Com isso, uma aplicação constitucional do Direito é, em princípio, possibilitada de modo melhor. Fica excluída uma denegação do Direito pela jurisprudência, sob o argumento de que o conteúdo normativo estaria pressuposto em termos absolutos já no texto da norma. Isso flexibiliza, por exemplo, a aplicação do princípio da igualdade". Ainda em linha semelhante, v. COSTA, Regina Helena. *Praticabilidade e justiça tributária — Exequibilidade de lei tributária e direitos do contribuinte*, 2007, p. 140.

396 NOVOA, César García. *El principio de seguridad jurídica en materia tributaria*, 2000, p. 119: "Pero esta formulación de la tipicidad no debe servir para proscribir cualquier forma de discrecionalidad. Una cosa es que elementales exigencias de certeza excluyan la actividad libre de la Administración, entendida como actividad no sujeta a limites, y otra muy distinta, que la actividad administrativa pueda llevarse a cabo dentro de aquellos limites con una cierta liberdad para ponderar determinadas circunstancias inherentes a la aplicación de la nor-

Paralelamente a essa atenuação da legalidade tributária no momento de definição das situações objeto de tributação, seria mais do que desejável incrementar a lealdade estatal no momento da aplicação da norma tributária. A utilização de conceitos abertos aumenta a importância da interpretação jurídica para a definição concreta do sentido e do alcance das obrigações tributárias. Espera-se, portanto, que o Poder Público seja consistente nos seus juízos e que eventuais mudanças de entendimento — em tudo equivalentes à edição de norma nova — sejam, como regra, aplicadas apenas em relação aos fatos geradores futuros[397].

O tema é fascinante e essencial para que se produza verdadeira justiça tributária no Brasil. Mas já é hora de retomar a estrada principal. A conclusão até aqui é de que a legalidade tributária ostenta um importante papel de proteção do contribuinte em face de eventuais arbitrariedades no exercício do poder de tributar. Essa dimensão chega a ser superdimensionada, dando origem a distorções prejudiciais ao princípio da igualdade em sua dimensão material. Simultaneamente, porém, a outra função da legalidade tributária tem sido relegada a segundo plano e o descaso para com o orçamento desempenha papel de destaque nesse processo.

A legalidade tributária caracteriza-se também como instrumento de promoção do princípio democrático em matéria financeira, exigindo que a repartição dos encargos fiscais seja decidida por meio de um procedimento transparente e aberto à participação dos diferentes grupos sociais politicamente representados. Veja-se

---

ma; es lo que la doctrina alemana denomina 'margen de apreciación flexible' o Beurteilungsspielraum. No mesmo sentido, v. FERRERO LAPATZA, Jose Juan. *Curso de derecho financiero español*, 2000, pp. 53-54: "Queremos, sin embargo, advertir de modo inmediato que los cambios muy frecuentes de la normativa y las normas demasiado minuciosas contribuyen a la opacidad del Derecho y dificultan su aplicación. Atentan contra la claridad de la norma, privan de certeza al ordenamiento y significan, por tanto, un ataque directo al principio de seguridad".

397 A questão envolve inúmeras complexidades, não sendo o caso de estender a exposição. Fará diferença, *e.g.*, se o entendimento modificado tinha origem na própria Administração ou no Poder Judiciário, bem como o grau de estabilidade que ele tenha alcançado antes da mudança. Para uma análise qualificada da matéria, v. BARROSO, Luís Roberto. Mudança da jurisprudência do Supremo Tribunal Federal em matéria tributária. Segurança jurídica e modulação dos efeitos temporais das decisões judiciais, *Revista de Direito do Estado* nº 2, 2006, p. 261-288.

que nem faria sentido imaginar que o papel da lei tributária se resume à garantia da segurança jurídica e da previsibilidade das imposições. Caso se tratasse apenas disso, seria possível preservar os limites materiais ao poder de tributar — como a exigência de adequação ao princípio da capacidade contributiva e a vedação ao confisco — mas substituir a legalidade tributária pela exigência de que atos administrativos instituidores de tributos respeitassem prazos de anterioridade e requisitos de publicidade. Tal solução é expressamente vedada pela Constituição e certamente seria rechaçada pela doutrina nacional e estrangeira, que destaca a especial importância da lei tributária.

Há um motivo para isso. Na raiz da legalidade tributária está a idéia de que o procedimento legislativo é um fator de legitimação, a idéia de que apenas os representantes do povo, em seu conjunto, podem decidir sobre a criação de encargos incidentes sobre toda a coletividade[398]. Essa é uma garantia individual — de proteção da autonomia privada contra a ingerência estatal arbitrária ou excessiva —, mas também um instrumento de autonomia pública, assegurando alguma participação dos cidadãos na repartição dos ônus sociais[399], ainda que indireta e limitada. No entanto, a participação popular na instituição dos tributos não faz sentido isoladamente, sendo imprescindível que o destino dos recursos seja decidido pela mesma via. É disso que se passa a tratar.

---

398 BALEEIRO, Aliomar. *Direito tributário brasileiro*, 2005, p. 90.

399 PEREZ ROYO, Fernando. *Derecho financiero y tributario*, 1994, pp. 41-2: "Aparte de su significado político en el esquema constitucional de división de poderes, esta exigencia de autoimposición se ha ligado durante mucho tiempo a la garantía estrictamente individual frente a las intromisiones arbitrarias en la esfera de libertad y propriedad del ciudadano. Dentro del conjunto de valores del Estado Social y Democrático de Derecho de nuestra Constitución, es necesario, sin embargo, reconocer al principio de legalidad tributaria un significado o fundamentación plural. Por un lado, ciertamente, la función de garantía individual a que hemos hecho referencia. Pero junto a este carácter garantista estrictamente individual, el principio de legalidad debe ser visto también — e incluso de manera prevalente o principal — como una institución al servicio de un interés colectivo: el de asegurar la democracia en el procedimiento de imposición o establecimiento de las vías de reparto de la carga tributaria. Lo que ha querido el constituyente es que el juicio sobre el reparto de la carga tributaria sea establecido por el órgano que, dada su composición y funcionamiento, mejor asegura la composición de intereses contrapuestos en el mencionado reparto".

c) O necessário complemento fornecido pela legalidade orçamentária

Para que essa segunda dimensão seja efetiva, a legalidade tributária exige o complemento fornecido pela legalidade orçamentária, relativo à definição dos objetos de investimento que justificarão uma maior ou menor imposição tributária. Apenas com a visão de conjunto desses dois elementos torna-se possível aferir concretamente a maior ou menor realização da justiça fiscal.

Sendo a despesa pública a contrapartida dos encargos fiscais — a razão que os justifica — parece razoável que o procedimento para a sua definição também seja, tanto quanto possível, o mesmo. A grosso modo, é possível dizer que o momento da alocação dos recursos públicos dirá "quanto" cada grupo receberá do Estado, quais necessidades serão atendidas e em qual extensão[400]. Por isso mesmo é necessário que todos os segmentos participem do processo de decisão, e não apenas o bloco majoritário que momentaneamente ocupe a Chefia do Poder Executivo[401]. Daí a preferência pela deliberação legislativa em oposição à decisão concentrada do Presidente, sobretudo quando imotivada, circunstância que dificulta ainda

---

400 HARADA, Kiyoshi. *Direito financeiro e tributário*, 2007, p. 93: "Os membros da sociedade, não só mediante seus representantes no Parlamento, consentem na estimação das receitas tributárias como também influenciam no direcionamento das despesas. Daí por que o exame da peça orçamentária permitirá revelar, com clareza, em proveito de que grupos sociais e regiões ou para solução de que problemas e necessidades funcionará a aparelhagem est5atal. Pelo exame das estimativas de impostos, por exemplo, é possível detectar qual a classe social mais onerada, e, pelo exame das dotações orçamentárias, vislumbrar as classes sociais que serão mais beneficiadas pela atuação do Estado, vale dizer, pela prestação dos serviços públicos".

401 O embate entre diferentes visões de mundo e opções políticas como característica essencial de qualquer processo orçamentário é destacado por WILDAVSKY, Aaron e CAIDEN, Naomi. *The new politics of the budgetary process*, 1997, p. 3: "Budgeting in any group is a process in which various people express different desires and make different judgments. In order to construct agreement on a range of items, group members resort to arguments about what is right and just. Now no one makes these values up; they come out of a worldview, an array of preferences about how people ought to live with other people. When these values are not merely ethereal (e.g. brotherhood) but lead to action — more for them, less for us — we see that budgeting is really about opposing and reconciling different ways of life".

mais a crítica pública e a promoção de um ideal deliberativo[402]. O ponto merece comentários adicionais.

Embora seja legítimo e natural que a maioria de cada momento oriente a condução dos negócios públicos, a ordem jurídica não lhe confere carta branca para moldar o Estado à sua imagem e semelhança. Ao contrário, a própria regra da maioria se funda no reconhecimento da igualdade essencial dos participantes no processo decisório[403], da qual decorreria, em princípio, a prerrogativa de autodeterminação. Por necessidade política e conveniência dos indivíduos, admite-se que a autodeterminação se converta em autovinculação, atribuindo-se à maioria o poder de decidir[404]. No entanto, até do ponto de vista lógico, tal conversão nunca pode dar origem a um procedimento que trate os indivíduos como meros objetos de decisão, e não como partícipes da comunidade política[405]. Impedir a participação das minorias de hoje significa negar-lhes a chance de se tornarem maiorias no futuro, transformando-as em sujeitos de uma dominação permanente e não mais de um arranjo democrático. Ademais, a multiplicidade de valores e pontos de vista existen-

402 Em interessante decisão, a Corte Constitucional de Israel declarou que a decisão de empregar tortura em casos extremos de ameaça terrorista, tomada pelo Serviço de Segurança de Israel, era inconstitucional pela sua origem, sem prejuízo de que a eventual adoção da medida por decisão do legislador viesse a ter a sua constitucionalidade analisada por outros fundamentos de ordem constitucional. Mesmo que a prática pudesse ser aceita — o que não foi assentado — seria no mínimo exigível que fosse precedida de deliberação parlamentar, ocasião em que diferentes visões políticas teriam de se confrontar e poderiam atacar seus argumentos de forma recíproca. Sobre o ponto, v. SUNSTEIN, Cass. *Designing democracies*, 2001, pp. 3-4.

403 BARCELLOS, Ana Paula de. *A eficácia jurídica dos princípios constitucionais*, 2002, p. 229 e VIEIRA, Oscar Vilhena. *Supremo Tribunal Federal — Jurisprudência política*, 2002, p. 26.

404 FLEINER-GERSTER, Thomas. *Teoria geral do Estado*, 2006, p. 434; e KELSEN, Hans. *Teoria geral do Direito e do Estado*, 2005, p. 408-410.

405 Como sabe, a partir da igualdade é possível construir também a idéia de autonomia moral do indivíduo, impedindo que os valores e as concepções majoritárias sejam impostos de forma indiscriminada, ainda quando isso não seja necessário para o convívio social. O tema envolve muitas complexidades adicionais e só se pretendia destacar a resistência que o princípio da igualdade e a própria democracia opõem aos excessos majoritários, não apenas na esfera pública, mas também no domínio das escolhas de foro íntimo. Sobre o tema, v. NINO, Carlos Santiago. *Ética y derechos humanos*, 1989, especialmente a p. 199 e ss.

tes na sociedade[406] tende a não permitir uma clivagem perfeita entre maioria e minorias, sendo possível que diferentes temas produzam polarizações variadas. Como se vê, a necessidade de que os processos decisórios não sejam monopolizados por nenhum grupo ou segmento social, por mais expressivo que seja, pode ser extraída diretamente dos fundamentos do princípio democrático[407], sobretudo em um contexto marcado pelo *fato do pluralismo*.

Não por acaso, o fim do absolutismo foi marcado pela ascensão dos parlamentos. A democracia moderna construiu-se sobre a regra de que as decisões essenciais teriam de ser produzidas em uma arena baseada na representação proporcional das correntes políticas[408]. Ainda que as maiorias tendam a prevalecer também nesse espaço, terão de fundamentar suas pretensões e lidar com eventuais argumentos contrários, expondo-se ao risco de que reiteradas imposições unilaterais minem a base da cooperação social, que mantém a resistência das minorias limitada aos mecanismos institucionais de oposição[409]. A menos que se esteja disposto a abolir os

---

406 RAWLS, John. *Liberalismo político*, 1996, p. 11.

407 HESSE, Konrad. *Grundzüge des Verfassungsrechts der Bundesrepublik Deutschland*, 1993, p. 57: "Als Ordnung eines freien und offenen politischen Prozesses geht es ihr nicht nur um die Begründung zeitlich und sachlich begrenzter, von der Mehrheit des Volkes legitimierten Herrschaft, sondern zugleich auch um plurarlistische *Initiativen und Alternativen*. Sie gibt daher der Verfolgung unterschiedlicher politischer Ziele ebenso Raum für Konflikten, und sie ermöglicht deren Antragung; sie sichert auch unter diesem Aspeckt die gleiche Chance zur Durchsetzung jener Ziele und eröffnet Möglichkeiten der Mitwirkung und Einflussnahme auch für diejenigen Gruppen, die nicht zu der Herrschaft tragenden Mehrheit gehören" (Tradução livre: "Como ordenação de um processo livre e aberto, não se trata apenas da justificação de uma dominação temporal e objetivamente limitada, legitimada pela maioria do povo, mas também de iniciativas e alternativas pluralistas. Ela [a ordenação democrática] permite a busca de objetivos políticos diferentes e também espaço para conflitos, e possibilita a sua conciliação; ela assegura, também sob este aspecto, chances iguais para a realização dos objetivos de cada um e abre a possibilidade de colaborar e influenciar também para os grupos que não pertencem à maioria investida na dominação").

408 A relativização da legalidade e a transferência de poder normativo para instâncias administrativas não afastaram completamente a proeminência dos parlamentos, que se manifesta, quando menos, na primazia da lei sobre os atos infralegais. Remete-se o leitor à discussão sobre o princípio da legalidade desenvolvida *supra*.

409 Sobre democracia deliberativa como pressuposto para a cooperação social,

mecanismos de democracia representativa, é necessário valorizar o produto de suas deliberações, ao mesmo tempo em que se incrementa o controle social.

Essas idéias remetem ao conceito de democracia deliberativa[410], que tem sido lapidado pela doutrina mais recente do direito constitucional e mesmo por um ramo de estudo que parece adequado denominar *filosofia constitucional*[411]. Em termos simples[412], cuida-se da exigência de que os atos estatais sejam inseridos em um contexto de discussão livre e ampla, informada pela necessidade de que as decisões sejam acompanhadas de argumentos racionais, que devem ser sustentados por seus defensores. Afasta-se a idéia de que a decisão emanada da autoridade deva se impor por si mesma, em todos os casos e de forma generalizada[413]. A democracia passa também pela va-

---

v. SOUZA NETO, Cláudio Pereira de. *Teoria constitucional e democracia deliberativa*, 2006. Sobre o tema em geral, v. GUTMANN, Ammy e THOMPSON, Dennis. *Why deliberative democracy*, 2004 e NINO, Carlos Santiago. *La Constitución de la democracia deliberativa*, 1996, especialmente a p. 107 e ss.

410 Para uma exposição específica sobre democracia deliberativa, v. GUTMANN, Ammy e THOMPSON, Dennis. *Why deliberative democracy*, 2004.

411 O termo está sendo empregado para identificar a boa e velha filosofia política, mas situada em um contexto histórico no qual as Constituições agigantaram-se como documentos fundadores do Estado e principais sedes da discussão sobre a proteção de direitos fundamentais, incluindo o direito a participar na formação da vontade estatal. A verdade é que, no mundo todo, as grandes discussões de filosofia política e mesmo de filosofia moral foram constitucionalizadas, não só por meio de sua judicialização — imagine-se o caso do aborto, da eutanásia e mesmo do regime jurídico das uniões entre pessoas do mesmo sexo — mas também pela atenção que os filósofos em geral se vêem obrigados a dedicar a um documento que tem a pretensão de veicular os valores estruturantes da sociedade com força vinculativa. É assim que os dois grandes expoentes teóricos da discussão jurídica sobre democracia deliberativa e seus requisitos não são essencialmente juristas, mas sim filósofos que tiveram de levar em consideração o papel da ordem constitucional. É o caso de John Rawls e, em intensidade ainda maior, de Jürgen Habermas.

412 Há diversas teorias sobre a democracia deliberativa ou baseadas em suas premissas essenciais. A argumentação aqui desenvolvida não se vinculará rigidamente a nenhuma delas. Ao contrário, entende-se possível — e por isso mais consistente — partir da idéia central e demonstrar sua aplicação ao domínio orçamentário. Vale o registro, porém, de que a ênfase na valorização de uma esfera pública não oficial baseia-se especialmente no pensamento de Jürgen Habermas.

413 SUNSTEIN, Cass. *Designing democracies*, 2001, pp. 6-7: "I contend that a constitution should promote *deliberative democracy*, an idea that is meant to combine political accountability with a high degree of reflectiveness and a gene-

lorização dos argumentos fornecidos pelas instâncias formais de representação[414], que devem reverberar em um espaço público não-oficial e não-hierarquizado, que acaba exercendo um controle difuso, mas permanente, sobre as decisões produzidas e sobre a própria pauta dos canais oficiais[415]. Não seria o caso de iniciar uma discussão sobre o complexo conceito de opinião pública e suas naturais limitações[416], ou mesmo sobre o eventual direcionamento efetuado pela grande mídia[417]. Apesar disso tudo, parece claro que a sociedade

---

ral commitment to reason giving. (...) Those who believe in deliberative democracy think that by itself the idea of 'majority rule' is a caricature of the democratic aspiration. They insist that government is not a kind of Aggregating Machine, trying to uncover peoples desires, to sum them up, and to translate them into law. They claim that a democratic government is based on reasons and arguments, not just votes and power".

414 ALEXY, Robert. Ponderação, jurisdição constitucional e representação popular. In: SOUZA NETO, Cláudio Pereira de; e SARMENTO, Daniel (orgs.). *A Constitucionalização do Direito — Fundamentos teóricos e aplicações específicas*, 2007, p. 302: "Um conceito adequado de democracia deve, entretanto, compreender não apenas decisão, mas também argumento. A inclusão da argumentação no conceito de democracia cria a democracia deliberativa. A democracia deliberativa é uma tentativa de institucionalizar o discurso enquanto um mecanismo possível de tomada de decisões políticas. Por essa razão, a conexão entre o povo e o parlamento não deve ser unicamente determinada por decisões expressas, eleições e votos, mas também por argumentos. Nesse sentido, a representação do povo pelo parlamento é, ao mesmo tempo, volitiva ou decisional e argumentativa ou discursiva". Vale o registro de que o autor aplica esse conceito de legitimação discursiva também ao Tribunal Constitucional, reforçando sua posição.

415 HABERMAS, Jürgen. *Faktizität und Geltung — Beiträge zur Diskurstheorie des Rechts und des demokratischen Rechtsstaats*, 1998, p. 435. Sob perspectiva diversa, mas também reconhecendo a necessidade de canais não oficiais de deliberação, municiados por fontes de informação também não oficiais, v. DAHL, Robert. *On democracy*, 2000, p. 97.

416 Sobre a opinião pública, sua difícil apreensão e até sobre a possibilidade de utilização autoritária do conceito, v. HABERMAS, Jürgen. *Faktizität und Geltung — Beiträge zur Diskurstheorie des Rechts und des demokratischen Rechtsstaats*, 1998, p. 438-439 e, sobretudo, HABERMAS, Jürgen. *Mudança estrutural da esfera pública*, 2003, p. 274 e ss.

417 O imenso poder privado exercido pela mídia, sem delegação popular, pode justificar inclusive mecanismos de controle estatal, que funcionariam como garantidores da democracia, e não como seus algozes. A dificuldade evidente é identificar a medida entre a regulação necessária e a livre circulação de informações e idéias. Nessa linha, v. FISS, Owen. *A ironia da liberdade de expressão — Estado, regulação e diversidade na esfera pública*, 2005. Sob perspectiva ligeira-

pode exercer alguma influência sobre a condução da política, ao menos nos temas que rompem a barreira da indiferença e alcançam maior repercussão[418].

É lógico que a democracia deliberativa não é a panacéia e que talvez esteja baseada em uma idealização romântica do cidadão médio, e mais ainda dos ocupantes do Poder. Isso porque pressupõe que os indivíduos serão capazes e terão interesse verdadeiro em um debate franco, marcado pela disposição sincera de ouvir o outro e eventualmente aderir a seus argumentos[419]. Sem prejuízo dessas ressalvas, é fora de dúvida que a necessidade de que as propostas coletivas sejam defendidas publicamente exige de seus defensores a capacidade de indicar alguma fundamentação racional e os expõe à crítica político-social, facilitando acomodações e diluindo radicalismos[420]. Isso já funciona como fator de legitimação do procedimento parlamentar, ainda que se queira adotar uma postu-

---

mente diversa, concentrando sua atenção nas relações entre a mídia e o Poder Judiciário, marcadas pela mesma dualidade entre a necessária publicidade e os riscos de direcionamento e captura, v. CAMPILONGO, Celso Fernandes. *O Direito na sociedade complexa*, 2000, pp. 163-164.

418 Tome-se como exemplo a divulgação de que deputados e senadores aumentariam os próprios salários em 91%, realizada em 2006, iniciativa que acabou sendo abandonada após o imenso desgaste das Casas Legislativas junto à população, filtrado pela mídia.

419 Numa roupagem que se pretende um pouco menos romântica, Rainer Forst descreve um modelo de democracia deliberativa baseado no *direito à justificação*, direito de cada membro de uma comunidade política a ser afetado somente por decisões baseadas em argumentos expostos no espaço público. O autor propõe essa concepção como forma de realizar o *império dos argumentos (Herrschaft der Gründe)*, em oposição a um *império dos princípios de justiça* (identificado com o liberalismo de Rawls) ou a um *império dos valores comunitários* (que seria próprio das teorias de inspiração comunitarista). Com isso, entende que a democracia (deliberativa) é a única materialização institucional adequada — embora imperfeita — do direito fundamental à justificação e ao respeito recíproco titularizado por indivíduos autônomos que estejam ligados por um contexto político. V. FORST, Rainer. *Das Recht auf Rechtfertigung — Elemente einer konstruktivistischen Theorie der Gerechtigkeit*, 2007, pp. 248-269. Os modelos de democracia deliberativa baseados no liberalismo político e no comunitarismo são analisados nas pp. 224-248.

420 Afirmando que a deliberação fora do espaço público tende a promover a polarização de interesses, pela natural aproximação de pessoas com idéias e inclinações semelhantes, que tendem a se reforçar mutuamente e desconsiderar a diversidade, v. SUNSTEIN, Cass. *Designing democracies*, 2001, pp. 7 e 14 e ss.

ra cética sobre as possibilidades de uma deliberação autêntica. Em outras palavras, a deliberação se justifica ainda quando funcione apenas como instância de apresentação das decisões — e não como verdadeira instância decisória — para que sobre elas incida a crítica pública em bases mais abrangentes[421].

O orçamento público é um ambiente particularmente fértil para esse conjunto de idéias. É preciso levar para o espaço público o debate sobre a alocação dos recursos, sendo certo que o Parlamento representa, apesar de todas as suas limitações, o fórum público por excelência[422]. Ainda que não se queira reconhecer ne-

---

421 GRIMM, Dieter. *Die Zukunf der Verfassung*, 1991, pp. 357-358: "Ausgangspunkt ist die Erkenntnis, daâ politische Entscheidungen im Parlament weniger hergestellt als dargestellt werden. Die Darstellung wird deswegen aber nicht zum bloâen Ritual, sondern wirkt einerseits auf die gesellschaftliche Meinungsbildung züruck und andererseits auf die Staatliche Willensbildung vor. Im Parlament ist die Mehrheit erstmals nicht mehr unter sich, sondern muâ ihre Absichten öffentlich darlegen und begründen, der Kritik der Minderheiten aussetzen und an deren Alternativen messen lassen. Das parlamentarische Verfahren ermöglicht dadurch erst jene Transparenz des Regierungshandels, die wiederum Vorbedingung einer kontinuierlichen öffentlichen Kritik und Kontrolle, Ideenproduktion und Interessenanmeldung ist und vor allem solchen Gruppen Beteiligunschancen eröffnet, die nicht über institutionalisierten oder informellen Machtzugang verführen. (...) Trotz aller Mängel scheint das Parlament im dieser Funktion zur Zeit durch keine andere Institution ersetzbar". (Tradução livre: "O ponto de partida é a percepção de que as decisões políticas mais do que produzidas no Parlamento, são nele apresentadas. Tal apresentação não se converte, contudo, em simples ritual, antes atua de volta na formação da opinião pública e, por outro lado, também na formação da vontade estatal, em caráter prospectivo. No Parlamento a maioria não está mais sob si mesma, tendo de expor e justificar publicamente seus propósitos, deixar que sejam comparados às alternativas propostas pelas minorias e afastar a crítica destas. O processo parlamentar possibilita assim a transparência da conduta governamental — a qual, por sua vez, é condição prévia para a crítica e o controle públicos continuados, a produção de idéias e a comunicação de interesses — e, sobretudo, abre oportunidades de participação para grupos que não dispõe de acesso institucionalizado ou informal ao poder. (...) Nessa função, apesar de todas as suas deficiências, o Parlamento ainda se apresenta, nos dias de hoje, como insubstituível por qualquer outra instituição").

422 Assim, afirmando que o Parlamento ainda reúne as melhores condições para a decisão democrática, a qual pressupõe um processo livre de formação da vontade estatal, desenvolvido com ampla publicidade e dotado de condições para que as diferentes visões de mundo sejam levadas em consideração, v. HESSE, Konrad. *Grundzüge des Verfassungsrechts der Bundesrepublik Deutschland*, 1993, p. 57.

nhum mérito intrínseco ao corpo de parlamentares, lembre-se que é no parlamento que as oposições encontram um espaço institucional para se manifestar, estabelecendo um contraponto ao governo. Além disso, e com importância crescente, a discussão legislativa é naturalmente dotada de maior visibilidade do que o processo decisório administrativo — sobretudo quando se considera a Administração central — sem prejuízo da saudável democratização deste último[423]. A mídia já dá alguma atenção ao processo de votação do orçamento, que certamente deveria ser ampliada. Mas é provável que a imensa maioria dos cidadãos sequer desconfie que, poucos dias depois do orçamento ser aprovado, o Presidente edita um decreto limitando a liberação dos recursos, sem qualquer motivação. Como visto, isso é *poder demais*, sem prejuízo de todas as considerações adicionais que estão sendo desenvolvidas sobre legalidade, República, segurança jurídica e democracia.

Tal poder ficaria bem em uma cabeça coroada e as democracias modernas são, mais do que nunca, o oposto de um sistema imperial. Cada vez mais se consolida a percepção de que as instâncias formais de decisão devem ser transparentes e permeáveis à opinião pública. Sinal disso é a valorização de mecanismos de interferência social nos processos de decisão, como as audiências e consultas públicas, inclusive as que são realizadas pelo Poder Legislativo quando da elaboração do orçamento. A definição dos investimentos estatais interessa, como poucos assuntos, a toda a coletividade. Todos os grupos sociais dependem da ação governamental, seja na garantia da segurança pública e de serviços urbanos básicos, seja para o fornecimento de prestações materiais relacionadas à própria subsistência. Um domínio como esse, mais do que qualquer outro, deve ser marcado por discussão ampla e amplamente divulgada.

Não são compatíveis com essa exigência as limitações ao processo legislativo de elaboração do orçamento — quantitativas e qualitativas — descritas na primeira parte do presente estudo.

423 Sobre os mecanismos de democratização da Administração, tendo como pano de fundo a idéia de ascensão do espaço público, v. LEAL, Rogério Gesta. Esfera pública e participação social: possíveis dimensões jurídico-políticas dos direitos civis de participação social no âmbito da gestão dos interesses públicos no Brasil, *Revista Brasileira de Direito Público*, nº 19, 2007, pp. 35-65 (especialmente a p. 53 e ss.).

Como visto, tais limitações impedem a modificação das grandes decisões orçamentárias no âmbito da deliberação realizada no Congresso Nacional. Parece evidente que não há nenhum debate amplo quando as opções de despesa só podem ser discutidas dentro de uma moldura pré-definida, organizada por áreas temáticas e Estados da Federação. Isso imobiliza as decisões de fundo, cujo principal interesse seria justamente a distribuição dos recursos por matéria e por região. Da mesma forma, tampouco é compatível com essa exigência o modelo de orçamento meramente autorizativo. Para que a deliberação tenha relevância prática, o seu resultado deve ser efetivo *a priori*. De pouco adiantará que a elaboração do orçamento gere intenso debate, acompanhado com interesse pela mídia e pela população, se o Executivo conservar o poder de refazer a maioria das decisões unilateralmente, sem promover a sua inserção formal no espaço público. Além de inefetiva, essa farsa orçamentária ainda ajuda a desviar o foco das reais decisões sobre a alocação dos recursos, assumindo um caráter de satisfação simbólica dos anseios sociais (minimizado, é bem verdade, pelo desinteresse da população).

A necessidade de superar esse conjunto de problemas não é uma opção apenas doutrinária, já que a Constituição instituiu a lei como veículo para a aprovação do orçamento, em paralelismo com o processo de criação de receitas, sobretudo tributárias. O esvaziamento da legalidade orçamentária, esse sim, pode ser creditado essencialmente à doutrina e à prática, eis que, como foi demonstrado, não decorre de nenhum ato normativo específico. Naturalmente poderia ser arguido que a dinâmica parlamentar real enfrenta diversas vicissitudes e se encontra distanciada do conjunto dos representados. Essa é, contudo, uma dificuldade da democracia representativa como um todo, e não um privilégio, às avessas, do processo orçamentário. Ao contrário, veja-se que um orçamento sério é necessário até para evitar que o parlamento preste um verdadeiro desserviço à democracia.

Com efeito, não é preciso ser um entusiasta do Poder Legislativo para perceber que o esvaziamento do processo deliberativo orçamentário — a desvalorização do orçamento aprovado no momento da execução — produz efeitos bastante perniciosos no sistema político brasileiro. Um sistema orçamentário sem qualquer eficácia *prima facie* converte-se facilmente em uma *pauta de prioridades meramente simbólica*[424], permitindo que os governantes mantenham um discurso político inteiramente dissociado da prática. E vale notar que o orçamento poderia produzir justamente o efeito inverso. Ao contrário do que ocorre na tramitação das leis em geral — sobre a qual o sistema político tem grande controle — o orçamento se impõe periodicamente e, por definição, envolve decisões concretas. Em outras palavras, a Constituição exige que haja um procedimento público de escolha das prioridades de investimento, todos os anos. Não existe a opção da inércia absoluta, uma vez que não incluir determinada previsão de gasto significa sua preterição, em favor de outras opções. Nesse sentido, o orçamento seria uma espécie de *hora da verdade*, momento de traduzir em decisões concretas a pauta de valores que todos os políticos dizem professar.

No entanto, como o orçamento não é vinculante nem mesmo *a priori*, o resultado é exatamente o oposto. O orçamento se converte na saída fácil: uma forma de manter na pauta formal do Estado e até de dar tratamento supostamente privilegiado a questões que não poderiam ser simplesmente esquecidas — como diversas necessidades sociais prementes —, sem, contudo, assumir compromissos reais. A inclusão de dotações no orçamento funciona como álibi, reduzindo consideravelmente o ônus político da inércia. Os governantes não precisam assumir publicamente — por um ato positivo — que certas questões não serão tratadas como prioridade. Em vez disso, podem criar prioridades simbólicas. Como o orçamento não é *pra valer*, não há risco de que o símbolo se volte contra o Estado, exigindo cumprimento. E assim a demagogia segue vivendo, sem maiores incômodos ou embaraços. E assim o dinheiro público se esvai em obras que custam muitas vezes o valor previsto sem que se perceba com clareza as limitações do cobertor. Essa constatação já bastaria para se pensar seriamente em tornar a execução orçamentária vinculada em alguma medida, ainda que se

424 Não se desconhece a importância simbólica da legislação em geral e até a possível importância meramente simbólica de certos comandos normativos como forma de confirmar e agregar consistência a valores socialmente relevantes, o que pode ajudar a criar uma cultura de conscientização e até de cumprimento espontâneo. Por outro lado, é igualmente verdade que a legislação simbólica pode desempenhar um papel anestesiante, uma forma de dar alguma *satisfação* — manifestamente insuficiente — a anseios sociais inconvenientes para o Poder Público. Sobre o tema, analisando as duas acepções referidas, v. NEVES, Marcelo. *A constitucionalização simbólica*, 2007, especialmente as pp. 52 e 53.

queira negar qualquer valor intrínseco ao parlamento ou ainda que a deliberação viesse a ser inteiramente dominada pelo Poder Executivo[425].

Por todo o exposto — por utopia, esperança racional ou pragmatismo — o que se impõe é a concretização da legalidade orçamentária. E isso não exatamente como proposta doutrinária, de *lege lata*, mas sim como decorrência do regime constitucional. A Constituição instituiu a lei como veículo para a aprovação do orçamento, em paralelismo com o processo de criação de receitas, sobretudo tributárias. O esvaziamento da legalidade orçamentária, esse sim, pode ser creditado essencialmente à doutrina e a um costume inconstitucional, já que, como foi demonstrado, o direito positivo não consagra elementos que sustentem claramente a preponderância do Poder Executivo no campo das decisões orçamentárias.

425 Tal como foi anunciado logo na introdução, parte-se da premissa de que os sistemas político e jurídico se beneficiam de certo *pessimismo institucional*. É preciso desenhar instituições tendo em vista o estímulo às boas condutas e o desestímulo ao desvio. Assim, constatar que o processo deliberativo orçamentário apresenta relevância mesmo sob conjuntura política adversa não significa total descrença sobre as potencialidades desse mecanismo.

Capítulo II

Aplicação dos princípios constitucionais à execução orçamentária

I. Introdução

No capítulo I foram feitas considerações sobre os princípios constitucionais que devem incidir no sistema orçamentário, com referências tanto à elaboração, como à execução. As primeiras se apresentam de forma mais simples, mas a fase da execução envolve complexidades especiais e justifica tratamento mais aprofundado. De forma concreta, pretende-se identificar fundamentos teóricos mais específicos, concernentes à execução orçamentária. É aqui que se concentram os principais problemas da prática brasileira atual.

Um estudo mais cuidadoso da execução se justifica também por ser essa a fase de concretização de qualquer sistema orçamentário, bom ou ruim. E qualquer sistema orçamentário efetivo é melhor do que uma simulação total ou parcial — assim compreendidos os sistemas que deixem de dar tratamento jurídico a todas ou a parcela relevante das decisões orçamentárias reais. Tal conclusão é respaldada por pelo menos dois motivos. Em primeiro lugar, quaisquer avanços obtidos na fase da elaboração só serão úteis se houver correspondência mínima entre as previsões e a realidade. Sem isso, aumentar a complexidade do procedimento parlamentar serviria apenas para produzir novos custos e intensificar o sentimento geral de que o orçamento é uma peça de ficção.

Em segundo lugar, qualquer orçamento real tende a ser melhor do que um orçamento de fachada. Em outras palavras, ainda que seja elaborado de maneira inadequada — sem que o Poder Legislativo tenha condições de interferir de maneira efetiva — o orçamento deveria servir, pelo menos, como instrumento de planejamento efetivo da atividade estatal, em atenção a comandos como a segurança jurídica e o princípio republicano. Uma execução orçamentária aleatória não atende a nenhum valor digno de proteção em um Estado de Direito.

Partindo dessas premissas básicas, é possível resumir de forma muito simples a mudança que os princípios constitucionais analisados devem produzir sobre a execução do orçamento público: todas as decisões orçamentárias devem receber tratamento jurídico. Como demonstrado na primeira parte do estudo, a prática brasileira tem ignorado um conjunto expressivo de decisões, sintetizadas na opção de *não gastar*. Isso decorre da idéia de que as dotações orçamentárias seriam, em qualquer caso, meras autorizações sem nenhuma pretensão vinculante. A incongruência, para dizer o mínimo, é que essa tese não confere ao Poder Executivo — já no sistema orçamentário atual — a possibilidade de remanejar recursos para desenvolver outras atividades. Permite apenas que permaneça inerte[426].

No mundo da vida, isso equivale a transferir os recursos para uma espécie de reserva inominada. Transferências de recursos sem autorização legislativa são vedadas pela Constituição, de forma expressa e específica. Por que se deve aceitar como normal que possam ser deslocados para o limbo? Os recursos públicos são limitados e há muitas necessidades sociais não atendidas. Em um ambiente como esse, fica ainda mais evidente que o orçamento é uma pauta de distribuição de todo o montante de recursos existentes, mesmo que seja para a constituição de reservas. O que legitima a arrecadação é o destino das verbas, não se cogitando que uma das maiores cargas tributárias do mundo seja resultado de frivolidade ou descuido governamental na hora de se estimar as necessidades do caixa estatal.

426 Como demonstrado na primeira parte do estudo, a DRU — Desvinculação das Receitas da União foi concebida justamente para dar ao Poder Executivo essa *flexibilidade*. Não por acaso, e pelos motivos enunciados, sustentou-se que tal mecanismo é inconstitucional por contornar o processo deliberativo do orçamento.

Além dessa perplexidade original, a atual compreensão do orçamento permite que decisões administrativas informais e imotivadas, concentradas no Presidente da República, tenham o poder de ignorar sumariamente as decisões orçamentárias produzidas segundo o processo deliberativo parlamentar. As políticas públicas reais são definidas no orçamento. Ainda que se queira reconhecer ao administrador a faculdade de superá-las, isso deveria, no mínimo, ser acompanhado de motivação.

Nesse sentido, não se está defendendo que a constituição de reservas econômicas ou a transferência de recursos para pagamento de encargos da dívida pública em patamares superiores à previsão inicial devam ser tratadas como opções menores. Tais opções de investimento não podem ser desqualificadas *a priori*, mas também não podem ser colocadas num pedestal de sacralidade, admitindo-se que recursos lhes sejam destinados por decisão imperial da Administração, contornando o devido processo orçamentário. Observado esse procedimento, recursos poderão ser destinados ao aumento de reservas já existentes ou mesmo à constituição de novas reservas[427].

Em alguns casos, isso permitirá até que o Executivo remaneje recursos de forma autônoma, bastando que a hipótese possa ser enquadrada no regime dos créditos suplementares. Se isso não for possível, ainda haverá a via dos créditos especiais, que podem ser requisitados ao legislador. Se nada disso *der certo*, aí sim haverá um dever de gastar. Na verdade, um dever de liberar os recursos para a realização efetiva das decisões orçamentárias, que, como quaisquer decisões legislativas, poderão assumir diferentes conteúdos: i) impor condutas específicas; ii) impor programas de ação sem especificar condutas; ou iii) simplesmente autorizar que certas medidas sejam praticadas. Essa distinção é essencial e justifica comentários adicionais.

427 Essa ressalva é importante: o princípio da especificidade orçamentária pode comportar dotações vazadas em diferentes graus de generalidade, mas não admite a criação de uma vala comum. Qualquer reserva — como qualquer dotação — deve ser minimamente específica. Esse é outro fundamento para não se admitir que a decisão de não executar alguma dotação orçamentária seja tratada com indiferença, cuja consequência prática é a manutenção do dinheiro contingenciado em uma reserva inominada.

II. O sentido da vinculação orçamentária e seus limites

Como referido, a vinculação decorrente do orçamento pode assumir diferentes níveis. O atual sistema contém uma vinculação que, mais do que mínima, é inadequada por não dar tratamento jurídico às decisões de não gastar, quando sejam tomadas ao longo do exercício financeiro. Há muitas formas de superar esse quadro e aqui serão apresentadas duas delas. Nesse momento, importa definir o sentido possível da eficácia orçamentária. Ao contrário do que o termo poderia sugerir, vinculação orçamentária nunca significará que todas as dotações, sem exceção, terão de se converter em gasto. Nem que terão de ser necessariamente exauridas.

Como visto, defende-se que a lei orçamentária define as políticas públicas reais — pelo menos em seus contornos básicos — e que esse é um papel típico do legislador. Pelos motivos expostos, não há fundamento capaz de justificar a conclusão de que o orçamento não deve ser tratado como uma decisão legislativa. Como tal, deve ser em princípio cumprida. No entanto, a lei não pode tudo e também não há fundamento para supor que o orçamento deva valer mais do que as leis em geral. Essa afirmação apresenta duas vertentes.

Em primeiro lugar, o legislador não pode, pela via do orçamento, produzir resultados que a ordem jurídica não lhe permite produzir pela legislação em geral. Ao legislador se reconhece, em princípio, o poder de dispor sobre todos os assuntos que lhe pareçam relevantes para o convívio social. Há divisão de matérias entre os diferentes níveis federativos, mas o normal é que todas as questões possam ser tratadas pelo legislador em algum nível. Tanto assim que, para retirar certas questões do domínio da lei e entregá-las ao administrador em caráter exclusivo, o constituinte teve de ser explícito, modificando o art. 84, VI, da Constituição. Mesmo fora dessa hipótese, porém, o STF sempre entendeu que certas decisões concretas não podem ser impostas pelo legislador à Administração, que também titulariza um espaço de competências privativas por conta da separação dos Poderes[428]. E se o legislador não pode

428 Cuida-se da idéia de reserva de administração, cujos contornos têm sido ampliados, mas que sempre resguardou certas atividades tipicamente inseridas na função executiva. Sobre o ponto, v. CORREIA, Arícia Fernandes. Reserva de

decidir por qualquer lei, também não deve poder decidir por meio do orçamento.

A título de exemplo, entende-se que o legislador não pode impor a realização de contratos administrativos ou exigir que dependam da sua concordância. Da mesma forma, a realização de concurso público está sujeita a uma avaliação de conveniência do administrador, que pode abortar a iniciativa mesmo depois de ter proposto uma lei para a criação de cargos e esta ter sido efetivamente aprovada. Se uma lei viesse a ser editada impondo as contratações, a tendência — pela jurisprudência e doutrina atuais — seria a declaração da sua inconstitucionalidade. Esse argumento não é invocado para defender a tese de que as leis em geral são meras autorizações. Apenas se entende que essa lei específica não impõe uma conduta obrigatória, embora seja pressuposto para a atuação do administrador público. A mesma lógica deve ser aplicada ao orçamento. A existência de dotação será pressuposto para a contratação. Mas se o legislador não pode impor a medida por uma lei qualquer, por que poderia fazê-lo por meio do orçamento?[429]

A conclusão proposta é mais restrita. O orçamento pode vincular a Administração na medida já reconhecida como possível, ou

---

Administração e separação de Poderes. In: BARROSO, Luís Roberto (org.). *A reconstrução democrática do direito público no Brasil*, 2007, p. 596 e ss. Destacando a existência de um *domínio de reserva* ou *domínio nuclear* em cada uma das funções estatais — imune a avaliações políticas externas — como elemento intrínseco da separação dos Poderes, v. BATTIS, Ulrich e GUSY, Cristoph. *Einführung in das Staatsrecht*, 1991, p. 223. No mesmo sentido, v. CANOTILHO, J. J. Gomes. *Direito constitucional e teoria da Constituição*, 2003, pp. 739-743.

429 A rigor, até seria possível imaginar um bom motivo: veja-se que, nesse caso, o Poder Executivo teria proposto uma lei criando cargos e obtido a aprovação do Poder Legislativo. Na sequência, teria proposto uma dotação orçamentária, já que o legislador não poderia incluir isso por conta própria no orçamento. Ora, depois de tanta mobilização, toda por iniciativa da Administração, não seria absurdo supor que os aprovados devam ser convocados. Ainda mais quando se pensa que essa verba terá constado do projeto de orçamento protegida sob uma espécie de blindagem, já que o art. 166, § 3º, II, *a*, da Constituição impede que emendas parlamentares reduzam dotações relacionadas a despesas de pessoal e seus encargos. Ou seja, a iniciativa do Executivo terá limitado as opções alocativas do Congresso e agora poderá ser ignorada por suposta conveniência política. Apesar disso tudo, entende-se que essa é uma decisão privativa do administrador público e a proposta do presente trabalho não é reformar todo o sistema jurídico de uma só tacada.

seja, nos limites em que isso poderia se dar pela edição de outras leis. Isso pode permitir que algumas dotações venham a ser integralmente descumpridas e o dinheiro fique disponível para realocação. O regime jurídico a ser observado na hipótese será abordado em momento posterior. Antes, é preciso tratar da segunda vertente referida acima, que também relativiza a vinculação possível decorrente do orçamento.

Nesse segundo domínio, a medida da vinculação não é imposta ao Poder Legislativo, mas sim por ele definida. É certo que o legislador pode impor decisões específicas, mas nem sempre é obrigado a fazê-lo. Ao contrário, a regra é que ele mesmo defina o espaço de discricionariedade deixado ao administrador e não seria possível invocar a Constituição para exigir que o legislador seja minucioso[430]. No entanto, discricionariedade não se confunde com arbitrariedade. O legislador pode ser específico, impondo decisões diretamente, ou pode se limitar a instituir objetivos e metas, transferindo ao Poder Executivo a tarefa de definir os melhores meios de alcançá-las[431]. Nesse último caso, o administrador terá a faculdade de decidir os meios, mas não a prerrogativa de ignorar o comando legal. Novamente, é preciso ter muito claro que essa é uma circunstância da legislação em geral, da qual não se extrai a conclusão de que as leis seriam meras autorizações.

---

430 CANOTILHO, J. J. Gomes. *Direito constitucional e teoria da Constituição*, 2003, pp. 740-741: "A reserva de execução das leis é sempre uma reserva segundo a *medida das leis* e segundo a *medida da densidade de regulação* das mesmas leis. O Executivo não poderá impor ao legislador uma contenção quanto ao desenvolvimento e densidade de regulação das leis. Os limites constitucionais ao legislador resultarão aqui mais de princípios materiais (exs. proibição de leis individuais, defesa de direitos fundamentais, proibição do abuso de forma jurídica) do que de uma pretensa reserva de administração". Vale a ressalva, todavia, de que o próprio Canotilho, em passagem, reconhece a existência de espaços reservadas à Administração pelo texto constitucional. No trecho transcrito ele apenas assenta que a regra geral é a vinculação do administrador pela lei, na medida determinada por esta.

431 Como referido, as dotações orçamentárias nunca poderão ser tão genéricas a ponto de permitir qualquer conduta. Essa é uma decorrência do princípio da legalidade orçamentária, que pressupõe especificidade mínima. Nesse sentido, destacando que os mandamentos de especificidade, universalidade e até clareza orçamentárias guardam relação com a função política do orçamento, sendo necessárias para que o legislador detenha controle efetivo sobre a atividade administrativa, v. PÜNDER, Hermann. *Haushaltsrecht im Umbruch — Eine Untersuchung am Beispiel der Kommunalverwaltung*, 2003, p. 141-144.

A mesma lógica deveria ser aplicada ao orçamento. Dotações específicas impõem condutas específicas, ao passo que dotações programáticas — que instituem objetivos e metas — deixam ao administrador a tarefa de decidir as medidas concretas mais adequadas à realização do programa. Isso ainda é muito diferente da prática atual, pois não seria admissível a pura e simples inércia. A discricionariedade diz respeito à forma como fazer, e não à necessidade de que o objetivo seja perseguido com determinada intensidade. Nesse sentido, o administrador poderia escolher as medidas a implementar. Eventualmente, o custo da atividade desenvolvida poderia não atingir a integralidade do valor previsto. Mas também não se deve admitir que os gastos fiquem muito aquém da previsão inicial, a menos que se trate de uma providência específica e o administrador demonstre que foi possível realizá-la com grande economia.

Como se vê, parece inevitável abrir uma brecha para alguma dose de avaliação subjetiva nesse ponto. O contrário só seria possível se a idéia de vinculação orçamentária viesse a ser compreendida como um *dever genérico de gastar*. Isso não é aceitável. Como referido, os gastos são instrumentais e nada deve impedir o Poder Público de desenvolver suas tarefas com a máxima economicidade[432]. Um ambiente de recursos escassos não é compatível com um dever genérico de gastar ou com a atribuição, a qualquer pessoa ou instituição, de um direito subjetivo a que o Estado gaste. Por isso mesmo é que se destacou que a vinculação do orçamento não produz exatamente um dever de gastar.

A vinculação do orçamento produz o dever de dar cumprimento às decisões orçamentárias que, como as leis em geral, podem assumir diferentes conteúdos, desde a imposição de condutas específicas até a mera autorização (como no exemplo do concurso público). E mesmo as dotações que impõem dever específico não dispensam o administrador de buscar a economicidade, isto é, de tentar cumprir a ordem com o mínimo dispêndio de verbas. A consequência inevitável é que mesmo uma dotação cumprida poderá resultar em saldo para realocação. Isso pode até dificultar a tarefa dos administradores e juristas, mas é um problema a se comemorar. Afinal, não se deve presumir que esse dinheiro remanescente será lançado no vazio, deven-

432 TORRES, Ricardo Lobo. *Tratado de direito constitucional financeiro e tributário — O orçamento (volume V)*, 2000, pp. 209-213.

do ser possível a sua redistribuição para alguma finalidade legítima. Depois será estudado o tratamento a ser dado aos excedentes.

Antes disso, todavia, convém demonstrar que essa margem de discricionariedade interna — produzida no interior da lei, por meio da textura aberta de seus enunciados — não apenas é inerente à atividade legislativa, como também pode ter uma função relevante em si mesma. E ainda ajudar a superar a idéia de que um orçamento impositivo asfixia a liberdade da Administração.

III. As dificuldades e desvantagens de um modelo impositivo rígido

O oposto do orçamento como autorização seria a idéia de que a Administração deva ser privada de qualquer discricionariedade em matéria de execução orçamentária, restringindo sua atividade à realização material das decisões tomadas pelo legislador. A participação do Poder Executivo na formulação das escolhas estaria restrita à elaboração dos projetos de leis orçamentárias, base das deliberações parlamentares. Essa forma de divisão de tarefas pode até se aproximar da idéia de separação dos Poderes em sua vertente clássica, mas encerra inúmeras dificuldades práticas e até mesmo teóricas.

É simplesmente impossível que todas as necessidades públicas sejam previstas de forma detalhada em uma lei, ainda mais com antecedência de um ano. Problemas surgirão e será necessário que o administrador tenha meios para enfrentá-los. Necessidades que haviam passado despercebidas ou não haviam ainda se manifestado terão de ser equacionadas, muitas vezes de forma urgente. Para isso existem os créditos adicionais, como visto. Na verdade, porém, as modificações do orçamento não bastariam para dar conta das necessidades de mudança que seriam produzidas por um regime em que todas as dotações tivessem de ser totalmente específicas. O legislador não está proibido de especificar suas decisões — na medida que entenda relevante — mas parece inevitável que as previsões de despesa *possam* ser flexíveis.

Com efeito, há bons argumentos para defender que a discricionariedade do Poder Executivo pode ser verdadeiramente positiva. A doutrina reconhece as limitações intrínsecas da lei e a necessidade de conferir alguma dose de liberdade à Administração para que afira concretamente o interesse público e por ele oriente sua conduta[433]. É preciso ter em conta que a atividade estatal é extremamente capilarizada, desenvolvendo-se simultaneamente em diversas frentes e contextos fáticos. As decisões fundamentais podem ser tomadas em abstrato, mas é natural que cada unidade administrativa apresente peculiaridades e necessidades próprias, em permanente evolução.

O legislador não consegue apreender todas as possíveis nuances do cotidiano administrativo, cada vez mais técnico, sendo praticamente inevitável que delegue amplos espaços de apreciação ao Poder Executivo[434]. Não seria razoável supor que um domínio tão abrangente como o orçamento público pudesse passar ao largo desse fenômeno. Em suma, a idéia de rigidez orçamentária deve ser necessariamente temperada com elementos de flexibilização. Novamente se defende a idéia de que o orçamento não deve ser menos do que as leis em geral, mas também não se deve achar que ele seja elaborado por um *superlegislador*, que tudo sabe e tudo vê. Ou, o que é ainda mais fantasioso, que tudo antevê. Como qualquer lei, poderá conter dotações com diferentes conteúdos e diferentes níveis de especificidade, do que decorrerão diferentes comandos para o Administrador. A chave aqui é a medida.

IV. A discricionariedade no interior das dotações: a necessária releitura do princípio da especialidade ou especificidade orçamentária

Pelas razões expostas acima e destacadas ao longo do trabalho,

---

433 Como referido, trata-se da discricionariedade, que se caracteriza como um poder interno ao Direito e, por isso mesmo, naturalmente sujeito a limites.

434 BATTIS, Ulrich e GUSY, Cristoph. *Einführung in das Staatsrecht*, 1991, p 244: "Das Parlament kann nicht alles selbst regeln; hierzu ist es organisatorisch nicht in der Lage, weil es generalisiert auf allen Gebieten tätig wird und so mit Details zu inzelfregen überlastet ware. Auch wurde sein Verfahren nicht rasch und flexible genug sein, um Einzelfragen hinreichend schnell zu entscheiden". (Tradução livre: O Parlamento não consegue regular tudo de forma autônoma; para isso ele não está preparado do ponto de vista organizacional, uma vez que ele atua em todos os campos e por isso ficaria sobrecarregado com detalhes relacionados a questões isoladas. Além disso, o seu procedimento não seria ágil ou flexível o bastante para decidir sobre tais questões com a rapidez necessária").

o reconhecimento de um espaço de liberdade ao administrador não deve vir na forma de uma autorização genérica para executar as decisões orçamentárias, cujo reverso é a autorização para ignorá-las. Em lugar disso, as dotações podem ser organizadas de forma a conceder alguma dose de flexibilidade à atividade administrativa. Para tanto, é importante definir a extensão do chamado princípio da especialidade ou especificidade orçamentária, reconhecido pela doutrina nacional[435] e estrangeira[436].

Na verdade, a idéia de que as dotações devam ser específicas decorre da própria legalidade orçamentária. Se uma despesa não pode ser realizada sem previsão no orçamento, é necessário que seja possível enquadrar tal objeto de gasto em alguma das dotações existentes. Se estas previsões forem excessivamente genéricas, poderiam justificar qualquer despesa e o objetivo de controle estaria arruinado. Isso não significa, contudo, que as previsões tenham de ser minuciosas. Alguma dose de abertura servirá como forma de evitar as dificuldades mencionadas no item anterior e dará ao administrador espaço para agregar a contribuição de sua eficiência ao processo de alocação de recursos.

Esse mecanismo de flexibilização será inevitável em alguma medida, já que o legislador nunca será capaz de detalhar todas as despesas envolvidas na gestão administrativa. Mais importante, porém, é a possibilidade de utilização consciente dessa forma de partilha da competência decisória. Em muitos casos, o legislador poderá optar por traçar objetivos a serem perseguidos, delegando ao administrador a escolha dos meios adequados. Não se trata de pouco poder. Por outro lado, o legislador poderá optar por estabelecer decisões mais específicas, notadamente para garantir a implementação de medidas que sejam desde logo consideradas indispensáveis ou prioritárias. Finalmente, ainda resta a possibilidade de mesclar previsões gerais e detalhadas, compondo uma infinidade de arranjos possíveis.

O exemplo da reforma do sistema prisional, já utilizado outras vezes, ajudará a esclarecer o ponto. Entendendo que a moder-

435 V. TORRES, Ricardo Lobo. *Tratado de direito constitucional financeiro e tributário — O orçamento (volume V)*, 2000, p. 277.

436 A título de exemplo, v. PEREZ ROYO, Fernando Perez. *Derecho financiero y tributario*, 1994, p. 332 e JARACH, Dino. *Finanzas públicas y derecho tributario*, 1996, p. 86.

nização e humanização dos presídios constitui uma política pública relevante, o legislador poderia instituir dotações orçamentárias correspondentes, distribuindo-as por entre as diferentes unidades prisionais, os órgãos de gestão do sistema e o Fundo Penitenciário Nacional. Se forem vazadas em termos genéricos, tais dotações deixariam enorme margem de decisão ao Poder Executivo, limitada apenas pela decisão fundamental: desenvolver essa política pública. Ao administrador caberia decidir se a reforma deve começar com a melhoria das condições sanitárias ou do espaço físico, com a capacitação de profissionais ou mesmo com o aumento da segurança. Teria de decidir também de que forma e em que extensão essas medidas seriam implementadas.

Nada impediria, contudo, que o legislador optasse por pontuar essa discricionariedade com decisões específicas, exigindo, *e.g.*, que as celas fossem reformadas para atender a determinados padrões de higiene ou determinando de forma taxativa a instalação de detectores de metais e de equipamentos para bloquear o sinal de telefones celulares. Como se vê, a medida da discricionariedade seria definida pelo Poder Legislativo. Para concluir o tópico, convém referir brevemente duas críticas já enfrentadas acima, relacionadas à capacidade técnica do legislador e a uma possível invasão à competência administrativa.

Quanto ao primeiro aspecto, demonstrou-se que o legislador realmente padece de limitações naturais que provavelmente o impedirão de analisar detidamente cada aspecto do orçamento. Disso não decorre que ele seja incapaz de focalizar temas específicos e organizar-se em torno deles. Sem prejuízo da análise de cada projeto de orçamento, realizada anualmente, foi referido que a atividade de pensar as decisões orçamentárias deve ser desenvolvida de maneira contínua. E nada impede que isso seja feito. A estrutura estatal — incluindo presídios, escolas e hospitais — não mudará de lugar, tampouco será reinventada a cada ano[437]. Para ajudá-los em sua tarefa, os congressistas podem se valer dos orçamentos e dos demonstrativos de execução orçamentária anteriores, de seu próprio corpo de auxiliares técnicos e da prerrogativa de convocar autori-

437 Por isso mesmo, a elaboração do orçamento é um processo naturalmente incremental, tomando por base as avaliações produzidas nos exercícios anteriores, sem prejuízo da possibilidade de que limitações abrangentes sejam instituídas por reavaliação política. V. WILDAVSKY, Aaron e CAIDEN, Naomi. *The new politics of the budgetary process*, 1997, p. 45.

dades administrativas, lideranças da sociedade civil e especialistas sobre os diversos temas para que prestem esclarecimentos. Como visto, a Constituição e o regramento interno do Congresso Nacional permitem tais providências[438] e o segundo inclusive impõe a realização de audiências públicas como etapa de preparação da deliberação orçamentária[439].

A segunda crítica diz respeito à idéia de que dotações específicas poderiam invadir competência administrativa. O argumento não procede, por duas razões. Em primeiro lugar, a deliberação do orçamento não poderá produzir a criação de órgãos públicos, tam-

---

438 CF/88, art. 58: "O Congresso Nacional e suas Casas terão comissões permanentes e temporárias, constituídas na forma e com as atribuições previstas no respectivo regimento ou no ato de que resultar sua criação. (...) § 2º — às comissões, em razão da matéria de sua competência, cabe: (...) II — realizar audiências públicas com entidades da sociedade civil; III — convocar Ministros de Estado para prestar informações sobre assuntos inerentes a suas atribuições; IV — receber petições, reclamações, representações ou queixas de qualquer pessoa contra atos ou omissões das autoridades ou entidades públicas; V — solicitar depoimento de qualquer autoridade ou cidadão; VI — apreciar programas de obras, planos nacionais, regionais e setoriais de desenvolvimento e sobre eles emitir parecer".

Resolução do Congresso Nacional nº 1/2006, art. 3º: "Para o exercício da sua competência, a CMO [Comissão Mista de Planos, Orçamentos Públicos e Fiscalização] poderá: I — determinar ao Tribunal de Contas da União a realização de fiscalizações, inspeções e auditorias, bem como requisitar informações sobre a fiscalização contábil, financeira, orçamentária, operacional e patrimonial e sobre resultados de fiscalizações, auditorias e inspeções realizadas; II — requerer informações e documentos aos órgãos e entidades federais; III — realizar audiências públicas com representantes de órgãos e entidades públicas e da sociedade civil; IV — realizar inspeções e diligências em órgãos da administração pública federal, das administrações estadual e municipal e em entidades privadas que recebam recursos ou administrem bens da União. Parágrafo único. A CMO deverá manter atualizadas as informações relativas aos subtítulos correspondentes a obras e serviços em que foram identificados indícios de irregularidades graves e relacionados em anexo à lei orçamentária anual".

439 Resolução do Congresso Nacional nº 1/2006, art. 29: "A CMO realizará audiências públicas para o debate e o aprimoramento do projeto, para as quais convidará Ministros ou representantes dos órgãos de Planejamento, Orçamento e Fazenda do Poder Executivo e representantes dos órgãos e entidades integrantes das áreas temáticas. § 1º As audiências públicas que tiverem como objeto o debate de assuntos relacionados aos campos temáticos regimentais das Comissões Permanentes do Senado Federal e da Câmara dos Deputados serão realizadas sob a coordenação da CMO, na forma de reuniões conjuntas. § 2º A CMO poderá realizar audiências públicas regionais para debater o projeto, quando de interesse de Estado ou Região Geográfica".

pouco de novos cargos, empregos ou funções. Adicionalmente, sequer poderá produzir aumento na despesa de pessoal. Considerando que a atividade administrativa não se desenvolve no vazio, as dotações terão de considerar a estrutura já existente, o que constitui considerável limitação.

Em segundo lugar, veja-se que a atribuição de deveres à Administração, incluindo deveres específicos, é competência típica do legislador. A rigor, as medidas específicas citadas no exemplo do sistema penitenciário poderiam perfeitamente ser instituídas por lei sem que ninguém ousasse dizer que estaria havendo invasão da competência administrativa. Nem é preciso permanecer apenas no campo do hipotético: a Lei de Execuções Penais (LEP) já trata das condições de encarceramento e certamente poderia ser alterada para incluir novas exigências de ordem sanitária ou mesmo para impor a instalação de novos equipamentos de segurança, como bloqueadores de celular. Se o legislador pode instituir essas exigências por leis que são consideradas obrigatórias, por que deve causar tanto espanto que possa velar pela sua execução por meio de dotações orçamentárias correspondentes? Ou mesmo que o legislador possa decidir no próprio orçamento? Em ambos os casos, a decisão legislativa assumiria maior densidade, uma vez que estaria acompanhada da indicação dos recursos para a sua execução, em confronto com outras necessidades de gasto. Isso diminuiria a chance de promessas legislativas irrealizáveis ou demagógicas.

No plano ideal, a edição de leis que impõem deveres ao Poder Público deveria ser naturalmente combinada com a instituição de dotações orçamentárias. Essa combinação até enfraqueceria a crítica sobre a suposta incapacidade do legislador. Não se deve presumir que a decisão legislativa contida na LEP, ou em qualquer outra lei, tenha sido inconsequente, precipitada ou meramente simbólica[440]. Sendo assim, o seu complemento necessário é a previsão de recursos para que seja executada, até para que não se torne mais um caso de "lei que não pega", mazela bem conhecida e tolerada além da conta no sistema político brasileiro. Impossível dizer que tal providência violaria o espaço de decisão do Poder Executivo, so-

440 O tema do valor simbólico da legislação e seus efeitos perniciosos em matéria orçamentária foi analisado na primeira parte do estudo, a qual se remete o leitor.

bretudo quando se tem em conta que, por determinação constitucional, cabe ao legislador discutir e votar o orçamento.

Na verdade, o fundamento último do mecanismo aqui analisado pode ser encontrado em qualquer livro de direito administrativo, clássico ou moderno: a discricionariedade administrativa é balizada pela lei, e não o contrário[441]. A medida da discricionariedade é dada pelo legislador e as prioridades por ele definidas não podem ser simplesmente desconsideradas[442]. As dotações poderão ser detalhadas, restringindo a atuação do administrador. Poderão também ser genéricas, deslocando boa parte da competência decisória para o momento da execução. Apenas não poderão ser genéricas demais, a ponto de comportar qualquer despesa. Exige-se que as dotações identifiquem, pelo menos, um programa de ação, de modo que o Poder Legislativo participe ativamente na definição das políticas públicas que serão implementadas, atuando como filtro das propostas encaminhadas pelo Poder Executivo e também garantindo que as suas próprias decisões sejam concretizadas, como no exemplo da reforma prisional.

Essa forma de compreensão dos comandos impostos pelo orçamento é perfeitamente compatível com a ordem constitucional brasileira. Em alguma medida, ela já é praticada atualmente, ainda que sem maior reflexão crítica. Esse espaço de *discricionariedade interna* — instituído no âmbito das próprias dotações orçamentárias — precisa ser percebido, tanto para que o legislador o utilize de

441 ARAGÃO, Alexandre Santos de. *Direito dos serviços públicos*, 2007, p. 339: "Não estamos, naturalmente, a dizer que a densidade normativa mínima anteriormente referida seja obrigatória. Não. É do legislador o arbítrio da maior ou menor vinculação na relação entre a lei e o regulamento, respeitado o mínimo de densidade propugnado".

442 PÜNDER, Hermann. *Haushaltsrecht im Umbruch — Eine Untersuchung am Beispiel der Kommunalverwaltung*, 2003, p. 144: "Die Grundsätze der qualitativen und quantitativen Bindung sind notwendige Voraussetzungen für die Wirkung des Haushaltsplans als Instrument zur Steuerung der Verwaltung durch Vorgaben der Gemeindevertretung. (...) Verhindert wird, daâ die Verwaltung in Rahmen des Haushaltsvollzugs die Prioritätensetzung des Rates unberücksichtigt läât (...)". (Tradução livre: "Os princípios da vinculação quantitativa e qualitativa são pressupostos necessários para a eficácia do plano orçamentário como instrumento de direção da Administração pelas determinações do órgão representativo. (...) Impede-se que a Administração, no domínio da execução orçamentária, deixe de considerar as prioridades da representação").

forma consciente, quanto para aplacar eventuais argumentos de que um orçamento impositivo significa necessário engessamento da Administração.

Como se espera ter demonstrado, o engessamento ocorrerá na medida imposta pelo legislador, como sempre se aceitou. Afinal, não se questiona que as leis podem limitar a discricionariedade administrativa. A *novidade* aqui seria a constatação de que o legislador pode e deve zelar pela efetividade de suas próprias decisões específicas por meio da instituição de dotações orçamentárias correspondentes, que deverão ser cumpridas. O reverso da moeda é a admissibilidade de dotações elaboradas com maior grau de generalidade, transferindo substancial competência decisória à Administração. A rigor, a tendência é que essas disposições até se apresentem em maior número, dadas as naturais limitações do Poder Legislativo.

Por esse esquema, as escolhas fundamentais são mantidas na via deliberativa do orçamento público, alimentada pelas propostas do Poder Executivo. Ao mesmo tempo, como resultado desse processo deliberativo, será possível atribuir ao administrador participação importante na definição de políticas públicas específicas. Participação para concretizar — o que pode envolver escolhas fundamentas dentro de balizas jurídicas mais ou menos amplas — mas não para ignorar a decisão orçamentária. Essa concretização será objeto do próximo tópico, que servirá para demonstrar que a competência hoje reconhecida ao Presidente da República chega a ser irracional. Isso porque não se funda em uma reavaliação verdadeira de cada uma das incontáveis previsões de gasto, mas sim na desconsideração das opções de investimento contidas no orçamento, substituídas por uma pauta própria de prioridades.

V. O exercício da discricionariedade em concreto

Como se tem enfatizado, as dotações orçamentárias podem ser vazadas em termos de maior ou menor generalidade. O exercício concreto da discricionariedade resultante constitui uma segunda etapa do processo, a ser organizada no âmbito da própria Administração. Isso não deve ser visto como enfraquecimento da vinculação orçamentária. Em muitos casos, a Chefia do Poder Executivo poderá valer-se de seu poder hierárquico para orientar a atuação dos agentes que lhe são subordinados, limitando suas opções de escolha. Em outras instâncias administrativas, notadamente na Administração indireta, o poder hierárquico não se encontra presente, sendo substituído por formas diferentes e mais brandas de controle. Disso decorrerá maior autonomia na decisão sobre o emprego dos recursos, mas sempre dentro dos parâmetros definidos pelo orçamento. Essas são circunstâncias inerentes à Administração Pública, que continuarão a existir normalmente, condicionando o grau de influência exercido pelo Poder Executivo central na gestão cotidiana da atividade administrativa.

Em outras palavras, independentemente da cadeia interna de comando, a medida decorrente da dotação orçamentária deverá ser cumprida, na extensão imposta por seu conteúdo. Se este for específico, a conduta devida já estará determinada. Caso institua um programa de ação, caberá ao administrador definir medidas concretas para realizá-lo. As medidas concretas poderão variar — inclusive em relação ao fator *custo* — mas a inércia será uma conduta ilegal, assim como uma ação meramente simbólica. Essa conclusão envolve a referida margem de avaliação subjetiva da qual não se pode fugir. Nem se estaria introduzindo um elemento novo na ordem jurídica, que há muito incorporou a idéia de que a discricionariedade envolve escolhas e tem utilidade prática. E também a idéia de que o juízo administrativo é passível de controle em alguma medida. O tema do controle será tratado em tópico próprio.

A existência de uma estrutura hierárquica na Administração poderá resultar na avocação ou revisão de juízos discricionários, mas não modificar sua essência, convertendo o poder de concretizar em poder de ignorar a decisão original. É na definição das medidas que poderá incidir o poder de direção derivado do princípio hierárquico. Em última instância, o próprio Presidente — Chefe da Administração — poderia avocar a competência para decidir o que deve ser feito. Não é provável que essa venha a ser uma prática generalizada, por motivos óbvios. Assim como o legislador, o Presidente também não adquire superpoderes ou o dom da ubiquidade quando o tema seja execução orçamentária.

Aliás, é importante observar que, nesse ponto, o modelo proposto é muito mais realista — e democrático — do que a prática brasileira atual. Existindo um dever de liberação dos recursos orçamentários, o normal é que os diferentes centros decisórios da Administração exerçam essa *discricionariedade interna*, propiciada por dotações orçamentárias flexíveis. A doutrina administrativista tem defendido a evolução para um modelo de Administração Pública gerencial, mais aberto à participação dos administrados e orientado à produção de resultados socialmente eficientes[443]. O sistema aqui proposto atua em favor desse objetivo, evitando que os órgãos e entidades públicos possam ter sua capacidade operacional esvaziada por retenções de verba automatizadas.

Ou seja, realiza-se de forma mais concreta a descentralização de competências administrativas decisórias, potencialmente democrática e até inevitável em qualquer Estado contemporâneo, sobretudo quando apresente grande dimensão territorial combinada com variação regional tão intensa. O Presidente, seus ministros e as autoridades de maior escalão até poderão avocar e rever decisões, de forma eventual e casuística, mas não se presume que a liberação

443 Nesse sentido, Adriana Schier destaca que a concessão de maior poder decisório às instâncias administrativas deve vir necessariamente acompanhada de um reforço nos mecanismos de publicidade e participação. Uma prestação de contas efetiva é pressuposto para a passagem de um modelo administrativo puramente burocrático — auto-referenciado, tendo como norte seus próprios procedimentos e praxes — para um modelo gerencial, legitimado em grande medida pela eficiência na obtenção de resultados. A partir do momento em que a Administração assume papéis ativos na definição das políticas públicas, para além de sua mera execução, é natural que haja um controle social mais intenso sobre as suas decisões. V. SCHIER, Adriana da Costa Ricardo. *A participação popular na Administração*, 2002, pp. 161-162: "Destarte, o direito de participação permite, neste contexto, o aperfeiçoamento da esfera administrativa, no sentido de sua democratização. Como consequência, possibilita a flexibilização do regime burocrático, implicando na leitura de seus principais institutos pelo viés dos valores democráticos. A estrutura do aparelho do Estado, nesta medida, direciona-se ao atendimento dos cidadãos ou dó interesse público, concretamente definido pelo conteúdo constitucional atribuído ao princípio da proteção à dignidade da pessoa humana. Busca-se superar, assim, a característica auto-referencial que, por vezes, é adotada pela burocracia (...) Neste sentido, a Administração Pública Gerencial busca legitimidade através da aferição de resultados eficientes". De forma similar, destacando a importância de que a Administração estabeleça um diálogo com os administrados como requisito para a concretização e aferição da eficiência, v. DAL BOSCO, Maria Goretti. *Discricionariedade em políticas públicas — Um olhar garantista da aplicação da Lei de Improbidade Administrativa*, 2007, pp. 303-304 e LEAL, Rogério Gesta. Esfera pública e participação social: possíveis dimensões jurídico-políticas dos direitos civis de participação social no âmbito da gestão dos interesses públicos no Brasil, *Revista Brasileira de Direito Público*, nº 19, 2007, pp. 35-65.

de cada verba estará submetida a uma nova decisão dessas autoridades, como se tivessem a capacidade de reavaliar todas as necessidades, das maiores às mais específicas, em tempo real.

O sistema atual abre espaço para essa ficção, em considerável medida. Como demonstrado, a praxe é que um decreto seja editado dias após a publicação do orçamento, determinando uma retenção generalizada de verbas, muitas vezes na forma de cortes lineares. Simplesmente não é possível imaginar que esses cortes reflitam uma reavaliação individualizada de cada previsão inicial de gasto. Vale dizer: mesmo que se quisesse dar ao Presidente o poder de contingenciar livremente verbas orçamentárias, a lógica normal seria presumir a execução regular dos gastos e admitir intervenções pontuais. Nunca o contrário.

A título de exemplo, veja-se o caso da Alemanha. Apesar de esse país adotar um sistema de governo parlamentarista — o que deveria se traduzir em maior liberdade para o Executivo, que afinal se origina do Parlamento e só permanece no poder enquanto gozar da confiança da maioria parlamentar[444] — o gabinete alemão tem menos poder em matéria de execução orçamentária do que o Presidente brasileiro. A legislação alemã proclama expressamente que a lei orçamentária tem eficácia autorizativa e não dá origem a direitos ou obrigações[445], mas consagra uma sistemática na qual a execução orçamentária ocorre, em princípio, de forma automática[446].

444 Nesse sentido, destacando que nos sistemas parlamentaristas a possibilidade de delegações normativas do legislador ao Poder Executivo são naturalmente mais amplas em razão do vínculo de controle político entre essas instâncias, v. EPSTEIN, David e O'HALLORAN, Sharyn. *Delegating powers — a Transaction cost politics approach to policy making under separate Powers*, 2004, p. 242. Nada obstante, os autores destacam que as variações de modelo parlamentar podem comportar maiores ou menores limites funcionais entre os ramos Executivo e Legislativo e que até circunstâncias políticas — como a formação de governos de coalizão — podem gerar diferentes doses de delegação.

445 *Bundeshaushaltsordnung* (Ordenação do orçamento público federal), § 3º: "(1) Der Haushaltsplan ermächtigt die Verwaltung, Ausgaben zu leisten und Verpflichtungen einzugehen. (2) Durch den Haushaltsplan werden Ansprüche oder Verbindlichkeiten weder begründet noch aufgehoben". (Tradução livre: (1) O plano orçamentário autoriza a Administração a realizar despesas e assumir obrigações. (2) O plano orçamentário não fundamenta, nem revoga pretensões ou vinculações").

446 Ademais, como já destacado, a doutrina afirma que a função política do orçamento envolve o primado das decisões legislativas sobre a Administração Pú-

Admite-se apenas que o próprio orçamento contenha dotações desde logo retidas, cuja liberação dependerá de autorização do Ministério da Fazenda ou mesmo do Parlamento Federal[447]. O Ministério da Fazenda poderá também determinar novas retenções, mas por ato positivo, e não pela simples inércia na liberação de recursos. Para esses contingenciamentos, a legislação institui como diretriz a ocorrência de mudanças no quadro econômico, na via da receita ou da despesa[448].

---

blica, que não pode ignorar as prioridades definidas no orçamento. V. PÜNDER, Hermann. *Haushaltsrecht im Umbruch — Eine Untersuchung am Beispiel der Kommunalverwaltung*, 2003, p. 144.

447 *Bundeshaushaltsordnung* (Ordenação do orçamento público federal), § 22: "Ausgaben, die aus besonderen Gründen zunächst noch nicht geleistet oder zu deren Lasten noch keine Verpflichtungen eingegangen werden sollen, sind im Haushaltsplan als gesperrt zu bezeichnen. Entsprechendes gilt für Verpflichtungsermächtigungen. In Ausnahmefällen kann durch Sperrvermerk bestimmt werden, daß die Leistung von Ausgaben oder die Inanspruchnahme von Verpflichtungsermächtigungen der Einwilligung des Bundestages bedarf". (Tradução livre: "As despesas que, por motivos especiais,não devam ainda ser realizadas ou para cuja cobertura estejam previstas obrigações quenão devam ainda ser assumidas, devem ser inscritas no orçamento como retidas. O mesmo vale para as autorizaçõespara o contraimento de obrigações. Excepcionalmente, o ato de retenção pode determinar que a realização das despesas ou a utilização das autorizações para contraimento de obrigações dependam da concordância do Parlamento Federal").

Bundeshaushaltsordnung (Ordenação do orçamento público federal), § 36: "Nur mit vorheriger Zustimmung (Einwilligung) des Bundesministeriums der Finanzen dürfen Ausgaben, die durch Gesetz oder im Haushaltsplan als gesperrt bezeichnet sind, geleistet sowie Verpflichtungen zur Leistung solcher Ausgaben eingegangen werden. In den Fällen des § 22 Satz 3 hat das Bundesministerium der Finanzen die Einwilligung des Bundestages einzuholen". (Tradução livre: "Apenas com o consentimento prévio do Ministério Federal das Finanças é possível realizar as despesas que, pela lei ou pelo plano orçamentário, sejam designadas como retidas. O mesmo vale para a assunção de obrigações relativas à realização dessas despesas. Nos casos do § 22 Sentença 3, o Ministério Federal das Finanças deve obter o consentimento do Parlamento Federal").

448 *Bundeshaushaltsordnung* (Ordenação do orçamento público federal), § 41: "Wenn die Entwicklung der Einnahmen oder Ausgaben es erfordert, kann das Bundesministerium der Finanzen nach Benehmen mit dem zuständigen Bundesministerium es von seiner Einwilligung abhängig machen, ob Verpflichtungen eingegangen oder Ausgaben geleistet werden". (Tradução livre: "Quando o desenvolvimento das receitas ou despesas assim exigir, poderá o Ministério Federal das Finanças, em coordenação com o Ministério competente, fazer com que a realização de despesas ou a assunção de obrigações dependa da sua autorização").

Como é fácil perceber, o sistema alemão — parlamentarista, convém enfatizar — é estruturado a partir da premissa intuitiva de que a execução orçamentária por parte da Administração deverá ser, tanto quanto possível, fiel ao planejamento contido na lei[449], desviando-se apenas em caso de necessidade. Embora o orçamento veicule uma autorização, não se admite como normal que o gabinete possa refazer de forma autônoma as valorações produzidas no orçamento, nem se institui a ficção de que o governo será capaz de reavaliar cada decisão de despesa como condição para liberar os recursos para as finalidades pré-determinadas. Em um sistema presidencialista, como o existente no Brasil, a modificação do orçamento por ato unilateral e imotivado do Executivo deveria suscitar ainda mais perplexidade[450]. Esse último aspecto — exigência de motivação — assume particular relevância e será objeto do último tópico.

VI. O dever de motivar

O dever de motivar é fundamental em qualquer sistema orçamentário[451], mesmo naqueles em que a execução seja vinculada. Não apenas como requisito de transparência e combate à corrupção, mas também porque a vinculação absoluta nunca será possível, como foi demonstrado. Decisões discricionárias terão de ser produzidas, em diferentes níveis, e a motivação serve para que o administrador demonstre que a sua conduta guarda relação com a realidade fática e está inserida no espaço de liberdade deixado pela or-

449 A doutrina alemã identifica a existência de um *princípio da verdade orçamentária (Grundsatz der Haushaltswahrheit)*, combinado com o chamado *princípio da clareza orçamentária (Grundsatz der Haushaltsklarheit)*. Tais exigências — clareza e verdade — são entendidas como pressupostos para o equilíbrio orçamentário. Além disso, parecem expressar a idéia de que o orçamento deve ser levado a sério, devendo haver motivos consistentes para a sua modificação. Sobre esse ponto e a sistemática orçamentária alemã em geral, v. *Das System der Öffentlichen Haushalte*, 2001 (publicação editada pelo Ministério das Finanças alemão, disponível no site www.bundesfinanzministerium.de).

450 Não por acaso, o sistema orçamentário dos Estados Unidos é ainda mais rígido do que a proposta aqui formulada. O ponto será demonstrado.

451 No mesmo sentido, v. BARCELLOS, Ana Paula de. Neoconstitucionalismo, direitos fundamentais e controle das políticas públicas, *Revista de Direito Administrativo* nº 240, 2005, pp. 83-103.

dem jurídica. Em última instância, tal demonstração deve servir até para desestimular o controle jurisdicional ou permitir que seja exercido de forma mais consistente[452]. Além disso, a motivação é imprescindível para alimentar a crítica política e social. Mesmo que nenhuma forma de vinculação orçamentária adicional venha a ser estabelecida, o dever de indicar os motivos seria capaz de despertar a atenção da opinião pública, pelo menos nos casos de maior repercussão. É bem verdade que a retenção de recursos destinados a projetos relevantes, como obras de saneamento básico, já deveria bastar para acender algum sinal de alerta nos meios de comunicação. Mas parece evidente que um ato formal de contingenciamento, indicando que as obras não serão realizadas por determinada razão, tende a ser percebido com maior clareza e intensidade.

Existe outra razão para se exigir a motivação e presumir que este não seria um dever especialmente penoso para a Administração, sequer do ponto de vista lógico. Um dos papéis evidentes da lei orçamentária é racionalizar a atividade financeira do Estado, tendo como pressuposto lógico a busca pela máxima aproximação entre as previsões orçamentárias e a realidade das finanças públicas[453]. Embora o orçamento esteja sujeito a inúmeras variáveis, parece evidente que ele não é elaborado por capricho. Afinal, não se deve presumir que o imenso esforço necessário para a elaboração e aprovação de uma lei orçamentária seja uma farsa, admitindo-se que o produto do trabalho possa ser ignorado sem que haja algum motivo para tanto.

---

452 FRANÇA, Vladimir da Rocha. *Estrutura e motivação do ato administrativo*, 2007, p. 103.

453 WILDAVSKY, Aaron e CAIDEN, Naomi, *The new politics of the budgetary process*, 1997, p. 1: "Presumably, those who make a budget intend there to be a direct connection between what is written in it and future events". No mesmo sentido e chegando à identificação de um mandamento jurídico de exatidão, v. JARACH, Dino. *Finanzas públicas y derecho tributario*, 1996, p. 82: "Este principio exige que las previsiones del presupuesto, tanto en lo referente a los gastos como a los recursos, sean lo más exactas posible. Ello no excluye la posibilidad de error en todas aquellas cifras que son fruto de estimaciones de eventos futuros, pero no justifica la astucia o la mala fé de los hombres de gobierno, tanto del Poder Legislativo como del Ejecutivo, que pretendan burlar la opinión pública con previsiones de gastos o recursos abultadas o disminuidas intencionalmente. Los errores cometidos involuntariamente o debidos a cambios sobrevenidos en las circunstancias económicas exigen, en homenaje al principio de exactitud, proponer y sancionar una ley modificatoria del presupuesto".

Sendo assim, é razoável que o Executivo exponha publicamente os motivos que o levam a considerar sua conduta compatível com o plano original — nos casos em que não se trate de mera execução de decisão específica, naturalmente — e mais ainda os eventuais motivos capazes de justificar a modificação das decisões originais, nas hipóteses em que isso seja admissível pela ordem jurídica. Essa demonstração estabelece a diferença entre o discricionário e o arbitrário[454]. Em um ambiente de seriedade orçamentária, não deveria ser difícil expor tais motivos. Em reforço a essa constatação, veja-se que o art. 5º, XXXIII, da Constituição assegura a qualquer indivíduo o direito de solicitar e receber informações de interesse pessoal ou coletivo dos órgãos públicos[455].

Como se percebe, a ordem constitucional não presume que os motivos serão fabricados sob encomenda, o que seria evidentemente irracional e muito custoso. Em vez disso, assume o óbvio: que os motivos devem existir sempre, tanto assim que qualquer indivíduo tem direito de solicitar esclarecimentos. Se a motivação não for aleatória — e não poderia ser — é natural que a Administração seja capaz de explicar suas razões, que podem até decorrer de uma combinação de fatores, mas que devem ser de índole objetiva. A mera reavaliação política das decisões orçamentárias até poderá ser motivo legítimo para mudanças, mas deve seguir o procedimento instituído pela Constituição. E em se tratando de decisão autônoma do Poder Executivo — como nos créditos suplementares — esta deverá vir acompanhada de motivação.

---

454 FERNANDEZ, Thomaz R. *De la arbitrariedad de la Administración*, 1999, pp. 82 e 83-4: "La motivación de la decisión comienza, pues, por marcar la diferencia entre lo discrecional y lo arbitrario, y ello, porque si no hay motivación que lo sostenga, el único apoyo de la decisión será la sola voluntad de quien la adopta, apoyo insuficiente, como es obvio, en un Estado de Derecho en el que no hay margen, por principio, para el poder puramente personal. (...) El poder administrativo en un Estado de Derecho es siempre, y más todavía el poder discrecional, un poder funcional, un poder obligado a dar cuenta de su efectivo servicio a la función para la que fue creado".

455 O dispositivo ressalva apenas informações cujo caráter sigiloso seja imprescindível à segurança da sociedade ou do Estado, categoria que não deve ser interpretada ampliativamente em um regime democrático. Algumas dotações orçamentárias — em si mesmas, e também as razões de seu cumprimento ou descumprimento — até podem ser sigilosas, como certos gastos militares. Mas não se discute que a generalidade das contas públicas deve estar sujeita à publicidade.

A importância da motivação dos atos administrativos tem sido destacada pela doutrina e progressivamente reconhecida pela legislação, principalmente quando se trata de restrição a direitos[456], mas também em relação a medidas que digam respeito à gestão da coisa pública[457]. No caso das decisões orçamentárias da Administração, as duas coisas estão simultaneamente presentes, tendo se demonstrado que o orçamento define concretamente as atividades que serão desenvolvidas pelo Poder Público para manutenção de sua própria estrutura e para realizar as finalidades que justificam sua existência.

A exigência de motivação é ainda mais evidente no caso de decisões administrativas que deixem de dar execução a dotações orçamentárias, total ou parcialmente, ou remanejem recursos. Já se fez referência à idéia de que a lei orçamentária registra decisões democráticas, naturalmente destinadas a serem concretizadas na realidade. A superação dessas previsões por ato administrativo reclama, no mínimo, uma fundamentação consistente. A mencionada Lei nº 9.784/99 exige motivação para atos que anulem, revoguem, suspendam ou convalidem outros atos administrativos[458]. Com muito mais razão, a exposição de motivos deverá ser exigida para superar previsão legal. Inclusive para demonstrar que a modificação se deu de forma válida, em hipótese admitida pelo sistema orçamentário. Mesmo em um sistema de orçamento autorizativo, chega a ser evidente que a desconsideração do planejamento inicial

456 Lei nº 9.784/99, art. 50: "Os atos administrativos deverão ser motivados, com indicação dos fatos e dos fundamentos jurídicos, quando: I — neguem, limitem ou afetem direitos ou interesses; (...)".

457 A constatação é feita por MARTINS JÚNIOR, Wallace Paiva. *Transparência administrativa*, 2004, p. 249: "São expressivos exemplos os atos editados pela agência nacional de telecomunicações, que devem ser acompanhados da exposição formal dos motivos que os justifiquem (art. 40 da Lei n. 9.472/97), e o exame das críticas e sugestões colhidas em consulta pública prévia à edição de ato normativo (art. 42 da Lei n. 9.472/97); a rejeição de representação de qualquer pessoa para apuração de ato de improbidade administrativa (art. 14, § 2º, da Lei n. 8.429/92); a resposta a solicitações e a sugestões relacionadas ao trânsito (art. 73 da Lei n. 9.503/97)".

458 Lei nº 9.784/99, art. 50: "Os atos administrativos deverão ser motivados, com indicação dos fatos e dos fundamentos jurídicos, quando: (...) importem anulação, revogação, suspensão ou convalidação de ato administrativo".

deve estar logicamente amparada por bons fundamentos, cabendo à Administração simplesmente enunciá-los[459].

Em termos procedimentais, os atos de contingenciamento devem ter existência formal, já que a mera inércia tende a passar facilmente despercebida, sobretudo em um contexto tão abrangente. A justificativa para cada contingenciamento deve ser individualizada, sem prejuízo da possibilidade de reunião em um mesmo instrumento. Por fim, os atos poderão ser realizados e divulgados de forma pulverizada, a critério do Executivo, mas deverão ser reunidos nos relatórios bimestrais sobre o andamento da execução orçamentária[460], de modo a permitir um acompanhamento eficaz. Tais relatórios são exigidos pela Constituição e essa previsão, por si só, já poderia ser tomada como fundamento bastante para se exigir a motivação das decisões administrativas que neguem execução às previsões orçamentárias. Afinal, é perfeitamente possível entender que o artigo da Constituição que impõe a produção de um *relatório* não se satisfaz com um calhamaço de cifras, antes exigindo que as hipóteses de descumprimento do plano inicial sejam destacadas e justificadas de forma inteligível[461]. Essa interpretação possível deve ser privilegiada em concreto, na medida em que é, sem dúvida, mais afinada com os princípios constitucionais que incidem na hipótese, notadamente com os princípios da legalidade, democrático e republicano[462].

---

459 Com efeito, a doutrina destaca que o dever de motivação assume especial relevância nos atos que escapam às expectativas usuais, como as decorrentes de reiteradas decisões, praxes ou pareceres administrativos. V. FRANÇA, Vladimir da Rocha. *Estrutura e motivação do ato administrativo*, 2007, p. 118. A modificação do planejamento estabelecido em lei e, mais ainda, o seu esvaziamento radical exigem exposição de motivos.

460 CF/88, art. 165: § 3º: "O Poder Executivo publicará, até trinta dias após o encerramento de cada bimestre, relatório resumido da execução orçamentária".

461 A exigência de inteligibilidade como requisito inerente ao conceito de transparência foi analisada *supra*.

462 De forma semelhante, entendendo que os relatórios de gestão fiscal devem ir além da mera enunciação de cifras, exigindo-se que sejam acessíveis ao cidadão não-especialista, v. FREITAS, Juarez. O princípio da democracia e o controle do orçamento público brasileiro, *Revista Interesse Público*, edição especial (responsabilidade fiscal), 2002, p. 18.

VII. Conclusão parcial

A segunda parte do estudo foi dedicada a analisar as funções do orçamento na concretização de princípios constitucionais fundamentais, como separação dos Poderes, legalidade, República, segurança jurídica e democracia. Paralelamente, constatou-se que a atual prática orçamentária no Brasil é incompatível com esses princípios, considerados em seu conteúdo essencial. Nesse sentido, poderia e deveria ser declarada inconstitucional pelo STF. Ainda que a substituição plena do modelo envolva uma série de decisões políticas discricionárias, incompatíveis com a função jurisdicional, seria possível que o Tribunal viesse a reconhecer a invalidade de alguns aspectos essenciais, cujo afastamento já produziria avanço substancial no restabelecimento de um *devido processo orçamentário*. Seria o caso, sobretudo, de suprimir as referidas limitações à deliberação parlamentar e negar a teoria do orçamento como mera autorização. A última parte do estudo será dedicada à exposição dos elementos nucleares de uma proposta alternativa de sistema orçamentário, orientada pelos princípios constitucionais aqui analisados.

PARTE III

A mudança possível e necessária

Introdução

A exposição de um sistema orçamentário alternativo exige duas advertências preliminares. A primeira é no sentido de afastar qualquer expectativa em relação a um regime detalhado, com indicação de procedimentos rígidos e até mesmo dos respectivos prazos. A meta é indicar elementos essenciais e não descer ao detalhe. A segunda advertência destina-se a chamar a atenção para a existência de outros modelos possíveis. Como se procurou demonstrar, um orçamento conforme a Constituição deverá atender a certas exigências mínimas, mas há espaço para variações múltiplas e o desenho institucional concreto deve ser definido pelo processo majoritário. Há, portanto, elementos obrigatórios por imposição constitucional, e elementos acidentais, de conveniência política.

O principal objetivo da proposta aqui formulada é identificar os elementos decorrentes da Constituição. E isso com a preocupação de não *sobreinterpretar* os princípios constitucionais, usando-os como pretexto para conferir suposta autoridade jurídica a preferências essencialmente pessoais. A constitucionalização excessiva, pela via hermenêutica, viola a própria Constituição, ao esvaziar o espaço de deliberação majoritária[463]. Adicionalmente, serão apresentadas sugestões de *lege ferenda*, não como capricho pessoal, mas pela convicção de que podem ajudar a produzir racionalidade e controle no sistema orçamentário, principais objetivos de um devido processo constitucional.

---

463 BARCELLOS, Ana Paula de. *A eficácia jurídica dos princípios constitucionais — O princípio da dignidade da pessoa humana*, 2002, p. 232.

A análise será organizada em duas partes, referentes à elaboração e à execução do orçamento. A divisão tem fins didáticos, mas não deve incitar o leitor a pensar nos dois momentos de forma estanque. Ao contrário, as duas partes compõem um sistema único, de modo que certas considerações realizadas a respeito da elaboração só fazem sentido porque se estará defendendo um modelo de orçamento impositivo, ou seja, de execução compulsória. Além disso, embora a elaboração formal do orçamento seja concentrada em determinado período, a verdade é que as decisões orçamentárias ocorrem ao longo de todo o exercício, entremeando-se com a execução. É comum que programas administrativos sejam concebidos e leis sejam editadas durante o ano, ambos para aplicação imediata, exigindo mudanças no orçamento. De parte isso, decisões judiciais são proferidas continuamente e muitas vezes impõem deveres ao Estado, afetando a distribuição dos recursos públicos[464].

Feitas essas observações, passa-se ao estudo do tema.

464 É comum que muitos órgãos e entidades já sejam provisionados com determinado volume de recursos para o cumprimento de tais decisões, mas sempre é possível que a previsão não seja suficiente. De qualquer forma, esse provisionamento já é uma decisão orçamentária, imobilizando recursos que poderiam ser empregados de outra forma não fosse pela intervenção do Judiciário. Nesse sentido, é perfeitamente adequado dizer que as decisões judiciais produzem reflexos orçamentários que se manifestam ao longo do exercício financeiro.

Capítulo I

Elaboração do orçamento público

I. Conteúdo imposto pela Constituição

Antes de mais nada, convém indicar os elementos que parecem imprescindíveis em um devido processo orçamentário e recapitular as razões de ordem constitucional subjacentes.

I.1. Os três Poderes devem participar das decisões orçamentárias, em diferentes níveis e momentos. O orçamento final deve ser aprovado pelo Poder Legislativo

Diversos argumentos contribuem para essa conclusão. O primeiro deles está associado ao princípio da separação dos Poderes. Veja-se que é natural e até inevitável que cada um dos Poderes elabore propostas orçamentárias preliminares, referentes às suas próprias atividades. Afinal, somente essas estruturas têm conhecimento detalhado de seus custos operacionais e das atividades que desenvolvem ou planejam desenvolver. Sendo necessário que as propostas parciais sejam confrontadas e consolidadas, parece natural que a tarefa seja atribuída ao Poder Executivo, uma vez que esse ramo responde pela imensa maioria das despesas e detém, em tese, conhecimento técnico mais apurado sobre gestão administrativa e sobre as expectativas de receita. Não haveria impedimento constitucional, porém, à criação de um órgão misto para desempenhar essa função, integrado por representantes dos três Poderes e talvez até por representantes da sociedade civil.

Entretanto, assumindo que a competência é do Poder Executivo, como ocorre hoje e como é a regra na generalidade dos países, a separação dos Poderes exige que esse esboço seja submetido ao controle de outra instância estatal. Lembre-se que a competência para elaborar o projeto já confere ao Poder Executivo uma natural posição de vantagem, sobretudo em relação às suas próprias pretensões de gasto. Isso porque, como foi destacado, é difícil imaginar que uma eventual revisão seja capaz de refazer ou mesmo analisar individualmente cada uma das milhares de decisões orçamentárias, ainda mais quando se tem em conta que a aprovação do orçamento é sujeita a prazos, normalmente exíguos. É certo que a atenção seletiva da instância revisora pode vir a se concentrar justamente nos pontos de maior interesse da Administração, por serem mesmo pontos centrais ou por simples rivalidade política. Ainda assim, não há como deixar de entrever uma posição de vantagem inicial para o Executivo, que exige contraponto.

Constatando-se a necessidade de uma instância revisora, a escolha natural é o Poder Legislativo. Não faria sentido atribuir essa competência ao Poder Judiciário, cuja função típica envolve a interpretação e aplicação do Direito e não a tomada de decisões políticas sobre as melhores aplicações para o dinheiro público. Todavia, a competência do legislador não se justifica apenas por inexistência de opção melhor. Entram em cena agora os demais princípios constitucionais analisados na segunda parte do estudo.

O primeiro deles é a própria legalidade orçamentária, prevista de forma expressa no art. 165 da Carta. Esse dispositivo, isoladamente, já impõe a aprovação do orçamento pelo Poder Legislativo. E sequer seria possível afastá-lo por emenda constitucional, na medida em que a deliberação legislativa apresenta-se, na hipótese, como elemento indispensável para a realização dos princípios democrático e republicano. Como visto, a discussão do orçamento no órgão de representação popular destina-se a permitir que os diferentes grupos politicamente representados possam influir na alocação dos recursos disponíveis, expondo as opções de despesa à crítica pública. Embora a carga tributária não seja definida nesse momento — e sim nas inúmeras leis que instituem tributos —, a deliberação do orçamento deve servir também para colocar em evidência as opções de arrecadação em curso. E isso da forma mais apropriada: visualização conjunta da receita em face das necessidades de despesa.

Por fim, o argumento completa seu ciclo e retorna à separação dos Poderes: as decisões orçamentárias definem ou concretizam as políticas públicas que serão desenvolvidas pelo Estado ao longo do exercício. Trata-se de *poder demais* para ficar concentrado no Executivo, que assumiria feições imperiais. A separação de Poderes em matéria orçamentária é realizada pela partilha de funções entre Executivo e Legislativo, nos moldes descritos: proatividade do Executivo na elaboração do projeto e reatividade do Legislativo na sua aprovação. O sistema é complementado pelo Judiciário, cujo papel é reativo e naturalmente mais restrito, interpretando a ordem jurídica e eventualmente impondo obrigações ao Poder Público, cujo custeio terá de ser equacionado pelos outros dois Poderes.

Com efeito, juízes e tribunais não têm competência discricionária sobre o destino dos recursos públicos — salvo, naturalmente, aqueles que são administrados pelo próprio Poder Judiciário —, mas, em compensação, estão sujeitos a um dever menos rígido de coerência orçamentária. Em outras palavras, o Judiciário diz o que deve ser feito, sem estar obrigado a indicar de onde sairão os recursos. Isso não significa que os juízes possam ignorar a escassez dos recursos ou assumir o governo, refazendo todas as decisões políticas segundo critérios próprios. Para evitar isso, no momento de decidir sobre a extensão dos deveres estatais, os magistrados terão de levar em consideração as possibilidades financeiras e, sobretudo, as políticas públicas já em desenvolvimento. A omissão das instâncias políticas na proteção de valores e interesses constitucionais justificará maior ativismo, ao passo que a existência de ações governamentais organizadas deve estimular nos magistrados o exercício da autocontenção. Em todos os casos, o orçamento público deve ser tomado como principal instrumento para esse tipo de análise[465]. O ponto foi desenvolvido *supra* e não seria adequado reproduzir os argumentos em detalhe.

I.2. A deliberação parlamentar não deve sofrer limitações impostas por outros Poderes, salvo quando decorram da própria Constituição

As conclusões produzidas ao longo do trabalho e parcialmente referidas no item anterior terão deixado claro que o orçamento é

465 Para uma análise mais cuidadosa do papel do Poder Judiciário no âmbito das finanças públicas, remete-se o leitor à segunda parte do presente estudo.

sede de um conjunto de relações entre os Poderes estatais, determinante para a definição da estrutura administrativa e das atividades a cargo do Poder Público. A rigor, essa conclusão não diz respeito somente ao sistema orçamentário. Cabe à Constituição limitar o exercício do poder político constituído, sendo a separação dos Poderes um dos principais instrumentos a serviço desse fim. O equilíbrio institucional entre as instâncias estatais é produzido por garantias de independência orgânica aliadas a mecanismos de controle recíproco e atuação coordenada, estabelecidos no próprio texto constitucional. Fora desse arranjo, não há lugar para a imposição de limitações ou controles de um Poder por outro, sob pena de se romper o equilíbrio constitucional em favor de algum dos atores envolvidos[466].

Nesse sentido, e voltando ao orçamento, não seria admissível, *e.g.*, que o Executivo encaminhasse para aprovação um projeto de orçamento parcialmente blindado, impedindo a modificação de programas de seu especial interesse. Não há registro desse tipo de iniciativa na história brasileira recente, mas a sistemática orçamentária atual pode conter uma brecha para que o mesmo resultado prático seja obtido por via oblíqua. Como foi registrado na primeira parte, o parecer preliminar do Relator-geral do orçamento pode conter limitações à propositura de emendas, em todas as suas modalidades. Tal parecer é aprovado pelo Plenário da CMO, ou seja, por 33 parlamentares. Se o Poder Executivo conseguir a adesão desse *petit comité*, poderá fazer incluir no parecer aprovado limitações que incidirão sobre todo o Congresso Nacional. A rigor, bastaria a manifestação de 17 parlamentares, que equivalem à maioria simples da CMO.

---

466 Tal conclusão é referenda expressamente pelo STF. V. ADIn 3.046/SP, DJ 28.05.2004, Rel. Min. Sepúlveda Pertence: "1. Sem embargo de diversidade de modelos concretos, o princípio da divisão dos poderes, no Estado de Direito, tem sido sempre concebido como instrumento da recíproca limitação deles em favor das liberdades clássicas: daí constituir em traço marcante de todas as suas formulações positivas os 'pesos e contrapesos' adotados. 2. A fiscalização legislativa da ação administrativa do Poder Executivo é um dos contrapesos da Constituição Federal à separação e independência dos Poderes: cuida-se, porém, de interferência que só a Constituição da República pode legitimar. 3. Do relevo primacial dos 'pesos e contrapesos' no paradigma de divisão dos poderes, segue-se que à norma infraconstitucional — aí incluída, em relação à Federal, a constituição dos Estados-membros —, não é dado criar novas interferências de um Poder na órbita de outro que não derive explícita ou implicitamente de regra ou princípio da Lei Fundamental da República".

De forma bastante ilustrativa, o parecer preliminar de 2008 blindou as dotações referentes ao Projeto Piloto de Investimentos, relacionado ao chamado PAC, ponta de lança dos programas governamentais para o exercício[467]. Da mesma forma, foram introduzidas restrições ao remanejamento de recursos entre empresas públicas e entre essas e o orçamento fiscal[468]. Não há dados para afirmar que tais decisões tenham sido impostas ou mesmo negociadas pelo Poder Executivo. O que se quer demonstrar é a fragilidade do sistema. Embora a CMO seja composta por parlamentares dos diferentes blocos partidários, idealmente em proporção semelhante à do Plenário do Congresso, a tendência é que um número razoável deles pertença ao partido do Presidente ou a partidos aliados. Mesmo que esse elemento seja desprezado, 17 parlamentares ainda compõem um grupo bastante restrito a ser convencido ou cooptado. É impossível não rememorar os eventos recentes da política nacional — suspeitas consistentes em relação à compra de votos no Congresso — para concluir que dar tamanho poder a 17 indivíduos pode servir até como forma de baratear a corrupção.

Para não conferir, involuntariamente, colorido político a considerações que se pretendem essencialmente jurídicas, convém repetir uma advertência feita logo na introdução geral ao trabalho: o sistema orçamentário — como as instituições políticas em geral — se beneficiam do pessimismo. Elas devem dificultar o desvio e estimular o acerto. Isso inclui até os desvios supostamente bem-intencionados, pois a gestão pública não é lugar para líderes messiânicos e os fins não justificam qualquer meio. Assim, sem qualquer juízo *a priori* sobre a aplicação que tenha sido dada a esse tipo de brecha institucional, é preciso fechá-la.

---

467 Parecer Preliminar de 2008, Parte Especial, p. 6: "Com vistas à manutenção do resultado primário fixado na LDO/2008, é vedado às Relatorias Setoriais o acolhimento de emenda relativa à despesa primária (RP 2) com recursos decorrentes do cancelamento de dotações consignadas a despesas identificadas como de natureza financeira (RP 0) ou a despesas relativas ao PPI (RP 3)".

468 Parecer Preliminar de 2008, Parte Especial, p. 8: "43. O acolhimento de emendas à despesa no âmbito do Orçamento de Investimento será efetuado pelas Relatorias Setoriais mediante remanejamento dos recursos no âmbito de cada empresa, até o limite global de 20% (vinte por cento) da sua programação de despesas, podendo o cancelamento em cada subtítulo incidir com qualquer percentual".

I.3. Nem mesmo disposições impostas pelo poder constituinte derivado podem esvaziar o conteúdo essencial de cláusulas pétreas como a separação dos Poderes e o princípio da legalidade. As desvinculações prévias de receitas orçamentárias são inconstitucionais

Como foi demonstrado, a chamada DRU — Desvinculação das Receitas da União sequer caracteriza uma dotação extremamente genérica, o que já seria de duvidosa constitucionalidade por conta da legalidade orçamentária e sua exigência de especificidade mínima. A DRU é o *não-orçamento*, contornando o processo deliberativo imposto pela Constituição e transferindo ao Poder Executivo a prerrogativa de definir prioridades orçamentárias de forma unilateral. Esse é um movimento na contramão de 200 anos de evolução do orçamento publico, negando uma das competências estabelecidas desde logo como inerentes ao Poder Legislativo em sua resistência ao absolutismo.

A instituição de um percentual de desvinculação não descaracteriza a inconstitucionalidade. Assim como não seria constitucional transferir ao Poder Executivo a competência para julgar 20% das ações judiciais em matéria tributária. A DRU não flexibiliza a deliberação parlamentar ou a eficácia que lhe seria típica, o que foi admitido ao longo do trabalho. Ela simplesmente afasta o processo deliberativo, e isso em relação à parcela expressiva das receitas públicas. Por tudo isso, a hipótese envolve violação ao núcleo essencial da separação dos Poderes, da legalidade orçamentária, do princípio democrático e do princípio republicano.

I.4. As limitações à deliberação parlamentar impostas por norma interna do Poder Legislativo não podem chegar ao ponto de esvaziar a sua função constitucional em matéria orçamentária.

Pelos motivos expostos acima, eventuais limitações impostas pelo Poder Legislativo à sua própria deliberação devem ser vistas com extremo cuidado. O equilíbrio institucional entre os Poderes é definido pela ordem constitucional, não estando à disposição dos ocupantes de cargos públicos ou dos detentores de mandatos eletivos. As maiorias parlamentares de cada momento não podem abrir mão de suas prerrogativas ou negligenciar suas funções constitucionais, muito menos impor esses desvios aos grupos minoritários ou mesmo a parlamentares individuais. Não por acaso, como foi demonstrado, o STF reconhece um direito subjetivo de cada parlamentar ao exercício regular do mandato conferido pelo povo.

Tais considerações, tomadas isoladamente, poderiam levar à conclusão de que nenhuma limitação poderia ser imposta por norma interna do Poder Legislativo. Isso não seria realista, contudo. A própria organização de procedimentos, geralmente acompanhados de prazos e exigências formais, pode ser vista como uma espécie de limitação, só que inevitável. Tanto assim que o próprio texto constitucional confere às Casas Legislativas a prerrogativa de disciplinar seu funcionamento interno por normas regimentais. No caso do orçamento, essa necessidade se torna ainda mais premente, dada a enorme quantidade de dados a considerar e a exiguidade dos prazos. Limitações são aceitáveis, portanto, mas não podem chegar ao ponto de impedir que os parlamentares discutam e modifiquem o projeto de orçamento, sobretudo em suas grandes opções políticas.

Em um nível de análise mais profundo, vale lembrar, conforme exposto no item *a)*, que a aprovação do orçamento pelo Poder Legislativo é imposta por um conjunto de princípios constitucionais. Tais princípios não se contentam com um procedimento de fachada, exigindo que a deliberação parlamentar possa ser efetiva. A competência do Poder Executivo para elaborar o projeto e a magnitude do orçamento já constituem fatores naturais a limitar a apreciação da matéria; limitações institucionais só devem ser aceitas na medida em que sejam indispensáveis ao andamento dos trabalhos.

Por fim, ainda a título introdutório, é preciso enfrentar o argumento de que as limitações ora vigentes foram instituídas justamente para coibir abusos, por recomendação da CPI que investigou o escândalo dos *anões do orçamento*[469]. Do ponto de vista jurídico, o óbice não é difícil de superar. Embora prevenir a corrupção seja um fim legítimo, não justifica que a função constitucional do Poder Legislativo em matéria orçamentária seja esvaziada. Fechar o sistema único de saúde seria a forma mais eficaz de acabar com o desvio das verbas correspondentes, mas essa não é uma opção aceitável à

469 GREGGIANI, Eugênio. *O processo orçamentário no Poder Legislativo e o assessoramento técnico institucional.* Artigo disponível na página eletrônica www2.camara.gov.br/internet/orcamentobrasil/orcamentouniao/estudos/artigos. Acesso em 10.01.2008.

luz da Constituição. A lógica aqui é a mesma, com um agravante. Não se fechou o Congresso ou se retirou dele a prerrogativa de deliberar sobre o orçamento. O sistema, ademais, é excessivamente intrincado e ainda dá margem a fraudes e ao uso do dinheiro público com fins eleitoreiros.

Concretizando o exposto, eis algumas exigências constitucionais específicas:

a) a competência para proposição de emendas parlamentares não pode ser compartimentada por critérios como *áreas temáticas, região geográfica, órgão orçamentário* ou *grupo de natureza de despesas*[470].

É certo ser essa uma forma evidente de simplificar a análise do orçamento, mas o problema decorre justamente da simplificação excessiva. Na prática, tal restrição faz com que as grandes decisões orçamentárias venham prontas do Poder Executivo e fiquem praticamente imunes à contestação. Resta ao Poder Legislativo o controle de decisões específicas, justamente o oposto do que seria de se esperar e até mesmo de sua vocação institucional.

Não se questiona que a supressão dessas divisões internas exigiria muito maior esforço na consolidação do orçamento final. Seria também provável que as comissões temáticas e bancadas regionais tentassem maximizar os recursos destinados aos interesses sob sua custódia direta, gerando considerável atrito. As perguntas a fazer, no entanto, são: i) essas não são circunstâncias inerentes à deliberação legislativa, que não têm impedido a formação de consensos e compromissos? E ii) faz sentido que o Congresso se reúna, com grande alarde e custo, mas não possa discutir com desenvoltura se os gastos militares são suficientes para a defesa nacional ou se o investimento em saúde e educação é satisfatório ou ainda se os inves-

470 Como visto, a sistemática atual só admite que as comissões permanentes remanejem recursos destinados às suas próprias áreas de atuação e as bancadas estaduais ficam restritas à análise dos recursos destinados ao respectivo ente federativo. Ademais, os recursos só podem ser remanejados para despesas do mesmo grupo orçamentário e, em alguns casos, exige-se até que sejam mantidas no âmbito do mesmo órgão. Não faria sentido reproduzir a descrição detalhada do sistema, que é complexo. Assim, remete-se o leitor à exposição feita na primeira parte do estudo.

timentos no Nordeste devem ser privilegiados para a redução das desigualdades regionais? As respostas parecem ser sim e não, respectivamente.

b) Não deve haver limitação numérica à proposição de emendas coletivas (de Comissão e de Bancada)

As emendas não podem tratar de objetos múltiplos, de modo que limitações numéricas acabam tornando a análise do Congresso ainda mais pontual. Aplica-se aqui, portanto, o que foi dito acima sobre a necessidade de que o Poder Legislativo possa intervir nas grandes decisões orçamentárias. Nem cabe argumentar que o Congresso Nacional não disporia de capacidade técnica ou humana para tanto. Não se está sustentando que o legislador terá condições de reavaliar o projeto em minúcia, mas também não se deve taxar os congressistas de ineptos, incapazes de elaborar — ao longo do ano ou mesmo da legislatura[471] — uma pauta de prioridades. A intervenção não precisa ser necessariamente abrangente, mas não deveria ser institucionalmente impossível para o Congresso Nacional conceber um projeto de financiamento mais adequado em determinado setor, como saúde pública. Em outras palavras, o argumento de que o Congresso não conseguirá rever tudo de uma só vez não deveria servir para impedi-lo de fazer algo, de maneira incremental. Ao contrário, as suas limitações naturais tendem a funcionar como garantia de que a proeminência do Executivo não será abalada.

É importante destacar que não se está defendendo a usurpação pontual da competência administrativa pelo legislador, muito menos que a deliberação orçamentária seja utilizada para inchar a estrutura administrativa, ferindo a independência orgânica do Poder Executivo. Esse risco é afastado pela própria Constituição, que submete a criação de novos órgãos e entidades à iniciativa legislativa reservada ao Presidente. Talvez fosse possível sustentar que, por razões similares, mesmo a ampliação física de unidades já existen-

471 Lembre-se que o menor mandato legislativo, concedido aos deputados, é de 4 anos. Os senadores, por sua vez, têm 8 anos para ter algumas idéias e organizá-las. Isso sem contar com o fato de que muitos conseguem se eleger para sucessivos mandatos.

tes deva ser uma decisão do Poder Executivo, inserindo-se em um domínio de reserva de Administração[472]. De qualquer forma, não faria sentido ampliar instalações em grande escala, uma vez que a iniciativa legislativa reservada abrange também a criação de cargos, funções ou empregos públicos, bem como o aumento de sua remuneração. Na mesma linha, a Constituição veda ainda emendas ao projeto de lei orçamentária para o aumento de certas despesas, incluindo as de pessoal e os encargos correspondentes. Ou seja, não há risco de que o projeto de orçamento seja emendado para aumentar a máquina estatal contra a vontade da Administração. No entanto, nem todas as despesas públicas dizem respeito à estrutura governamental.

No caso da saúde, exemplo dado, já existe uma imensa estrutura física disponível e é notório o *deficit* de financiamento (o que não quer dizer que o problema se resuma a isso). Não violaria a competência do Poder Executivo que o Congresso desenvolvesse um estudo acerca das dificuldades de caixa experimentadas pelas diferentes unidades de saúde e instituísse dotações orçamentárias para superar ou amenizar o problema. Tudo isso sem criar novos hospitais, promover contratações ou modificar a política remuneratória. Embora essas sejam medidas importantes, há muitas outras necessidades que dependem de recursos, relacionadas à manutenção eficaz da estrutura já existente.

Suprir órgãos públicos com verbas indispensáveis ao desempenho regular de suas funções não seria uma ingerência indevida do Poder Legislativo. Ao contrário, parece uma opção inerente à competência para deliberar sobre o orçamento (e não somente para aprová-lo em bloco, como em outras épocas). Simplesmente não é admissível que o Poder Executivo reivindique um suposto direito de deixar à mingua os órgãos e entidades por ele mesmo criados, muitas vezes para o atendimento de direitos fundamentais. O funcionamento de um hospital público em condições precárias não é uma opção discricionária da Administração. A criação de uma nova unidade talvez seja, assim como o fechamento das já existentes[473].

---

472 O conceito de reserva de administração foi identificado na segunda parte do estudo.

473 Como referido, a iniciativa legislativa na matéria é privativa do Chefe do Poder Executivo. V. CF/88, art. 61, § 1º: "São de iniciativa privativa do Presidente

Mas uma vez que estejam em operação, essas estruturas estão submetidas a diversas normas constitucionais, começando pelo princípio da eficiência.

Inegável, portanto, que o Poder Legislativo pode destinar recursos para atender a essas despesas básicas. A rigor, não só pode como deve, na medida em que a competência para apreciar e votar o orçamento cria para o Poder Legislativo a obrigação de zelar pela adequação e correção do texto afinal aprovado. Sucatear órgãos públicos por asfixia financeira não é uma faculdade administrativa, protegida pela separação dos Poderes. Na segunda parte defendeu-se que mesmo o Judiciário poderia intervir para corrigir esse tipo de distorção, e isso sem ter de indicar a origem dos recursos, transferindo o problema do financiamento para as instâncias políticas. É ainda mais desejável que o Poder Legislativo, incumbido de apreciar o orçamento, interfira na alocação. Não somente pela legitimidade popular de que se reveste, mas pela circunstância de que poderá equacionar a questão do custeio de maneira mais racional. Afinal, ao remanejar recursos, o legislador já estaria visualizando os eventuais cortes e estes estariam submetidos à crítica pública.

No entanto, para que o Poder Legislativo possa atuar de forma adequada, é necessário que tenha condições institucionais de propor um pacote abrangente de medidas. E também que sejam abolidas as limitações temáticas, referidas acima. No exemplo dado, um refinanciamento amplo da saúde poderia exigir ou ser mais bem equacionado por meio de cortes em outros setores. É bem verdade que a distribuição dos recursos públicos pode envolver escolhas trágicas, mas não se deve aumentar a tragicidade além do necessário. Não faz sentido que, para financiar novos investimentos em saúde, o legislador tenha necessariamente de cortar despesas rela-

da República as leis que: (...) II — disponham sobre: (...) e) criação e extinção de Ministérios e órgãos da administração pública, observado o disposto no art. 84, VI (Redação dada pela Emenda Constitucional n° 32, de 2001); (...)". Nada obstante, também é verdade que a própria Constituição previu a existência de determinadas estruturas administrativas, de modo que a inércia dos Poderes constituídos na sua criação caracteriza uma omissão inconstitucional. Não seria o caso de um hospital específico, mas é possível identificar diversas outras omissões do tipo, como a demora na organização da defensoria pública. Admitindo a organização de órgão por decisão judicial, ainda que em caráter precário, v. PAULO JUNIOR, José Marinho. O *poder jurisdicional de administrar — criação judicial de órgão administrativo*, 2007.

cionadas à saúde, o que poderia colocá-lo na difícil situação de escolher entre duas necessidades igualmente relevantes. Deve ser possível abrir o leque e analisar outras possíveis opções de financiamento. Algumas vêm logo à mente, como propaganda institucional, e isso sem que se esteja supondo a existência de gastos supérfluos. Mesmo que os cortes devam alcançar dotações relevantes, tendem a ser menos dramáticos se for possível considerar um espectro mais amplo de despesas, permitindo até que o impacto seja diluído por diferentes áreas sem esvaziar nenhuma delas.

c) Não se deve admitir a blindagem de determinada despesa ou programa contra a deliberação parlamentar

Não parece possível evitar que a deliberação sobre o projeto de lei orçamentária seja precedida de uma fase preliminar preparatória, desenvolvida por um conjunto restrito de parlamentares com o objetivo de produzir uma análise crítica da proposta encaminhada e até de organizar os debates subsequentes. Ainda que essa etapa não seja logicamente necessária, certamente não é vedada pela Constituição. O importante é que isso não sirva de pretexto para que matérias sejam pré-excluídas da deliberação parlamentar. É evidente que o bloco partidário aliado ao governo ou mesmo qualquer bloco partidário pode defender o argumento de que certo programa deve ser preservado ou até ampliado, por sua importância. O que não se admite é o cerceamento do debate. Até porque, como foi enfatizado acima, a finalidade essencial de se optar pela via legislativa é permitir que as opções de gasto sejam expostas à crítica pública, mesmo quando provenham de maiorias políticas consolidadas e tenham por destino certo a aprovação.

II. Sugestões de *lege ferenda*

II.1. A deliberação parlamentar sobre as decisões orçamentárias deve ser uma atividade desenvolvida de maneira permanente

Embora a análise do projeto de lei orçamentária seja naturalmente concentrada em prazos apertados, o Poder Legislativo pode e deve desenvolver trabalhos preparativos de maneira permanente.

Em muitos aspectos, a própria legislação regular pode servir como linha condutora, devendo o legislador analisar as necessidades de financiamento de suas próprias decisões e assegurar que sejam concretizadas no orçamento anual. Na mesma linha, nada impede que o legislador promova o levantamento de dados sobre áreas específicas para que sua posterior intervenção seja mais consciente. Para tanto, pode se valer dos orçamentos anteriores, dos demonstrativos de execução orçamentária, de seu próprio corpo de auxiliares técnicos e da prerrogativa de convocar autoridades administrativas para prestar esclarecimentos. Pode também instituir órgãos internos específicos para o desempenho da tarefa, como comitês orçamentários no âmbito das diferentes comissões temáticas.

Como se sabe, a proeminência normativa do Poder Legislativo encontra-se em declínio, por variadas razões. Ainda que esse fenômeno possa ser revertido em alguma medida, é notório que os parlamentos têm buscado reaver parte da sua representatividade por meio de maior participação no controle da atividade administrativa. Essa não é sequer uma competência atípica, incluindo-se inequivocamente no espectro de funções dos órgãos de representação popular e nas previsões constitucionais. A atividade orçamentária do legislador e o controle da gestão financeira estatal estão inseridos nesse contexto e sua intensificação pode converter o Poder em caixa de ressonância para um controle social mais efetivo.

II.2. Aumento do controle dos três Poderes sobre as expectativas de receita e previsões de despesa

Em um ambiente de seriedade orçamentária, a precisão das expectativas de receita e despesa ganha importância redobrada. Previsões de receita subdimensionadas podem ser uma forma de o Poder Executivo limitar as decisões orçamentárias do Congresso Nacional, deixando recursos fora da pauta inicial de distribuição. Receitas reduzidas podem ser utilizadas também para limitar as pretensões iniciais de cada Poder. Ambos os riscos são potencializados pelo fato de que, no atual sistema orçamentário, a iniciativa para a propositura de créditos adicionais é privativa do Presidente.

De forma semelhante, as previsões de despesa devem ser, tanto quanto possível, precisas. Em primeiro lugar, porque a eventual redistribuição de sobras também estará sujeita à iniciativa privativa do Presidente, o que pode estimular o Poder Executivo a errar para cima nas suas estimativas. Isso retiraria recursos escassos da pauta de distribuição, agravando um problema que já é suficientemente dramático. Em segundo lugar, e no sentido oposto, estimativas insuficientes tendem a fazer com que projetos restem inconclusos ou que sua realização fique aquém das metas iniciais, aumentando o risco de abandono. Mesmo que isso não ocorra, a insuficiência pode exigir a aprovação de crédito adicional, possivelmente por meio de corte em outras previsões de despesa. Ou seja, a imprecisão inicial em um ponto específico pode produzir reflexos em outras dotações, comprometendo a racionalidade inicial. Por fim, em um sistema de execução orçamentária em que se exija motivação, dotações insuficientes podem ser uma forma de colocar o Poder Executivo em uma posição política difícil, forçando a realização de cortes impopulares.

Tudo isso recomenda que os três Poderes estejam especialmente atentos às previsões iniciais. De forma mais concreta, parece especialmente importante que o Poder Legislativo avalie com cautela as expectativas de receitas e até promova reestimativas, como já vem ocorrendo. Ao mesmo tempo, convém que o Poder Executivo avalie essas reestimativas e se manifeste caso haja discordância, ainda que seja por intermédio da imprensa. O mais desejável, porém, seria a instituição de mecanismos de avaliação conjunta, *e.g.* através de um esforço conjunto do Comitê de Receitas da CMO e da Secretaria de Orçamentos, do Ministério do Planejamento. Nada impediria a participação também do Judiciário, talvez por meio do Conselho Nacional de Justiça ou comissão por ele constituída.

II.3. Fim das emendas individuais à despesa como modalidade autônoma

Não se trata do fim da iniciativa dos parlamentares, até porque o Congresso Nacional e seus órgãos internos não têm vontade autônoma. Defende-se apenas o fim das emendas individuais como produto final, fazendo com que as deliberações ocorram nas comissões e bancadas, em caráter preliminar, e as propostas aprovadas sejam atribuídas a esses órgãos. Na sequência, tais propostas seguiriam para votação na CMO e finalmente chegariam ao Plenário. A mudança não é apenas procedimental e tem fundamento nas seguintes razões:

i) provável redução do número de emendas que chega à CMO e exigência de que todas elas tenham passado por uma votação preliminar;

ii) fim da associação direta entre parlamentares individuais e emendas aprovadas, na tentativa de reduzir a utilização desse mecanismo como capital político nos "redutos eleitorais".

Esse último ponto é o mais importante e exige observações adicionais. Como exposto na primeira parte do estudo, as emendas individuais, no sistema atual, sequer podem propor remanejamento de recursos. Tais emendas se *apropriam* de um montante pré-determinado de recursos, por meio do reconhecimento, a cada parlamentar, de uma quota de recursos para alocação. Como regra mais do que geral, as emendas assim "propostas" são aprovadas sem qualquer deliberação real e nos exatos termos formulados por seus autores. Os problemas associados a essa situação são evidentes. Na prática, o sistema atribui a cada parlamentar o *direito* de decidir sobre a aplicação de certo montante de recursos, sem contestação dos seus pares. Isso caracteriza um arremedo de deliberação parlamentar e uma evidente apropriação privada do espaço público. Mesmo no caso de parlamentares bem intencionados, o sistema é um convite ao paroquialismo.

Veja-se que o resultado é negativo — para dizer o mínimo — qualquer que seja o sistema de execução orçamentária. Se a execução for autorizativa, cria-se uma oportunidade de barganha entre o Poder Executivo e os parlamentares em torno da liberação concreta das verbas. E quando os recursos dessas emendas são efetivamente liberados é possível que se produzam reflexos eleitorais, uma vez que o parlamentar poderá extrair dividendos políticos da realização da *sua* emenda. Isso pode desequilibrar futuras eleições em favor dos indivíduos que consigam obter um primeiro mandato. E pode até desequilibrar eleições parlamentares por interferência do Poder Executivo, bastando este que promova a liberação de emendas de forma seletiva[474]. Difícil imaginar uma hipótese mais ostensiva de uso da máquina pública no processo eleitoral.

---

474 De forma sintomática, os veículos de comunicação noticiaram que as negociações entre governo e oposição em torno da prorrogação da DRU envolveram o seguinte compromisso: diante da necessidade iminente de contingenciamentos orçamentários — supostamente justificada pelo fim da CPMF — o governo teria concordado em liberar as emendas individuais de forma equilibrada,

Em um sistema de execução em princípio vinculada, os danos podem diminuir em número, mas aumentam em intensidade. O paroquialismo e a utilização das emendas como capital privado são potencializados, com evidente prejuízo para a racionalidade e a legitimidade do processo deliberativo orçamentário, para a democracia e para a República. De forma ainda mais específica, vislumbra-se potencial ofensa ao princípio da impessoalidade[475] e à regra do art. 37, § 1°, da Constituição[476], que veda a utilização de programas e atos do Poder Público para promoção pessoal. Ainda que ambos os dispositivos estejam inseridos no capítulo que trata da Administração Pública, é certo que a sua *ratio* aplica-se a todos os ramos do Estado.

Por tudo isso, seria até possível imaginar que a necessidade de extinguir as emendas individuais possa ser extraída diretamente da Constituição. No entanto, a verdade é que as razões aqui apresentadas são de ordem pragmática. As emendas individuais não produzem necessariamente os efeitos descritos, sendo essa uma consequência da sua deturpação. Tanto assim que a supressão formal do mecanismo não impediria, por si só, que a prática viesse a ser perpetuada informalmente, na forma de um *acordo de cavalheiros*. Semelhante acordo já se processa atualmente, uma vez que a aprovação generalizada das emendas não decorre de previsão normativa.

O mais importante, portanto, é o controle efetivo por parte da opinião pública, especialmente dos órgãos de imprensa, que deveriam denunciar o expediente. A supressão formal das emendas serviria para retirar desse esquema seu respaldo formal. Em tese, os

---

sem privilegiar os parlamentas da situação. O acordo não foi sigiloso, tendo sido divulgado por diversos órgãos de imprensa. A título de exemplo, é possível acessar a informação na seguinte página eletrônica: http://g1.globo.com/Noticias/Economia_Negocios/0,,MUL233628-9356,00.html. Acesso em 12.02.2008.

475 CF/88, art. 37, *caput*: "A administração pública direta e indireta de qualquer dos Poderes da União, dos Estados, do Distrito Federal e dos Municípios obedecerá aos princípios de legalidade, impessoalidade, moralidade, publicidade e eficiência e, também, ao seguinte: (...)". (Redação dada pela Emenda Constitucional n° 19, de 1998).

476 CF/88, art. 37, § 1°: "A publicidade dos atos, programas, obras, serviços e campanhas dos órgãos públicos deverá ter caráter educativo, informativo ou de orientação social, dela não podendo constar nomes, símbolos ou imagens que caracterizem promoção pessoal de autoridades ou servidores públicos".

parlamentares poderiam adotar acordos oficiosos, mas isso já exigiria alguma dose de organização — *e.g.* para combinar a quota de cada parlamentar — caracterizando uma decisão pessoal e consciente de aderir à imoralidade, com os riscos daí decorrentes. Não há como suprimir totalmente o risco de utilização eleitoreira dos recursos públicos[477], mas não se deve estimular ou facilitar a prática. O atual sistema torna o desvio muito fácil e muito cômodo, quase uma faculdade institucional. Por isso deve ser modificado.

---

477 A doutrina norte-americana discorre sobre o mesmo problema. Nesse sentido, v. LEE Jr., Robert e JOHNSON, Ronald. *Public budgeting systems*, 1998, p. 212: "*Pork barrel*, a basic term of U.S. politics, refers to legislatively approved government projects that are aimed at helping home districts and states. A standard complaint of pork barrel projects is that they have limited utility beyond winning votes for legislators seeking re-election".

Capítulo II

Execução do orçamento público

I. Introdução

A idéia central do presente trabalho é que a execução orçamentária no Brasil é manifestamente inconstitucional e inadequada, por esvaziar decisões tomadas na deliberação legislativa e substituí-las por decisões administrativas informais, destituídas de motivação. Além dessa dificuldade democrática, o modelo atual dificulta o controle de eventuais desvios de verba ou, pelo menos, deixa de se valer de um controle que seria natural e potencialmente efetivo: se as previsões de gasto fossem tratadas como um dever *prima facie*, as atividades correspondentes teriam de sair do papel ou a inércia teria de ser justificada. De um jeito ou de outro, estaria criado um *momento de vigilância social* do dinheiro público, evitando que a verificação do seu paradeiro dependa apenas dos mecanismos globais de fiscalização, como as prestações anuais de contas. Para controlar o dinheiro público, nada melhor do que permitir que a sociedade conte com ele e se surpreenda com a decisão de não empregá-lo.

O modelo que se propõe em substituição ao atual envolve uma mudança profunda, que limitaria um imenso poder hoje conferido ao Executivo. Certamente muito mais poder do que seria aceitável à luz da Constituição, pelos motivos demonstrados, e um poder *ruim*, que nenhum candidato à Presidência gostaria de defender em uma campanha eleitoral. Isso porque, como exposto, a grande faculdade conferida ao Poder Executivo é a de não fazer nada. Em algumas hipóteses, o Presidente pode remanejar recursos entre previsões de despesa, por decisão autônoma (créditos suplementares), ou até mesmo criar novas dotações, em casos emergenciais (créditos extraordinários). Tais competências não estão sendo objeto de questionamento em si mesmas (sem prejuízo de se ter constatado abuso na utilização dos créditos extraordinários). A crítica se dirige à tese de que o orçamento é autorizativo, cuja única consequência prática é permitir que o Presidente ignore dotações orçamentárias, sem limitações, sem motivação e sem que o dinheiro possa ser remanejado. Nenhum princípio constitucional ampara esse poder imperial e diversos princípios são violados em sua essência. A percepção desse fato ajudará a perder o medo da mudança.

A proposta aqui formulada pretende superar esse imenso problema. A exposição será iniciada com uma recapitulação pontual das conclusões teóricas produzidas a respeito da execução orçamentária. Na sequência, tais conclusões serão convertidas na proposição de um conteúdo mínimo para uma execução do orçamento público conforme a Constituição. Apenas três elementos serão apresentados como essenciais para a realização de um devido processo orçamentário, sendo que um deles já se encontra concretizado de maneira satisfatória. O primeiro é a garantia da autonomia financeira dos Poderes. O segundo é a transparência na gestão dos recursos. Por fim, o último elemento é representado por alguma dose de vinculação entre o orçamento aprovado e sua execução, apenas para impedir a perpetuação do quadro referido acima (sem restringir a competência do Presidente para remanejar recursos formalmente ou solicitar a providência ao Congresso).

É possível graduar essa última exigência em diferentes níveis de intensidade, a critério das maiorias políticas. Serão apresentadas duas soluções possíveis já à luz do atual sistema constitucional. A primeira envolverá o grau de vinculação que se considera normal — decorrente da atual Constituição —, com a ressalva de que será estendido a todas as decisões orçamentárias, incluindo a de não gastar. O segundo modelo envolve uma vinculação verdadeiramente mínima — um dever de motivação — mas que já representaria considerável avanço em relação à prática atual. Depois de exposta a mudança possível pela via da interpretação do material normativo já disponível, serão acrescentadas algumas propostas *de lege ferenda*, que exigiriam emenda constitucional.

II. Síntese das conclusões produzidas acerca da execução orçamentária

Dada a grande quantidade de informação e seu detalhamento, convém resumir o raciocínio desenvolvido até aqui antes de converter as conclusões obtidas em propostas concretas de reinterpretação do sistema orçamentário brasileiro:

1) O orçamento é o instrumento de distribuição dos recursos públicos por entre as diferentes opções de gasto e de investimento. A atividade dos três Poderes envolve o emprego de recursos públicos, tanto para a manutenção de sua estrutura, como para a realização dos objetivos que lhes são cometidos;

2) Qualquer destinação dada ao dinheiro público constitui uma decisão orçamentária. Não gastar representa uma decisão, na medida em que retira recursos escassos do processo distributivo;

3) O chamado orçamento autorizativo — como praticado hoje no Brasil — não permite que o Poder Executivo transfira recursos entre opções de despesa. Autoriza apenas que o dinheiro não seja gasto, sem que seja possível a sua realocação válida por decisão autônoma do Presidente. Nesse sentido, trata-se do *poder de não fazer nada*. Na prática, isso equivale a desconsiderar as decisões orçamentárias em detrimento de uma decisão administrativa imotivada, cujo único conteúdo possível é a constituição de uma reserva de recursos inominada;

4) O princípio da especificidade orçamentária, por si só, veda o estabelecimento de dotações globais e isso já bastaria para proibir a constituição de reservar inominadas. Não por acaso, a lei orçamentária já contém, atualmente, dotações de reserva, vinculadas a objetivos em alguma medida determinados;

5) A opção de não gastar é possível e pode ser justificada pelo interesse público, mas deve ser tratada como a decisão que é. Nesse sentido, deve estar sujeita a algum regime jurídico formal (serão analisadas duas possibilidades na sequência). Mesmo em um regime de vinculação autêntica, o legislador não estará autorizado a impor toda e qualquer conduta à Administração, à qual se reconhece um conjunto de competências privativas. As leis em geral estão sujeitas a limites e o legislador não pode pretender impor pela via do orçamento aquilo que não poderia impor por meio da legislação em geral;

6) Além de não poder impor qualquer coisa, é normal que as dotações orçamentárias — como os enunciados jurídicos em geral — sejam elaboradas em diferentes níveis de especificidade. Disso resultará a imposição de comandos concretos ou de um dever de perseguir objetivos e metas, com a correlata transferência ao administrador da possibilidade de escolher os meios mais adequados. Isso abre um espaço de avaliação subjetiva, tal como ocorre na aplicação das leis em geral. No entanto, tal discricionariedade diz respeito à especificação dos objetivos originais e/ou à escolha dos meios, não se confundindo com prerrogativa de ignorar a decisão básica. As dificuldades inerentes ao controle desse tipo de previsão não constituem novidade na ordem jurídica, decorrendo igualmente de outros atos do Poder Público;

7) A existência de uma estrutura hierárquica na Administração pode permitir que a discricionariedade deixada pelo orçamento seja avocada, mas não ampliada. Além disso, o normal em qualquer sistema orçamentário é que os recursos fiquem disponíveis para serem aplicados pelas diferentes autoridades administrativas, na medida das suas respectivas esferas de competência. A idéia de que a liberação dos recursos deva depender de decisão do Poder Executivo Central envolve, no mínimo, a ficção de que este terá condições de reavaliar todas as incontáveis necessidades de despesa;

8) Em qualquer caso, uma execução orçamentária vinculada não equivale a um *dever genérico de gastar*. O montante de recursos arrecadado coativamente legitima-se pela sua destinação, cabendo a qualquer agente que lida com esses valores zelar pela máxima eficiência e economicidade na gestão do dinheiro público. A escassez dos recursos apenas corrobora essa conclusão. Sendo assim, qualquer dotação orçamentária — específica ou flexível — produz o dever de que a atividade correspondente seja realizada de forma adequada, não o dever de que os recursos sejam necessariamente exauridos. A destinação dos eventuais recursos remanescentes é um *bom* problema, que deve ser equacionado pelo sistema orçamentário;

9) Como regra, as decisões orçamentárias da Administração devem ser motivadas. A motivação poderia ser dispensada nos casos de mera execução de dotação específica, mas não nas demais situações. Na execução de dotações flexíveis, cabe ao administrador demonstrar que a sua conduta é compatível com o programa legislativo e o concretiza em extensão também compatível com o

montante de recursos a tanto reservado. No caso de decisões que deixem de executar dotações orçamentárias ou remanejem recursos — quando isso seja admissível, naturalmente — a motivação é ainda mais imprescindível, uma vez que uma decisão produzida segundo o procedimento deliberativo do orçamento estará sendo superada por ato administrativo.

III. Conteúdo imposto pela Constituição

III.1. Garantia da autonomia financeira dos Poderes

O primeiro elemento não suscita qualquer controvérsia e já é observado atualmente, sem que surjam maiores hipóteses de conflito. Trata-se da exigência de que as verbas orçamentárias de cada Poder lhes sejam entregues incondicionalmente, a despeito de eventuais tensões políticas. Tal obrigatoriedade é pressuposto para a independência orgânica dos Poderes, sem a qual o sistema de controles recíprocos não ficaria de pé. Não por acaso, tal exigência foi conceituada na segunda parte do estudo como uma das funções de contenção encerradas no princípio da separação dos Poderes em sua aplicação ao domínio orçamentário.

III.2. Transparência na execução orçamentária

A transparência é pressuposto efetivo para qualquer forma de controle, especialmente o controle social[478]. Por todos os motivos expostos até aqui, a execução do orçamento apresenta inegável interesse público, de modo que os cidadãos e instituições sociais devem ter acesso ao seu andamento, ressalvadas apenas as informações que verdadeiramente possam exigir sigilo por razões de segurança nacional. Adicionalmente, não basta que os números estejam disponíveis, sendo necessário que as decisões orçamentárias da Administração — quaisquer atos referentes ao tema que não se limitem a dar cumprimento à dotação específica — sejam acompanha-

---

478 BARCELLOS, Ana Paula de. Neoconstitucionalismo, direitos fundamentais e controle das políticas públicas, *Revista de Direito Administrativo*, nº 240, 2005, p. 100.

das de motivação, para que a crítica pública possa verdadeiramente incidir.

Os registros contábeis, isoladamente, dirão pouco ou quase nada, na medida em que até a inexecução completa de determinada previsão de despesa pode ter um fundamento razoável ou ser imposta por circunstâncias diversas. O mérito de inúmeras decisões somente poderá ser avaliado em cotejo com a execução global do orçamento, exigindo um esforço que dificilmente poderá ser realizado pelo cidadão comum. A motivação obriga o agente encarregado da decisão a explicitar suas próprias razões, o que não deve ser difícil, considerando que a decisão não seja aleatória. Somente isso permite uma avaliação efetiva e até justa das decisões orçamentárias, relatando eventuais circunstâncias particulares — como a obtenção de uma economia imprevista — ou simplesmente estabelecendo a conexão entre o ato específico e a execução orçamentária em seu conjunto. Os bancos de dados que permitem consulta pública, especialmente os eletrônicos, deveriam criar um nova seção, para apresentar os contingenciamentos de forma consolidada e também de forma específica, acompanhados das correspondentes exposições de motivos, que não precisariam ser necessariamente extensas. Não basta tornar os dados disponíveis, é preciso torná-los inteligíveis, na maior medida possível[479]. O tema da motivação será retomado.

III.3. Execução orçamentária vinculada, em alguma medida

O terceiro elemento essencial é a superação da idéia de que as dotações orçamentárias são, em qualquer caso, meras autorizações sem nenhuma pretensão vinculante. Como visto, essa tese não confere ao Poder Executivo — já no sistema orçamentário atual — a possibilidade de remanejar recursos para desenvolver outras atividades. Permite apenas que permaneça inerte, ignorando dotações orçamentárias, sem qualquer limite, sem motivação e sem que os recursos possam ser remanejados para outra finalidade.

No mundo da vida, isso equivale a transferir os recursos para uma espécie de reserva inominada. Considerando que a Constitui-

479 O conceito de inteligibilidade foi desenvolvido na segunda parte do estudo.

ção veda transferências de recursos sem autorização, por que seria admissível transferi-los para o limbo? Os recursos públicos são limitados e não se discute que há muitas necessidades sociais desatendidas. Em um ambiente como esse, fica ainda mais evidente que o orçamento é uma pauta de distribuição de todo o montante de recursos existente, mesmo que seja para a constituição de reservas. O que legitima a arrecadação é o destino das verbas, não sendo de se cogitar que uma das maiores cargas tributárias do mundo seja resultado de frivolidade ou descuido governamental na hora de estimar os recursos necessários à manutenção do Poder Público e ao desenvolvimento de suas iniciativas.

A consequência dessa forma de entender o orçamento é permitir que decisões administrativas informais e imotivadas, concentradas no Presidente da República, tenham o poder de ignorar sumariamente as decisões orçamentárias produzidas segundo o processo deliberativo parlamentar. E isso não para financiar novas políticas públicas ou quaisquer atividades, mas sim para simplesmente deixar de investir no que fora previsto. Ainda que se queira reconhecer ao administrador tamanha liberdade — o que não parece compatível com a separação dos Poderes e os demais princípios constitucionais analisados — a faculdade de superar as previsões orçamentárias deveria, no mínimo, ser acompanhada de motivação.

Nesse sentido, não se está defendendo que a constituição de reservas econômicas e o cumprimento ou superação de metas fiscais devam ser tratados como opções menores, desqualificando-as *a priori*. Mas também não devem ser sacralizadas, admitindo-se que recebam novos recursos em qualquer patamar sem a observância de um devido processo orçamentário. Tais opções devem receber tratamento jurídico compatível com as demais decisões orçamentárias, que exigem algum tipo de ato positivo do Poder Público e alguma interação entre os Poderes Executivo e Legislativo. A alocação de novos recursos para essas finalidades não deve contornar o sistema da Constituição. É disso que se trata aqui e parece possível produzir esse resultado a partir de uma nova interpretação do texto constitucional, sem qualquer violência à sua literalidade. Serão apresentadas duas soluções possíveis, em ordem de preferência.

A primeira solução pode ser denominada *vinculação autêntica*, pois confere ao orçamento eficácia típica de lei, impondo que suas previsões sejam cumpridas. Isso confere maior valor às decisões orçamentárias originais. Como desvantagem, pode dar origem a algumas situações difíceis de enquadrar juridicamente, porque até as leis têm limites — representados por competências privativas da Administração — e seus enunciados nem sempre são unívocos. Embora essa seja uma desvantagem, é uma desvantagem das leis em geral e não seria justo condenar o orçamento por não produzir a segurança absoluta que nenhuma outra lei é capaz de produzir. A segunda solução produz uma *vinculação mínima*, consistente no mero dever de motivar as decisões de não aplicação do dinheiro previsto, quaisquer que sejam elas. Embora confira menor valor às decisões iniciais, esse modelo é bem mais simples de implementar e tem a vantagem de dispensar enquadramentos jurídicos sujeitos a controvérsia. É o que se passa a demonstrar.

III.3.1. Vinculação autêntica

a) Visão geral

Por vinculação autêntica, entende-se apenas a inclusão de todas as decisões orçamentárias supervenientes no sistema constitucional de modificação do orçamento. Em termos propositalmente simples: a inclusão da *decisão de não gastar* no interior do sistema, para que receba tratamento jurídico. Ou seja, não se trata de nenhuma limitação à atual capacidade do Presidente de determinar remanejamentos ou solicitá-los ao Congresso Nacional, quando não possa agir por decisão autônoma. Cuida-se apenas de constatar que *não gastar* é mais do que um fato da vida, sendo antes uma verdadeira decisão orçamentária. Mais ainda, uma decisão que se afasta do planejamento inicial e que deixará recursos escassos sem uma destinação específica.

b) Viabilidade constitucional

Para incluir a decisão de não gastar no sistema constitucional, basta atentar para o seu conteúdo. O art. 167, VI, da Constituição, veda a transferência de recursos de uma programação para outra sem autorização legislativa. Programação é conceito mais abrangente do que despesa, podendo comportar toda e qualquer destinação de recursos. A rigor, devendo comportar, na medida em que qualquer utilização dada ao dinheiro constitui uma decisão orçamentária e torna impossível optar por outros destinos igualmente imagináveis. A constituição de reservas é, portanto, uma destinação, qualquer que seja a sua finalidade (garantia contra desastres, financiamento de possíveis aumentos do salário mínimo ou mesmo o cumprimento de metas fiscais). Essa interpretação — além de ser imposta pela lógica — é referendada pelos próprios Poderes Executivo e Legislativo, que incluem no projeto de orçamento e na lei aprovada dotações de reserva.

A proibição constitucional não significa, evidentemente, que são vedadas apenas as transferências escrituradas. Com efeito, seria ainda pior se o Poder Executivo pretendesse retirar dinheiro de uma dotação e investir em outra finalidade sem nem mesmo registrar formalmente o remanejamento. Para isso a Constituição instituiu mecanismos formais, representados pelos créditos adicionais. Quando determinada dotação simplesmente não é executada, o que ocorre na prática é a transferência informal de dinheiro para a constituição de uma reserva inominada. Vale dizer: o Executivo ignora sem maior cerimônia a previsão inicial de gasto — que não se presume inconsequente ou caprichosa — e sequer se dá ao trabalho de dizer com que finalidade o dinheiro está sendo represado. Para acabar com esse desmando, basta conferir à decisão de não gastar tratamento jurídico compatível, ou seja, identificar a realidade econômica subjacente e aplicar o regime dos créditos adicionais. São eles:

MECANISMO	FINALIDADE	REGIME JURÍDICO
Crédito suplementar	Aumentar dotações já existentes, utilizando excessos de arrecadação ou mesmo por meio da anulação de outras dotações.	Depende de autorização legislativa. A lei orçamentária anual pode conter autorização genérica, com indicação de parâmetros.
Crédito especial	Criar novas dotações, utilizando as mesmas fontes de custeio referidas no item anterior.	Instituído por lei.
Crédito extraordinário	Atender a despesas imprevisíveis e emergenciais, sem nem mesmo estar obrigado a indicar a origem dos recursos.	Instituído por medida provisória.

Aplicar esse sistema à hipótese é mais simples do que parece. Apenas sob análise superficial é possível dizer que a decisão de não gastar seria insuscetível de enquadramento jurídico. Como se verá, são necessárias apenas algumas pequenas adaptações. Em todos os casos de dúvida, a solução proposta penderá a favor da liberdade administrativa (um sistema mais rígido será proposto como sugestão *de lege ferenda*). O sistema pode ser assim decomposto, dando tratamento a três situações:

1) O Poder Executivo entende que, por razões de conveniência política, constituir ou aumentar algum tipo de reserva é mais importante do que gastar na finalidade prevista:

O Poder Executivo teria dois caminhos:

i) se quiser aumentar uma reserva já existente, há duas possibilidades: a) caso seja possível enquadrar a pretensão no regime dos créditos suplementares (definido — já no sistema atual — por decisão do legislador ordinário), poderá efetuar a transferência por decisão autônoma. Exige-se apenas a motivação, como visto acima, uma vez que a superação administrativa de uma previsão legal deve ser acompanhada da indicação dos motivos[480]; b) caso o aumento planejado exceda os parâmetros definidos pelo legislador para a abertura autônoma de créditos suplementares, terá de propor a mudança ao Congresso Nacional (no todo ou somente na parte que exceda a delegação). Novamente, incide o regime constitucional normal, já existente.

ii) se quiser criar uma nova dotação de reserva, terá de propor ao legislador a edição de crédito especial, tal como já ocorre em relação às demais decisões orçamentárias dessa natureza.

Como regra, não se imagina que a constituição de reservas ou o aumento das já existentes possa configurar uma medida *imprevisível e urgente*, condições que a Constituição impõe para a abertura de créditos extraordinários. A rigor, a Constituição usa o termo *despesa*, o que poderia ser interpretado como impedimento literal. No presente trabalho, no entanto, tem sido evitado esse tipo de reducionismo, para qualquer um dos lados, uma vez que investir diretamente e constituir reservas são opções necessárias ao interesse público, devendo ambas estar submetidas ao sistema constitucional.

---

480 Como visto, a exigência de motivação nos créditos suplementares — de qualquer espécie — decorre diretamente da Constituição e também da legislação federal ordinária. Tal exigência foi apresentada como um dos conteúdos essenciais do devido processo orçamentário.

Os caminhos são os descritos e nem se pode dizer que sejam excessivamente rígidos. O Executivo poderá ter amplo poder autônomo de decisão — acompanhado do dever de motivar — por meio de créditos suplementares (a critério do legislador, que tem sido generoso na matéria). No entanto, caso o Poder Executivo não consiga enquadrar a sua intenção nas hipóteses acima, não poderá deixar de executar a dotação orçamentária por conveniência política. Já se ressalvou que executar a dotação não significa, necessariamente, exaurir os recursos previstos. Mas certamente significa que a inércia é vedada e que a conduta adotada deve ser compatível com a expressão econômica do crédito em questão. O ponto será retomado.

Os procedimentos descritos constituem mera aplicação direta dos enunciados constitucionais, sem qualquer adaptação. Com a ressalva de que todos os remanejamentos estariam recebendo tratamento jurídico, sem exclusões formalistas. Esse é o grande problema da execução orçamentária atual, que seria equacionado na via proposta.

No entanto, a decisão de não gastar em algo pode ser baseada em motivos de necessidade, exigindo tratamento diferenciado. No outro extremo, receitas excedentes não terão destinação inicial e será preciso alocá-las. Em qualquer caso, como foi demonstrado na primeira parte do estudo, haverá algum conteúdo decisório. Ainda assim, a opção aqui formulada é identificar essas hipóteses e conferir ao Poder Executivo proeminência na decisão. Essa é uma opção quase estratégica: sabe-se que o modelo aqui descrito produziria mudanças profundas e enfrentaria reações obstinadas. Apesar disso, defende-se que essa é uma imposição constitucional e, como tal, deve ser assegurada, inclusive pelo Poder Judiciário. A Constituição até comportaria uma vinculação mais abrangente, mas a meta é ficar no terreno do inquestionável. Partindo dessa premissa, confira-se o que se entende por inquestionável nas situações de modificação necessária do orçamento:

2) Receitas aquém da previsão orçamentária, forçando contingenciamentos:

Esse fato inicial[481] gera a necessidade de decisões. Afinal, as re-

481 Não se ignora que o Poder Público dispõe de mecanismos para aumentar suas receitas e até compensar eventuais perdas inesperadas. No entanto, não se

ceitas não são, em princípio, vinculadas, de modo que a arrecadação insuficiente de alguma ou algumas delas não afeta despesas específicas. Nesse sentido, será preciso decidir onde serão feitos os cortes. Na verdade, mesmo nas receitas vinculadas a certo setor, é provável que houvesse a necessidade de optar entre o corte de diferentes atividades específicas, apenas restritas a um universo menor. O ponto é: algum corte seria inevitável. Como não existe remanejamento — matéria dos créditos adicionais — admite-se que o Poder Executivo, por decisão autônoma, realize os cortes. A decisão deverá ser motivada, pelos fundamentos expostos acima e, portanto, consubstanciada em ato formal.

Os cortes apenas não poderão afetar deveres estatais decorrentes de disposições constitucionais e legais específicas, tal como já ocorre hoje. Nesse ponto, parece adequado incluir nesse âmbito de proteção as disposições específicas do próprio orçamento. Afinal, a superação de decisões majoritárias deve ser sempre excepcional. A boa notícia é que a arrecadação nos últimos anos não tem decepcionado, superando invariavelmente as estimativas orçamentárias.

3) A dotação orçamentária perdeu seu objeto, total ou parcialmente:

Uma série de circunstâncias pode fazer com que despesas inicialmente planejadas percam seu objeto, total ou parcialmente. Cuida-se aqui das hipóteses em que o gasto se tornou impossível ou absurdo, o que é diferente do exercício de discricionariedade ou da decisão política de não gastar, fundada em reavaliações de conveniência. Imagine-se, *e.g.*, que seja instituída uma dotação de 50 milhões para o cumprimento de decisões judiciais por determinado órgão, mas as condenações do ano somem apenas 30 milhões. Ou então que sejam previstos 20 milhões para a execução de determinada obra pública, mas tenha sido possível concluí-la ao custo de 18 milhões.

Como referido, o administrador está sujeito ao dever de buscar a economicidade e não se pode impedi-lo de realizar deveres que lhe são impostos ao menor custo possível. Apenas se exige que a Administração demonstre, por ato motivado, que a dotação foi cumprida e que houve saldo de recursos. Não se trata propriamen-

cogita que se possa impor a adoção dessas medidas, de modo que as receitas insuficientes estão sento tomadas como fato.

te de uma requisição ao Congresso Nacional, mas sim da comunicação de um fato objetivo. Isso gera, naturalmente, um controle social e mesmo político. Cabe ao Congresso Nacional, auxiliado pelo Tribunal de Contas da União, fiscalizar a execução orçamentária e zelar pelo cumprimento da legalidade. Deixar de fazer o que a lei manda também é uma forma de violá-la. Eventualmente, o controle judicial também será possível. O ponto será retomado no tópico sobre controle, mas já cabe fazer desde logo uma observação, antes que se diga que uma nova forma de controle estaria sendo criada para sufocar a Administração.

Aplica-se, também aqui, a premissa essencial da proposta: a suposta liberdade da Administração já não a autoriza a remanejar recursos por conta própria, sendo essa uma conduta inconstitucional e passível de controle. Apenas se está limitando uma suposta faculdade de não fazer o que foi previsto para não fazer nada em substituição. Em certos casos, porém, o investimento previsto pode tornar-se impossível. Nesse sentido, a hipótese aqui analisada caracteriza um resquício do *poder de não fazer nada*, fundado na consideração de que a previsão perdeu seu objeto. Esse é um juízo essencialmente objetivo, na medida em que as reavaliações de conveniência são enquadradas pelo mecanismo descrito na situação 1.

Por fim, veja-se que a perda do objeto de alguma dotação orçamentária gera recursos livres, passíveis de redistribuição. Como se tem enfatizado, a lógica do sistema orçamentário é dar destinação a todos os recursos públicos — segundo algum procedimento formal — ainda que seja para a constituição de reservas. No momento da elaboração orçamentária, esse objetivo é idealmente alcançado. No entanto, no caso de recursos que se tornam disponíveis de maneira superveniente, o próprio sistema contém uma limitação difícil de transpor. Nada impede que o Poder Executivo utilize esses recursos por meio de créditos suplementares — se isso for admissível — ou proponha ao Poder Legislativo uma destinação. Ou seja, a redistribuição é possível.

Na prática, porém, a Constituição concentra no Presidente a iniciativa para abertura de créditos, de modo que a sua inércia terá o efeito de manter os recursos sem destinação. O sistema aqui proposto visa evitar a ocorrência desse resultado negativo e consegue fazê-lo na maior parte dos casos relevantes, impedindo que as decisões orçamentárias já produzidas sejam ignoradas. No caso de novos recursos, todavia, tende a ser difícil compelir o Executivo a agir para alocá-los, sem prejuízo de se cogitar da ocorrência de omissão inconstitucional. O tema será retomado e uma hipótese de controle judicial será aventada, ainda que seus efeitos sejam de natureza eminentemente política. De qualquer forma, a exigência de ato positivo e motivado já deve servir para estimular algum controle político e social sobre essas decisões, sendo certo que a opção de deixar dinheiro supostamente ocioso não tende a gerar bons dividendos políticos. Sobretudo na realidade brasileira, que combina tributação elevada com necessidades básicas desatendidas.

4) Excessos de arrecadação:

Nessa última situação, o problema referido no final do tópico anterior se repete. Os recursos podem receber destinação, por meio de créditos adicionais, mas não se pode forçar o Executivo a tomar essa iniciativa. Novamente seria possível constatar a existência de uma nítida omissão inconstitucional, tema que será retomado.

O balanço geral é simples e parece positivo:

i) As decisões orçamentárias já existentes nunca poderiam ser ignoradas, exigindo-se que decisões administrativas de concretização discricionária e mais ainda de remanejamento viessem sempre acompanhadas de motivação;

ii) A destinação de eventuais recursos supervenientes poderia ser decidida pelo Poder Executivo, mas sempre de forma motivada. Isso ajudaria a fomentar, no mínimo, o controle político e social.

Como foi referido, não se ignora que o sistema proposto envolve uma considerável mudança de paradigma. Embora a prática atual não decorra de atos normativos específicos, trata-se de um costume arraigado. Isso não deve ser empecilho absoluto à mudança, na medida em que se considere, como parece ser o caso, que essa seria uma exigência de princípios constitucionais em seu conteúdo nuclear. Nessa linha, o modelo sugerido foi propositalmente minimalista, fazendo com que todos os casos de dúvida pendessem para a liberdade administrativa, acompanhada de motivação. Demonstrada a viabilidade e os contornos concretos do sistema proposto, convém aprofundar o significado da vinculação sugerida, retomando conceitos já analisados. A repetição analítica se justifica para que fique claro que não se está propondo nenhuma restrição despropositada ao Poder Executivo. Ao contrário, a atual prática é que se mostra manifestamente inconstitucional.

c) Sentido e limites da vinculação

A proposta aqui formulada não afeta em nada a atual capacidade do Presidente de deslocar verbas para outros objetos de gasto. Apenas limita sua capacidade de decidir não fazer nada. Cabe aqui repetir três advertências, apenas para confirmar que não se está asfixiando a gestão administrativa.

i) O orçamento é uma lei, não um ato supralegal: o orçamento deve ser considerado uma lei, com a imperatividade típica dos atos do Poder Público, mas também com as limitações e particularidades inerentes aos atos legislativos. Nesse sentido, o que o legislador não pode fazer por meio da legislação em geral, também não será possível alcançar através do orçamento. Se o legislador não pode impor a realização de um concurso público ou a celebração de um contrato administrativo, também não poderá impor que as dotações orçamentárias correspondentes sejam executadas. Como todas as leis, a presunção é de que as dotações orçamentárias são imperativas, mas não se descarta a existência de limites decorrentes da ordem jurídica ou mesmo a autolimitação do legislador, na extensão em que isso seja admissível. Ou seja: os limites do orçamento devem ser buscados no Direito em geral, como se passa com qualquer outra lei;

ii) Discricionariedade no interior das dotações: Também como se verifica em qualquer outra lei, as previsões do orçamento poderão ser mais ou menos específicas. Há uma exigência mínima de determinação, sem a qual seria possível enquadrar qualquer atividade sob o manto da dotação orçamentária. Mas nada impede que o legislador opte por fixar programas de ação, transferindo ao administrador a tarefa de realizar escolhas complementares, concretizando objetivos gerais e definindo meios. Com isso não se confunde o poder de ignorar a previsão orçamentária. A liberdade concedida diz respeito à concretização, não ao afastamento da decisão básica. Abre-se aqui um espaço de avaliações parcialmente subjetivas — como ocorre na legislação em geral — sendo possível que as escolhas administrativas concretas não venham a produzir o exaurimento das dotações orçamentárias. Novamente vale dizer que essa é uma circunstância da legislação em geral, e o orçamento não deve ter a pretensão de ser um ato supralegal. Apesar disso, o administrador não teria a faculdade de esvaziar as dotações, devendo demonstrar — por ato motivado — que as suas escolhas são compatíveis com a determinação legal em natureza e em extensão;

iii) Possibilidade de que haja saldos justificados após a execução das dotações: Sobras significativas devem acender um sinal de alerta, uma vez que se presume a ocorrência de avaliações minimamente cuidadosas por ocasião da elaboração do orçamento. Como demonstrado, as sobras fazem mais sentido no caso de dotações específicas, uma vez que o administrador terá condições de demonstrar objetivamente que executou a decisão concreta com economia de recursos. Por isso mesmo, essas hipóteses mereceram tratamento em separado, admitindo-se a possibilidade teórica de saldos expressivos, acompanhada de um controle mais rigoroso, de índole objetiva.

Nas dotações programáticas, a seu turno, sobras significativas tendem a indicar que o administrador não concretizou a política pública na extensão prevista. A menos que consiga demonstrar que as suas ações foram suficientes para alcançar o objetivo pretendido. Nas questões mais relevantes, é bastante improvável que essa demonstração possa ocorrer. Retomando um exemplo real: será que a Administração conseguiria justificar uma economia de 200 milhões de reais em saneamento básico com o argumento de que atendeu a todas as necessidades do setor? Dotações abertas geram um espaço de discricionariedade que deve estar sujeito aos controles correspondentes. Ainda que esses controles reconheçam a primazia da Administração Pública, não devem se satisfazer com qualquer providência e muito menos com a adoção de atividades em extensão muito inferior àquela que seria compatível com o montante reservado. No exemplo da dotação de 200 milhões para saneamento básico, o administrador não teria a opção de gastar em segurança pública — limitação já existente — mas também não poderia ignorar a dotação ou deixar grande parcela dos recursos ociosa.

O mínimo a ser exigido concretamente sofreria variações de área para área. Dois milhões de reais pode ser um montante significativo em programas de alerta à população sobre os riscos de epidemias, mas provavelmente não seriam suficientes para que uma nova frente de trabalho fosse aberta em matéria de saneamento básico. Não se afirmou que o controle seria simples, mas sim que seria necessário em alguma medida. Por isso foram instituídos os temperamentos aqui realizados. A motivação serviria justamente para que essas circunstâncias fossem explicadas, diferenciando o discricionário do arbitrário. Uma forma de minimizar esses problemas seria a adoção de boa técnica legislativa, com o auxílio do próprio Poder Executivo. No caso de necessidades especialmente custosas e que envolvem a realização de grandes obras, dotações específicas produziriam muito mais racionalidade do que dotações genéricas. Nesse sentido, seria positivo que os projetos de lei orçamentária, encaminhados pelo Presidente, assumissem essa forma.

O sistema aqui idealizado não tem nenhum preconceito contra as contribuições do Poder Executivo na formulação de políticas públicas, cristalizadas no projeto de orçamento. Apenas se entende necessário que as previsões aprovadas sejam efetivamente cumpridas, a menos que se tornem impossíveis ou que uma nova decisão política seja produzida segundo o devido processo orçamentário previsto na Constituição.

iv) Nenhuma vinculação orçamentária produz um dever genérico de gastar ou um direito subjetivo ao gasto: Apesar das ressalvas referidas acima, a vinculação orçamentária nunca deverá ser entendida como um dever genérico de gastar ou como atribuição, a qualquer pessoa, de um direito subjetivo ao gasto estatal. A eficiência e a economicidade são protegidas expressamente pela Constituição e, de qualquer forma, são uma consequência necessária da escassez de recursos. Economias geram dificuldades teóricas, mas do tipo que se deve comemorar. Com todas essas ressalvas, não parece justo dizer que a Administração esteja sendo asfixiada. Retira-se apenas um poder que ela nunca deveria ter tido e que provavelmente não gostaria de defender em público.

d) Mecanismos de controle

É importante fazer três observações antes de estudar mecanismos específicos de controle. A primeira é pessimista. Nas atuais transferências de recursos entre diferentes opções de despesa, identifica-se claramente uma conduta proibida — remanejar sem a utilização dos créditos adicionais — e isso torna tudo mais simples. O sistema proposto não se contenta em proibir que o Estado faça algo, o que é sempre mais fácil. Exige-se alguma conduta positiva, não necessariamente o investimento de recursos, mas pelo menos a observância de algum procedimento formal para determinar retenções. Isso torna as coisas mais difíceis, produzindo a incidência de argumentos fundados no princípio da separação dos Poderes.

Apesar disso, a inércia caracterizará violação ao orçamento ou à própria Constituição, de modo que o controle será necessariamente possível. Em princípio, deverão estar disponíveis os mecanismos que poderiam ser empregados no controle de violações comissivas. O que pode mudar será a sua eficácia. Essa não é, contudo, uma dificuldade exclusiva do sistema orçamentário, manifestando-se em todos os domínios em que se pretenda impor condutas aos Poderes Políticos, como nos casos em que se atribui iniciativa legislativa ao Poder Executivo, em caráter privativo, e este deixa de atuar.

A segunda observação é otimista. O normal em um Estado de Direito é que a Constituição seja cumprida por todos os agentes do Poder Público. A Constituição institui um sistema político e não se deve presumir como normal a sua violação corriqueira em decorrência da irresignação sistemática dos agentes públicos. Em princípio, portanto, uma decisão do Supremo Tribunal Federal que, interpretando a Constituição, viesse a impor mudanças na prática orçamentária, não deveria suscitar o temor de descumprimento generalizado. Mesmo as normas de conduta, impostas aos particulares, apóiam-se na premissa de que o cumprimento espontâneo será a regra[482]. No caso de normas endereçadas aos Poderes do Estado, isso é especialmente necessário, na medida em que não se deve aceitar que o próprio Poder Público atue contra a ordem jurídica e menos ainda contra a Constituição diretamente, no sentido que lhe for atribuído por seu intérprete final.

Confirmando o que se vem de dizer, a história brasileira recente não registra casos de descumprimento ostensivo de decisões do STF (a eficácia dessas decisões pode ser frágil, o que é coisa diversa[483]). Uma revolta assumida contra eventual decisão da Corte em

482 Sobre a observância em princípio generalizada como verdadeira condição de validade da ordem jurídica, v. KELSEN, Hans. *Teoria geral do Direito e do Estado*, 2005, p. 58.

483 Como se sabe, esse é o caso das decisões produzidas em ações diretas de inconstitucionalidade por omissão, que tem se limitado a notificar o órgão inerte. O mesmo efeito era obtido, até pouco tempo, nos mandados de injunção. Em 2007, porém, o STF modificou sua jurisprudência para admitir que a decisão afaste a omissão, instituindo um regramento jurídico temporário. A questão será comentada *infra*. Sobre os pontos, v. BARROSO, Luís Roberto. *O controle de constitucionalidade no Direito brasileiro*, 2008.

matéria constitucional caracterizaria até a ocorrência de crime de responsabilidade, por descumprimento manifesto da Constituição. Não se deve temer, portanto, um ato generalizado de rebeldia presidencial. E isso já seria motivo suficiente para se impor um devido processo orçamentário constitucional, ainda que tivesse de conviver com algumas violações pontuais ou casos de indefinição. A exigência de motivação ajudaria a tornar essas hipóteses visíveis e agregar a elas custo político.

A terceira observação é apenas realista, produzindo consequências boas e ruins. Veja-se que não seria correto dizer que a obrigação de liberar verbas orçamentárias seja nova na ordem jurídica brasileira. Na análise da legislação que rege a matéria, efetuada na primeira parte, verificou-se que a LRF já proíbe o contingenciamento de dotações que guardem relação com obrigação legal ou constitucional. O sistema proposto pressupõe apenas a extensão desse regime às dotações em geral, a menos que tenham sido objeto de modificação legítima. E ainda assim com as ressalvas que se acaba de fazer, no sentido de se reconhecer que a vinculação orçamentária não se traduz em um dever genérico de gastar.

Assim, o controle incidente sobre as dotações programáticas será necessariamente menos rigoroso do que aquele exercido sobre dotações específicas, que identifiquem concretamente uma atividade a ser desenvolvida. Em ambos os casos, a superação plena da previsão orçamentária deverá ser feita por meio de crédito adicional, a menos que se constate que a despesa perdeu seu objeto. No entanto, a aferição do cumprimento das dotações genéricas não poderá se dar em bases rigorosamente objetivas. Ainda assim, não se reconhece ao administrador a prerrogativa de ignorar a dotação ou de concretizá-la em extensão manifestamente incompatível com a previsão inicial.

Considerando todos esses elementos, é possível dizer que as perspectivas são auspiciosas. E isso sem maniqueísmo: o sistema proposto parece capaz de fazer com que as decisões orçamentárias tenham de ser levadas em consideração, mesmo que seja para criar o dever de motivar as eventuais superações. Da mesma forma, não se afigura real o risco de uma judicialização excessiva da política ou mesmo de uma asfixia da Administração por ato do Poder Legislativo (sem prejuízo de se reconhecer que, em tese, a discricionariedade administrativa pode ser amplamente limitada por decisões do legislador, sem que isso constitua afronta à separação dos Poderes).

Após essa visão geral, convém tecer algumas considerações sobre os mecanismos de controle casuístico. Não se tem a pretensão de esgotar o tema, que justificaria um estudo autônomo, inclusive por conta das inúmeras interseções com outros debates já tradicionais na doutrina. Já é pretensão suficiente reformular todo o sistema orçamentário, não sendo o caso de pretender também analisar em profundidade os limites da atuação judicial na definição e controle de políticas públicas. Além disso, alimenta-se a convicção de que o sistema proposto decorre diretamente da Constituição, de modo que o controle pode ser difícil, mas deve ser realizado. E também a convicção de que qualquer forma de controle — ainda que em grau mínimo, consistente na mera exigência de motivação — já representaria um imenso avanço na prática brasileira.

Finalmente, o controle pode ser dividido em três espécies:

i) Controle político

Por controle político entende-se aquele realizado pelo Congresso Nacional. Isso não significa que se resuma a um controle de conveniência ou mesmo que esse seja o seu foco principal. A participação do Poder Legislativo na aprovação de créditos adicionais, notadamente de créditos especiais, é informada por esse tipo de juízo. Além disso, os congressistas sempre podem criticar as políticas adotadas pelo Poder Executivo e até convocar ministros para que ofereçam esclarecimentos. Essas medidas constituem um controle político *stricto sensu* e é desejável que ele seja produzido, até para fomentar o controle social. Nesse ponto, imagine-se o potencial da convocação de um Ministro para justificar os motivos pelos quais tenham sido retidas ou simplesmente não tenham sido concretizadas dotações orçamentárias referentes a temas como educação, saneamento básico ou melhoria do sistema de saúde.

Esse é o tipo de controle que se espera verdadeiramente do Congresso, produzido no espaço público, e não barganhas em torno da execução orçamentária. Nem se diga que essa seria uma exploração demagógica do sistema orçamentário. Veja-se que não se está falando de cobranças genéricas, mas sim do questionamento acerca da inércia na execução de uma decisão política específica, resultante da atuação coordenada dos Poderes Legislativo e Executivo e para a qual foram alocados recursos públicos em quantidade já definida. Sob perspectiva propositalmente realista, é possível dizer que a exploração política desse tipo de inércia é exatamente o que se espera dos partidos de oposição.

Sem prejuízo desse controle político em essência, a Constituição atribui ao Poder Legislativo a fiscalização contábil, financeira e orçamentária do Poder Público, com o auxílio dos tribunais de contas. Tal fiscalização não se destina somente a coibir o desvio de verbas, mas também a controlar a legalidade, legitimidade e economicidade dos atos estatais. Nos casos em que a execução orçamentária seja em princípio obrigatória — regra geral no modelo proposto — e não tenha havido transferência ou contingenciamento válidos, a paralisia do Poder Público caracterizará ilegalidade. Poderão incidir, portanto, os controles já existentes. Nesse sentido, o art. 71 da Constituição pode ser utilizado em sua lógica geral e especialmente nos seguintes incisos:

> *"Art. 71. O controle externo, a cargo do Congresso Nacional, será exercido com o auxílio do Tribunal de Contas da União, ao qual compete:*
> *(...)*
> *IV — realizar, por iniciativa própria, da Câmara dos Deputados, do Senado Federal, de Comissão técnica ou de inquérito, inspeções e auditorias de natureza contábil, financeira, orçamentária, operacional e patrimonial, nas unidades administrativas dos Poderes Legislativo, Executivo e Judiciário, e demais entidades referidas no inciso II;*
> *(...)*
> *VIII — aplicar aos responsáveis, em caso de ilegalidade de despesa ou irregularidade de contas, as sanções previstas em lei, que estabelecerá, entre outras cominações, multa proporcional ao dano causado ao erário;*
> *IX — assinar prazo para que o órgão ou entidade adote as providências necessárias ao exato cumprimento da lei, se verificada ilegalidade;*
> *(...)*
> *XI — representar ao Poder competente sobre irregularidades ou abusos apurados".*

Veja-se que a atividade de controle pode recair tanto sobre a autoridade encarregada de executar a atividade prevista — nos casos em que os recursos já estejam disponíveis e a inércia seja a ela atribuída — quanto sobre a própria Administração Central, nos casos em que omissão seja decorrente da retenção das verbas. Nem se diga que somente ao final do exercício será possível apurar a omissão, uma vez que a própria LRF determina a confecção de um cronograma da execução orçamentária, logo após a aprovação do orçamento. Em um sistema de execução em princípio impositiva, tal cronograma assumiria especial importância, com a ressalva de que as únicas previsões sujeitas a retenção preliminar seriam aquelas identificadas com a chamada reserva de administração. E ainda assim nos casos em que o Presidente possa, do ponto de vista lógico-jurídico, avocar a decisão sobre a concretização da atividade prevista[484]. Outros cortes, produzidos ao longo do exercício, devem seguir o *devido processo orçamentário*.

Por fim, seria possível dizer que o controle do cumprimento de dotações genéricas envolve uma avaliação parcialmente subjetiva e que não seria adequado dar esse poder ao Congresso Nacional e/ou ao Tribunal de Contas. O argumento prova demais. O atual sistema já confere esse poder no controle das despesas efetuadas, situação que também dá ensejo a avaliações parcialmente subjetivas. O art. 70 da Constituição menciona expressamente um controle de legitimidade[485] e, com base nisso, é fato que os tribunais de contas

484 Como se sabe, as instâncias da Administração indireta estão sujeitas ao chamado controle administrativo, mais brando do que o poder hierárquico. Ainda assim, o Poder Executivo Central sempre dispôs de mecanismos amplos para fazer prevalecer sua vontade. A introdução das agências reguladoras — autarquias com autonomia reforçada — na ordem jurídica brasileira enfraqueceu consideravelmente essa influência, dando origem, segundo Gustavo Binenbojm, a uma Administração policêntrica, caracterizada pela existência de diferentes centros de poder decisório. V. BINENBOJM, Gustavo. *Uma teoria do direito administrativo — Direitos fundamentais, democracia e constitucionalização*, 2006, p. 239 e ss.

485 CF/88, art. 70: "A fiscalização contábil, financeira, orçamentária, operacional e patrimonial da União e das entidades da administração direta e indireta, quanto à legalidade, legitimidade, economicidade, aplicação das subvenções e renúncia de receitas, será exercida pelo Congresso Nacional, mediante controle externo, e pelo sistema de controle interno de cada Poder. Parágrafo único. Prestará contas qualquer pessoa física ou jurídica, pública ou privada, que utilize, arrecade, guarde, gerencie ou administre dinheiros, bens e valores públicos ou pelos quais a União responda, ou que, em nome desta, assuma obrigações de natureza pecuniária".

atuam, em muitos casos, na aferição da razoabilidade e eficiência das escolhas administrativas[486].

A proposta aqui formulada não subverteria esse sistema — ou esse problema, como se queira entender. Até porque não se destina precipuamente a sancionar a inércia, mas sim a evitar que ela ocorra. Nesse sentido, o sucesso institucional do modelo aqui proposto não modificaria as bases do controle atualmente exercido pelos tribunais de contas, que continuaria incidindo substancialmente sobre atos positivos. Como se tem destacado, não se deve entender que as dotações orçamentárias produziriam um dever genérico de gastar, e sim um dever de concretização em medida razoável[487]. Assumindo que isso ocorra, o controle continua atuando sobre atos comissivos, e não sobre omissões. O que fugiria verdadeiramente a essa lógica seriam as hipóteses de descumprimento flagrante das dotações, sem remanejamento formal ou motivo de força maior (perda de objeto ou arrecadação deficiente). Mas aí seria mesmo desejável que o controle incidisse.

De qualquer forma, o que se queria demonstrar é que o sistema não cria um monstro, pelo menos nenhum monstro novo. No máximo submete todas as decisões orçamentárias a algum tipo de controle jurídico e político, na linha do que já se vem praticando. Isso

---

486 Sobre o controle exercido pelos tribunais de contas, incluindo o controle de legitimidade e seus derivados, v., dentre outros: FERNANDES, Jorge Ulisses Jacoby. *Tribunais de contas no Brasil — Jurisdição e competência*, 2005; GUERRA, Evandro Martins. *Os controles externo e interno da Administração Pública*, 2005; KELLES, Márcio Ferreira. *Controle da Administração Pública democrática — Tribunal de Contas no controle da LRF*, 2007.

487 Referindo-se à concretização de direitos sociais, mas valendo-se de argumentação que parece extensível a qualquer caso envolvendo a concretização de enunciados jurídicos que protejam determinados valores ou interesses sem especificar medidas que seriam exigíveis — e portanto aplicável a dotações orçamentárias de conteúdo parcialmente aberto, v. SUNSTEIN, Cass. *Designing democracies*, 2001, pp. 234: "By their very nature, socioeconomic rights are different on this count, certainly in the light of 'progressive realization clause'. No one thinks that every individual has an enforceable right to full protection of the interests at stake. In these circumstances, it is difficult indeed to find an approach that avoids creation of individual rights and that avoids a conclusion of nonjusticiability. The only alternative to these extremes is an approach to public law that is generally unfamiliar in constitutional law but that is the ordinary material of administrative law, governing judicial control of administrative agencies: a requirement of reasoned judgment, including reasonable priority-setting".

pode ter inconvenientes conjunturais, mas certamente é melhor do que o vazio em que elas hoje se encontram. E o certo é que os mecanismos eventualmente falhos devem ser aprimorados, assim como se está tentando produzir idéias para aprimorar o sistema orçamentário. Aplicam-se aqui, portanto, as observações já desenvolvidas sobre o controle de atos discricionários e a natural contenção que o julgador deve adotar para não substituir os juízos razoáveis da autoridade competente pelos seus próprios juízos.

ii) Controle judicial

Como foi afirmado, cabe ao Poder Judiciário verificar a existência de deveres jurídicos e direitos subjetivos decorrentes da ordem jurídica e assegurar a sua realização. Na tarefa de impor deveres ao Estado e reconhecer direitos subjetivos a ele oponíveis, o magistrado deve agir com cautela, sobretudo nos casos em que esteja aplicando disposições de conteúdo aberto. Essas são considerações em caráter geral, fundadas no respeito à competência decisória dos outros Poderes, e o sistema aqui proposto não infirma tais premissas. Tal como no item anterior, um orçamento real não retira da Administração o poder de fazer escolhas e nem autoriza que os magistrados as tratem com displicência. Isso não quer dizer que nada seria diferente.

Em primeiro lugar, um orçamento de execução em princípio obrigatória cria o dever de que as dotações previstas — e não contingenciadas segundo o devido processo orçamentário — sejam colocadas à disposição da autoridade encarregada de sua aplicação. Isso não significa, como destacado, que essa autoridade estará obrigada a gastar até o último centavo. Da mesma forma, em muitos casos, o Presidente, seus ministros ou altas autoridades administrativas poderão se valer de seu poder hierárquico para interferir na decisão sobre como empregar os recursos públicos, o que é diferente do poder de ignorar a dotação orçamentária. O controle das atividades efetivamente desenvolvidas constitui um segundo momento lógico e será referido na sequência.

Nesse primeiro momento, cuida-se de garantir que a atual lógica orçamentária seja invertida: em vez de se presumir que o Executivo Central libera os recursos na medida da sua vontade, ele passa a poder retê-los segundo um procedimento formal. Se a retenção não for possível ou simplesmente não for realizada, o normal é que as verbas estejam à disposição dos diferentes centros decisórios mais específicos. Como é notório, a prática atual não é alimentada por incontáveis decisões pontuais proibindo os agentes administrativos de gastar, mas sim pelo controle dos recursos na origem. Esse controle é ilógico e potencialmente arbitrário, uma vez que a retenção centralizada dificilmente levará em consideração cada uma das atividades concretas que deixarão de ser realizadas.

Esse dever inicial de liberação dos recursos é parte essencial da lógica do sistema, atraindo o comentário que se fez sobre o funcionamento regular das instituições no Estado de Direito. Como regra, não deve ser necessária a intervenção pontual do Judiciário para assegurar essa dinâmica de funcionamento, mas ela não pode ser descartada. Nesse sentido, a retenção inválida de recursos constituiria grave violação à ordem jurídica e à legalidade orçamentária. Adicionalmente, haveria violação também aos interesses associados à atividade estatal que se tornou impossível ou esvaziada. Nessas condições, não parece difícil caracterizar a violação a interesses sociais relevantes, difusos e/ou coletivos, permitindo que o controle seja realizado por meio de ação civil pública.

Estaria aberto um campo de atuação especialmente fértil para que se concretize o papel institucional do Ministério Público na defesa da ordem jurídica e dos referidos interesses[488]. Mas não apenas dessa instituição. Diga-se o mesmo da Defensoria Pública, que agora conta com legitimidade ativa expressa para a propositura de ação civil pública[489]. Seria possível imaginar também que associação constituída para a defesa do meio ambiente viesse a questionar a retenção de verbas destinadas ao IBAMA, ao CONAMA ou a outras entidades de proteção ambiental. Isso apenas para dar alguns

488 STF, RE 163.231/SP, DJ 29.06.2001, Rel. Min. Maurício Corrêa: "A Constituição Federal confere relevo ao Ministério Público como instituição permanente, essencial à função jurisdicional do Estado, incumbindo-lhe a defesa da ordem jurídica, do regime democrático e dos interesses sociais e individuais indisponíveis (CF, art. 127). 2. Por isso mesmo detém o Ministério Público capacidade postulatória, não só para a abertura do inquérito civil, da ação penal pública e da ação civil pública para a proteção do patrimônio público e social, do meio ambiente, mas também de outros interesses difusos e coletivos (CF, art. 129, I e III)".

489 A inclusão da Defensoria no rol dos legitimados ativos foi realizada pela Lei nº 11.448/2007.

exemplos envolvendo direitos difusos e coletivos para além de qualquer dúvida razoável.

O segundo momento de controle diz respeito ao desenvolvimento das atividades previstas no orçamento. Também aqui o sistema proposto aumentaria as oportunidades de controle e sua eficácia. Em primeiro lugar, no plano extrajudicial, o controle da sociedade civil e do Ministério Público sobre as diferentes instâncias administrativas poderia incidir de maneira mais efetiva, considerando que os repasses de verba teriam necessariamente ocorrido. Ganha importância aqui a possibilidade de utilização de mecanismos negociais, como os termos de ajustamento de conduta[490]. Por outro lado, caso tenha havido contingenciamento válido e mais ainda nas hipóteses de retenção informal de verbas, o foco da atenção seria mais facilmente deslocado para o Executivo Central, evitando que órgãos sucateados recebam *crédito* indevido pela má qualidade dos serviços. Como se percebe, o arranjo aqui proposto facilitaria a identificação de responsabilidades políticas e, com isso, poderia tornar mais realista e efetivo o controle social da Administração Pública[491].

Haveria ganhos também no controle jurisdicional. No caso de dotações específicas, não haveria espaço para maior questionamento. Caberia ao Judiciário impor a sua realização, a pedido dos eventuais beneficiários preteridos ou de instituições dotadas de legitimação adequada. A única exceção seriam os casos em que se constatasse a existência de uma reserva administrativa, como nos exemplos do concurso público ou da celebração de um contrato administrativo. No caso de dotações genéricas, caberia ao Judiciário aferir o cumprimento da previsão segundo parâmetros de razoabilidade. É certo que se criaria um espaço de avaliações que não são inteiramente objetivas, mas essa não é uma circunstância nova no Direito brasileiro e

490 Sobre o potencial do Ministério Público no controle de políticas públicas em geral, e pela via negocial em particular, v. FRISCHEISEN, Luiza Cristina Fonseca. *Políticas públicas — A responsabilidade do administrador e do Ministério Público*, 2000, p. 131 e ss.

491 A identificação clara de responsabilidades decisórias é pressuposto para o controle adequado da gestão fiscal. Nesse sentido, destacando que tal exigência consta inclusive de documentos da ONU e do FMI a respeito do tema, v. MILESKI, Hélio Saul. Transparência do Poder Público e sua fiscalização, *Revista Interesse Público*, edição especial (responsabilidade fiscal), 2002, p. 29.

tem sido encarada como inevitável em uma ordem jurídica marcada por previsões de textura cada vez mais aberta.

Em grande medida, a idéia aqui exposta aproxima-se de um controle da eficiência administrativa, sobre o qual já existe razoável desenvolvimento doutrinário, quase sempre destacando o necessário respeito às opções administrativas não-arbitrárias[492]. Em linhas gerais, tal advertência permaneceria válida no controle da execução de dotações orçamentárias de natureza relativamente aberta. No entanto, o parâmetro fornecido pelo volume de recursos de que dispunha a autoridade competente parece permitir um controle em bases um pouco mais concretas.

Como é natural, o sistema proposto não consegue objetivar todas as questões. É certo que as dotações não poderão ser ignoradas, tampouco ser objeto de execução irrisória ou manifestamente desproporcional às expectativas iniciais. Ainda assim, existe espaço para gradações e o Judiciário deve, em princípio, respaldar as decisões administrativas razoáveis[493]. Isso permitirá que dotações não

---

492 BARCELLOS, Ana Paula de. Neoconstitucionalismo, direitos fundamentais e controle das políticas públicas, *Revista de Direito Administrativo*, nº 240, 2005, p. 100. No mesmo sentido, v. NOBRE JÚNIOR, Edilson Pereira. Administração Pública e o princípio constitucional da eficiência, *Revista de Direito Administrativo* nº 241, 2005, p. 238. Em sentido próximo, afirmando que as opções razoáveis devem ser tidas por legítimas sempre que não for possível identificar de forma objetiva a melhor solução disponível, v. ARAGÃO, Alexandre Santos de. O princípio da eficiência, *Revista Brasileira de Direito Público*, nº 4, 2004, p. 77.

493 Não cabe a juízes e tribunais impor o que lhes pareça ser a melhor escolha, mas sim barrar opções inválidas e garantir desde logo direitos que não estejam à disposição das maiorias. Nesse sentido, v. BARAK, Aharon. *The judge in a democracy*, 2006, p. 248: "When the executive authority exercises its power reasonably, it operates within its authority and the judge will not intervene. This is true even if the judge, had the executive authority been granted to him, would have used the power in a different reasonable way. There is no room for judicial intervention if the exercise of executive authority lies within the zone of reasonableness. The court must refrain from imposing its own references regarding implementation onto the society in which it operates". Valendo-se de argumentação mais analítica, Laura Clérico afirma que afastar uma decisão administrativa sob argumento de que haveria outra melhor significaria exercer um juízo *forte* de adequação. Para ser consistente, tal juízo exigiria que todos os possíveis argumentos relevantes pudessem ser analisados pelo juiz. Isso seria, no mínimo, pretensioso. V. CLÉRICO, Laura. *Die Struktur der Verhältnismäßigkeit*, 2001, p. 41. Na mesma linha, v. ÁVILA, Humberto. *Teoria dos princípios*, 2003, pp. 108-

sejam exauridas. Como visto, a vinculação orçamentária nunca deverá converter-se em um dever genérico de gastar ou em um direito subjetivo ao gasto. O controle aqui incide sobre as atividades desenvolvidas, sendo inevitável que um dos parâmetros para aferir a razoabilidade seja o montante da previsão inicial.

Um investimento de 50 milhões de reais em saneamento básico ou em modernização dos presídios tende a constituir uma iniciativa digna de nota, quando considerada em si mesma. Mas será insuficiente se constituir a única ação desenvolvida a partir de uma dotação de 100 ou 200 milhões — assumindo, naturalmente, que a previsão inicial não tenha sido objeto de modificação válida segundo algum dos procedimentos admitidos pelo devido processo legal orçamentário. Caso isso tenha ocorrido, não se questionará a sua regularidade jurídica, sem prejuízo de eventuais críticas políticas, sempre possíveis. O fundamento aqui é bastante claro: a concretização incipiente de dotação orçamentária — sem modificação formal — esvazia a decisão produzida no processo deliberativo instituído pela Constituição, substituindo-a por uma avaliação administrativa centralizada e (atualmente) informal.

Apesar dessa constatação, a verdade é que o controle judicial é alimentado pela ação de partes legitimadas e a elas cabe fazer um pedido. Qual seria o pedido cabível em uma situação como essas? Nesse ponto, é preciso reconhecer novamente que se está diante de uma dificuldade da ordem jurídica em geral. Dispositivos de textura aberta encontrados na própria Constituição e em inúmeras leis produzem essa mesma dificuldade e a resposta do Judiciário tem sido cautelosa. Como referido, defende-se que o orçamento tenha eficácia de lei, mas não se imagina que deva ganhar colorido *supralegal*, nem que possa escapar a dificuldades inerentes ao processo majoritário. Se os juízes têm justos receios de extrair deveres estatais específicos a partir de enunciados constitucionais abertos, por que seria mais simples impor deveres ao Poder Público a partir de dotações não-específicas? Considerando que a dotação não encerra um dever genérico de gastar — e sim a obrigação de implementar determinada decisão política de forma razoável — não bastaria ao juiz ordenar uma despesa, devendo identificar seu objeto.

---

113 e FILGUEIRAS JÚNIOR, Marcus Vinícius. *Conceitos jurídicos indeterminados e discricionariedade administrativa*, 2007, p. 176.

A identificação da dificuldade não produz a conclusão de que as dotações programáticas seriam inúteis ou incapazes de gerar qualquer consequência jurídica sindicável. Em primeiro lugar, como se tem demonstrado, as decisões administrativas de concretização dessas dotações teriam de ser motivadas e a intervenção judicial estaria justificada ainda que se limitasse a fazer valer essa regra. Isso já alimentaria um controle político e social, o que não deve ser menosprezado. Assumir por ato motivado que há dinheiro em caixa, que ele não foi remanejado ou contingenciado validamente, e que ainda assim ficará ocioso, deve ser uma medida capaz de despertar o interesse da opinião pública, a um custo político razoável. Como se tem destacado desde o começo, o sistema proposto tem a pretensão de fomentar esse controle social.

Adicionalmente, a existência de dotações orçamentárias subaproveitadas — ainda que programáticas — pode ser tomada como argumento para justificar maior ativismo judicial[494]. Como se destacou, a intervenção do Judiciário não depende necessariamente da existência de dotação orçamentária[495], mas isso não significa que esse elemento deva ser desconsiderado. Os principais argumentos levantados contra a interferência do Judiciário na conformação das políticas públicas são a invasão de espaço reservado aos Poderes políticos e o caráter potencialmente irracional da medida, que poderia até tornar inevitável o corte de recursos destinados a outras áreas e atividades igualmente relevantes. Por isso mesmo, defende-se aqui que a existência de políticas públicas razoáveis em fase de implementação deve ser considerada pelo Judiciário como circunstância a recomendar cautela, desencorajando o ativismo judicial.

---

494 Como indicado inicialmente, o controle de mérito das decisões orçamentárias — notadamente na via do controle das políticas públicas — não constitui o objeto central do presente estudo, dedicado ao delineamento de um devido processo orçamentário. Nada obstante, tem sido enfatizado ao longo do texto que tal devido processo envolve necessariamente a atuação conjunta dos três Poderes, que deve ser tanto quando possível coordenada. Assim, é necessário tecer algumas considerações sobre o ponto, inclusive para apontar algumas potencialidades do sistema proposto também nessa seara. Não há pretensão de exaustividade na abordagem ou na bibliografia examinada, sem prejuízo das referências feitas ao longo da exposição.

495 ALEXY, Robert. *Theorie der Grundrechte*, 1994, p. 466. Na jurisprudência brasileira, dentre muitos outros exemplos, v. STF, DJ 24.05.02, RE 224.775-6, Rel. Min. Néri da Silveira.

Por outro lado, a inércia do administrador em concretizar dotações orçamentárias enfraquece ambas as objeções. Com efeito, a existência de dotação significa que já houve uma decisão majoritária valorando um interesse e separando recursos em determinado montante. Em segundo lugar, tais recursos não foram objeto de redistribuição, de modo que, na situação em que se encontram, sequer poderiam ser deslocados para outra finalidade. A combinação desses dois elementos evidencia uma inércia ilegal — na medida em que uma decisão orçamentária está sendo ignorada — e possivelmente inconstitucional, caso se verifique que direitos ou interesses protegidos pela Constituição estejam sendo esvaziados ou subconcretizados. Em muitos casos, a dotação estará relacionada à realização de objetivos protegidos pelo constituinte, de modo que a inércia dos agentes políticos pode ser enquadrada na categoria dos atos inconstitucionais. Não se cuida aqui de um simples *não atuar*, mas sim de uma hipótese qualificada de inação incompatível com a ordem constitucional. Com efeito, ao não se valer da alocação de recursos constante do orçamento, o administrador deixa de agir quando teria condições institucionais para fazê-lo[496]. Uma decisão inicial foi tomada, recursos foram provisionados, a arrecadação se concretizou, mas ainda assim permanece a inércia.

Essa especial paralisia dos agentes políticos não é requisito necessário para a intervenção judicial voltada à concretização de normas constitucionais e legais, nem autoriza, por si só, a adoção de qualquer medida. Mas certamente é um bom argumento de reforço. A omissão das instâncias políticas parece funcionar intuitivamente como fator a legitimar atuação judicial mais intensa. De certa forma, o STF referendou essa posição ao modificar sua jurisprudência consolidada e admitir a possibilidade de suprir lacunas em

---

496 Isso, naturalmente, uma vez que se assuma a existência de um dever jurídico — imposto à Administração central — de tornar disponíveis as verbas previstas no orçamento. Tal dever foi analisado acima e se entendeu existente. Não é difícil invocar a modalidade de eficácia negativa, associada às normas constitucionais para impedir condutas que lhes sejam contrárias. Sobre o tema, v. BARCELLOS, Ana Paula de. BARCELLOS, Ana Paula de. *A eficácia jurídica dos princípios constitucionais — O princípio da dignidade da pessoa humana*, 2002, PP. 66-71. Veja-se que a inércia na concretização de dotações não está sendo apresentada como causa suficiente para nenhuma intervenção judicial, e sim como argumento de reforço da sua legitimidade e como fator de minimização dos possíveis inconvenientes.

sede de mandado de injunção[497], e isso para estabelecer um regime legislativo temporário. Com muito mais razão, a inexecução de dotação orçamentária pode ser utilizada pelo juiz como argumento a favor de maior interferência no domínio das políticas públicas. Nesse caso, o juiz ocupa um espaço deixado pela inércia do administrador na execução de uma decisão legislativa. Continua não sendo uma intervenção banal, mas parece ser algo menos invasivo — do ponto de vista institucional — do que o estabelecimento de um regime jurídico abstrato em caráter geral.

Em outras palavras, a existência de dotação orçamentária subaproveitada caracteriza uma omissão agravada, tornando a intervenção do Judiciário naturalmente menos invasiva: o juiz não estaria interferindo na distribuição de recursos entre as diferentes opções de política pública, mas sim concretizando escolhas dentro de uma política já aprovada em caráter geral. E isso por conta da omissão dos agentes eleitos em proceder a essa atividade[498]. A decisão judi-

---

497 STF, MI 670-ES, DJ 06.11.2007, Rel. Min. Maurício Corrêa. No sentido aqui defendido, entendendo que a omissão das instâncias políticas autoriza medidas que, de outra forma, não seriam admissíveis por conta da separação dos Poderes, v. BARROSO, Luís Roberto. O *controle de constitucionalidade no Direito brasileiro*, 2008, pp. 142-143: "Em segundo lugar, veja-se que os poderes constituídos em geral, incluindo o legislador, estão submetidos à Constituição. No caso, o principal fator de legitimação da atuação do Judiciário é a omissão de outro Poder, que tinha como efeito a paralisação da eficácia de normas constitucionais. O provimento do mandado de injunção serve justamente para evitar a eternização dessa situação de desrespeito à força normativa da Constituição. Finalmente, veja-se que a adoção de um regime temporário não impede a atuação superveniente do Poder omisso, que pode abandonar a inércia e dar ao tema tratamento específico, afastando o regime que haja sido instituído pelo Judiciário". Na mesma linha, entendendo que a inércia das instâncias políticas autoriza maior ativismo judicial, v. PAULO JUNIOR, José Marinho. O *poder jurisdicional de administrar — criação judicial de órgão administrativo*, 2007, p. 90.

498 Em interessante decisão monocrática, o Ministro Celso de Mello destacou que a inércia dos agentes eleitos pode justificar maior ingerência do Poder Judiciário. Tal como se defende aqui, o Ministro não sustentou que a inércia é causa suficiente, funcionando antes como fator legitimador de uma intervenção mais incisiva na definição de políticas públicas destinadas a concretizar direitos protegidos pela Constituição. V. STF, ADPF 45/DF, DJ 04.05.2004, Rel. Min. Celso de Mello: "Não obstante a superveniência desse fato juridicamente relevante, capaz de fazer instaurar situação de prejudicialidade da presente arguição de descumprimento de preceito fundamental, não posso deixar de reconhecer que a ação constitucional em referência, considerado o contexto em exame, qualifica-

cial quebra a inércia em favor de alguma modalidade de concretização, sem prejuízo de que o Poder omisso venha a se manifestar e imprima nova orientação na matéria. Nesse sentido, é possível enxergar uma circunstância privilegiada para que se instaure um diálogo constitucional entre as instâncias judiciais e o sistema político[499]. Inclusive para estimular a formação de uma *política dos direitos fundamentais*, tida como a forma mais eficaz, senão a única, de assegurar a sua realização sistemática[500].

---

se como instrumento idôneo e apto a viabilizar a concretização de políticas públicas, quando, previstas no texto da Carta Política, tal como sucede no caso (EC 29/2000), venham a ser descumpridas, total ou parcialmente, pelas instâncias governamentais destinatárias do comando inscrito na própria Constituição da República. Essa eminente atribuição conferida ao Supremo Tribunal Federal põe em evidência, de modo particularmente expressivo, a dimensão política da jurisdição constitucional conferida a esta Corte, que não pode demitir-se do gravíssimo encargo de tornar efetivos os direitos econômicos, sociais e culturais — que se identificam, enquanto direitos de segunda geração, com as liberdades positivas, reais ou concretas (RTJ 164/158-161, Rel. Min. CELSO DE MELLO) —, sob pena de o Poder Público, por violação positiva ou negativa da Constituição, comprometer, de modo inaceitável, a integridade da própria ordem constitucional (...) O desrespeito à Constituição tanto pode ocorrer mediante ação estatal quanto mediante inércia governamental. (...) Se o Estado deixar de adotar as medidas necessárias à realização concreta dos preceitos da Constituição, em ordem a torná-los efetivos, operantes e exequíveis, abstendo-se, em consequência, de cumprir o dever de prestação que a Constituição lhe impôs, incidirá em violação negativa do texto constitucional. Desse non facere ou non praestare, resultará a inconstitucionalidade por omissão, que pode ser total, quando é nenhuma a providência adotada, ou parcial, quando é insuficiente a medida efetivada pelo Poder Público". Para um comentário das possibilidades de concretização judicial de políticas públicas a partir da referida decisão, v. LEAL, Rogério Gesta. O controle jurisdicional das políticas públicas no Brasil: possibilidades materiais. In: SARLET, Ingo Wolfgang. *Jurisdição e direitos fundamentais*, v. I, Tomo I, 2005, pp. 157-178.

499 O conceito de diálogo constitucional foi referido em maior detalhe na segunda parte do estudo.

500 Nesse sentido, com apoio em Dieter Grimm, v. SARLET, Ingo. *A eficácia dos direitos fundamentais*, 2007, p. 378: "O que não se pode esquecer é que nem a previsão de direitos sociais na Constituição, nem sua positivação na esfera infraconstitucional têm o condão de, por si só, produzir o padrão desejável de justiça social, já que fórmulas exclusivamente jurídicas não fornecem o suficiente instrumental para a sua concretização, assim como a efetiva implantação dos direitos sociais a prestações não pode ficar na dependência exclusiva dos órgãos judiciais, por mais que estes cumpram destacado papel nesta esfera. No que tange a este aspecto, importa consignar a oportuna lição de Dieter Grimm, ilustre pu-

No modelo aqui proposto, a intervenção judicial parte de uma decisão majoritária incompleta e pode até deflagrar um debate majoritário em bases mais concretas, e já informado por certos parâmetros jurídicos[501]. Como referido inicialmente, a dinâmica parlamentar tem sido eminentemente reativa, por circunstâncias diversas. Em matéria de orçamento é a própria Constituição que reserva ao Executivo as iniciativas legislativas. Ademais, a magnitude do orçamento e sua proximidade com a realidade administrativa aprofundam a proeminência do Poder Executivo. Nesse contexto, as decisões judiciais que se valem de dotações genéricas e subaproveitadas como argumento de reforço para a imposição de deveres ao Estado podem oferecer uma nova contribuição — um novo *input* — ao legislador e à própria Administração, rompendo a inércia e provocando os outros dois Poderes.

Nesse sentido, talvez seja possível falar em uma *judicialização mitigada da política*, atrelando uma dose estendida de ativismo a decisões políticas incompletas — mas existentes — e atualmente subutilizadas. Não se trata de uma posição imune a críticas, mas talvez ajude o Judiciário a navegar em águas menos turbulentas.

---

blicista e Juiz do Tribunal Federal Constitucional da Alemanha, para quem a efetividade dos direitos fundamentais (e não exclusivamente dos direitos sociais) não se alcança com a mera vigência da norma e, portanto, não se resolve exclusivamente no âmbito do sistema jurídico, transformando-se em problema de uma verdadeira política dos direitos fundamentais".

501 A jurisdição constitucional inserida no debate público pode aumentar a qualidade da deliberação majoritária, impedindo que argumentos de princípio sejam desconsiderados ou subestimados. Nesse sentido, v. DWORKIN, Ronald. *Freedom's law — The moral reading of the American Constitution*, 1996, p. 345: "When an issue is seen as constitutional, however, and as one that will ultimately be resolved by courts applying general constitutional principles, the quality of public argument is often improved, because the argument concentrates from the start on questions of political morality. Legislators often feel compelled to argue for the constitutionality and not just the popularity of measures they support, and Presidents or governors who veto a law cite constitutional arguments to justify their decisions. When a constitutional issue has been decided by the Supreme Court, and is important enough so that it can be expected to be elaborated, expanded, contracted, or even reversed, by future decisions, a sustained national debate begins, in the newspapers and other media, in law schools and classrooms, in the public meetings and around dinner tables. That debate better matches Hand's conception of republican government, in its emphasis on matters of principle, than almost anything the legislative process on its own is likely to produce".

Ainda assim, convém repetir a advertência já usual: o objeto do controle não seria impor o gasto pelo gasto, mas sim identificar algum dever estatal e utilizar a existência de recursos destinados ao setor em questão como fator a ser tomado em especial consideração, ajudando o magistrado a desincumbir-se do ônus argumentativo envolvido nesse tipo de demanda.

Adicionalmente, a prática diminuiria o risco de intervenções judiciais desastradas e potencializaria a racionalidade dos atos do Poder Público, promovendo coordenação entre as diferentes instâncias que atuam sobre as finanças públicas. Longe de se tratar de um espaço residual, os dados fornecidos na primeira parte deste estudo demonstram que importantes decisões orçamentárias têm permanecido sem concretização ao longo dos anos. Atuando nessa concretização, o Judiciário pode desempenhar um papel destacado na promoção de direitos sociais, com base jurídica mais consistente. Afinal, cuida-se aqui de extrair o potencial de decisões majoritárias já delineadas. Com isso são reproduzidos, agora com maior concreção, os argumentos produzidos na segunda parte, quando se firmou que o orçamento deve ser utilizado pelos três Poderes como parâmetro de racionalidade e forma de harmonização de suas atuações conjuntas.

Por fim, cabe uma observação específica sobre a utilização de mecanismos de controle abstrato de constitucionalidade. Em regra, essa via não será adequada para o controle das dotações orçamentárias, não apenas por suposta falta de normatividade[502], mas sobretudo pelo caráter fortemente político da alocação de recursos públicos, que envolve uma escolha entre infinitas possibilidades em princípio legítimas. Ainda assim, viu-se que o STF acenou com a possibilidade de flexibilizar sua jurisprudência restritiva, admitindo a possibilidade de se declarar a inconstitucionalidade de dispositivo da lei orçamentária vazado em termos de maior generalidade[503].

---

502 Como visto, o STF admite flexibilizar essa exigência em algumas hipóteses, notadamente em relação a leis que criam municípios. Embora seja esse um ato concreto, entende-se que ele repercute sobre um conjunto abrangente de situações e regimes jurídicos, contaminando-se com alguma abstração. Não seria absurdo estender esse entendimento à lei orçamentária.

503 STF, ADIn 2.925/DF, DJ 19.12.2003, Rel.ª Min.ª Ellen Gracie, Rel. p/ acórdão Min. Marco Aurélio.

No entanto, a principal utilidade que se imagina para o controle abstrato seria a caracterização de omissões inconstitucionais do Poder Público, ainda que seja como instrumento de pressão política. De certa forma, o controle de qualquer omissão estatal traz implícito o controle de uma omissão orçamentária, já que a atividade exigida tenderia a produzir, diretamente ou indiretamente, o dispêndio de recursos públicos. O STF já tem reconhecido algumas omissões relativas ao descumprimento de dever constitucional específico, mas não seria absurdo cogitar da declaração de inconstitucionalidade da inércia estatal em atuar adequadamente na realização de um dever mais aberto, como a obrigação de fornecer condições mínimas de saneamento básico ou de humanizar os presídios. Veja-se que não se está tratando de normas de conteúdo programático, mas sim de deveres extraídos diretamente da ordem constitucional[504], embora sem a definição de condutas específicas que seriam devidas. Não se discute que as condições degradantes das prisões brasileiras violam inúmeros direitos reconhecidos na Constituição e, por extensão, o princípio da dignidade da pessoa humana[505]. A indefinição diz respeito à extensão exata das exigências constitucionais na matéria e às medidas que devem ser implementadas para modificar o atual estado de coisas.

---

504 Como se sabe, a caracterização de uma omissão inconstitucional pressupõe a existência de um dever extraído da Constituição, não bastando a referência a objetivos ou tarefas impostas ao Estado em caráter geral — como a erradicação da pobreza. Apesar disso, não se limita apenas aos deveres descumpridos pelo legislador, podendo dizer respeito também a medidas políticas de responsabilidade do Poder Executivo central ou a medidas administrativas. Nesse sentido, v. PIOVESAN, Flávia. *Proteção judicial contra omissões legislativas*, 2003, p. 90: "Isto significa que só há a omissão inconstitucional quando há o dever constitucional de ação. Inconstitucionalidade por omissão pressupõe a exigência constitucional de ação. A omissão inconstitucional caracteriza-se: a) pela falta ou insuficiência de medidas legislativas; b) pela falta de adoção de medidas políticas ou de governo; c) pela falta de implementação de medidas administrativas, incluídas as medidas de natureza regulamentar ou de outros atos da Administração Pública".

505 Assim, tratando o dever de humanizar os presídios como uma política pública vinculante, v. LEAL, Rogério Gesta. O controle jurisdicional das políticas públicas no Brasil: possibilidades materiais. In: SARLET, Ingo Wolfgang. *Jurisdição e direitos fundamentais*, v. I, Tomo I, 2005, pp. 167. Ainda sobre esse tema, convém lembrar da experiência norte-americana, analisada em FEELEY, Malcolm e RUBIN, Edward. *Judicial policy making and the modern State — How courts reformed America's prisons*, 2000; e GOUVÊA, Marcos Maselli. O *controle judicial das omissões administrativas*, 2003.

Uma ação direta de inconstitucionalidade por omissão poderia produzir o reconhecimento formal de que a inércia ou a atuação insuficientes seriam condutas inconstitucionais. A eficácia dessa decisão, como se sabe, não tem sido a de impor determinada providência, mas sim o estabelecimento de um juízo jurídico consolidado sobre o tema[506]. A caracterização da omissão poderia servir para reforçar o controle político e social, lançando novos argumentos no debate público. Práticas semelhantes têm sido desenvolvidas em outros países, como a África do Sul[507]. Novamente, não se trata de importar soluções pré-fabricadas, mas também não se deve desqualificar o Direito comparado. Tampouco imaginar que a situação dos guetos sul-africanos seja substancialmente pior do que a de certos assentamentos urbanos e rurais no Brasil.

Sem prejuízo dessa possibilidade teórica, parece possível imaginar uma utilização ainda mais específica para a ação direta de inconstitucionalidade por omissão. Como referido, a iniciativa privativa do Presidente para propor os projetos de créditos adicionais pode fazer com que recursos obtidos de maneira superveniente permaneçam sem destinação, em um suposto limbo jurídico. Isso viola a própria *ratio* do orçamento público, cristalizada nos arts. 165 a 169 da Constituição. Com efeito, a lógica do orçamento é a distribuição efetiva de todos os recursos disponíveis, mesmo que

---

506 Sobre ação direta de inconstitucionalidade por omissão, incluindo farta indicação da jurisprudência sobre o tema, v. BARROSO, Luís Roberto. O *controle de constitucionalidade no Direito brasileiro*, 2008, p. 234 e ss.

507 O exemplo mais famoso consiste no caso *Grootboom*. A demanda foi proposta por cerca de 900 indivíduos que moravam em um assentamento precário e há anos aguardavam na lista de espera de um programa governamental de habitações populares. O Tribunal Constitucional da África do Sul não reconheceu a nenhum deles o direito individual a obter uma casa imediatamente, mas assentou que o governo estaria violando a Constituição ao não implementar um programa razoável para combater os problemas de moradia deixados por anos de *apartheid*. A decisão é comentada em SUNSTEIN, Cass. *Designing democracies*, 2001, pp. 224-237. O caso é comentado também por TUSHNET, Mark. *Weak courts, strong rights*, 2008, pp. 242-244. O autor vê com bons olhos a possibilidade de cortes constitucionais decidirem reconhecer a necessidade de que determinado programa governamental razoável deve ser desenvolvido, sem determinar medidas específicas. É possível concordar parcialmente com o argumento, aplicável aos casos em que não seja verdadeiramente possível extrair condutas mínimas exigíveis a partir de enunciados gerais. Não se adere, contudo, à tentativa de apresentar essa forma branda de controle de constitucionalidade como preferível a uma modalidade forte, que pretende dar concreção aos direitos envolvidos.

seja para a constituição de reservas. A escassez dos recursos apenas corrobora essa conclusão.

Na verdade, sequer é necessário ir tão fundo em argumentos teóricos, uma vez que a prática orçamentária atual — tal como exsurge da atuação coordenada dos Poderes Legislativo e Executivo — já reconhece essa premissa essencial. Tanto assim que as leis orçamentárias têm incluído dotações de reserva e se reconhece ao legislador a prerrogativa de efetuar reestimativas de receita como etapa prévia à alocação dos recursos. Ou seja, a lógica declarada é que a distribuição deve alcançar todos os recursos efetivamente disponíveis, e não uma parcela a critério do Poder Executivo. Simplesmente não faz sentido que recursos sejam excluídos do processo de alocação por displicência e menos ainda por decisão do Presidente[508].

O fato de recursos surgirem de forma superveniente ao processo deliberativo original não autoriza que essa regra seja contornada. E a escassez do dinheiro público em face das necessidades apenas reforça a lógica jurídica, agregando-lhe argumentos associados à proteção dos direitos fundamentais e até de uma moralidade pública mínima. Nesse sentido, quando o Presidente deixa de propor a distribuição de novos recursos ele viola diretamente a Constituição, de forma muito evidente. Veja-se que não se cuida de violação à lei orçamentária referente ao exercício — que nada dispôs sobre esses recursos — mas sim à Constituição, que impõe a sua distribuição.

De forma mais concreta, são ofendidos os artigos que instituem o sistema orçamentário em seu conjunto, com destaque para o art. 167, cujos diversos incisos exigem a existência de dotação orçamentária formal para que qualquer programa estatal possa ser desenvolvido, vedam a transferência clandestina de recursos entre investimentos possíveis e instituem mecanismos próprios para o remanejamento. Viola-se ainda a separação dos Poderes e a legalidade — por esvaziamento do papel conferido ao Congresso Nacional —, o princípio democrático, já que recursos são retirados do processo deliberativo orçamentário, e o princípio republicano, que

508 Como foi demonstrado, alguns autores chegam a identificar um princípio da realidade ou da sinceridade orçamentária como inerente à lógica orçamentária.Tal princípio manifesta-se nas vias da receita e da despesa, exigindo que ambas sejam estimadas com a máxima precisão.

exige a transparência na gestão do dinheiro público (que evidentemente não se resume ao dinheiro público escriturado).

Por tudo isso, é consistente sustentar que qualquer legitimado poderia propor uma ação direta de inconstitucionalidade por omissão para que o STF reconhecesse a inércia inconstitucional do Presidente no exercício do seu poder de iniciativa. Essa hipótese não é desconhecida da jurisprudência do STF e parece claro que o Poder Executivo não dispõe de uma mera faculdade para sugerir a alocação de novos recursos. Esse é um verdadeiro dever constitucional, específico e determinado. Seria até possível supor que a esse dever poderia ser atribuída natureza administrativa, para o fim de se admitir a incidência do prazo de 30 dias, previsto no art. 103, § 2º, da Constituição[509].

No entanto, para manter a coerência interna do trabalho, é preciso reconhecer que a alocação do dinheiro público é uma verdadeira decisão política, assim como propor uma destinação. De qualquer forma, o STF já admitiu a possibilidade de fixar um prazo de razoabilidade também em matéria de competências políticas[510]. Aqui, com especial nitidez, verifica-se a conveniência desse tipo de cominação, uma vez que o decurso do prazo teria, quando menos, a eficácia de constituir o Poder Público em uma espécie de mora qualificada. Veja-se que não se trata de impor uma destinação específica para o dinheiro público, mas sim de exigir que alguma proposta seja formulada pelo Presidente. Sobretudo para permitir a

509 CF/88, art. 103, § 2º: "Declarada a inconstitucionalidade por omissão de medida para tornar efetiva norma constitucional, será dada ciência ao Poder competente para a adoção das providências necessárias e, em se tratando de órgão administrativo, para fazê-lo em trinta dias".

510 STF, ADIn 3.682/MT, DJ 06.09.2007, Rel. Min. Gilmar Mendes: "(...) Ação julgada procedente para declarar o estado de mora em que se encontra o Congresso Nacional, a fim de que, em prazo razoável de 18 (dezoito) meses, adote ele todas as providências legislativas necessárias ao cumprimento do dever constitucional imposto pelo art. 18, § 4º, da Constituição, devendo ser contempladas as situações imperfeitas decorrentes do estado de inconstitucionalidade gerado pela omissão. Não se trata de impor um prazo para a atuação legislativa do Congresso Nacional, mas apenas da fixação de um parâmetro temporal razoável, tendo em vista o prazo de 24 meses determinado pelo Tribunal nas ADI nºs 2.240, 3.316, 3.489 e 3.689 para que as leis estaduais que criam municípios ou alteram seus limites territoriais continuem vigendo, até que a lei complementar federal seja promulgada contemplando as realidades desses municípios".

deliberação no Congresso Nacional, que poderia optar por dar aos recursos destinação diversa.

A providência de que se cogita aqui não violaria em nada o espaço de autonomia legítima do Poder Executivo, até porque a manutenção de recursos públicos escassos em um suposto limbo jurídico não atende a nenhum objetivo protegido pela Constituição. Nesse sentido, a ação direta de inconstitucionalidade por omissão poderia servir também como forma de controlar a inércia do Poder Executivo na liberação de recursos alocados em dotações orçamentárias genéricas, sem que tenha havido mobilização para a produção de remanejamentos por meio de créditos adicionais. Instaurado o controle abstrato, o Presidente poderia justificar sua inércia na liberação das verbas até o momento e eventualmente indicar o momento e a forma em que serão liberados. Caracterizado o simples descumprimento, seria declarada a omissão inconstitucional para que produza suas normais consequências jurídicas e políticas.

iii) Controle social

O controle social[511] não deve ser apenas tolerado pelo Poder Público, mas sim facilitado e estimulado. Essa é a grande vantagem de um sistema que obriga os agentes administrativos a fornecer os motivos das suas decisões, sujeitando-se aos custos políticos que daí podem advir. Nesse sentido, fomenta-se a possibilidade de que o controle social não aconteça apenas por ocasião das eleições, potencializando a crítica permanente da opinião pública. Sem prejuízo de que tais resultados positivos se manifestem também nas eleições. Com efeito, a maior visibilidade das escolhas orçamentárias poderia atrair atenção para a sua importância e fazer com que as questões que geraram polêmica ao longo do mandato voltassem a surgir nos programas políticos e debates de campanha. O partido da situação teria de explicar uma vez mais suas escolhas e os partidos de oposição, além de criticar, teriam de assumir posição a respeito dos temas.

---

511 Especificamente sobre a importância do controle social da elaboração e execução orçamentárias, v. FREITAS, Juarez. O princípio da democracia e o controle do orçamento público brasileiro, *Revista Interesse Público*, edição especial (responsabilidade fiscal), 2002, pp. 11-23.

Não se tem a ingenuidade de achar que esse quadro idílico seria produzido da noite para o dia, ou mesmo que seria uma consequência inevitável do sistema aqui proposto. A criatividade dos políticos surpreende a cada dia e o noticiário agora já divulga acordos pelos quais um partido se compromete a não criticar determinado programa de governo dos seus opositores em troca da aprovação de determinada matéria, justamente de interesse orçamentário[512]. Apesar dessas vicissitudes, acredita-se que, a médio prazo, o sistema aqui proposto poderia produzir efeitos no nível de discussão das questões orçamentárias, inclusive na arena política. Para tanto, a atuação da imprensa seria decisiva, jogando luz sobre decisões orçamentárias importantes, especialmente as controversas e impopulares. Isso poderia tornar essas questões obrigatórias mesmo no debate entre os partidos, deflagrando uma saudável concretização das disputas políticas.

Não parece fantasioso, portanto, que a valorização do orçamento como instrumento de decisão efetiva seja capaz de estimular a atenção social e fortalecer-se a partir dela, em um movimento de mão-dupla. Essa é a principal meta a ser alcançada. Se o princípio democrático impõe que o processo de deliberação dos representantes populares seja valorizado, certamente exige também que a discussão repercuta minimamente no espaço público não-estatal. Não se imagina que as opções orçamentárias, em seu conjunto, venham a despertar o mesmo interesse que outras discussões jurídicas mais palpitantes, como a liberação do aborto ou a instituição da pena de morte. A despeito disso, é comum que as pessoas se interessem por aquilo que o Estado faz concretamente com o dinheiro arrecadado, especialmente em setores nevrálgicos como saúde, educação e segurança pública. Sendo assim, é preciso chamar atenção para o impacto da distribuição dos recursos públicos na conformação desses serviços e utilidades. A atual semi-clandestinidade desse aspecto financeiro não serve a nenhum interesse digno de proteção.

512 A imprensa noticiou — sem qualquer contestação dos envolvidos que o acordo entre governo e oposição para a prorrogação da DRU incluiu o compromisso, assumido pelos partidos da base governista, de que o Presidente da República não faria discursos públicos apontando a oposição como culpada pelos problemas na infra-estrutura de saúde do país. A título de exemplo, a informação pode ser encontrada na página eletrônica: http://www.nominuto.com/brasil/senado_aprova_prorrogacao_da_dru_ate_2011/12220. Acesso em 15.04.2008.

III.3.2. Vinculação mínima[513]

O sistema apresentado acima envolve mudanças significativas na prática orçamentária atual. Ainda assim, entende-se que ele pode ser extraído diretamente da Constituição. Com efeito, todas as conclusões produzidas decorreram de uma premissa essencial: *não gastar* é uma decisão orçamentária, que impede a realização de outras decisões ou mesmo as esvazia ao longo da execução do orçamento. Tal circunstância sequer é ignorada pelos Poderes Executivo e Legislativo, que introduzem na lei orçamentária dotações de reserva. Um sistema orçamentário que não dê tratamento jurídico a essas decisões não deve ser caracterizado como flexível, mas sim como incompleto. O sistema desenvolvido acima tentou enquadrá-las no regime já previsto pela Constituição, o que foi possível nos elementos essenciais. Em todos os pontos que exigiram alguma adaptação, optou-se por privilegiar a liberdade do Poder Executivo, na tentativa de evitar que o sistema seja taxado de voluntarista. Em vez disso, entende-se que ele representa o mínimo constitucional.

Apesar disso, é possível cogitar de uma solução ainda mais simples, consistente em uma única exigência[514]: todas as decisões orçamentárias da Administração devem ser motivadas. Considera-se que tal solução encontra-se aquém do mínimo constitucional, mas ainda assim representaria considerável avanço em relação à prática atual. A rigor, essa sequer seria uma verdadeira vinculação, constituindo antes um mero dever de tomar em conta as previsões iniciais e justificar eventuais desvios. Na linha do que foi demonstrado, isso é o mínimo do mínimo, ainda mais quando se considera que:

i) as decisões orçamentárias definem as políticas públicas que serão desenvolvidas, com o dinheiro arrecadado coativamente dos indivíduos;

---

513 O modelo de vinculação mínima aqui desenvolvido já havia sido apresentado, nos seus contornos essenciais, em MENDONÇA, Eduardo. Alguns pressupostos para um orçamento público conforme a Constituição. In: BARROSO, Luís Roberto (org.). *A reconstrução democrática do Direito Público no Brasil*, 2007, pp. 637-668.

514 Como visto, defende-se que a exigência de motivação é imposta de forma autônoma pela Constituição.

ii) a lei orçamentária decorreu de um esforço deliberativo acerca do tema, envolvendo os grupos politicamente representados;

iii) só é possível avaliar adequadamente uma decisão orçamentária se houver indicação de seus motivos. Divulgar registros contábeis não produz verdadeira transparência, uma vez que mesmo a inexecução total de uma dotação pode estar amparada por bons fundamentos, como eventual perda de objeto da despesa ou o atendimento a outras necessidades urgentes. Nenhum indivíduo comum terá condições de realizar uma avaliação detalhada da execução orçamentária e, de qualquer forma, o sistema político não pode exigir isso. A motivação obriga o agente encarregado da decisão a explicitar suas razões, estabelecendo a conexão entre o ato específico e a execução orçamentária em seu conjunto. Sendo a transparência exigível à luz da Constituição[515], é certo que ela deve se processar por mecanismo efetivamente capaz de tornar as decisões orçamentárias inteligíveis.

Assim, ainda que se confira à Administração, de forma ampla, o poder de superar validamente as previsões orçamentárias, chega a ser evidente que ela deve prestar contas dos motivos, de forma específica e tão visível quanto seja possível. Valem aqui os parâmetros já desenvolvidos pela doutrina e pela própria prática administrativa acerca da motivação. A exposição de motivos deve ser lógica e consistente, o que não significa que deva ser necessariamente analítica. Seria de todo conveniente que a Administração instituísse formulários — impressos ou eletrônicos — padronizados, de modo a facilitar a posterior alimentação dos bancos de dados.

---

515 Os fundamentos constitucionais do dever de motivar as decisões aqui referidas já foram abordados na segunda parte do estudo e serão parcialmente reproduzidos. Tratando a transparência financeira como princípio constitucional implícito, impondo deveres aos agentes públicos e privados, v. TORRES, Ricardo Lobo. O princípio da transparência no direito financeiro, *Revista de Direito da Associação dos Procuradores do Novo Estado do Rio de Janeiro* nº VIII (Direito Financeiro), 2001, p. 133: "A transparência fiscal é um princípio constitucional implícito. Sinaliza no sentido de que a atividade financeira deve se desenvolver segundo os ditames da clareza, abertura e simplicidade. Dirige-se, assim, ao estado como à Sociedade, tanto aos organismos financeiros supranacionais quanto às entidades não governamentais. Baliza e modula a problemática da elaboração do orçamento e da sua gestão responsável, da criação de normas antielisivas, da abertura do sigilo bancário e do combate à corrupção".

Deve-se ter em mente, ademais, que o público alvo é o cidadão leigo, e não especialistas em finanças públicas ou contabilidade. A rigor, ainda que possa haver vários fatores combinados, não deve ser impossível que eles sejam enunciados em vernáculo, sobretudo nos casos em que se trate da motivação de um contingenciamento. Nesse caso, os motivos só podem ser relacionados a receitas insuficientes, perda de objeto da dotação original ou reavaliação política de necessidades, hipótese em que o novo destino dos recursos deverá ser indicado, bem como os motivos pelos quais a mudança se justifica.

Por essa vinculação mínima, esse seria o único dever imposto à Administração: fundamentar suas decisões orçamentárias, entendidas como todas as situações em que não se constate a mera execução de dotação orçamentária específica. Isso inclui a decisão de não gastar, tomada pelos agentes públicos, e também a decisão de reter recursos, tomada pelo Poder Executivo Central.

Como se destacou, a LRF impõe a edição de um decreto presidencial que estabelece o cronograma de desembolsos. A prática atual é que esse ato já estabeleça cortes, às vezes em base linear. A possibilidade não seria afastada, mas seria de se exigir que esse decreto — bem como eventuais atos supervenientes de contingenciamento — viesse acompanhado de motivação específica para cada retenção. Antes que se diga que a exigência é excessiva, lembre-se que só será difícil enunciar as razões se elas não existirem ou tiverem de ser "inventadas" de ocasião. A realização de tantos e tão abrangentes cortes prévios já sugere a inversão lógica decorrente da prática brasileira, que sequer toma o orçamento como efetivo planejamento inicial. A ordem jurídica não deve se conformar com o arbitrário, pelo menos não com tanta condescendência.

O único novo controle seria o do cumprimento da exigência de motivação, sem prejuízo dos controles já existentes em relação aos aspectos da legalidade, probidade e mesmo razoabilidade das ações e omissões do Poder Publico. Como regra, a motivação deveria ser oferecida espontaneamente pelo Executivo, principalmente porque a meta é inserir as decisões orçamentárias no espaço público, fomentando a crítica social. Caso não seja fornecida *sponte propria*, poderá ser exigida pelo Tribunal de Contas ou mesmo pelo Congresso Nacional, diretamente. Na verdade, como já foi mencionado, a própria Constituição assegura a todos os indivíduos o direito de solicitar e receber informações de interesse pessoal ou coletivo dos órgãos públicos[516]. Em se tratando de direito subjetivo previsto na própria Constituição, não há dúvida de que a Administração está obrigada a atender ao pedido de esclarecimento, sendo possível recorrer ao Judiciário em caso de recusa. Em princípio, nada impede que os dados assim obtidos sejam amplamente divulgados pelo receptor[517].

IV. Sugestões *de lege ferenda*

IV.1. Conversão da iniciativa privativa para proposição de créditos adicionais em iniciativa concorrente ou mesmo preferencial, sujeita a prazos

Como referido, um dos grandes problemas da atual execução orçamentária é o tratamento dado a verbas que surjam de forma superveniente, em razão de novas receitas ou da perda de objeto em dotações de despesa. A reserva de iniciativa conferida ao Presidente tem feito com que tais recursos possam permanecer em um limbo jurídico, que é justamente o oposto da própria idéia de orçamento como instrumento de distribuição de todos os recursos públicos disponíveis. Por isso mesmo se defendeu que a inércia do Presidente, no atual sistema, não caracteriza o exercício de uma faculdade e sim uma verdadeira omissão inconstitucional. Deixar recursos escassos sem destinação formal — mesmo que seja a consti-

516 CF/88, art. 5°, XXXIII: "todos têm direito a receber dos órgãos públicos informações de seu interesse particular, ou de interesse coletivo ou geral, que serão prestadas no prazo da lei, sob pena de responsabilidade, ressalvadas aquelas cujo sigilo seja imprescindível à segurança da sociedade e do Estado".

517 Trata-se de informação pública, inexistindo um dever de sigilo por parte do indivíduo que solicita esclarecimento. O dispositivo constitucional já ressalva as informações cujo caráter sigiloso seja imprescindível à segurança da sociedade ou do Estado, característica que impedirá qualquer forma de divulgação. A Lei n° 11.111/2005, que regulamentou a questão, determinou que as informações que digam respeito à intimidade de particulares só podem ser comunicadas aos próprios interessados ou a seus descendentes, ascendentes ou cônjuges. Seria possível discutir se essa regra há de prevalecer em qualquer caso, mesmo diante de relevante interesse público na divulgação de determinada informação. De qualquer forma, não parece que essa hipótese seja factível em matéria orçamentária.

tuição de reservas — chega a ofender qualquer idéia de moralidade pública mínima.

No entanto, a caracterização da omissão não teria, em princípio, o poder de determinar o exercício coativo do poder de iniciativa. E por isso se cogita aqui da sua flexibilização. A simples imposição de prazo não parece suficiente, eis que a jurisprudência atual do STF utiliza esse elemento apenas para caracterizar a omissão de forma objetiva, sem alterar sua conclusão sobre a possibilidade de impor a prática do ato. Entende-se, por conta disso, que a quebra do monopólio presidencial nessa seara produziria resultados mais efetivos. A ordem constitucional brasileira não desconhece hipóteses de iniciativa concorrente e essa seria uma opção ortodoxa, já com algum potencial de reduzir os casos de omissão.

Adicionalmente, a legitimação concorrente do Congresso Nacional ou de seus membros poderia instituir uma nova forma de controle político da execução orçamentária em geral, autorizando o legislador a deliberar sobre a modificação de dotações ao longo do exercício, inclusive em resposta à inércia do Poder Executivo na sua concretização. Como se verá na sequência, tal faculdade é considerada natural e inquestionável no sistema orçamentário norte-americano, caracterizando o chamado *poder de taxar e gastar*, tido como a maior arma institucional do Poder Legislativo na obtenção de uma posição de equilíbrio perante os outros dois Poderes. Tal possibilidade dá margem à utilização de cortes e remanejamentos como instrumento de pressão política sobre o Presidente, mas nem por isso se cogita da sua restrição, uma vez que ela é encarada como uma prerrogativa constitucional do Congresso. E, de qualquer forma, a verdade é que o atual sistema brasileiro não desconhece uma prerrogativa de efetuar cortes ou retenções informais, que também produz potencial desequilíbrio na separação dos Poderes. Apenas concentra o seu exercício no Presidente.

Além disso, é de se lembrar que a iniciativa reservada ao Presidente na matéria não serve exatamente para que ele defina os objetos de gasto e os submeta à mera ratificação do legislador. Ao contrário das Constituições do período militar, a Constituição de 1988 atribui ao Congresso a possibilidade de efetuar mudanças significativas no projeto de orçamento encaminhado para aprovação. Nesse sentido, a iniciativa presidencial é justificada como forma de participação do Poder Executivo na definição das políticas públicas e, sobretudo, por conta de seu maior domínio sobre as informações técnicas[518]. É natural que as diferentes instâncias administrativas esbocem seus planos de custeio e de investimentos, tendo em vista sua estrutura e suas competências, definidas nos diferentes atos normativos, e também as eventuais orientações da direção superior da Administração Pública. O produto final desse esforço de planejamento é veiculado na proposta de orçamento do Presidente. Como visto, isso tende a conferir uma proeminência *de facto* ao Poder Executivo, sendo improvável que o legislador tenha condições operacionais de superar ou mesmo reavaliar o projeto de lei orçamentária na íntegra ou mesmo em larga medida.

Não se trata, porém, de uma proeminência jurídica, admitindo-se que o legislador promova qualquer modificação que não seja vedada expressamente pelo texto constitucional (o nível das despesas de pessoal, *e.g.*). Tais limitações poderiam ser mantidas em um sistema marcado pela iniciativa concorrente para a proposição de créditos adicionais ou meros cancelamentos. Como referido, é exatamente essa a partilha de competências encontrada no sistema orçamentário norte-americano, no qual o projeto inicial deve vir do Presidente sem prejuízo de que o legislador seja livre para promover mudanças ao longo do exercício, por iniciativa própria. O modelo será analisado em detalhe.

No entanto, mesmo que se queira manter a atual preponderância do Presidente também na proposição de créditos suplementares, parece fora de dúvida que o mais importante é permitir a deflagração do processo deliberativo, evitando que recursos limitados em essência permaneçam ociosos. Não se exclui a legitimidade de nenhuma destinação *a priori* — nem a constituição de reservas, nem a amortização da dívida pública — mas se tem como certo que

518 A iniciativa privativa do Poder Executivo está presente na maior parte dos sistemas orçamentários, especialmente em relação ao projeto inicial. Para uma comparação entre 13 países, industrializados e em fase de desenvolvimento, v. PETREI, Humberto. *Budget and control — Reforming the public sector in Latin América*, 1998. Na p. 330 encontra-se um quadro comparativo dos sistemas orçamentários de 6 países latino-americanos — Argentina, Brasil, Chile, Colômbia, México e Venezuela —, especificamente na questão da divisão de atribuições entre Executivo e Legislativo. Em todos se verifica a referida iniciativa privativa.

a *falta de destinação* é manifestamente inconstitucional. Assim, como medida de conciliação, é possível cogitar de uma nova modalidade de iniciativa reservada, caracterizada como preferencial. Por esse sistema, o Presidente teria uma preferência sujeita a prazo, cujo decurso autorizaria a iniciativa de outro legitimado. Lembre-se que nem o Presidente, nem qualquer outra autoridade estatal, podem invocar um suposto direito a que recursos públicos fiquem sem destinação, de modo que não se cuida de nenhuma violência à sua esfera de autonomia legítima. Ao contrário, o Presidente teria ainda uma exclusividade, mas limitada no tempo, de modo a evitar que sua inércia inconstitucional produza o pior resultado possível sob a perspectiva dos princípios constitucionais incidentes na matéria. Restaria definir a ordem de preferências, parecendo intuitivo que o Poder Legislativo figure na segunda posição.

Não haveria impedimento taxativo, contudo, ao alargamento dessa legitimação, em caráter geral ou após um novo prazo, na tentativa de evitar que uma nova omissão, agora do Congresso, deixasse recursos escassos sem utilização. Cuida-se aqui de uma proposta *de lege ferenda*, a ser veiculada por emenda à Constituição, limitada apenas pelo núcleo das cláusulas pétreas. Nada impediria, portanto, que uma iniciativa subsidiária viesse a ser estendida também ao Ministério Público, *e.g.*, sempre tendo em vista que a meta central é deflagrar o processo deliberativo.

Por fim, cabe uma observação sobre a organização da iniciativa que viesse a ser atribuída ao Poder Legislativo, em caráter concorrente ou subsidiário. Ainda que seja possível cogitar da atribuição da prerrogativa a qualquer deputado ou senador, parece mais adequado concentrar a atribuição na CMO, que definiria uma proposta em votação interna (fazendo uma triagem das propostas que poderiam ser encaminhadas pelos parlamentares em geral). Isso evitaria a tramitação simultânea de inúmeros processos legislativos tendo por objeto as mesmas verbas, situação manifestamente inconveniente. De qualquer forma, iniciado o procedimento de alocação, este poderia culminar na aprovação de dotação para finalidade diversa da proposta inicial. É certo que um regramento procedimental seria inevitável, mas também é certo que a deliberação de propostas, muitas vezes complexas e insuscetíveis de realização simultânea, não representa novidade para o Congresso Nacional.

IV.2. Exigência de motivação nos créditos extraordinários

Como foi referido, os créditos extraordinários são aprovados por meio de medida provisória, cujo regime jurídico não inclui a exigência de motivação. Isso parece decorrer da própria aproximação entre essa espécie de ato normativo e a legislação ordinária e, sobretudo, do controle a que as medidas provisórias deveriam estar submetidas, tanto por parte do legislador, quanto por juízes e tribunais. Em ambos os casos, o ponto de partida consiste na aferição dos requisitos constitucionais que legitimam a utilização desse mecanismo excepcional, ou seja, sua relevância e urgência[519]. Em um segundo momento lógico, cada um dos controles encontra-se sujeito à sua própria lógica interna: avaliação da conveniência política, no caso do Congresso Nacional; avaliação da constitucionalidade material da medida, no caso das instâncias judiciais. A motivação apresenta-se relevante para ambas os juízos, mas a ênfase aqui recai especialmente sobre o primeiro deles, referente aos requisitos da relevância e urgência.

Em se tratando de créditos extraordinários, a Constituição parece ter sido propositalmente mais exigente do que no regime geral das medidas provisórias. O art. 167, § 3º estabelece que essa modalidade de crédito adicional destina-se a responder por despesas imprevisíveis e urgentes, utilizando exemplos que não deixam qualquer dúvida sobre o tipo de situação imaginada pelo constituinte: guerras, comoções e calamidades. Como é fácil perceber, cuida-se de situações caracterizadas por urgência real, e não por mera conveniência política. Além disso, a utilização de créditos extraordinários destina-se a equacionar conjunturas imprevisíveis, e não para amenizar os problemas de um planejamento inadequado. Ainda que esse último requisito deva ser interpretado com cuidado — para que crises institucionais não sejam agravadas pela imprevidência dos agentes públicos[520] — não resta dúvida de que os crédi-

519 CF/88, art. 62: "Art. 62. Em caso de relevância e urgência, o Presidente da República poderá adotar medidas provisórias, com força de lei, devendo submetê-las de imediato ao Congresso Nacional. (Redação dada pela Emenda Constitucional nº 32, de 2001) (...)".

520 O chamado *apagão aéreo* fornece um bom exemplo. Os problemas estruturais da aviação civil evidentemente não eram imprevisíveis. Ainda assim, seria ex-

tos extraordinários não foram idealizados como instrumento corriqueiro de gerenciamento das finanças públicas.

A observação da prática orçamentária na matéria indicou realidade diversa. Como demonstrado na primeira parte do estudo, constatou-se a abertura de créditos extraordinários até para a manutenção de infraestrutura, por definição uma despesa corrente. Esse quadro, aliado às diferentes avaliações possíveis acerca do que sejam urgências imprevisíveis, recomenda que se exija a motivação também para a abertura de créditos extraordinários, excepcionando o regime normal das medidas provisórias. O fardo imposto ao Poder Executivo seria particularmente pequeno nesse contexto: a excepcionalidade dos créditos extraordinários faria com que o dever de motivação se manifeste em poucos casos e seja bastante simples de atender. A tendência é que a mera indicação da situação anormal — caso exista de fato alguma — seja suficiente para evidenciar a regularidade do procedimento. Não se cogita de gastos urgentes e imprevisíveis que não possam ser explicados.

cessivo negar aprioristicamente a possibilidade de se abrir recursos extraordinários para lidar com esse tipo de crise institucional.

Capítulo III

Um modelo de vinculação rígida: o sistema orçamentário dos Estados Unidos

I. Introdução

Chegando ao final da exposição, espera-se ter conseguido demonstrar que a vinculação aqui proposta não viola o princípio da separação dos Poderes. Ao contrário, a única limitação imposta ao Poder Executivo seria a supressão do seu suposto direito de não fazer nada, ignorando as previsões orçamentárias iniciais e sem propor qualquer novo destino aos recursos públicos, como se estes não fossem escassos. Tentou-se enfatizar que esse é apenas um suposto direito, que pode até parecer natural após anos de prática orçamentária deturpada, mas que não decorre sequer minimamente dos princípios constitucionais incidentes na matéria.

Com efeito, a idéia de que o Executivo poderia superar livremente as decisões orçamentárias produzidas no processo deliberativo orçamentário constitui uma inversão manifesta da própria idéia de legalidade, entendida como fator de delimitação da discricionariedade. Nenhum livro de direito administrativo registra que o legislador estaria proibido de limitar e orientar a ação administrativa. Os autores constatam que a legalidade tem sofrido temperamentos, que isso parece parcialmente inevitável e podem até chegar a descrever essa circunstância como um fato positivo. Mas nunca chegam ao ponto de dizer que ao legislador estaria vedado intervir na definição das políticas públicas e muito menos que as suas decisões devam poder ser ignoradas. Não se propõe aqui nenhuma limitação aos atuais poderes de remanejamento do Poder Executivo, salvo pelo dever de motivação. Apenas se defende que a decisão *de não gastar* deve ser tratada como verdadeira decisão.

Apesar disso, por se cuidar de uma guinada considerável, seria possível levantar a suspeita de que a proposta seria rígida demais e até irreal, asfixiando a Administração Pública. O objetivo do presente tópico é chamar a atenção para o que parece ser uma vinculação bem mais intensa — talvez até em demasia — praticada em um Estado que também adota o presidencialismo e desfruta da reputação de ter o Poder Executivo mais poderoso do mundo. Adicionalmente, o referido Estado apresenta inegável tradição democrática, pelo menos na sua política interna, conquanto tenha uma história acidentada na matéria. O exemplo é fornecido pelo sistema orçamentário dos Estados Unidos, construído a partir de disposições constitucionais muito mais modestas do que as encontradas na Constituição brasileira de 1988[521].

Na prática, o sistema orçamentário norte-americano foi desenvolvido em torno de tentativas de expansão levadas a cabo pelos Poderes Legislativo e Executivo. A oposição constante entre essas instâncias produziu um equilíbrio dinâmico, ora pendendo para um lado, ora para o outro. Em situações de crise, sobretudo nas muitas guerras americanas, o poder presidencial tendeu a aumentar. O retorno à normalidade, porém, permitiu que o legislador recuperasse uma posição de equilíbrio e até de proeminência, ditando os termos em que seria exercida a discricionariedade presidencial. E isso se valendo de apenas dois dispositivos da Constituição, segundo os quais *o Congresso terá o poder de instituir e coletar tributos, de pagar os débitos e de prover pela segurança e bem-estar geral dos Estados Unidos*[522] e *nenhuma quantia será retirada do Tesouro senão em decorrência de uma apropriação feita pela lei*[523].

---

521 Sobre o sistema orçamentário dos Estados Unidos, v. SCHICK, Allen. *The federal budget — Politics, policy, process*, 2000; RUBIN, Irene. *The politics of public budgeting*, 1997; WILDAVSKY, Aaron e CAIDEN, Naomi. *The new politics of the budgetary process*, 1997; GOSLING, James J. *Budgetary politics in american governments*, 2002, V. KIEWIET, D. Roderick e MCCUBBINS, Mathew. *The logic of delegation*, 1991.

522 Constituição dos Estados Unidos, Seção 8, art° 1°: "The Congress shall have the Power to lay and collect Taxes, Duties Imposts and Excises, to pay the Debts and provide for the common Defense and general Welfare of the United States".

523 Constituição dos Estados Unidos, Seção 9: "No Money shall be drawn from

A doutrina refere-se a essa competência como o *poder de taxar e de gastar* (*the power to tax and spend*[524]), caracterizado como o principal trunfo do Poder Legislativo no embate com os demais Poderes. A partir dessa disposição no mínimo lacônica, o Congresso erigiu seu poder ao longo dos anos. Será proveitoso refazer parcialmente o caminho. É possível identificar três fases bem marcadas na prática orçamentária daquele país. Não por acaso, verifica-se grande correspondência entre essas fases e as etapas de evolução do papel do Estado — referidas em mais de uma passagem do presente trabalho — ainda que haja elementos particulares explicados em grande medida pela peculiar trajetória histórica dos Estados Unidos.

II. A evolução do orçamento público nos Estados Unidos

A primeira fase da história orçamentária norte-americana é caracterizada pelo domínio legislativo, abarcando o longo período situado entre 1787 e 1921[525]. A Constituição de 1787 foi contemporânea ao processo de ascensão do orçamento público como instrumento de controle da Administração. Embora não tenha instituído a exigência de um orçamento formal, o poder do Congresso na matéria foi tomado como elemento inerente ao regime democrático. A experiência inglesa já havia consolidado a competência do Parlamento na aprovação de impostos e gastos, tendo sido importada para a ex-colônia com intensidade reforçada. Por isso mesmo não se questionou que cabia ao Congresso definir as despesas para o ano, e isso sem que se cogitasse sequer de uma suposta iniciativa

---

the Treasury, but in Consequence of Appropriations made by Law; and a regular Statement and Account of the Receipts and Expenditures of all public Money shall be published from time to time".

524 Sobre o chamado *power to tax and spend*, v. Laurence Tribe, *American constitutional law*, 2000, p. 730 e seg. e Lee Epstein e Thomas Walker, *Constitutional law for a changing America*, 1995, p. 409 e seg..

525 Tomou-se como marco inicial da exposição a declaração de independência. Sobre a prática orçamentária no período colonial, destacando a austeridade dos gastos estatais e a grande autonomia *de facto* concedida pela Inglaterra, v. WILDAVSKY, Aaron e CAIDEN, Naomi. *The new politics of the budgetary process*, 1997, pp. 25-26.

reservada ao Presidente. Admitia-se como normal que o legislador poderia conferir à Administração o poder que lhe parecesse adequado, inclusive instituindo dotações orçamentárias específicas (*line-item appropriation*)[526].

O modelo de Estado liberal fazia com que os orçamentos fossem naturalmente reduzidos e balanceados, limitando-se basicamente a despesas de custeio de uma máquina pública essencialmente administrativa. Tanto assim que sequer havia a prática de o Executivo formular uma proposta orçamentária formal, tomando-se as dotações do ano em curso como parâmetro para o orçamento seguinte e admitindo-se que órgãos e agências públicas solicitassem verbas diretamente ao Congresso[527]. A lei orçamentária não era vista como forma de planejamento das políticas públicas de intervenção na sociedade, vez que sequer se pretendia conferir tal papel ao Estado.

Esse quadro foi afetado progressivamente pelas situações de crise, especialmente pela guerra de secessão. O conflito tornou necessário aumentar a arrecadação por meio de novos tributos, com alíquotas elevadas. Necessário e também possível, domesticando a opinião pública. Finda a guerra, baixaram-se as alíquotas — o que já produziu considerável sensação de alívio —, mas boa parte das novas exações foi mantida, financiando a manutenção e mesmo a elevação do investimento público em tempo de paz. O resultado foi o progressivo aumento da complexidade orçamentária, impondo mudanças.

No começo do século XX, o Poder Executivo começou a defender a criação de um orçamento presidencial centralizado, proposta recebida com grande resistência por parte do Congresso. A erupção da primeira guerra mundial postergou o debate, ao mesmo tempo em que produziu uma explosão nos gastos públicos. Estima-

---

526 SCHICK, Allen. *The federal budget — Politics, policy, process*, 2000, p. 10. Esse controle rígido não foi imposto sem resistência. Os chamados *federalistas* — partidários de um Poder Executivo mais forte — defendiam dotações genéricas (*lump-sum*), que acabariam concedendo grande espaço de manobra à Administração. Os *republicanos*, por sua vez, defendiam a austeridade o controle rígido, posição que viria a prevalecer nessa primeira fase, salvo em áreas específicas, como nos gastos militares. Nesse sentido, v. WILDAVSKY, Aaron e CAIDEN, Naomi. *The new politics of the budgetary process*, 1997, p. 27.

527 v. WILDAVSKY, Aaron e CAIDEN, Naomi. *The new politics of the budgetary process*, 1997, p. 27.

se que, no curto período entre 1914 e 1919, as despesas da União tenham passado de 1 bilhão para 26 bilhões de dólares[528]. Mesmo com o fim das hostilidades, o novo orçamento permaneceu muito maior do que antes e o Congresso capitulou, entendendo que necessitava de uma forte liderança presidencial para gerir a nova despesa.

Em 1921, o Congresso aprovou o *Budget and Accounting Act*, conferindo ao Presidente uma atribuição formal no processo orçamentário. Foram vedadas as solicitações diretas de verba e determinou-se que o Presidente submeteria ao Congresso uma proposta anual de orçamento, referente a toda Administração Pública[529]. Criou-se também o *Bureau of the Budget*, encarregado de auxiliar o Presidente a estimar suas solicitações. Posteriormente, em 1970, esse órgão receberia sua denominação atual, *Office of Management and Budget (OMB)*. Desde sua origem, porém, essa nova instância administrativa firmou-se como um dos maiores centros de poder no sistema político norte-americano. Esse marco sinaliza o advento da segunda fase da prática orçamentária naquele país, a *dominação presidencial*.

Esse período estende-se entre 1921 e 1974, sendo caracterizado por um domínio de fato. Esse ponto é importante: o Congresso não abriu mão formalmente de seu poder de controle, mas as circunstâncias de então produziram naturalmente uma certa preponderância executiva. Com efeito, a instituição do orçamento federal e a criação do *Bureau of the Budget* não foram acompanhados de decisões formais de abdicação do poder legislativo. O que se pretendia, no entanto, era domar a escalada da despesa pública, que se considerava crítica. A doutrina destaca que essa circunstância ge-

---

528 SCHICK, Allen. *The federal budget — Politics, policy, process*, 2000, p. 14.

529 KIEWIET, D. Roderick e MCCUBBINS, Mathew. *The logic of delegation*, 1991, p. 166: "In the realm of appropriations, the key episode in the saga of congressional abdication is widely regarded to be the passage of the Budget and Accounting Act of 1921. This legislation assigned to the president the task of formulating a unified budget and created a new agency, the Bureau of the Budget, to assist him in carrying out this task. Henceforth, funding levels proposed in the president's budget would be the starting point in the annual appropriations process. Agency requests for appropriations would not come to Congress until they had been filtered through the Budget Bureau. In Pfiffner's words, the creation of the Budget Bureau marks the 'beginning of the domination of the budgetary process by the institutionalized presidency'".

rou o poder administrativo, inclusive no sentido de se criar o hábito de que o Congresso negociasse com o Executivo a viabilidade de seus próprios projetos[530]. A docilidade do Congresso foi produzida pelo *deficit* a controlar — por uma crise, portanto. E facilitada pela postura de austeridade orçamentária adotada pelo Poder Executivo, que coordenou cortes significativos no investimento público em vez de tentar ampliar seus próprios programas. Os Estados Unidos viviam ainda sob o império do liberalismo econômico em sua versão clássica, possivelmente até no seu auge[531].

Os cortes surtiram efeito e a despesa pública foi significativamente controlada. No entanto, antes que o novo equilíbrio pudesse estimular ousadias no Congresso, estourou uma nova crise, agora com sinal trocado. A grande depressão econômica de 1929 — causada em parte pela redução do afluxo de capitais públicos — gerou uma imensa crise social. Como se sabe, a fórmula encontrada para combatê-la foi o aumento brutal do gasto público. Ou seja, um novo contexto propício para o agigantamento do Poder Executivo em matéria orçamentária. Os anos compreendidos entre 1929 e 1939 foram marcados pelo dirigismo econômico do Presidente Franklin Roosevelt.

E então veio a segunda guerra mundial, gerando uma nova explosão de gastos e concentração ainda maior de poder no Executivo. Como se sabe, o que veio depois foi um período de hegemonia econômica dos Estados Unidos — produzindo grande aumento nas

---

530 SCHICK, Allen. *The federal budget — Politics, policy, process*, 2000, p. 14.

531 Como se sabe, o começo do século XX na história constitucional dos Estados é marcado pela chamada Era *Lochner*, caracterizada por uma onda de ativismo da Suprema Corte em favor do liberalismo econômico. Nesse contexto, inúmeras leis que promoviam maior intervenção no domínio econômico, inclusive por meio da proteção de condições sociais do trabalho, foram julgadas inconstitucionais. Essa onda de ativismo liberal só viria a ser superada quando entrou em conflito direto com o *New Deal*, projeto de recuperação econômica promovido pelo Presidente Franklin Roosevelt para combater os efeitos da crise de 1929. Sob pressão social e ameaças de intervenção política, a Suprema Corte mudou sua orientação. O marco dessa nova fase é o famoso caso *Carolene products Vs. United States*, no qual a Corte assentou que assumiria papel mais ativo na proteção dos direitos fundamentais e da funcionalidade do processo democrático, reduzindo sua intervenção nas escolhas de ordem econômica. Sobre os antecedentes da Era *Lochner*, seu desenvolvimento e consequências, v. GRIFFIN, Stephen. *American constitutionalism*, 1998, p. 99 e ss.

receitas —, mas também a guerra fria — um estado permanente de crise, com potencial para gastos infinitos. Os subprodutos dessa combinação foram uma corrida armamentista e tecnológica, alimentada pelo pânico instilado na opinião pública, e a decisão de investir pesadamente na reconstrução da Europa ocidental e na construção de áreas de influência estratégica em todo o globo. Valendo-se do crescimento econômico e do contexto político favorável, o Presidente acumulou poderes ainda maiores e se valeu do seu domínio orçamentário para impor sua própria agenda de prioridades ao país[532]. Logo começariam a surgir os déficits, mas agora o medo fora dissipado pela necessidade de gastar — real ou suposta — e pelas idéias convenientes da teoria econômica inspirada em Keynes, que admitia o desequilíbrio como mecanismo normal para se manter a economia aquecida. Esse contexto de aparente multiplicação dos recursos públicos — que permitiu a implantação de um Estado Social forte na Europa e de um estado geral de prosperidade nos EUA — tornou possível contornar conflitos mais sérios entre as diferentes correntes políticas e, por extensão, entre o Presidente e o Congresso[533].

O modelo começou a se exaurir na década de 1970, por razões cumuladas. No plano internacional, a primeira e mais assustadora crise do petróleo, que dissipou a ilusão de que o combustível do progresso seria sempre abundante e barato. No plano interno, uma

532 SCHICK, Allen. *The federal budget — Politics, policy, process*, 2000, p. 17: "The new money transformed the president's budget role from spending controller to program planner. During the 1950s and 1960s it became customary for the president to prepare a legislative program in tandem with the annual budget. The president used the budget to propose spending initiatives, which shaped Congress agenda and media coverage. There was no opprobrium and little political cost for the president to ask for more, provided that his proposals were paid for out of existing revenues and not by borrowing or new taxes. Congress followed suit by authorizing and appropriating more — sometimes resisting or trimming presidential initiatives, other times providing even more than the president requested. This was the age of the 'imperial presidency', a term coined by scholars to characterize the extent to which the president dominated national policy. The budget was one of his chief tools, enabling him to formulate programs, promote spending initiatives and preside over a new burst of governmental expansion that culminated in the Great Society legislation enacted in 1964 and 1965".

533 v. WILDAVSKY, Aaron e CAIDEN, Naomi. *The new politics of the budgetary process*, 1997, p. 42.

nova avalanche de gastos públicos motivada por guerras com baixo apelo social, mormente a guerra do Vietnã. Com isso instalou-se o ambiente adequado para um conflito entre o Presidente e o Congresso, que se recusou a aumentar a carga tributária em patamares compatíveis com um esforço de guerra cada vez mais contestado internamente[534]. Talvez por isso mesmo, nem o fim da guerra foi suficiente para reequilibrar as finanças públicas, porque gerou o pior pós-guerra da história americana. Ao contrário dos conflitos anteriores, que haviam produzido grande aumento na arrecadação — posteriormente conservado em parte — e que tinham gerado bons dividendos políticos e até econômicos, estava agora em cena um Poder Executivo derrotado e obrigado a manejar um imenso *deficit* interno, e isso em meio a uma crise econômica internacional.

Chega-se, assim, à terceira fase da prática orçamentária dos EUA, iniciada em 1974 e que perdura até os dias de hoje: o conflito institucional entre os Poderes Executivo e Legislativo. Como visto, o Congresso nunca abriu mão formalmente de seu poder na matéria, mas contextos favoráveis produziram um estado de acomodação. Se tivesse ocorrido uma tentativa formal de abdicação, possivelmente teria esbarrado na resistência da Suprema Corte, como sugerem algumas decisões que ela viria a produzir e que serão comentadas, estabelecendo as competências orçamentárias que a Constituição reserva aos Poderes Legislativo e Executivo, agora em conflito. É disso que se passa a tratar.

III. O atual sistema orçamentário dos Estados Unidos

A crise de financiamento que se acabou de descrever e a recusa congressual de aumentar as receitas fizeram com que o atual sistema orçamentário dos EUA começasse a ganhar forma justamente pela definição do regime jurídico a que o Presidente deveria estar submetido para *decidir não gastar*. Ou seja, exatamente a questão chave do sistema brasileiro corrente.

Diante da explosão das contas públicas, os Presidentes Lyndon Johnson e, sobretudo, Richard Nixon resolveram não liberar uma

534 SCHICK, Allen. *The federal budget — Politics, policy, process*, 2000, p. 17.

grande quantidade de recursos previstos no orçamento, na casa de alguns bilhões de dólares, invocando um suposto poder de contingenciar, que seria inerente à presidência[535]. Essa tese já fora rejeitada pela Suprema Corte em 1838[536], mas a tolerância do Congresso em relação a atos isolados de contingenciamento[537] parece ter

535 O Presidente Nixon invocou também uma suposta autoridade conferida por duas leis — *Employment Act*, de 1946 e *Anti-Deficiency Act*, de 1950 — que conferiam ao Poder Executivo responsabilidade sobre a política econômica. Tal responsabilidade, segundo ele, viria acompanhada do poder implícito de realizar eventuais contingenciamentos no orçamento. V. GOSLING, James J. *Budgetary politics in american governments*, 2002, p. 199.

536 No julgamento de *Kendall Vs. United States*, 1838. Sobre o tema, v. TRIBE, Laurence. *American constitutional law*, 2000, p. 732: "The federal courts have traditionally rejected the argument that the President possesses inherent power to impound funds and thus halt congressionally authorized expenditures. The Supreme Court issued its first major pronouncement on the constitutional basis of executive impoundment in Kendall v. United States ex rel. Stokes. (...) Any other conclusion would have been hard to square with the care that the Framers took to limit the scope and operation of the veto power, and quite impossible to reconcile with the fact that the Framers assured the Congress the power to override any veto by a two-thirds vote in each House. For presidential impoundments to halt a program would, of course, be tantamount to a veto that no majority in Congress could override. To quote Justice Rehnquist, speaking in his former capacity as Assistant Attorney General in 1969: 'With respect to the suggestion that the President has a constitutional power to decline to spend appropriated funds, we must conclude that existence of such a broad power is supported by neither reason nor precedentIt is in our view extremely difficult to formulate a constitutional theory to justify a refusal by the President to comply with a Congressional directive to spend. It may be agreed that the spending of money is inherently an executive function, but the execution of any law is, by definition, an executive function, and it seems an anomalous proposition that because the executive branch is bound to execute the laws, it is free to decline to execute them'".

537 A história registra que presidentes anteriores haviam efetuado contingenciamentos, mas com parcimônia e muitas vezes até de forma motivada. Nesse sentido, v. GOSLING, James J. *Budgetary politics in american governments*, 2002. A prática teria começado já em 1801, com Thomas Jefferson, que determinou a retenção de uma dotação de 50.000 dólares, acompanhada da seguinte exposição de motivos: "[t]he sum of fifty thousand dollars appropriated by Congress for providing gun boats remains unexpended. The favorable and peaceable turn of affairs on the Mississippi rendered an immediate execution of that law unnecessary". Nesses termos, a prática foi tolerada pelo Congresso americano até a Administração Nixon. Como referido, isso evidencia a complacência do Poder Legislativo, mas não uma abdicação formal. Ademais, como se pretendeu demonstrar, a exigência de que todas as dotações sejam exauridas sequer parece realista

estimulado os presidentes a confiar em uma mudança de orientação. No entanto, essa foi a senha para que o Congresso editasse uma lei reivindicando formalmente seu poder de alocar o dinheiro público e impondo limitações expressas aos contingenciamentos (*impoundments*). Trata-se do *Congressional Budget and Impoundment Control Act*, de 1974. Esse ato promoveu mudanças profundas no sistema orçamentário.

Em primeiro lugar, foi criado um órgão no interior do Congresso — *o Congressional Budget Office (CBO)* — com a missão de produzir uma avaliação autônoma das opções orçamentárias, tanto na receita quanto na despesa. Isso aumentou a capacidade real do Poder Legislativo de efetuar mudanças no orçamento, tanto por ocasião da sua aprovação, quanto ao longo do exercício financeiro[538]. Nesse ponto, vale lembrar que a Constituição americana não contém qualquer tipo de reserva legislativa na matéria, de modo que o Congresso pode modificar o orçamento por iniciativa própria, a qualquer tempo. Isso lhe permite realocar verbas que surjam de forma superveniente e mesmo interferir nas opções orçamentárias em curso, inclusive para reduzir programas de interesse do Poder Executivo. Além de permitir um controle efetivo e imediato de eventuais insubordinações, tal competência ainda funciona como um sinal permanente de alerta, constrangendo o Presidente a não se distanciar em demasia das opções políticas aprovadas pelo Congresso.

Além de ampliar a capacidade operacional do legislador, permitindo uma intervenção mais ativa na definição das prioridades de investimento[539], o *Congressional Budget and Impoundment Control*

---

ou mesmo desejável, de modo que foram propostos parâmetros para deixar de enquadrar todas as retenções na categoria dos contingenciamentos. O que o Congresso americano parece ter feito foi exercer um poder de que sempre dispôs, disciplinando as hipóteses de retenção do dinheiro público.

538 SCHICK, Allen. *The federal budget — Politics, policy, process*, 2000, p. 18. Como visto, a importância da assessoria parlamentar para a independência do Poder Legislativo e aumento de sua capacidade operacional, tomando como referência justamente a experiência norte-americana, é destacada por FERREIRA FILHO, Manoel Gonçalves. *Processo legislativo*, 2007, pp. 134-136.

539 SCHICK, Allen. *The federal budget — Politics, policy, process*, 2000, pp. 19-20: "The President and Congress have their own budgets, and neither has a formal say in what the other does. Congress has its own Congressional Budget

Act atentou também para a execução orçamentária, conferindo tratamento formal aos contingenciamentos. Estes foram divididos em duas espécies: i) cancelamentos ou rescisões (*rescissions*); e ii) retardamentos (*deferrals*)[540]. Nesse último ponto, a lei levou em conta que a execução orçamentária concreta pode não estar diretamente sob a responsabilidade do Presidente, ao contrário da liberação inicial das verbas. Nesse sentido, impôs deveres também a autoridades subordinadas. Como se percebe, ocorre a referida cisão entre o dever de liberar os recursos para utilização pela autoridade competente e o seu emprego efetivo, que pode deixar de ocorrer ou ocorrer parcialmente por fatores diversos. Confira-se:

a) cancelamentos (rescissions): para que uma previsão de despesa seja cancelada ou reservada, total ou parcialmente, o estatuto exige que o Presidente encaminhe mensagem ao Congresso propondo a medida e especificando: i) o valor do cancelamento solicitado; ii) os motivos que o justificam (que podem ser de conveniência ou mesmo a impossibilidade de cumprimento); iii) o órgão, entidade ou conta envolvidos, bem como os projetos ou programas afetados; iv) a estimativa dos impactos econômicos, orçamentários e fiscais do cancelamento ou reserva, na maior extensão possível; iv) qualquer outro fato, consideração ou circunstância que sejam importantes para a tomada da decisão pelo Congresso.

Para que o cancelamento ou reserva sejam concretizados, é necessário que o Congresso edite um ato de cancelamento ou reserva, indicando o valor contingenciado, que pode ser menor ou mesmo maior do que o solicitado e até afetar objetos de gasto estranhos à solicitação. Como visto, esse é um poder que sequer depende de provocação do Presidente e às vezes é utilizado justamente para desestimular novos pedidos, que não raro são recebidos pela opinião

---

Office (CBO) and no longer has to rely the administration's economic projections and program estimates. Of course, the two branches have to resolve differences to make appropriations and legislate changes in revenue and entitlement laws. But first they fight. Moreover, rather than fighting over the details, as was once common, they now fight over big policy matters — the size of government, defense versus domestic programs, how much total spending and revenues should rise from one year to the next, whether to cut the deficit by trimming expenditures or by boosting taxes, and so on".

540 SCHICK, Allen. *The federal budget — Politics, policy, process*, 2000, p. 250 e ss.

pública como um indício de que as avaliações orçamentárias iniciais teriam sido mal feitas[541]. Se o Congresso não editar o ato no prazo estabelecido, presume-se que não autorizou a medida e as verbas deverão ser liberadas normalmente, proibindo-se que sejam objeto de nova solicitação.

b) retardamentos (deferrals): para retardar a liberação de verbas, o Presidente, o Diretor do *OMB* ou o chefe de qualquer repartição administrativa ou agência são obrigados a encaminhar mensagem ao Congresso informando o valor a ser retido, o programa afetado e a estimativa dos impactos do atraso para o seu cumprimento, os impactos fiscais da medida e ainda a duração do retardamento. Quanto a esse último ponto, não se admite que a retenção ultrapasse o exercício financeiro. Por fim, a mensagem deve indicar os motivos do retardamento, que só podem ser de três ordens: i) precaução contra eventualidades; ii) para que seja possível obter economias por meio de mudanças ou aperfeiçoamento de procedimentos; iii) outros motivos instituídos em lei específica. Observados esses limites, a mensagem não constitui um pedido, e sim mera comunicação. Aqui, no entanto, há duas observações a fazer.

Para evitar que essa competência para retardar consubstancie uma forma de impor cancelamentos disfarçados, o estatuto estabelece que os retardamentos não podem ser utilizados para veicular situações que deveriam ser descritas na forma de um pedido de cancelamento. Essa não é uma mera recomendação, uma vez que o Congresso é livre para cancelar despesas, mesmo quando não haja pedido. Na tentativa de identificar as hipóteses de uso abusivo da competência de retardar, a doutrina registra que a dilação não pode tornar impossível a execução prudente da despesa por parte da autoridade dotada de atribuição para tanto.

A segunda observação é a seguinte: em seu texto original, o *Congressional Budget and Impoundment Control Act* autorizava retardamentos por motivo de conveniência política. Nesses casos, porém, admitia-se que qualquer uma das casas Legislativas determinasse a imediata liberação dos recursos. Essa previsão foi considerada inconstitucional, sob o fundamento de que semelhante atribuição somente caberia ao Congresso, e não a cada uma de suas Ca-

541 SCHICK, Allen. *The federal budget — Politics, policy, process*, 2000, p. 254.

sas[542]. O principal fundamento do bicameralismo seria justamente limitar a ação dos parlamentares, diminuindo o risco de medidas arbitrárias. Com a supressão dessa forma de controle, o Congresso modificou o estatuto e suprimiu também a possibilidade de retardamento por conveniência política. Com isso, tais medidas passaram a depender da aprovação congressual de uma reserva, que teria de ser desfeita por um novo ato parlamentar. A má vontade do Congresso em relação a esse tipo de pedido torna a hipótese bastante improvável.

Por fim, veja-se que a competência do Congresso para determinar livremente retenções e cancelamentos constitui uma forma bastante eficaz de controle político, impedindo que as disposições descritas caiam no vazio. Adicionalmente, o estatuto estabelece que o Controlador-Geral (*Comptroller General*[543]) deve fiscalizar a execução orçamentária e reportar ao Congresso qualquer ato que se caracterize como cancelamento ou retardamento não-comunicados. Ele pode também propor ao Congresso a reclassificação de mensagem encaminhada, se entender que cancelamento está sendo disfarçado de mera dilação. Caso o Congresso discorde dessa avaliação ou permaneça inerte por prazo igual ou superior a 25 dias, o Controlador-Geral fica autorizado a promover uma ação civil no Distrito de Columbia para que se determine a liberação da verba para que seja empregada pela autoridade competente. De forma

542 O *leading case* na matéria foi produzido em contexto diverso, tendo prevalecido que o sistema legislativo bicameral não poderia ser contornado pela atribuição, a uma das Casas Legislativas, de um *poder de veto* sobre ações do Poder Executivo. V. Chadha Vs. *Immigration and Naturalization Service Immigration and Naturalization Service,* 1983. O impacto imediato dessa decisão sobre o controle unicameral dos *deferrals* é destacado por todos os autores. O fim dessa possibilidade logo fez com que o Congresso limitasse ainda mais a ação executiva, proibindo os retardamentos motivados por conveniência política. Nesses casos, o Presidente encontra-se obrigado, em tese, a solicitar formalmente a providência ao Congresso. V. TRIBE, Laurence. *American constitutional law,* 2000, p. 735.

543 Nos Estados Unidos, assim como na Inglaterra, o controle das contas públicas não é exercida por órgão estruturado sob a forma judicial. O controlador-geral é uma autoridade administrativa, nomeada pelo Presidente para um mandato de 15 anos, mas submetida a controle do Poder Legislativo. O sistema de tribunais de contas prevalece no mundo. Sobre os dois sistemas, v. FERNANDES, Jorge Ulisses Jacoby. *Tribunais de contas no Brasil — Jurisdição e competência,* 2005, pp. 113-116.

correlata, a corte judicial em questão fica autorizada a determinar a providência se a entender devida. Como demonstrado, não se requer que essa corte realize um juízo político explícito, uma vez que os retardamentos não podem ser fundados em conveniência política. Os cancelamentos, a seu turno, dependem de manifestação positiva do Congresso e a mera inércia já seria uma resposta.

Sem prejuízo do fechamento formal produzido por esse sistema, a doutrina destaca a existência de mecanismos de flexibilização possível — a critério do legislador — e de algumas margens de tolerância, uma vez que nem o Congresso, nem o Controlador-Geral têm necessariamente exigido o exaurimento de todas as previsões orçamentárias. Em vez disso, o controle tem recaído especialmente sobre hipóteses de descumprimento significativo, refletindo o que foi dito sobre o caráter irreal e mesmo deturpado que seria assumido por um suposto dever genérico de gastar[544]. Fora desse controle casuístico, o grupo das flexibilizações formais envolve a possibilidade de que a própria dotação seja vazada em termos genéricos, permitindo alguma liberdade na alocação, ou mesmo que já venha acompanhada de uma autorização de remanejamento, com parâmetros. Nesse ponto, aproxima-se da sistemática brasileira dos créditos suplementares, exigindo-se, porém, que a autorização seja específica. A prática americana contém diversas variantes, à disposição do legislador.

Em certos casos, o orçamento permite que determinado órgão ou agência proceda a remanejamentos no âmbito de suas dotações, com ou sem a exigência de que quaisquer mudanças — ou mudanças acima de certo limite — sejam comunicadas ao Congresso. Também é possível o remanejamento entre órgãos ou agências, sempre nos termos da dotação e com observância de suas eventuais exigências procedimentais. Admite-se ainda que a dotação abra es-

544 Em alguns casos, a tolerância do Congresso e do Controlador Geral pode até incidir sobre atos que poderiam configurar fraude orçamentária. Em parte, essas hipóteses omissas podem ser atribuídas às naturais dificuldades de um controle sobre realidade tão abrangente e variada. Em outra medida, a condescendência pode ser atribuída a acomodações políticas, de controle especialmente difícil. Identifica-se ainda a existência de expedientes que criam uma falsa execução, ou uma execução propositalmente ineficiente. Essa hipótese é denominada contingenciamento de fato (*de facto impoundment*). V. SCHICK, Allen. *The federal budget — Politics, policy, process*, 2000, p. 252.

paço para um gasto escalonado, a critério do administrador, funcionando como limite de despesas. Esse tipo de flexibilidade confere ao legislador um verdadeiro arsenal de opções, quebrando a rigidez da dicotomia entre vinculação e não vinculação[545]. Na medida em que essa liberdade é estabelecida pelo próprio legislador e de forma específica, não se considera violada a legalidade.

Por outro lado, a Suprema Corte considerou inconstitucional ato legislativo que concedia ao Presidente o poder de desconsiderar dotações orçamentárias, estando sujeito apenas a exigências procedimentais. Isso apesar do fato de tais exigências incluírem um dever analítico de motivação e de comunicação ao Congresso, que poderia superar o cancelamento pela edição de um novo ato legislativo[546]. A inovação fora veiculada pelo *Line Item Veto Act*, de 1996, que atribuía ao presidente o poder de cancelar dotações específicas. Como a denominação sugere, o próprio Congresso traçava um paralelo entre essa competência e o poder de veto, com a ressalva de que, nesse caso, o veto recairia sobre ato legislativo já aprovado e afetaria dispositivos específicos, e não a lei em seu conjunto[547].

---

545 Para uma descrição desses mecanismos, v. SCHICK, Allen. *The federal budget — Politics, policy, process*, 2000, p. 247 e ss.

546 As exigências foram assim descritas pelo *Justice Stevens*: "The Act requires the President to adhere to precise procedures whenever he exercises his cancellation authority. In identifying items for cancellation he must consider the legislative history, the purposes, and other relevant information about the items. (...) He must determine, with respect to each cancellation, that it will "(i) reduce the Federal budget deficit; (ii) not impair any essential Government functions; and (iii) not harm the national interest. (...) Moreover, he must transmit a special message to Congress notifying it of each cancellation within five calendar days (excluding Sundays) after the enactment of the canceled provision".

547 LEE Jr., Robert e JOHNSON, Ronald. *Public budgeting systems*, 1998, p. 217: "At the federal level, the president has always been able to exercise the standard veto power, meaning that he can veto an entire appropriation. When this power is exercised, the House and Senate may override the veto by a two-thirds vote, but should the veto be sustained, the legislation is referred back to committee for further review. The disadvantage of the veto power for both Congress and the president is that much time and energy may be consumed in redrafting the legislation and negotiating an agreement between the two branches. Every president since Ulysses S. Grant, including president Clinton, has requested the item-veto power, and in 1996, Congress granted that wish by passing Line Item Veto Act".

Após algumas dificuldades processuais, a questão chegou à Suprema Corte no caso *Bill Clinton Vs. New York*, julgado em 1998, tendo ficado decidido, por maioria, que o dispositivo era inconstitucional por violação à *Presentment Clause* (disciplina constitucional do poder de veto). E isso pelos dois motivos indicados: tanto em razão de o veto recair sobre lei já aprovada, quanto pelo fato de ser parcial. Embora a Constituição não seja taxativa, prevalece na Suprema Corte a tese de que a *Presentment Clause* somente admite os vetos integrais a texto de lei, não podendo alcançar dispositivos isolados[548]. Tal entendimento seria respaldado por argumentos baseados na redação da cláusula e pela pesquisa da intenção dos constituintes[549].

Adotando uma postura minimalista, que não é incomum nos julgados daquele Tribunal, a opinião majoritária furtou-se a analisar se havia ou não violação à separação dos Poderes em razão de uma suposta delegação excessiva. O tribunal entendeu que haveria uma diferença essencial entre a autorização genérica de cancelamento decorrente do *line-item veto* e a discricionariedade conferida por dotações orçamentárias amplas ou que já autorizam cumprimento escalonado. E também entre a hipótese em questão e os ca-

548 Vale a ressalva, contudo, de que a imensa maioria das Constituições estaduais conferem esse Poder aos Governadores de Estado, o que se entende admissível dada a maior autonomia dos entes locais na federação norte-americana. Comentando as variações regionais, v. LEE Jr., Robert e JOHNSON, Ronald. *Public budgeting systems*, 1998, pp. 211-212.

549 *Clinton Vs. New* York, 1998. Veja-se o seguinte trecho do voto do Justice Stevens, que conduziu a maioria: "Under the Presentment Clause, after a bill has passed both Houses, but "before it become[s] a Law," it must be presented to the President, who "shall sign it" if he approves it, but "return it," *i.e.*, "veto" it, if he does not. There are important differences between such a "return" and cancellation under the Act: The constitutional return is of the entire bill and takes place *before* it becomes law, whereas the statutory cancellation occurs *after* the bill becomes law and affects it only in part. There are powerful reasons for construing the constitutional silence on the profoundly important subject of presidential repeals as equivalent to an express prohibition. The Article I procedures governing statutory enactment were the product of the great debates and compromises that produced the Constitution itself. Familiar historical materials provide abundant support for the conclusion that the power to enact statutes may only 'be exercised in accord with a single, finely wrought and exhaustively considered, procedure.' *Chadha*, 462 U.S., at 951. What has emerged in the present cases, however, are not the product of the 'finely wrought' procedure that the Framers designed, but truncated versions of two bills that passed both Houses".

sos em que uma lei específica concede poderes ao Presidente para refazer juízos sob determinados parâmetros.

Houve algumas opiniões divergentes, dignas de nota. Os *Justices* O'Connor, Scalia e Breyer entenderam que não havia violação ao *Presentment Clause*, sustentando, em síntese, que não se caracteriza exercício do poder de veto uma vez que este incidiria necessariamente sobre um projeto de lei, e não sobre ato já em vigor. Haveria superação de dispositivo legal, segundo uma autorização genérica concedida ao Presidente. A partir dessa conclusão, porém, apenas o *Justice* Breyer defendeu que a hipótese seria de delegação normativa legítima. No extremo oposto, o Justice Kennedy entendeu caracterizada ofensa ao *Presentment Clause*, à separação dos Poderes e mesmo à liberdade individual, afirmando que a concentração de semelhante poder em um ramo estatal seria potencialmente arbitrária. O caso *Clinton Vs. New York* gerou considerável repercussão na doutrina, pela questão específica em jogo[550] e por sua repercussão sobre o tema da separação dos Poderes, uma vez que a questão de fundo diz respeito ao limite aceitável para as delegações legislativas.

IV. Considerações finais

Como se percebe, o sistema orçamentário dos Estados Unidos é marcado por uma evidente proeminência formal do Congresso, atualmente exercida. Isso não impede que o próprio legislador abra espaços generosos para a discricionariedade administrativa. Às vezes tão generosos que são julgados inconstitucionais pela Suprema Corte, como em *Clinton Vs. New York*. Também não impede que o legislador estabeleça restrições à atuação do Poder Executivo, embora haja limites. O agravamento do *deficit* público na década de 1980 levou à edição do *Balanced Budget and Emergency Deficit Control Act*, em 1985, destinado a instituir cortes automáticos a

550 O poder de cancelar dotações específicas continua sendo cobiçado, agora pelos republicanos. O Governo Bush vem se empenhando para reeditar a legislação declarada inconstitucional, com pequenas alterações. A proposta de um novo *Line Item Veto Act* começou a tramitar em 2006. No plano estadual, como referido, a imensa maioria das Constituições confere tal poder ao Governador. Há extensa produção doutrinária sobre o *line-item veto*.

partir de certos níveis de desequilíbrio orçamentário. Verificado o descumprimento das metas fiscais, caberia ao Controlador-Geral elaborar um plano de retenções e submetê-lo ao Presidente, que estaria obrigado a efetuar os cortes. Esse ato foi objeto de severa crítica quanto à sua eficácia e chegou a ser declarado parcialmente inconstitucional em 1986, por violação à separação dos Poderes[551].

Há, portanto, limites ao poder do Congresso. Ainda assim, a decisão em *Clinton Vs. New York*, produzida em 1998, reflete com clareza a lógica de que o legislador detém a palavra final nas decisões orçamentárias e, por conseguinte, na definição das políticas públicas que terão de ser priorizadas[552]. Essa é uma consequência natural da legalidade, que vem se abrindo a possibilidades de atenuação — geralmente a critério do próprio legislador — mas não foi superada em seu conteúdo nuclear. As mesmas razões que têm tornado inevitável a flexibilização da legalidade atuam também no orçamento, e com bastante intensidade. Não parece realista temer que o legislador tenha condições de dominar amplamente o processo orçamentário, e isso apenas reforça a necessidade de não se criar uma barreira institucional à sua intervenção possível. E quando ela for concretizada, não se deve imaginar que estará ocorrendo uma usurpação de suposto poder administrativo. Ao contrário, é nos casos em que o orçamento é ignorado que se identifica um desvio no devido processo orçamentário — desconsiderando a deliberação que nele está ou deveria estar subjacente — e uma concentração de poder na Administração Pública[553].

---

551 V. *Bowsher vs. Synar*, 1986. O Congresso reservou para si a possibilidade de destituir o Controlador-Geral em caso de negligência, por meio de procedimento mais simples do que um processo de impeachment, que sempre seria cabível. Com isso, estabeleceu um controle direto sobre a atividade desse agente. A Suprema Corte declarou esse regime inconstitucional, uma vez que o Legislativo estaria assumindo o exercício de função executiva.

552 SCHICK, Allen. *The federal budget — Politics, policy, process*, 2000, p. 250. Como referido, a prevalência das decisões legislativas sobre a execução orçamentária é tomada como pressuposto mesmo no sistema orçamentário alemão, de base parlamentar e, portanto, caracterizado por limites fluidos entre os Poderes Legislativo e Executivo. V. PÜNDER, Hermann. *Haushaltsrecht im Umbruch — Eine Untersuchung am Beispiel der Kommunalverwaltung*, 2003, pp. 138-148.

553 RUBIN, Irene. *The politics of public budgeting*, 1997, p. 224: "Granting the executive branch wide discretion to implement the budget and make such changes as may be necessary may give agency heads or the chief executive a dispro-

Nesse sentido, o sistema americano é bastante rígido do ponto de vista formal, concedendo ao legislador o poder de intervir efetivamente e brigar pela manutenção das suas decisões originais. Ainda assim, observa-se boa dose de tolerância e até mesmo a concessão deliberada de discricionariedade ao Poder Executivo central e às demais instâncias administrativas. Mesmo nos casos em que pareça inevitável ou mesmo desejável que ocorra essa transferência de competências decisórias, não se afigura possível retirar do Legislativo a prerrogativa de exercer controle e fazer com que seus juízos prevaleçam. Essa mera possibilidade já deve servir como barreira política ou lembrete de que o controle poderá incidir a qualquer momento e de que eventuais condutas inadequadas envolverão a assunção de riscos políticos e jurídicos. O administrador que ignora uma dotação orçamentária genérica deve, no mínimo, poder ser incomodado. Deve ser possível colocá-lo em uma situação difícil, em que se veja compelido a justificar suas escolhas e colher dividendos negativos. Isso sem prejuízo de que seja desejável ir além, como foi demonstrado.

Essas constrições podem ajudar a produzir normalidade institucional, ou seja, a idéia de que o sistema deve funcionar pelo simples fato de ser o sistema adotado, admitindo-se como regra o seu cumprimento e permitindo-se o controle nos casos excepcionais. Qualquer modelo político deve ser capaz de funcionar com um guarda potencial atrás de cada guarda efetivo. O contrário é o caos e parece difícil imaginar outros espaços em que a arbitrariedade seja capaz de produzir maior dano do que no âmbito de uma infinidade de previsões pontuais de gasto público, que só ganham sentido pleno quando visualizadas em seu conjunto.

Com todos os temperamentos e ressalvas que foram objeto de comentário, parece possível dizer que a prática norte-americana envolve considerável dose de seriedade orçamentária[554]. A discus-

---

portionate amount of decision-making power not allowed during the regular budget process. If agency heads or the chief executive use that discretionary power to reverse the intent of the legislature, the result may be a major battle between the executive and the legislative branches. And changes in the budget during the year, if they are extensive or clearly policy related, may create a shadowy second budget process, outside public scrutiny, threatening the ability of the budget as originally passed to represent the government decisions to the public".

554 Nesse sentido, v. RUBIN, Irene. *The politics of public budgeting*, 1997, p. 225: "First, budgets are generally implemented as passed. The requirement to

são do orçamento não torna desnecessária a discussão em outras instâncias políticas, mas os custos são levados a sério e o processo deliberativo exerce controle sobre as grandes decisões e até dispõe de meios para impor decisões pontuais de forma efetiva, quando entenda necessário. Como visto, a produção desses objetivos no interior do sistema orçamentário tende a estimular o controle social e dele receber novos impulsos, gerando sinergia.

É claro que não se defende a cópia automática de qualquer modelo estrangeiro, muito menos de um sistema orçamentário como o dos Estados Unidos, que surgiu de uma evolução histórica tão peculiar. Mas além de fornecer boas idéias pontuais, espera-se que a descrição realizada tenha demonstrado que a vinculação proposta no presente trabalho está longe de se aproximar do máximo imaginável em um sistema presidencialista. E que o legislador não deve aceitar a subserviência com tanta passividade. Embora se entenda que tal mudança de atitude poderia ser deflagrada sob a vigência do atual sistema orçamentário, a modificação de uma prática tão sedimentada tende a exigir mudanças legislativas formais, inclusive no âmbito constitucional. O último capítulo será dedicado a analisar brevemente as propostas de mudança em tramitação.

do so is taken seriously, so that consideration of important policy issues that arise during the year is often delayed until the next full budget process. Second, flexibility is allowed and discretion is granted to the executive branch to make necessary minor or technical changes during the year. These technical adjustments may be carefully monitored (constrained) to ensure that more important policy decisions are not slipped in among the more routine adaptations without due consideration an participation".

Capítulo IV

As propostas de mudança em tramitação no Congresso Nacional

I. Visão geral

Nos últimos anos, tramitaram no Congresso Nacional inúmeras propostas de emenda constitucional destinadas a tornar a execução do orçamento obrigatória, em maior ou menor extensão. É interessante notar que tais projetos têm alguns pontos em comum, para além, é claro, de seu objeto. Em primeiro lugar, as justificativas que os acompanharam reconhecem, de um modo geral, a insuficiência do modelo autorizativo no que concerne ao cumprimento da função política de controle da Administração. Sintomaticamente, referem-se ao orçamento, mais de uma vez, como sendo uma "peça de ficção"[555]. Os projetos reconhecem também que o modelo enfeixa poderes excessivos nas mãos do Executivo e que dá margem a barganhas[556] e até mesmo a represálias políticas contra parlamen-

555 Exemplificativamente, confira-se trecho presente nas justificativas que acompanham as PECs 22 e 28, ambas de 2000: "As nossas leis orçamentárias, tal como vêm sendo postas em prática, não passam de uma ficção".

556 Justificativa da PEC 22/00: "Na verdade, essa programação tem se prestado como instrumento de barganha política. Isso ocorre na medida em que a definição do que realmente deve ser executado depende do crivo da zelosa equipe econômica do governo. (...) O que se tem em mira é restabelecer o equilíbrio entre os Poderes. As deliberações de um deles não poderão ser anuladas pelo outro". Justificativa da PEC 28/00: "Assim, o Poder executivo tem executado os orçamentos ao longo dos anos de acordo com seus interesses, relegando a segundo plano — ou mesmo desconsiderando — as prioridades aprovadas pelo Congresso nacional, particularmente aquelas decorrentes de emendas de parlamentares".

tares "rebeldes"[557], como se a não-liberação de recursos prejudicasse o parlamentar, e não os destinatários dos investimentos postergados.

Outro ponto digno de nota é a afirmação, contida em algumas das justificativas, de que as disposições legais existentes sobre o tema não são claras, de modo que o Executivo estaria se beneficiando dessa falta de clareza para executar o orçamento na medida de sua vontade, como se autorizativo fosse[558]. Embora tal ambiguidade exista de fato, a verdade é que tem ocorrido uma omissão do Poder Legislativo no controle político da execução orçamentária. Em momento algum, as Casas Legislativas ou mesmo parlamentares isolados tentaram reverter a suposta ambiguidade em favor da presunção de eficácia da lei orçamentária.

II. A PEC 565/2006

No momento, uma proposta de emenda em particular vem ganhando maior projeção, já tendo sido aprovada no Senado, por votação unânime. Trata-se da PEC nº 565/2006, de iniciativa do Senador Antônio Carlos Magalhães. A matéria se encontra em tramitação na Câmara dos Deputados, onde recebeu parecer favorável da Comissão de Constituição e Justiça (centrado apenas em questões formais e na inexistência de potencial afronta a cláusula pétrea). Embora os prognósticos sejam de um processo legislativo longo e com grandes chances de emperramento, convém analisar brevemente a proposta, cujo inteiro teor segue transcrito com as partes mais importantes em destaque:

> *"As Mesas da Câmara dos Deputados e do Senado Federal, nos termos do § 3º do art. 60 da Constituição Federal, promulgam a seguinte Emenda ao texto constitucional:*

---

557 Justificativa da PEC 77/99: "Casos têm ocorrido, até mesmo, em que projetos já em andamento são paralisados, simplesmente porque o parlamentar que viabilizou a sua inclusão na lei orçamentária anual contrariou interesses do Poder executante. Enfim, salvo no que se refere às chamadas despesas fixas, o Governo executa a lei orçamentária anual apenas naquilo que lhe aprouver".

558 Justificativa da PEC 77/99: "É que o Poder Executivo, à falta de clara definição legal, entende que a lei orçamentária anual tem caráter meramente autorizativo, não sendo, portanto, lei em sentido material, de modo a serem as políticas públicas nela estabelecidas de execução obrigatória".

Altera os arts. 57, 165, 166, e acrescenta art. 165-A, todos da Constituição Federal, tornando de execução obrigatória a programação constante da lei orçamentária anual.
Art. 1º Os arts. 57, 165 e 166 da Constituição Federal passam a vigorar com a seguinte redação:
"Art. 57. ....
...
§ 2º A sessão legislativa não será encerrada sem a deliberação sobre o projeto de lei orçamentária anual.
.." (NR)
"Art. 165. ....
...
§ 7º Os orçamentos previstos no § 5º, I e III deste artigo, compatibilizados com o plano plurianual, ressalvadas as dotações para atender ao serviço da dívida pública, terão a programação dos gastos detalhada, no mínimo, por Estado e Distrito Federal, com o objetivo de reduzir as desigualdades inter-regionais.
...
§ 9º Cabe à lei complementar:
I — dispor sobre o exercício financeiro, a vigência, a elaboração e a organização do plano plurianual, da lei de diretrizes orçamentárias e da lei orçamentária anual;
...
§ 10. A lei orçamentária anual somente incluirá novas categorias de programação se tiverem sido adequadamente contempladas com dotações aquelas em andamento." (NR)
"Art. 166. Os projetos de lei relativos ao plano plurianual, às diretrizes orçamentárias, ao orçamento anual e aos créditos adicionais serão apreciados pelas duas Casas do Congresso Nacional, na forma dos respectivos regimentos.
§ 1º (Revogado).
§ 2º (Revogado).
...

§ 6º No âmbito da União, os projetos de lei do plano plurianual, das diretrizes orçamentárias e do orçamento anual serão enviados pelo Presidente da República ao Congresso Nacional nos seguintes prazos:
I — do plano plurianual, para vigência até o final do primeiro exercício financeiro do mandato presidencial subsequente, até

oito meses antes do encerramento do primeiro exercício financeiro e devolvido para sanção até o encerramento do primeiro período da sessão legislativa;

II — das diretrizes orçamentárias, até 20 de fevereiro e devolvido para sanção até 30 de abril, aplicando-se as disposições do art. 64, § 2º, in fine, *na hipótese de não haver deliberação sobre a matéria na data indicada;*

III — do orçamento anual, até sete meses antes do encerramento do exercício financeiro e devolvido para sanção até o encerramento da sessão legislativa.

.." (NR)

Art. 2º A Constituição Federal passa a vigorar acrescida do seguinte art. 165-A:

"Art. 165-A. A programação constante da lei orçamentária anual é de execução obrigatória, salvo se aprovada, pelo Congresso Nacional,solicitação, de iniciativa exclusiva do Presidente da República, para cancelamento ou contingenciamento, total ou parcial, de dotação.

§ 1º A solicitação de que trata o caput *deste artigo somente poderá ser formulada até cento e vinte dias antes do encerramento da sessão legislativa e será acompanhada de pormenorizada justificativa das razões de natureza técnica, econômico-financeira, operacional ou jurídica, que impossibilitem a execução.*

§ 2º A solicitação poderá, ainda, ser formulada a qualquer tempo, nas situações que afetem negativamente a arrecadação da receita, de calamidade pública de grandes proporções, ou ainda nas previstas no art. 137, inciso II.

§ 3º Em qualquer das hipóteses, as solicitações tramitarão no Congresso Nacional em regime de urgência.

§ 4º Não havendo deliberação do Congresso Nacional, no prazo de trinta dias, a solicitação será considerada aprovada.

§ 5º A não execução de programação orçamentária, nas condições previstas neste artigo, implica crime de responsabilidade.

§ 6º Do projeto de lei orçamentária anual, bem como do autógrafo encaminhado para sanção do Presidente da República, não constarão receitas cujas leis que as autorizem tenham o início de vigência posterior à data prevista no inciso III do § 6º do art. 166."

Art. 3º As normas estabelecidas no § 2º do art. 57 e na Seção II do Capítulo II do Título VI aplicam-se aos Estados, ao Distrito

Federal e aos Municípios.
Art. 4º O disposto no art. 165-A será cumprido nas condições fixadas em lei complementar a ser editada no prazo de 120 (cento e vinte) dias contados da promulgação desta Emenda.
Art. 5º Esta Emenda Constitucional entra em vigor no primeiro dia útil do segundo ano subsequente ao de sua publicação.
Art. 6º Revogam-se os §§ 1º e 2º do art. 166 da Constituição Federal.

Senado Federal, em de agosto de 2006.
Senador Renan Calheiros
Presidente do Senado Federal

Para maior clareza, é possível agrupar as previsões em dois grupos, identificando normas relativas à elaboração e normas relativas à execução orçamentárias. Confira-se:

II.1. Normas relativas à elaboração orçamentária

Nesse primeiro grupo, as modificações seriam menos profundas e, em parte, positivas. Com efeito, duas determinações visam a evitar que um novo ano irrompa sem orçamento:

i) fixação de prazos para tramitação do plano plurianual, da lei de diretrizes orçamentárias e da lei orçamentária anual. Atualmente a Constituição determina que lei complementar deve dispor sobre a questão, a qual nunca foi editada;
ii) a sessão legislativa não poderia ser encerrada sem a aprovação da lei orçamentária anual. Atualmente se exige apenas que a lei de diretrizes orçamentárias seja aprovada antes do recesso parlamentar realizado em meados de cada ano.

Por outro lado, o art. 165 ganharia um novo parágrafo, proibindo a inclusão de novas categorias de programação caso as já existentes não sejam contempladas com dotações, de forma adequada. Abstraindo a dificuldade de se aplicar o referido critério de adequação e das dúvidas sobre quem ficaria encarregado do controle, a limitação é excessiva. Ainda que a continuidade das políticas em andamento possa ser desejável, não parece que tal avaliação deva ser imposta de forma abstrata. Como visto, o processo deliberativo parlamentar deve ser naturalmente aberto, legitimando-se apenas as limitações necessárias à sua exequibilidade. Não se deve impedir as maiorias de efetuar guinadas políticas, sendo certo que o limite decorre da própria Constituição, cujos conteúdos mínimos devem ser preservados. De forma ainda mais expressiva, demonstrou-se a necessidade de racionalização e de aumento da transparência/inteligibilidade do sistema orçamentário, inclusive para que eventuais guinadas sejam mais bem captadas pela opinião pública e sobre elas incida o controle político-social.

II.2. Normas relativas à execução orçamentária

No campo da execução orçamentária, as coisas complicam-se um pouco. Para ser factível, a interpretação no novo sistema careceria de alguma dose de temperamento. Afasta-se realmente a idéia de que o orçamento seria uma mera autorização, mas se cai no extremo oposto, dando lugar a uma rigidez que dificilmente poderia ser cumprida na prática. Em princípio, o novo art. 165-A imporia a execução orçamentária nos exatos termos da lei aprovada, sob pena de se configurar a prática de crime de responsabilidade. Como visto, a vinculação orçamentária deveria ser a regra geral — entendida como vinculação *pelo* orçamento —, de modo que a disposição não há de causar maior espanto. O problema reside nas hipóteses em que se admite a mudança de planos. Pela dicção do § 1°, caberia ao Poder Executivo requisitar ao Congresso cancelamentos e contingenciamentos — retardamentos, portanto —, cabendo-lhe demonstrar, de forma pormenorizada, a existência de razões que *impossibilitem a execução*. O termo não parece abrir espaço para avaliações de conveniência política ou mesmo para uma avaliação razoável da execução de dotações de conteúdo programático. Esse é um problema evidente.

Tal impressão é reforçada pelos fatores citados no mesmo parágrafo como justificativas para a medida: razões de natureza técnica, econômico-financeira, operacional ou jurídica. Ainda que seja possível dar interpretação razoável a esses conceitos, seria difícil impedir que tal avaliação viesse a depender da boa vontade do legislador em cada caso, abrindo espaço para relações clientelistas. De qualquer forma, veja-se que tais solicitações teriam de ser encaminhadas ao Congresso com pelo menos 120 dias de antecedência em relação ao fim da sessão legislativa. Ou seja, não seria possível solicitar mudanças nos 4 últimos meses do ano, um longo período. A exceção fica por conta de situações em que a receita tenha ficado prejudicada, bem como em contextos de calamidade pública ou guerra, casos em que a requisição poderia ser deduzida a qualquer tempo.

Há, contudo, dois aspectos positivos a destacar. O primeiro é a fixação de um prazo de trinta dias para a deliberação parlamentar em caso de requisição, cujo decurso *in albis* seria considerado aprovação tácita. Isso evitaria a inércia, forçando o Poder Legislativo a assumir uma posição, bem como os eventuais ônus políticos daí decorrentes. Em segundo lugar, veja-se que a proposta de emenda não revogaria a atual sistemática de créditos adicionais, de modo que os mecanismos de flexibilização hoje disponíveis continuariam a existir. Isso reduz o impacto de uma possível crítica acerca da viabilidade do novo sistema. Afinal, as opções de remanejamento não sofreriam qualquer mudança, de modo que não ficaria mais difícil deslocar as verbas de uma programação de gasto para outra. Do ponto de vista lógico, o projeto de emenda cuida das hipóteses em que o Presidente não terá podido efetuar mudanças de forma autônoma — por créditos suplementares — mas não quer solicitar ao parlamento um crédito especial, mas sim uma autorização para não gastar. Assim, à primeira vista, o projeto ataca justamente o *poder de não fazer nada*, comentado ao longo do estudo.

No entanto, uma advertência é necessária. Na sua literalidade, o projeto criaria um *dever genérico de gastar*, cujos inconvenientes foram igualmente destacados. Exige-se a execução rígida das dotações, sob pena de crime de responsabilidade, sem atentar para a circunstância de que nem sempre será possível ou adequado exaurir inteiramente cada um dos créditos aprovados. Como demonstrado, o dever imposto pelo orçamento deve ser entendido como obrigação de desenvolver a atividade prevista. Caso se trate de uma atividade específica, o controle é mais simples e a tendência é que haja poucos ou mesmo nenhum recurso remanescente. Ainda assim, é evidente, do ponto de vista lógico, que *pode* haver recursos remanescentes e o administrador não deve ter receio de ser punido por ter agido com a máxima economicidade. Essas hipóteses — em que a despesa prevista perde seu objeto, total ou parcialmente — deveriam ter recebido tratamento autônomo, evitando-se que a opção de gastar se torne a menos complicada do ponto de vista operacional.

Esse problema assume complexidade muito maior no caso de dotações que não digam respeito a uma atividade específica, desde logo definida. Como demonstrado, não é sequer crível que cada uma das atividades administrativas venha a ser discriminada no orçamento. As leis em geral têm ampliado o espaço de discricionariedade administrativa e até compartilhado poder normativo com a Administração, permitindo que ela participe das decisões políticas de forma mais intensa. Nesse contexto, é inevitável que muitas dotações sigam a mesma lógica, associando-se a orientações gerais ao mesmo tempo em que são deixados amplos espaços de escolha. No que tange à execução de tais dotações, o que se deve exigir é, também aqui, o desenvolvimento da decisão política inicial. Ou seja, a dotação deve ser concretizada em uma medida razoável, em patamar compatível com a sua expressão econômica. Não cabe ao Administrador ignorar a prioridade definida no processo deliberativo, mas também não faria sentido exigir que cada centavo seja gasto. É possível que importantes atividades sejam desenvolvidas, mas não haja recursos em quantidade suficiente para que se inicie uma nova. Impor o gasto de forma indiscriminada estimularia um certo formalismo, *o gasto pelo gasto*, apenas para evitar problemas administrativos.

É certo que esse dever de concretização razoável abre espaço para avaliações subjetivas e para o controle correspondente, baseado na razoabilidade, com as margens de incerteza que lhe são inerentes. Também é certo que o Poder Executivo Central poderia se valer desses espaços para efetuar pequenos contingenciamentos sem autorização legislativa, de forma pulverizada. Apesar disso, entende-se que um dever genérico de gastar não seria realista e produziria mais efeitos adversos do que vantagens. Além disso, em um ambiente de racionalidade e seriedade orçamentária, os controles poderiam incidir de forma mais efetiva, inclusive o controle social. E não se fala apenas da opinião pública — com os problemas envolvidos no conceito — mas também de um controle mais próximo, desenvolvido pelo administrado em contato direto com o Poder Público. E também pelo Ministério Público e por outras associações dotadas de representatividade adequada, que poderiam questionar a retenção de verbas pela autoridade central e também o seu emprego nas bases, pela via negocial — como nos termos de ajustamento de conduta — ou mesmo por ações judiciais. Como referido, não se trataria de um controle do *dever de gastar*, mas sim um controle da qualidade do serviço proposto, tomando em consideração as verbas disponíveis.

Pois bem. O projeto falha ao não incorporar essa realidade. Talvez seja possível dizer que essa é uma circunstância da dinâmica administrativa de execução e que seria excessivo descer em detalhes na Constituição. Isso é verdade e seria aconselhável o tratamento pelo legislador ordinário e o projeto de fato prevê a necessidade de regulamentação, que deveria ser introduzida por lei complementar no prazo de 120 dias contados da eventual promulgação da emenda. O problema é que o sistema instituído pelo projeto parece deixar pouco espaço para esse tipo de desenvolvimento, pelos termos de que se utiliza. Pelo que seria o novo texto constitucional, o descumprimento de dotações caracterizaria crime de responsabilidade, permitindo-se ao Executivo apenas requisitar cancelamentos e contingenciamentos por motivos de ordem técnica, e ainda assim somente até o final de agosto.

Para salvar o novo sistema de seu próprio simplismo, seria necessário construir — na referida lei e, sobretudo, por via interpretativa — o conceito de *execução adequada* do orçamento, evitando que sobre a Administração venha a pairar uma espada recomendando o gasto como medida mais simples. Não seria uma construção artificial. De certa forma, o sistema norte-americano também funciona com previsões aparentemente rígidas, temperadas por um controle razoável. Não se deve ignorar, porém, que esse tipo de acomodação política é da essência daquela ordem jurídica. Tal característica não é tão marcante na tradição brasileira, dando origem ao fundado receio de que a espada possa descer de forma seletiva ou balançar de forma intimidadora, com mais frequência do que seria aceitável, especialmente em um primeiro momento. Em suma, o sistema de execução orçamentária decorrente da proposta de emenda — em sua dicção literal — supera um problema e produz outro. Talvez seja possível escolher o menos grave, mas melhor seria encontrar o caminho do meio.

Conclusões

Ao final do trabalho, convém sintetizar algumas das principais idéias desenvolvidas. De forma esquemática, é possível formular quatro proposições objetivas:

i) os recursos públicos são limitados e sua distribuição por entre as diferentes opções de gasto e investimento envolve uma série de decisões políticas essenciais, que definem de forma concreta o papel do Estado;

ii) a deliberação orçamentária deve ser livre e efetiva, sem limitações quantitativas ou qualitativas (temáticas) que impeçam o Poder Legislativo de interferir na definição das prioridades orçamentárias;

iii) a execução orçamentária deve ser vinculada em alguma medida, rejeitando-se a tese de que o orçamento seria uma mera autorização de despesas, sem qualquer pretensão impositiva;

iv) a vinculação decorrente do orçamento não produz um dever genérico de gastar, e sim um dever de concretizar as dotações orçamentárias de forma razoável.

Na sequência, tais idéias seguem desenvolvidas de forma analítica. Não se tem a pretensão de reproduzir de forma lapidar cada constatação ou enunciar cada argumento produzidos ao longo do trabalho. Em vez disso, apresenta-se um roteiro lógico para a compreensão do tema desenvolvido no presente estudo.

I. As decisões orçamentárias

As finanças públicas apresentam dois elementos essenciais: receita e despesa. A receita é definida por diversos atos do Poder Público, especialmente pelas leis que instituem tributos. O processo orçamentário recebe a quantificação da receita estimada como um dado. É certo que se permite ao Congresso produzir reestimativas, mas, em princípio, essas não são novas decisões e sim uma nova avaliação dos resultados que se espera obter a partir de decisões anteriores.

No caso da despesa, ao contrário, verdadeiras decisões são tomadas no âmbito do orçamento. Para além de certas *necessidades de subsistência*, o quinhão de verbas alocadas em cada unidade administrativa tende a influir no seu rendimento, permitindo maior ou menor interferência na vida social, bem como patamares diferenciados de eficiência. Em muitos casos, leis anteriores terão imposto ao Estado o dever de realizar determinadas atividades, cujos custos terão de ser mensurados e incluídos no orçamento. Em outros casos — na maioria deles — não haverá a definição de tarefas específicas, de modo que programas de ação administrativa terão suas bases delimitadas diretamente no orçamento.

Em suma, decisões são produzidas a partir da alocação de verbas, de forma muito nítida. Isso se torna ainda mais claro quando se pensa na expansão da atividade administrativa, iniciada com a superação do Estado Liberal. Inúmeras novas tarefas são assumidas pelo poder estatal, por meio de políticas públicas abrangentes. O enfraquecimento do Estado Social não modifica sensivelmente esse quadro, sendo certo que não se produz um retorno à idéia de Estado mínimo e a estrutura administrativa mantém sua complexidade, ainda que em bases diversas. Tal complexidade, aliás, induz um enfraquecimento da legalidade, uma vez que o legislador não consegue dar conta da regulação de todos os aspectos da intervenção estatal. Isso produz um aumento da discricionariedade administrativa e até transferências de poder normativo à Administração.

O contexto que se acaba de descrever evidencia ainda mais o papel decisório do orçamento. Embora a legislação em geral deixe de regular de forma detalhada a atuação administrativa, o orçamento condiciona os limites dessa atuação através dos diferentes aportes de verba. Determinada instância administrativa pode dispor formalmente de considerável poder de decisão, mas pouco poderá fazer em termos concretos se estiver asfixiada por verbas insuficientes ou simplesmente retidas. Diga-se o mesmo de hospitais, escolas e quaisquer outras estruturas da Administração Pública. Prioridades são definidas, em termos concretos, por decisões orçamentárias. Não há como escapar a essa conclusão. O ponto é: como devem ser tomadas tais decisões e quem deve ser responsável por elas.

II. A inevitável interferência dos três Poderes nas decisões orçamentárias

Agentes dos três Poderes interferem nas decisões orçamentárias. No caso dos agentes eleitos, tal interferência alcança seu grau máximo e chega a ser evidente. O Chefe do Poder Executivo detém a prerrogativa de elaborar os projetos de leis orçamentárias, incluindo o orçamento anual. Tal circunstância, aliada ao seu maior controle sobre as informações e até ao seu poder hierárquico sobre a Administração Pública, conferem ao Presidente uma predominância *de facto* sobre as decisões orçamentárias. Esse vetor é confrontado pela predominância jurídica do parlamento, que detém a prerrogativa de produzir a decisão final sobre as despesas públicas. É provável que o legislador não tenha condições de rever o projeto de orçamento em minúcia, mas pode exercer controle sobre as grandes opções políticas e até promover interferências pontuais mais significativas. Como foi demonstrado ao longo da exposição, tal controle é certamente possível e pode inclusive ser utilizado para devolver ao parlamento parte da sua representatividade perdida. Atuando de forma mais intensa na definição das prioridades de investimento, o Poder Legislativo pode reconquistar parcialmente sua capacidade de orientar a atividade administrativa e influir na formulação das políticas públicas, compensando as dificuldades experimentadas na elaboração das leis em geral. A experiência norte-americana, descrita na terceira parte do estudo, é um bom exemplo dessa perspectiva institucional.

O Judiciário também interfere nas finanças públicas, de muitas maneiras. Uma delas diz respeito à receita, uma vez que todas as demandas tributárias significam potencial redução das receitas arrecadadas. Da mesma forma, juízes e tribunais condenam diariamente o Estado ao pagamento de reparações civis, criando despesa pública. Tais intervenções não são vistas como ilegítimas porque prevalece o entendimento de que cabe ao Judiciário definir, em última instância, o sentido da ordem jurídica, o que inclui a imposição de deveres ao Poder Público.

Quando se trata da atividade prestacional do Estado, a lógica não deveria ser diferente. Identificando-se um dever atribuído ao Estado, é apenas normal que o Judiciário possa garantir sua execução coativa. Todos os direitos exigem o dispêndio de recursos públicos, embora possa existir variação de intensidade. A dificuldade aqui reside na identificação de quais são os deveres específicos do Estado. Em alguns casos, a Constituição e as leis são explícitas; em outros, apenas protegem determinado valor ou interesse em caráter genérico. Nessas situações é inevitável que o Judiciário concretize a previsão legal, definindo a extensão do dever público. Nessa atividade, parece necessário que dois fatores sejam levados em conta: i) as possibilidades financeiras do Estado; ii) as políticas públicas que já estão em curso. E isso justamente para privilegiar as escolhas razoáveis produzidas nas instâncias majoritárias.

III. O orçamento público

Como se percebe, as decisões orçamentárias são inevitáveis e é igualmente inevitável que provenham de diferentes fontes, cada qual sujeita à sua própria lógica de atuação. No entanto, os recursos públicos não são elásticos e cada uma dessas decisões interfere com o todo, dando origem a uma zona de permanente interseção. Nesse ambiente, cabe ao orçamento desempenhar duas funções principais:

a) promover a racionalidade possível: tal exigência se manifesta em diferentes níveis. Em primeiro lugar, assumindo que cada instância decisória interfere com o todo, é necessário que haja mecanismos para que este seja tomado em consideração. Em segundo lugar, as próprias escolhas, quaisquer que sejam elas, podem entrar em conflito. O dinheiro público é escasso, de modo que implementar determinada atividade significa ter de abandonar outras opções possíveis e provavelmente úteis. Isso faz com que a lógica orçamentária seja comparativa em essência. Investimentos podem parecer adequados quando considerados em si mesmos, mas claramente absurdos quando se atenta para o contexto em que estão inseridos.

Tal circunstância foi abordada no trabalho por meio da idéia de coerência, assim subdividida:

i) *coerência interna*, tomando em consideração apenas o valor ou interesse envolvidos em determinada decisão orçamentária. Seria ótimo poder investir recursos em um programa de cadeiras de rodas especiais, capazes de transitar na areia e na água e com isso garantir acesso às praias aos portadores de deficiência. Mas soa incoerente que tal investimento ocorra ao mesmo tempo em que não se investe na supressão de barreiras arquitetônicas — incluindo as existentes em edifícios públicos — e na adaptação do transporte coletivo, o que asseguraria a esses indivíduos maiores condições de autonomia.

ii) *coerência em sentido amplo*, tomando em consideração todas as decisões orçamentárias em curso. Seria ótimo ter em atividade um complexo cultural altamente sofisticado, dotado de um excelente acervo artístico e de recursos para atrair ou organizar grandes exposições ou eventos. Tal opção de investimento pode se chocar, porém, com um quadro de total abandono em área como saúde pública ou mesmo saneamento básico.

Veja-se que não se está falando de controle judicial da incoerência, hipótese que não se descarta — no extremo — mas que envolve inúmeras complexidades adicionais e um risco permanente de se produzir um perigoso reducionismo. É natural que o Estado atue na promoção de interesses sociais diversos, de forma simultânea e não sucessiva. Seria ingênuo e até autoritário imaginar que os juízes possam efetuar corriqueiramente uma hierarquização rígida de tais interesses, rechaçando iniciativas que não estejam no topo da ordem de prioridades extraída da Constituição. Nem só de redistribuição vive o Estado e, de qualquer forma, é necessário que haja o que distribuir. A riqueza e o bem estar geral são produzidos por iniciativas diversas, em complexa interação, e não se defende que o Judiciário atraia para si todas as decisões. Como referido, isso não significa que qualquer decisão produzida pela maioria será aceitável, ainda quando envolva o esvaziamento de posições jurídicas asseguradas pela Constituição. Sustenta-se apenas que os juízes devem atentar para a realidade financeira e para as políticas em curso no momento de dosar o grau de ativismo que será admissível, e sempre tendo como norte a manutenção das escolhas majoritárias razoáveis, mesmo que não lhes pareçam as melhores.

De qualquer forma, o ponto aqui é outro. A coerência promovida pelo orçamento deve subsidiar a atuação dos três Poderes e, mais especialmente, dos agentes eleitos. E também subsidiar o controle social que sobre elas incide. Um ambiente de sinceridade orçamentária colocaria em evidência as possíveis incoerências, gerando a necessidade de que sejam justificadas e/ou o necessário estímulo para que sejam superadas. Não se entende necessário afastar uma possível crítica de que o sistema favoreceria a demagogia. No atual estado democrático, não parece possível defender que as decisões devam ser ocultas — ou que o cotejo entre elas deva ser impossível — a fim de proteger o povo contra si mesmo ou contra possíveis manipuladores. Com todos os seus inconvenientes, a democracia continua sendo o pior regime depois de todos os outros. Isso conduz ao segundo papel do orçamento.

b) Promover transparência: como demonstrado, a racionalidade que o orçamento pode produzir não se identifica com a razão formal, e sim com uma razão discursiva, que deve ser defendida no espaço público. Logo, é necessário que as decisões orçamentárias sejam transparentes e que possam ser observadas em conjunto. Afinal, se cada opção de investimento só ganha seu valor real quando comparada a opções concorrentes, é necessário que se possa fazer o cotejo. Não basta que a Administração Pública — nas suas estruturas centrais ou mesmo em cada órgão — aja de forma democrática, abrindo-se à participação dos administrados. Sem prejuízo da importância dessa abertura, há um momento lógico anterior, consistente na alocação das verbas disponíveis por entre as diferentes instâncias. Tal alocação deve ser transparente e inteligível, na maior medida possível. Esse é o papel do orçamento público, que se inicia já na deliberação orçamentária. No próximo tópico se vai demonstrar a importância intrínseca dessa deliberação.

III. A importância do processo deliberativo orçamentário e suas bases constitucionais

Mostra-se evidente, portanto, a existência de um momento concentrado de decisão, no qual são definidas as prioridades de investimento em comparação entre si, e também com outras opções possíveis. De forma geral, as Constituições atribuem ao Poder Legislativo o poder final de decisão, sem prejuízo da grande influência exercida pelas diferentes instâncias que encaminham suas propostas orçamentárias e pelo Poder Executivo central, que costuma ter a prerrogativa de elaborar um projeto consolidado. É assim na ordem constitucional brasileira e isso já bastaria para se atribuir importância ao orçamento. Ele representa essa decisão concentrada.

Talvez fosse possível cogitar de outros sistemas, mas o que se tem hoje é esse e esvaziá-lo não produz qualquer resultado benéfico.

Na verdade, porém, importantes princípios constitucionais são concretizados pela deliberação orçamentária e a ela dão suporte. O primeiro deles é o *princípio da separação dos Poderes*. Veja-se que a prerrogativa de decidir sobre as finanças públicas encontra-se na raiz do processo de afirmação dos parlamentos e contenção do Poder. Inicialmente pelo controle das receitas — legalidade tributária — e logo depois pelo controle das despesas — legalidade orçamentária. Desde então, não se coloca em dúvida, na teoria, que aos representantes do povo cabe decidir, ou pelo menos aceitar, o destino dos recursos públicos. A Administração já possui enorme poder de fato nesse processo de definição, decorrente do controle sobre a informação e sobre a técnica. O que o princípio da separação dos Poderes faz é estabelecer uma força de contenção, evitando que o Executivo detenha poder demais e se converta numa instância incontrastável. A partir dessa idéia básica, outras se desenvolvem.

O segundo elemento a considerar é o *princípio da legalidade orçamentária*, previsto expressamente pela Constituição, o que já deveria ser motivo suficiente para levar a exigência a sério. A Constituição exige lei para a realização de qualquer opção de emprego do dinheiro público e, de forma coerente, proíbe remanejamentos não autorizados pelo legislador. Veda ainda a concessão de créditos ilimitados, impedindo a fraude ao sistema. Da mesma forma e, pelo mesmo motivo, aceita-se pacificamente que as dotações devem ser minimamente específicas, de modo a que o orçamento condicione verdadeiramente as ações do Poder Público. Tais exigências podem ser justificadas pelos motivos que embasam a legalidade de forma geral. Um deles é a especial previsibilidade que decorre da lei, conectando-se, portanto, ao *princípio da segurança jurídica*. Os investimentos estatais produzem reflexos sobre a vida privada e, em alguma medida, as pessoas devem poder confiar na seriedade de propósitos do Estado. Outro é a impessoalidade, evitando-se que as destinações de recurso — nas suas linhas essenciais — sejam decididas em meio a atividade administrativa concreta, onde poderia sofrer influências particulares.

Há um terceiro motivo, porém, e aqui a legalidade abre espaço para o *princípio democrático*. A lei se justifica também pelo procedimento do qual se origina. Não se trata apenas da segurança jurídica e dos seus derivados, mas também da autonomia pública, da idéia de que as decisões políticas devem poder ser reconduzidas ao próprio povo. Com todas as suas mazelas, o processo parlamentar ainda representa o principal fórum oficial de deliberação e o mais capaz de interagir com a opinião pública a respeito das grandes decisões. É ali que todas as correntes politicamente representadas se encontram e podem influir no processo decisório. Mesmo que uma eventual maioria tenda a prevalecer também nesse espaço, terá de sustentar suas proposições de forma pública e lidar com as críticas. Na verdade, porém, a idéia de uma maioria rigidamente definida — oposta a minorias igualmente definidas — cede lugar a possibilidade de que surjam maiorias, com variações, mais ou menos pronunciadas, em função do tema discutido. Essa lógica proporcional não se verifica no Poder Executivo, sobretudo no presidencialismo. Ainda quando se trate de governo aberto a participações diversas, o Executivo expressa, por definição, determinada corrente majoritária pela qual orienta seu plano de governo.

A aplicação desse conjunto de idéias ao domínio orçamentário é muito clara e não prescinde de idealizações românticas (salvo as inevitáveis quando se teoriza sobre um sistema político, cuja composição é inevitavelmente heterogênea em todos os sentidos, os bons e os ruins). A definição das aplicações prioritárias do dinheiro público escasso interessa a todos os grupos como nenhum outro assunto. Por definição, é o momento em que será estabelecido quais interesses serão privilegiados e em que medida. A participação das minorias é evidentemente necessária, inclusive para que conservem a posição de minorias — partícipes da comunidade política — e não sejam rebaixadas à condição de objetos de decisão.

Cabe fazer ainda um último comentário, endereçado aos pessimistas mais ferrenhos. O processo deliberativo orçamentário em geral, e o orçamentário em particular, mostra-se importante ainda que não se queira atribuir qualquer valor intrínseco à deliberação em si. Em outras palavras, mesmo que se parta da premissa de que a política ainda se resume a uma agregação de interesses, um jogo em que as posições são formadas fora da deliberação oficial e nela não serão mudadas, o processo parlamentar serve como vitrine privilegiada das decisões políticas, acompanhadas de argumentos justificadores e da possibilidade de crítica. Nesse sentido, trata-se de um momento em que o sistema político se comunica com a sociedade de forma mais intensa. É certo que essa comunicação frequentemente é truncada por fatores diversos, do desinteresse popular ao controle exercido pelo próprio parlamento sobre sua pauta. É igualmente certo que, em questões mais específicas, as instâncias administrativas podem desempenhar esse papel até de forma mais satisfatória, abrindo-se para a participação direta dos envolvidos.

Nos grandes temas, porém, a deliberação parlamentar ainda é mais visível. E vale destacar que tal visibilidade poderia ser aumentada no processo orçamentário e nele se mostra especialmente relevante. Como referido, em um sistema de seriedade orçamentária, as decisões sobre a alocação dos recursos interferem diretamente na vida das pessoas, em aspectos altamente valorizados. A notícia sobre o hospital em condições precárias consegue vencer muitas barreiras de desinteresse e chegar às primeiras páginas. A decisão de manter o esquema de financiamento dos hospitais sucateados poderia percorrer o mesmo caminho. Se o momento deliberativo tiver importância real, alguma atenção será produzida. Ou poderá ser, o que já é muita coisa. Intensifica-se, com isso, a transparência dos processos decisórios reais e até a possibilidade de participação popular mais ativa. Nesse ponto, o argumento se conecta ao *princípio republicano*, que abarca tanto o dever de prestar contas da gestão pública, quanto a possibilidade de dela participar, de se criar um envolvimento maior no processo decisório. Por fim, vale destacar que um sistema orçamentário insincero produz exatamente o efeito oposto. Acaba servindo como uma *pauta simbólica de prioridades*, desobrigando os agentes políticos de assumir no espaço público suas escolhas reais. Nesse sentido, acaba sendo *antidemocrático* e *anti-republicano*, constituindo um falseamento do processo político.

A partir dessas considerações, é possível extrair duas conclusões sobre como deve ser o sistema orçamentário: i) a deliberação parlamentar deve ser real e abrangente, isto é, não se deve admitir a blindagem de opções de investimento ou impedir o cotejo entre diferentes opções; ii) o produto da deliberação — o orçamento aprovado — deve ser vinculante *a priori*, sem prejuízo da necessidade de que haja mecanismos de flexibilização. Sem esse segundo elemento, não há como deixar de concluir que o processo se aproximaria de uma farsa. De pouco adianta estabelecer a deliberação e cercá-la de garantias se as decisões produzidas puderem ser ignoradas sem maior cerimônia.

IV. Os problemas da prática brasileira atual

A prática orçamentária brasileira não se conforma a nenhuma das duas exigências referidas acima:

a) Na elaboração: as normas internas do Congresso Nacional impõem limites indevidos à deliberação parlamentar. Há limites quantitativos para as emendas coletivas, o que acaba permitindo apenas mudanças pontuais — em dotações específicas — e não uma avaliação global das prioridades de investimento contempladas. Adicionalmente, tais normas impõem restrições temáticas, fazendo com que a análise dos parlamentares fique restrita ao âmbito de cada Estado, de cada área temática e, em certos casos, até de cada unidade administrativa. Ou seja: emendas parlamentares podem modificar dotações relacionadas à saúde, comparando umas com as outras, mas não se abre a possibilidade de uma avaliação real da importância dada à saúde em comparação com outros interesses. As grandes decisões políticas vêm prontas do Executivo.

b) Na execução: apesar de todas as limitações referidas acima, o processo orçamentário poderia ter, pelo menos, a importância de expor à crítica pública as decisões sobre o emprego dos recursos públicos. Contudo, nem isso ocorre, uma vez que as decisões expostas não correspondem às decisões reais. A tese de que o orçamento é meramente autorizativo — que não decorre expressamente de nenhum enunciado normativo — faz com que o Poder Executivo possa liberar as verbas previstas na medida da sua discrição. Algumas despesas são tidas como obrigatórias, mas não por estarem no orçamento, e sim por decorrerem da Constituição ou de outras leis. As decisões efetivamente produzidas no orçamento não decidem de fato, admitindo-se que o Executivo possa redecidir tudo e seguir uma pauta própria de prioridades. E tudo isso sem nem mesmo estar obrigado a motivar as novas escolhas.

Essa constatação já seria suficientemente grave, mas pode ser piorada. O poder conferido pelo orçamento autorizativo não é o de gastar em atividade diversa da prevista. É apenas o poder de não agir, o *poder de não fazer nada*. Para remanejar recursos entre opções de gasto, a Constituição institui um procedimento formal, exigindo o manejo de créditos adicionais. Assim, o que o orçamento autorizativo permite, na prática, é a inércia. Essa prerrogativa evidentemente esvazia a decisão sobre as prioridades públicas, produzida no processo deliberativo. O Executivo realiza um novo juízo sobre tais prioridades e pode entender que não são prioridades de fato, passando por cima do que fora decidido. Tal poder ainda pode ser usado para dois propósitos:

i) o Executivo pode retardar a liberação dos recursos e, na prática, até condicioná-la a determinados interesses políticos. Já são famosas as liberações orçamentárias ocorridas em período eleitoral ou em momentos de crise política, geralmente em projetos de interesse direto dos parlamentares;

ii) o Executivo pode reter os recursos até o final do exercício, geralmente tendo em vista a superação de metas fiscais. A ligação entre os contingenciamentos orçamentários e as metas de superávit primário já são noticiadas pela imprensa e sequer são negadas pelo Poder Executivo. Contingenciamentos expressivos são realizados poucos dias depois da aprovação do orçamento. Veja-se que não se está condenando essa opção de emprego do dinheiro público, em si mesmo, e sim sustentando que ela não deveria ser tratada com mais deferência do que todas as outras opções, contornando o processo deliberativo orçamentário. As metas fiscais são levadas em conta na elaboração do orçamento, que já é aprovado com dotações para o pagamento de encargos e amortizações da dívida pública, bem como com dotações de reserva. Aumentar tais dotações é uma *decisão orçamentária possível*, devendo se submeter ao procedimento instituído pela Constituição. Não se justifica que o Presidente tenha um poder imperial nessa matéria, redefinindo prioridades de forma monocrática e imotivada.

V. A mudança possível e necessária

Assim como os problemas, as soluções propostas podem ser divididas em dois grupos.

a) Na elaboração: aqui as coisas são relativamente simples. Sem prejuízo de várias melhorias possíveis — algumas delas sugeridas no trabalho — o que se impõe é o fim das limitações artificiais ao processo deliberativo. Isso significa o fim de limites quantitativos às emendas coletivas e o fim de limitações temáticas. É certo que o procedimento se tornaria mais complexo e as discórdias tenderiam a ser mais intensas, mas essa é uma circunstância inerente à deliberação parlamentar.

b) Na execução: o orçamento deve ser vinculante, em alguma medida. Não se deve assumir como corriqueiro que as decisões produzidas possam ser simplesmente ignoradas, sem qualquer procedimento formal. Nesse ponto, duas modalidades de vinculação foram apresentadas. A primeira é a que se entende verdadeiramente devida, decorrente dos princípios constitucionais analisados. Por isso foi denominada *vinculação autêntica*. A segunda consiste apenas no dever de motivar eventuais desvios da rota planejada, uma obrigação de dar satisfações sobre os motivos que justificariam a decisão. Foi denominada *vinculação mínima*. Cabe fazer uma nota sobre cada uma delas.

i) vinculação autêntica: cuida-se de vinculação *stricto sensu*. O orçamento aprovado deve ser tratado como a generalidade dos atos do Poder Público, com presunção de imperatividade. Modificações serão possíveis por meio de créditos adicionais, tal como já ocorre atualmente. Inclusive por meio de créditos suplementares, que muitas vezes podem ser abertos por decisão autônoma do Presidente. A única prerrogativa que desaparecia seria o *poder de não agir*, a inércia referida acima. Algumas considerações são necessárias:

— O orçamento teria eficácia de lei, mas não de ato supralegal. Isso significa que certas decisões, vedadas ao legislador, tampouco poderiam ser produzidas pela via do orçamento. Existem espaços de *reserva de administração*, atos cuja realização é atribuída à Administração Pública, que pode decidir sobre a conveniência da sua realização. Assim, entende-se que a Administração não pode, em situações normais pelo menos, ser obrigada a celebrar contratos ou realizar concursos públicos. Eventuais dotações que prevejam recursos para essas atividades não as converteriam em obrigatórias.

— as dotações podem ser redigidas com diferentes níveis de especifidade. Esse dado irá influir na extensão do dever imposto ao agente encarregado da execução. Seria ingênuo supor que todas as atividades administrativas concretas serão previstas no orçamento. Além de impossível, isso seria até contraproducente. Assim, é possível identificar a existência de uma *discricionariedade interna*, verificada no interior da própria dotação, em extensão variável. Se o legislador quiser ser específico, poderá ser. Assim como pode impor exigências específicas pelas leis em geral, sem que se cogite de qualquer violação à separação dos Poderes. A discricionariedade administrativa é balizada pela lei, e não o contrário. No entanto, a tendência — por motivos mais do que evidentes — é que predominem dotações de conteúdo aberto, atribuindo grande liberdade de atuação ao Administrador. A observação do orçamento público, nos dias de hoje, demonstra que a imensa maioria das dotações segue essa linha, muitas vezes definindo apenas uma determinada política pública em seus objetivos gerais.

Em qualquer caso, especialmente nos casos de dotação aberta, a vinculação orçamentária nunca deverá ser convertida em um dever genérico de gastar ou em um direito subjetivo ao gasto, considerado em si mesmo. A ordem jurídica impõe deveres ao Estado, que podem envolver custos. Isso é diferente de se exigir o gasto por si mesmo. No caso de dotações em que uma atividade seja desde logo especificada, esta será exigível. É possível que a dotação não seja exaurida, *e.g.* em razão de economias inesperadas.

No caso de dotações que não realizem tal identificação, o que pode exigir é uma *execução razoável*. Isso significa que o administrador não poderá simplesmente ignorar a dotação — que espelha uma prioridade definida no processo deliberativo — nem lhe dar execução meramente simbólica. É possível exigir que sejam desenvolvidas atividades compatíveis com a expressão econômica da dotação, que afinal espelha o "grau de prioridade" a ela atribuído. Não se deve exigir, porém, que os recursos sejam necessariamente exauridos, cabendo ao administrador demonstrar, de forma motivada, os motivos pelos quais os recursos remanescentes não puderam ser empregados (imagine-se, *e.g.*, que atividades importantes tenham sido desenvolvidas, mas os recursos remanescentes não sejam capazes de financiar uma nova iniciativa adequada à natureza do setor em questão). Como se percebe, abre-se um espaço de controle pelo princípio da razoabilidade, com as ressalvas a ele pertinentes (especialmente o cuidado que os agentes controladores devem ter para não sufocar escolhas legítimas e substituí-las por suas preferências pessoais). Vale destacar que esse tipo de controle da atividade administrativa com base em parâmetros fluidos não representa qualquer novidade para a ordem jurídica.

b) Vinculação mínima: cuida-se aqui do mínimo do mínimo, apenas o dever de motivar o descumprimento da previsão inicial. A rigor, sequer se trata de verdadeira vinculação, salvo por exigir que o administrador leve em conta a decisão orçamentária e forneça motivos para a sua superação. Com isso, evita-se, ao menos, que o contingenciamento passe despercebido, obrigando o administrador a assumir formalmente uma posição e sustentá-la no espaço público. Como se sabe, a exigência de motivação encontra amparo em diversos dispositivos constitucionais e legais. No caso, há algumas circunstâncias a merecer especial consideração.

— A motivação se justifica pelo descumprimento da previsão inicial, que fora assentada no processo deliberativo público. Introduzir essa nova decisão no espaço público é o mínimo que se pode fazer para evitar que o processo político seja inteiramente falseado. Adicionalmente, a motivação é necessária para que a nova opção possa ser compreendida. Como referido, cada opção de emprego do dinheiro público tem um valor intrínseco, mas é somente na comparação com outras opções que se pode avaliar plenamente seu mérito. Sem motivação, uma decisão pontual dirá muito pouco a seus destinatários, a menos que se trate de manifestação teratológica. Cabe ao administrador — que por definição sabe os motivos que o levam a decidir — expor tais motivos de forma pública e racional, conectando o ato específico com o sistema no qual se insere. Somente assim será possível um controle social minimamente efetivo.

— Por uma inferência lógica, é possível concluir que o dever de motivar não impõe um ônus elevado do ponto de vista organizacional. Veja-se que havia uma pauta de prioridades, definida por um procedimento deliberativo parlamentar conduzido a partir de projeto encaminhado pelo próprio Poder Executivo. Se esse plano inicial está sendo superado, parece evidente que o responsável pela decisão sabe os motivos e deverá ser capaz de enunciá-los. Motivação não significa fabricação de motivos sob pressão ou encomenda, e sim a sua exteriorização. Isso é ainda mais verdadeiro quando se foge a um planejamento inicial. A própria Constituição incorporou essa lógica, conferindo a todos os indivíduos o direito de solicitar informações ao Poder Público, inclusive sobre assuntos de interesse coletivo ou geral (CF/88, art. 5º, XXXIII). Basta, portanto, que a Administração forneça por conta própria as respostas que teria de fornecer mediante provocação.

Por meio de uma vinculação autêntica, ou mesmo pela vinculação mínima que se acaba de descrever, o processo deliberativo orçamentário seria convertido em verdadeiro momento decisório, criando-se um novo e privilegiado espaço de controle social do Poder Público, sem prejuízo das demais implicações referidas ao longo do trabalho. O orçamento deveria funcionar como uma pauta de prioridades, definida de forma deliberativa e com ampla publicidade. No entanto, como não é vinculante nem mesmo *a priori*, o resultado é exatamente o oposto. O orçamento se converte na saída fácil: uma forma de manter na pauta decisória formal e até de dar tratamento supostamente privilegiado a questões que não poderiam ser simplesmente esquecidas — como diversas necessidades sociais prementes —, sem, contudo, assumir compromissos reais. Cria-se uma *pauta simbólica de prioridades*, que acaba falseando o processo político. Tal constatação já bastaria para se pensar em levar a sério o orçamento público e sua execução.

Bibliografia

ACKERMAN, Bruce. The New separation of Powers, *Harvard Law Review*, nº 113, 2000.

ALEXY, Robert. *Theorie der Grundrechte*. 2ª ed., Frankfurt a.M: Suhrkamp, 1994.

ALEXY, Robert e PECZENIK, Aleksander. The concept of coherence and its significance for discursive rationality, *Ratio Juris*, nº 3, 1990.

AMARAL, Gustavo. *Direito, escassez e escolha*. Rio de Janeiro: Renovar, 2001.

ARAGÃO, Alexandre Santos de. *Agências reguladoras e a evolução do direito administrativo econômico*. Rio de Janeiro: Forense, 2006.

______. *Direito dos serviços públicos*. Rio de Janeiro: Forense, 2007.

______. O princípio da eficiência, *Revista Brasileira de Direito Público*, nº 4, 2004.

______. Princípio da legalidade e poder regulamentar no Estado contemporâneo, *Boletim de Direito Administrativo*, nº 5, 2002.

ATALIBA, Geraldo. *República e Constituição*. São Paulo: Revista dos Tribunais, 1985.

ATIENZA, Manuel. *As razões do Direito — Teorias da argumentação jurídica*. 3ª ed., São Paulo: Landy, 2003.

ÁVILA, Humberto. *Teoria dos princípios*. São Paulo: Malheiros, 2003.

______. *Sistema constitucional tributário*. São Paulo: Saraiva, 2004.

AZEVEDO, Sergio de; e FERNANDES, Rodrigo Barroso. *Orçamento participativo — Construindo a democracia*. Rio de Janeiro: Revan, 2005.

BACHOF, Otto. *Normas constitucionais inconstitucionais*. Coimbra, Almedina, 1994.

BALEEIRO, Aliomar. *Uma introdução à ciência das finanças*. 15º ed., atualizado por Dejalma de Campos. Rio de Janeiro: Forense, 1998.

______. *Direito tributário brasileiro*. 11ª ed., atualizado por Misabel Abreu Machado Derzi. Rio de Janeiro: Forense, 2005.

BANDEIRA DE MELLO, Celso Antônio. *Curso de direito administrativo*. 16ª ed.. São Paulo: Malheiros, 2003.
BARAK, Aharon. *The judge in a democracy*. Princeton: Princeton University Press, 2006.
BARCELLOS, Ana Paula de. *A eficácia jurídica dos princípios constitucionais — O princípio da dignidade da pessoa humana*. Rio de Janeiro: Renovar, 2002.
______. *Ponderação, racionalidade e atividade jurisdicional*. Rio de Janeiro: Renovar, 2005.
______. Constitucionalização das políticas públicas em matéria de direitos fundamentais: o controle político-social e o controle jurídico no espaço democrático, *Revista de Direito do Estado*, nº 3, 2006.
______. Neoconstitucionalismo, direitos fundamentais e controle das políticas públicas, *Revista de Direito Administrativo*, nº 240, 2005.
BARROSO, Luís Roberto. *O controle de constitucionalidade no Direito brasileiro*. São Paulo: Saraiva, 2008.
______. *O direito constitucional e a efetividade de suas normas*. Rio de Janeiro: Renovar, 2000.
______. *Interpretação e aplicação da Constituição*. São Paulo: Saraiva, 2004.
______. *Constituição da República Federativa do Brasil* anotada, 2003.
____. *A doutrina brasileira da efetividade*. In: *Temas de direito constitucional*, v. III. Rio de Janeiro: Renovar, 2005.
______. Neoconstitucionalismo e a constitucionalização do Direito (O triunfo tardio do direito constitucional no Brasil), *Revista de Direito Administrativo*, nº 240, 2005.
______. Mudança da jurisprudência do Supremo Tribunal Federal em matéria tributária. Segurança jurídica e modulação dos efeitos temporais das decisões judiciais, *Revista de Direito do Estado* nº 2, 2006.
______. A reforma política: uma proposta de sistema de governo, eleitoral e partidário para o Brasil, *Revista de Direito do Estado*, nº 3, 2006.
______. Da falta de efetividade à judicialização excessiva: direito à saúde, fornecimento gratuito de medicamentos e parâmetros para a atuação judicial, *Revista Interesse Público*, nº 46, 2007.
BATISTA, Patrícia. *Transformações do direito administrativo*. Rio de Janeiro: Renovar, 2003.
BATTIS, Ulrich e GUSY, Cristoph. *Einführung in das Staatsrecht*. 3ª ed., Heidelberg: C.F. Müller, 1991.
BAUMAN, Richard W. e TSVI, Kahana (ed.). *The least examined branch — The role of legislatures in the constitutional State*. Cambridge: Cambridge University Press, 2006.
BERCOVICI, Gilberto. Planejamento e políticas públicas: por uma nova compreensão do papel do Estado. In: BUCCI, Maria Paula Dallari.

Políticas públicas — Reflexões sobre o conceito jurídico. São Paulo: Saraiva, 2006.

BINENBOJM, Gustavo. *Uma teoria do direito administrativo — Direitos fundamentais, democracia e constitucionalização*. Rio de Janeiro-São Paulo: Renovar, 2006.

BIDART CAMPOS, German. J. *El orden socioeconomico en la Constitución*. Buenos Aires: Ediar, 1999.

BOBBIO, Norberto e VIROLI, Maurizio. *Diálogos em torno da República*. Rio de Janeiro: Campus, 2002.

BONAVIDES, Paulo. *Ciência política*. 10ª ed., São Paulo: Malheiros, 2000

______. *Do Estado Liberal ao Estado Social*. 6ª ed., São Paulo: Malheiros, 1996.

BONAVIDES, Paulo e ANDRADE, Paes de. *História constitucional do Brasil*. 3ª ed., Rio de Janeiro: Paz e Terra, 1991.

BRANDÃO, Rodrigo. *Direitos fundamentais, democracia e cláusulas pétreas*. Rio de Janeiro-São Paulo: Renovar, 2008.

BRANGSCH, Petra; e BRANGSCH, Lutz (orgs.). *Haushalt, Haushaltspolitik und Demokratie — Bedingungen und Strategien einer partizipativen Haushaltspolitik*. Berlin: Karl Dietz Verlag, 2005.

BUCCI, Maria Paula Dallari. *Direito administrativo e políticas públicas*. São Paulo: Saraiva, 2006.

CANARIS, Claus-Wilhelm. *Pensamento sistemático e conceito de sistema na ciência do Direito*. Lisboa: Calouste Gulbenkian, 2002.

CANOTILHO, J. J. Gomes. *Direito constitucional e teoria da Constituição*. 7ª ed. Coimbra: Almedina, 2003.

CLÈVE, Clèmerson Merlin. *Atividade legislativa do Poder Executivo*. São Paulo: Revista dos Tribunais, 2000.

CAMPILONGO, Celso Fernandes. *O Direito na sociedade complexa*. São Paulo: Max Limonad, 2000.

CITTADINO, Gisele. *Judicialização da política, constitucionalismo democrático e separação dos Poderes*. In: Luiz Werneck Vianna, *A democracia e os três Poderes no Brasil*. Rio de Janeiro: IUPERJ/FAPERJ, 2002.

CLÉRICO, Laura. *Die Struktur der Verhältnismäßigkeit*. Baden-Baden: Nomos, 2001.

CORREIA, Arícia Fernandes. Reserva de Administração e separação de Poderes. In: BARROSO, Luís Roberto (org.). *A reconstrução democrática do direito público no Brasil*. Rio de Janeiro-São Paulo: Renovar, 2007.

COSTA, Regina Helena. *Praticabilidade e justiça tributária — Exequibilidade de lei tributária e direitos do contribuinte*. São Paulo: Malheiros, 2007.

CRUZ, Flávio da (org.). *Comentários à Lei nº 4.320*. 4ª ed. São Paulo: Atlas, 2006.

______(org.). *Lei de responsabilidade fiscal comentada*. São Paulo: Atlas, 2001.

DAHL, Robert. *On democracy*. New Haven: Yale University Press, 2000.

DAL BOSCO, Maria Goretti. *Discricionariedade em políticas públicas — Um olhar garantista da aplicação da Lei de Improbidade Administrativa*. Curitiba: Juruá, 2007.

DI PIETRO, Maria Sylvia Zanella. *Discricionariedade administrativa na Constituição de 1988*. 2ª ed., São Paulo: Atlas, 2001.

DINAMARCO, Cândido Rangel. *Instrumentalidade do processo*. 10ª ed., São Paulo: Malheiros, 2002.

DOBROWOLSKI, Samantha Chantal. *A construção social do sentido da Constituição na democracia contemporânea: entre soberania popular e direitos humanos*. Rio de Janeiro: Lumen Juris, 2007.

DWORKIN, Ronald. *Freedom's Law — The moral reading of the American Constitution*, Cambridge: Harvard University Press, 1996.

______. *O império do Direito*. São Paulo: Martins Fontes, 1999.

EDMUNDSON, William. *Uma introdução aos direitos*. São Paulo: Martins Fontes, 2006.

ELSTER, Jon. *Local justice — How institutions allocate scarce goods and necessary burdens*. New York: Russell Sage Foundation, 1992.

ENGISCH, Karl. *Introdução ao pensamento jurídico*. 8ª ed., Lisboa: Fundação Calouste Gulbenkian, 2001.

EPSTEIN, David e O'HALLORAN, Sharyn. *Delegating powers — A transaction cost politics approach to policy making under separate Powers*. Cambridge: Cambridge University Press, 1999.

EPSTEIN, Lee e WALKER, Thomas. Constitutional law for a changing America. Washington: Congressional Quarterly 1995.

FARIA, José Eduardo. *Política, sistema jurídico e decisão judicial*. São Paulo: Martins Fontes, 2002.

FAVEIRO, Vítor. *Estatuto do contribuinte*. Coimbra: Coimbra Editora, 2002.

FEELEY, Malcolm e RUBIN, Edward. *Judicial policy making and the modern State — How courts reformed America's prisons*. Cambridge: Cambridge University Press, 2000.

FERNANDES, Jorge Ulisses Jacoby. *Tribunais de contas no Brasil — Jurisdição e competência*. Belo Horizonte: Fórum, 2005.

FERNANDEZ, Thomaz R. *De la arbitrariedad de la Administración*. Madrid: Civitas, 1999.

FERRAJOLI, Luigi. O *Estado de Direito entre o passado e futuro*. In: COSTA, Pietro e ZOLO, Danilo (orgs.), O *Estado de Direito — História, teoria, crítica*. São Paulo: Martins Fontes, 2006.

FERREIRA FILHO, Manoel Gonçalves. *Comentários à Constituição brasileira — Emenda Constitucional nº 1 de 17 de outubro de 1969*. São Paulo: Saraiva, 1974.

______. *Processo legislativo*. 6ª ed., São Paulo: Saraiva, 2007.

FERRERO LAPATZA, Jose Juan, *Curso de derecho financiero español*. Madrid, Barcelona: Marcial Pons, 2000.

FILGUEIRAS JÚNIOR, Marcus Vinícius. *Conceitos jurídicos indeterminados e discricionariedade administrativa*. Rio de Janeiro: Lumen Juris, 2007.

FISS, Owen. *A ironia da liberdade de expressão — Estado, regulação e diversidade na esfera pública*. Tradução de Gustavo Binenbojm e Caio Mário da Silva Pereira Neto. Rio de Janeiro-São Paulo: Renovar, 2005.

FLEINER-GERSTER, Thomas. *Teoria geral do Estado*. São Paulo: Martins Fontes, 2006.

FORST, Rainer. *Das Recht auf Rechtfertigung — Elemente einer konstruktivistischen Theorie der Gerechtigkeit*. Frankfurt a.M: Suhrkamp, 2007.

FRANÇA, Vladimir da Rocha. *Estrutura e motivação do ato administrativo*. São Paulo: Malheiros, 2007.

FREITAS, Juarez. O princípio da democracia e o controle do orçamento público brasileiro, *Revista Interesse Público*, edição especial (responsabilidade fiscal), 2002.

FRISCHEISEN, Luiza Cristina Fonseca. *Políticas públicas — A responsabilidade do administrador e do Ministério Público*. São Paulo: Max Limonad, 2000.

GAENSLY, Marina. O *princípio da coerência. Reflexões de teoria geral do Direito contemporânea*. Dissertação de Mestrado apresentada à Faculdade de Direito da UERJ (mimeo), 2005.

GALDINO, Flávio. *Introdução à teoria dos custos dos direitos — Direitos não nascem em árvores*. Rio de Janeiro: Lumen Juris, 2005.

GARCÍA DE ENTERRÍA, Eduardo. Principio de legalidad, Estado material de Derecho y facultades interpretativas y constructivas de la jurisprudencia en la Constitución. In: *Reflexiones sobre la ley y los principios generales del Derecho*. Madrid: Civitas, 1996.

GARCÍA NOVOA, César, *El principio de seguridad jurídica em materia tributaria*. Madrid, Barcelona: Marcial Pons, 2000.

GIACOMONI, James. *Orçamento público*. 14ª ed., São Paulo: Atlas, 2007.

GIDDENS, Anthony. *Mundo em descontrole — O que a globalização está fazendo de nós*. Rio de Janeiro-São Paulo: Record, 2007.

GOSLING, James J. *Budgetary politics in american governments*. 3ª ed., New York: Routledge, 2002.

GOUVÊA, Marcos Maselli. O *controle judicial das omissões administrativas — Novas perspectivas de implementação dos direitos prestacionais*. Rio de Janeiro: Forense, 2003.

GOYARD-FABRE, Simone. O *que é democracia?* São Paulo: Martins Fontes, 2003.

GRAU, Eros Roberto. *Ensaio e discurso sobre a interpretação/aplicação do Direito*. São Paulo: Malheiros, 2003.

GREGGIANI, Eugênio. O *processo orçamentário no Poder Legislativo e o assessoramento técnico institucional*. Disponível na página eletrônica http://www2.camara.gov.br/internet/orcamentobrasil/orcamentouniao/estudos/artigos/Artigo190.pdf. Acesso em 10.01.2008.

GRIFFIN, Stephen. *American constitutionalism*. Princeton: Princeton University Press, 1998.

GRIMM, Dieter. *Die Zukunf der Verfassung*. Frankfurt a.M: Suhrkamp, 1991.

______. *Recht und Staat der bürgerlichen Gesellschaft*. Frankfurt a.M: Suhrkamp, 1987.

______. *Constituição e política*. Belo Horizonte: Del Rey, 2006.

GUERRA, Evandro Martins. O*s controles externo e interno da Administração Pública*. Belo Horizonte: Fórum, 2005.

GUTMANN, Ammy e THOMPSON, Dennis. *Why deliberative democracy*. Princeton: Princeton University Press, 2004.

HÄBERLE, Peter. *Hermenêutica Constitucional — A sociedade aberta dos intérpretes da Constituição — Contribuição para a interpretação pluralista e procedimental da Constituição*. Porto Alegre: Sergio Fabris, 1997.

HABERMAS, Jürgen. *Faktizität und Geltung — Beiträge zur Diskurstheorie des Rechts und des demokratischen Rechtsstaats*. 4ª ed., Frankfurt a.M: Suhrkamp, 1998.

______. *Mudança estrutural da esfera pública*. Rio de Janeiro: Tempo Brasileiro, 2003.

HARADA, Kiyoshi. *Direito financeiro e tributário*. 16ª ed., São Paulo: Atlas, 2007.

HASSEMER, Winfried. Rechtssystem und Kodification. In: KAUFMANN, Arthur; HASSEMER, Winfried e NEUMANN, Ulfried (orgs.). *Einfhürung in die Rechtsphilosophie und Rechtstheorie der Gegenwart*. 7ª ed., Heidelberg: C.F. Muller, 2004.

HESSE, Konrad. *Grundzüge des Verfassungsrechts des Bundesrepubliks Deutschlands*. 19ª ed., Heidelberg: C.F. Müller, 1993.

______. *Die normative Kraft der Verfassung*. Tübingen: J. C. B. Mohr, 1959.

HOLANDA, Sérgio Buarque de. *Raízes do Brasil*. 26ª ed., São Paulo: Companhia das Letras, 2007.

HUBER, John D. e SHIPAN, Charles R. *Deliberate discretion — The institutional foundations of bureaucratic autonomy*. Cambridge: Cambridge University Press, 2002.

JARACH, Dino. *Finanzas públicas y derecho tributario*. Buenos Aires: Abeledo-Perrot, 1996.

JARDIM, Eduardo Marcial Ferreira. *Manual de direito financeiro e tributário*. 8ª ed., São Paulo: Saraiva, 2007.

JELLINEK, Georg. *Teoria general del Estado*. Buenos Aires: Albatros, 1954.

KAUFMANN, Arthur. Problemgeschichte der Rechtsphilosophie. In: KAUFMANN, Arthur; HASSEMER, Winfried e NEUMANN, Ulfried (orgs.). *Einfhürung in die Rechtsphilosophie und Rechtstheorie der Gegenwart*. 7ª ed., Heidelberg: C.F. Muller, 2004.

KEITH, Robert e SCHICK, Allen. *The federal budget process*. New York: Nova, 2003.

KELLES, Márcio Ferreira. *Controle da Administração Pública democrática — Tribunal de Contas no controle da LRF*. Belo Horizonte: Fórum, 2007.

KELSEN, Hans. *Teoria geral do Direito e do Estado*. São Paulo: Martins Fontes, 2005.

______. *Jurisdição constitucional*. São Paulo: Martins Fontes, 2003.

KIEWIET, D. Roderick e MCCUBBINS, Mathew. *The logic of delegation — Congressional parties and the appropriations process*. Chicago: The University of Chicago Press, 1991.

KOMMERS, Donald P. *The constitutional jurisprudence of the Federal Republic of Germany*. Durham and London: Duke University Press, 1997.

LARENZ, Karl. *Derecho justo*. Madrid: Civitas, 1991.

LEAL, Rogério Gesta. Esfera pública e participação social: possíveis dimensões jurídico-políticas dos direitos civis de participação social no âmbito da gestão dos interesses públicos no Brasil, *Revista Brasileira de Direito Público*, nº19, 2007.

______. O controle jurisdicional das políticas públicas no Brasil: possibilidades materiais. In: SARLET, Ingo Wolfgang. *Jurisdição e direitos fundamentais*, v. I, Tomo I. Porto Alegre: Livraria do Advogado, 2005.

LEE Jr., Robert e JOHNSON, Ronald. *Public budgeting systems*. Gaithersburg: Aspen, 1998.

LEIVAS, Paulo Gilberto Cogo. *Teoria dos direitos fundamentais sociais*. Porto Alegre: Livraria do Advogado, 2006.

LOEWENSTEIN, Karl. *Teoría de la Constitución*. Barcelona: Ariel, 1986.

LOPES, José Reinaldo de Lima. Direito subjetivo e direitos sociais: o dilema do Judiciário no Estado Social de Direito. In: FARIA, José

Eduardo (org). *Direitos humanos, direitos sociais e justiça*. São Paulo: Malheiros, 2005.
MACCORMICK, Neil. *Rethoric and the rule of Law*. New York: Oxford University Press, 2005.
MARINONI, Luiz Guilherme. *Técnica processual e tutela dos direitos*. São Paulo: Revista dos Tribunais, 2004.
MARMOR, Andrei. Should we value legislative integrity? In: BAUMAN, Richard W. e TSVI, Kahana (ed.). *The least examined branch — The role of legislatures in the constitutional State*. Cambridge: Cambridge University Press, 2006.
MARTÍNEZ LAGO, Miguel Ángel. *Ley de presupuestos y Constitución. Sobre las singularidades de la reserva de ley en materia presupuestaria*. Madrid: Editorial Trotta, 1998.
MARTINS JÚNIOR, Wallace Paiva. *Transparência administrativa*. São Paulo: Saraiva, 2004.
MAZZILLI, Hugo Nigro. *A defesa dos interesses difusos em juízo*. 11ª ed.. São Paulo: Saraiva, 1999.
MEIRELLES, Hely Lopes. *Direito administrativo brasileiro*. 18ª ed., São Paulo: Malheiros, 1993.
MEKHANTAR, Joël. *Finances publiques de l'État — La LOLF et le noveau droit budgétaire de la France*. Paris: Hachette, 2007.
MENDES, Gilmar Ferreira. *Direitos fundamentais e controle de constitucionalidade*. São Paulo: Saraiva, 1998.
______. *Jurisdição constitucional*. São Paulo: Saraiva, 1999.
MENDES, Gilmar Ferreira, COELHO, Inocêncio Mártires e BRANCO, Paulo Gustavo Gonet. *Curso de direito constitucional*. São Paulo: Saraiva, 2007.
MENDONÇA, Eduardo. Alguns pressupostos para um orçamento público conforme a Constituição. In: BARROSO, Luís Roberto (org.). *A reconstrução democrática do Direito Público no Brasil*. Rio de Janeiro-São Paulo, 2007.
______. Redesenhando a distribuição: duas propostas para um capitalismo mais igualitário, *Revista de Direito do Estado*, nº 2, 2006.
MILESKI, Helio Saul. *O controle da gestão pública*. São Paulo: Revista dos Tribunais, 2003.
______. Transparência do Poder Público e sua fiscalização, *Revista Interesse Público*, edição especial (responsabilidade fiscal), 2002.
MIRANDA, Pontes de. *Comentários à Constituição de 1967, com a Emenda nº 1, de 1969*. São Paulo: Revista dos Tribunais, 1970.
MORO, Sérgio Fernando. *Desenvolvimento e efetivação judicial das normas constitucionais*. São Paulo: Max Limonad, 2001.
NABAIS, José Casalta. *Estudos de direito fiscal*. Coimbra: Almedina, 2005.

NASCIMENTO, Carlos Valder do. *Curso de direito financeiro*. Rio de Janeiro: Forense, 1999.

______. O orçamento público na ótica de responsabilidade fiscal: autorizativo ou impositivo?, *Revista Ibero-americana de Direito Público*, nº. 6, 2002.

NEVES, Marcelo. *A constitucionalização simbólica*. 2ª ed.. São Paulo: Martins Fontes, 2007.

NINO, Carlos Santiago. *La Constitución de la democracia deliberativa*. Buenos Aires: Gedisa, 1997.

______. *Ética y derechos humanos*.2ª ed., Buenos Aires: Astrea, 1989.

NOBRE JÚNIOR, Edilson Pereira. Administração Pública e o princípio constitucional da eficiência, *Revista de Direito Administrativo*, nº 241, 2005.

NOGUEIRA, Roberto Wagner Lima. *Direito financeiro e justiça tributária*. Rio de Janeiro: Lumen Juris, 2004.

NOVELLI, Flávio Bauer. Anualidade e anterioridade na Constituição de 1988, *Revista de Direito Administrativo*, nº 179, 1990.

NOZICK, Robert. *Anarchy, State and utopia*. New York, Basic Books, 2001.

OLIVEIRA, José Marcos Domingues de. *Direito tributário e meio ambiente*. Rio de Janeiro: Renovar, 1995.

______. *Direito tributário — Capacidade contributiva*. Rio de Janeiro: Renovar, 1998.

______. Contribuições sociais, desvio de finalidade e a dita reforma da previdência social brasileira, *Revista Dialética de Direito Tributário*, nº 108, 2004.

OLIVEIRA, Regis Fernandes de. *Curso de direito financeiro*. 2ª ed., São Paulo: Revista dos Tribunais, 2008.

PAULO JUNIOR, José Marinho. O *poder jurisdicional de administrar — Criação judicial de órgão administrativo*. Rio de Janeiro: Lumen Juris, 2007.

PETREI, Humberto. *Budget and control — Reforming the public sector in Latin America*. Washington D.D.: Inter-american Development Bank, 1998.

PERELMAN, Chaïm e OLBRECHTS-TYTECA, Lucie. *Tratado da argumentação — A nova retórica*. São Paulo: Martins Fontes, 2002.

PIÇARRA, Nuno. *A separação dos Poderes como doutrina e como princípio constitucional — Um contributo para o estudo das suas origens e evolução*. Coimbra: Coimbra Editora, 1989.

PIOVESAN, Flávia. *Proteção judicial contra omissões legislativas*. 2ª ed., São Paulo: Revista dos Tribunais, 2003.

PÜNDER, Hermann. *Haushaltsrecht im Umbruch — Eine Untersuchung am Beispiel der Kommunalverwaltung*. Stuttgart: Kohlhammer, 2003.

RAWLS, John. *Liberalismo Político*. Mexico: Fondo de Cultura Económica, 1996.

REIS, Jane. *Interpretação constitucional e direitos fundamentais*. Rio de Janeiro-São Paulo: Renovar, 2006.

REZENDE, Fernando. *Finanças públicas*. São Paulo: Atlas, 2007.

ROSA JUNIOR, Luiz Emygdio da. *Manual de direito financeiro e direito tributário*. 17ª ed. Rio de Janeiro-São Paulo: Renovar, 2003.

ROYO, Fernando Perez. *Derecho financiero y tributario*. Madrid: Civitas, 1994.

RUBIN, Irene. *The politics of public budgeting*. 3ª ed. Chatham: Chatham House Publishers, 1997.

SABBAG, César. *Orçamento e desenvolvimento — Recurso público e dignidade humana: o desafio das políticas públicas desenvolvimentistas*. Campinas: Millenium, 2007.

SANCHÍS, Luis Prieto. *Ley, princípios, Derecho*. Madrid: Dykinson, 1998.

SANTOS, Boaventura de Souza. *A gramática do tempo — Para uma nova cultura política*, v. 4. São Paulo: Cortez, 2006.

SARLET, Ingo Wolfgang. *A eficácia dos direitos fundamentais*. 8ª ed., Porto Alegre: Livraria do Advogado, 2007.

______. *Dignidade da pessoa humana e direitos fundamentais*. 2ª ed., Porto Alegre: Livraria do Advogado, 2002.

______. Algumas considerações em torno do conteúdo, eficácia e efetividade do direito à saúde na Constituição de 1988, *Revista Interesse Público*, nº 12, 2001.

______. O direito fundamental à moradia na Constituição, *Revista Brasileira de Direito Público*, nº 2, 2003.

SARMENTO, Daniel. *Direitos fundamentais e relações privadas*. Rio de Janeiro: Lumen Juris, 2004.

______(org). *Interesses públicos Vs. interesses privados — Desconstruindo o princípio da supremacia do interesse público*. Rio de Janeiro: Lumen Juris, 2005.

______. Ubiqüidade constitucional: os dois lados da moeda, *Revista de Direito do Estado*, nº 2, 2006.

SCAFF, Fernando Facury. Como a sociedade financia o Estado para a implementação dos direitos humanos. In: COUTINHO, Jacinto Nelson de Miranda; MORAIS, José Luis Bolzan de; e STRECK, Lenio Luiz. *Estudos constitucionais*, 2007.

SHAPIRO, Ian. *Os fundamentos morais da política*. São Paulo: Martins Fontes, 2006.

SCHICK, Allen. *The federal budget — Politics, policy, process*. Washington, D.C.: Brookings Institution Press, 2000.

SCHIER, Adriana da Costa Ricardo. *A participação popular na Administração*. Rio de Janeiro-São Paulo: Renovar, 2002
SCHIER, Paulo Ricardo. *Filtragem constitucional*. Porto Alegre: Sergio Fabris, 1999.
SILVA, Anabelle Macedo. *Concretizando a Constituição*. Rio de Janeiro: Lumen Juris, 2005.
SILVA, José Afonso da. *Orçamento-programa no Brasil*. São Paulo: Revista dos Tribunais, 1973.
______. *Aplicabilidade das normas constitucionais*. 4ª ed. São Paulo: Malheiros, 2000.
______. *Curso de direito constitucional positivo*. 19ª ed., São Paulo: Malheiros, 2001.
______. *Processo constitucional de formação das leis*. 2ª ed., São Paulo: Malheiros, 2006.
SOUZA NETO, Cláudio Pereira de. *Teoria constitucional e democracia deliberativa — Um estudo sobre o papel do Direito na garantia das condições para a cooperação democrática*. Rio de Janeiro-São Paulo: Renovar, 2006.
STRUCHINER, Noel. *Direito e linguagem*. Rio de Janeiro-São Paulo: Renovar, 2002.
SUNDFELD, Carlos Ari. *Direito administrativo ordenador*. São Paulo: Malheiros, 2003.
SUNSTEIN, Cass. *One case at a time — Judicial minimalism on the Supreme Court*. Cambridge: Harvard University Press, 1997.
______. Cass. *Designing democracies*. Oxford: Oxford University Press, 2001.
______. Nondelegation principles. In: BAUMAN, Richard W. e TSVI, Kahana (ed.). *The least examined branch — The role of legislatures in the constitutional State*. Cambridge: Cambridge University Press, 2006.
SUNSTEIN, Cass e HOLMES, Stephen. *The cost of rights*. New York: W.W. Norton & Company, 1999.
TIPKE, Klaus. *Moral tributaria del Estado y de los contribuyentes*. Madrid: Marcial Pons, 2002.
TORRES, Ricardo Lobo. *Tratado de direito constitucional financeiro e tributário — O orçamento*. V. 5. Rio de Janeiro: Renovar, 2000.
______. *Tratado de direito constitucional financeiro e tributário — Valores e princípios constitucionais tributários*. V. 3. Rio de Janeiro: Renovar, 2005.
______. *Tratado de direito constitucional financeiro e tributário, Vol. II — Valores e princípios constitucionais tributários*. Rio de Janeiro: Renovar, 2005.
______. *Curso de direito financeiro e tributário*. 10ª ed. Rio de Janeiro: Renovar, 2003.

______. O princípio da transparência no direito financeiro, *Revista de Direito da Associação dos Procuradores do Novo Estado do Rio de Janeiro* nº VIII (Direito Financeiro), 2001.

______. O princípio da tipicidade no direito tributário, *Revista de Direito Administrativo* 235:193-232, 2004.

______. O princípio constitucional orçamentário da não-afetação, *Revista de Direito do Estado* nº 6, 2007

______. A constitucionalização do direito financeiro. In: SOUZA NETO, Cláudio Pereira de Souza e SARMENTO, Daniel. *A constitucionalização do* Direito. Rio de Janeiro: Lumen Juris, 2007.

______. As relações entre receita e despesa na Constituição. In: COUTINHO, Jacinto Nelson de Miranda; MORAIS, José Luis Bolzan de; e STRECK, Lenio Luiz. *Estudos constitucionais*, 2007.

TRIBE, Laurence. *American constitutional law*. New York: The Foundation Press, 2000.

TRILLO, Fausto Hernández. *El presupuesto público en infraestructura y su regulación*. México: Cidac, 2007.

TUSHNET, Mark. *Taking the Constitution away from the courts*. Princeton: Princeton University Press, 2000.

______. *Weak courts, strong rights*. Princeton: Princeton University Press, 2008.

VASCONCELLOS, Marco Antonio e GARCIA, Manuel. *Fundamentos de economia*. 2ª ed., São Paulo: Saraiva, 2004.

VERMEULE, Adrian. *Judging under uncertainty — An institutional theory of legal interpretation*. Cambridge: Harvard University Press, 2006.

______. *Mechanisms of democracy*. New York: Oxford University Press, 2007.

VIEIRA, Oscar Vilhena. *Supremo Tribunal Federal — Jurisprudência política*. São Paulo: Malheiros, 2002.

VIGILAR, José Marcelo Menezes. *Tutela jurisdicional coletiva*. São Paulo: Atlas, 1998.

XAVIER, Alberto, *Do lançamento — Teoria geral do ato, do procedimento e do processo tributário*, 2ª ed.. Rio de Janeiro: Forense, 1997.

WALDRON, Jeremy. *A dignidade da legislação*. São Paulo: Martins Fontes, 2003.

WEISS, Fernando Leme. *Justiça tributária — As renúncias, o código de defesa dos contribuintes e a reforma tributária*. Rio de Janeiro: Lumen Juris, 2003.

______. *Princípios tributários e financeiros*. Rio de Janeiro: Lumen Juris, 2006.

WIESNER, Herbert e WESTERMEIER, Antonius. *Das staatliche Haushalts-, Kasse- und Rechnungswesen*. 7ª ed., Heidelberg: R.v. Decker, 2005.

WILDAVSKY, Aaron e CAIDEN, Naomi. *The new politics of the budgetary process*. 3ª ed., New York: Longman, 1997.
WOLFF, Johathan. *Introdução à filosofia política*. Rio de Janeiro: Gradiva, 1996.
WRIGHT, Erik Olin (ed.). *Redesigning distribution — Basic income and stakeholder grants as cornerstones for an egalitarian capitalism*. London: Verso, 2006.

ANEXOS

Anexo I

Autorização para abertura de créditos suplementares

Lei Orçamentária Anual de 2007 — Lei nº 11.451/2007

Seção III

Da Autorização para a Abertura de Créditos Suplementares

Art. 4º Fica autorizada a abertura de créditos suplementares, restritos aos valores constantes desta Lei, observado o disposto no parágrafo único do art. 8º da Lei de Responsabilidade Fiscal e na Lei de Diretrizes Orçamentárias para 2007, desde que as alterações promovidas na programação orçamentária sejam compatíveis com a obtenção da meta de resultado primário estabelecida no Anexo de Metas Fiscais da Lei de Diretrizes Orçamentárias para 2007, respeitados os limites e condições estabelecidos neste artigo, para suplementação de dotações consignadas:

I — a cada subtítulo, até o limite de 10% (dez por cento) do respectivo valor, mediante a utilização de recursos provenientes de:

a) anulação parcial de dotações, limitada a 10% (dez por cento) do valor do subtítulo objeto da anulação;

b) reserva de contingência, inclusive à conta de recursos próprios e vinculados, observado o disposto no art. 5º, inciso III, da Lei de Responsabilidade Fiscal;

c) excesso de arrecadação de receitas próprias, desde que para alocação nos mesmos subtítulos em que os recursos dessas fontes foram originalmente programados, observado o limite de 40% (quarenta por cento) da dotação inicial; e

d) até 10% (dez por cento) do excesso de arrecadação de receitas do Tesouro Nacional;

II — aos grupos de natureza de despesa "3 — Outras Despesas Correntes", "4 — Investimentos" e "5 — Inversões Financeiras", mediante utilização de recursos provenientes da anulação de dotações consignadas a esses grupos, no âmbito do mesmo subtítulo, sendo a suplementação limitada a 25% (vinte e cinco por cento) da soma das referidas dotações;

III — ao atendimento de despesas decorrentes de sentenças judiciais transitadas em julgado, inclusive daquelas consideradas de pequeno valor nos termos da legislação vigente e relativas a débitos periódicos vincendos, mediante a utilização de recursos provenientes de:

a) reserva de contingência, inclusive à conta de recursos próprios e vinculados, observado o disposto no art. 5º, inciso III, da Lei de Responsabilidade Fiscal;

b) anulação de dotações consignadas a grupos de natureza de despesa no âmbito do mesmo subtítulo;

c) anulação de dotações consignadas a essa finalidade, na mesma ou em outra unidade orçamentária;

d) até 10% (dez por cento) do excesso de arrecadação de receitas próprias e do Tesouro Nacional; e

e) superávit financeiro apurado em balanço patrimonial do exercício de 2006;

IV — ao atendimento de despesas com juros e encargos da dívida, mediante a utilização de recursos provenientes da anulação de dotações consignadas a essa finalidade ou à amortização da dívida, na mesma ou em outra unidade orçamentária;

V — ao atendimento de despesas com amortização da dívida pública federal, mediante a utilização de recursos provenientes de:

a) anulação de dotações consignadas a essa finalidade ou ao pagamento de juros e encargos da dívida, na mesma ou em outra unidade orçamentária;

b) excesso de arrecadação decorrente dos pagamentos de participações e dividendos pelas entidades integrantes da Administração Pública Federal indireta, inclusive os relativos a lucros acumulados em exercícios anteriores;

c) superávit financeiro da União, apurado no balanço patrimonial do exercício de 2006, nos termos do art. 43, §§ 1º, inciso I, e 2º, da Lei nº 4.320, de 17 de março de 1964; e

d) resultado positivo do Banco Central do Brasil, observado o disposto no art. 7º da Lei de Responsabilidade Fiscal;

VI — ao atendimento das despesas com pessoal e encargos sociais, inclusive as decorrentes da revisão geral anual de remuneração dos servidores públicos federais e dos militares das Forças Armadas prevista no art. 37, inciso X, da Constituição e nos arts. 93 e 94 da Lei de Diretrizes Orçamentárias para 2007, mediante a utilização de recursos oriundos da anulação de dotações consignadas:

a) a esse grupo de natureza de despesa no âmbito do respectivo Poder e do Ministério Público da União; e

b) aos grupos de natureza de despesa "3 — Outras Despesas Correntes", "4 —Investimentos" e "5 — Inversões Financeiras" constantes do mesmo subtítulo até o limite de 40% (quarenta por cento) da soma dessas dotações;

VII — a subtítulos aos quais foram alocadas receitas de operações de crédito previstas nesta Lei, mediante a utilização de recursos decorrentes da variação monetária ou cambial dessas operações;

VIII — ao atendimento das mesmas ações em execução no ano de 2006, no caso das empresas públicas e das sociedades de economia mista integrantes dos Orçamentos Fiscal e da Seguridade Social, até o limite dos saldos orçamentários dos respectivos subtítulos aprovados no exercício de 2006, mediante a utilização de superávit financeiro apurado no balanço patrimonial do exercício de 2006, nos termos do art. 43, §§ 1º, inciso I, e 2º, da Lei nº 4.320, de 1964;

IX — a subtítulos aos quais possam ser alocados recursos oriundos de doações e convênios, observada a destinação prevista no instrumento respectivo;

X — ao atendimento do refinanciamento, juros e outros encargos da dívida pública federal, mediante a utilização de recursos decorrentes da emissão de títulos de responsabilidade do Tesouro Nacional, até o limite de 20% (vinte por cento) do montante do refinanciamento da dívida pública federal estabelecido no art. 3º, inciso III, desta Lei;

XI — ao atendimento de transferências de que trata o art. 159 da Constituição, bem como daquelas devidas aos Estados, ao Distrito Federal e aos Municípios decorrentes de vinculações legais, mediante a utilização do superávit financeiro correspondente apurado no balanço patrimonial da União do exercício de 2006, nos termos do art. 43, §§ 1º, inciso I, e 2º, da Lei nº 4.320, de 1964;

XII — ao atendimento de despesas com equalização de preços nas ações destinadas à execução da Política de Garantia de Preços Mínimos, Formação e Administração de Estoques Reguladores e Estratégicos de produtos agropecuários, mediante a utilização de recursos provenientes de anulação de dotações consignadas a essas despesas no âmbito do órgão "Operações Oficiais de Crédito";

XIII — ao atendimento de despesas com benefícios previdenciários, mediante a utilização de recursos provenientes de anulação de dotações consignadas a essas despesas no âmbito do Fundo do Regime Geral de Previdência Social;

XIV — ao atendimento de despesas da ação "0413 — Manutenção e Operação dos Partidos Políticos" no âmbito da unidade orçamentária "14901 — Fundo Partidário", mediante a utilização de recursos provenientes de:

a) superávit financeiro apurado no balanço patrimonial do exercício de 2006; e

b) excesso de arrecadação de receitas próprias e vinculadas, nos termos do art. 43, §§ 1º, inciso II, 3º e 4º, da Lei nº 4.320, de 1964;

XV — ao atendimento de despesas no âmbito das Instituições Federais de Ensino Superior, dos Centros Federais de Educação Tecnológica e das Escolas Agrotécnicas Federais, classificadas nos grupos de natureza de despesa "3 — Outras Despesas Correntes", "4 — Investimentos" e "5 — Inversões Financeiras", mediante a utilização de recursos provenientes de:

a) anulação de até 50% (cinquenta por cento) do total das dotações orçamentárias consignadas a esses grupos no âmbito de cada uma das entidades; e

b) excesso de arrecadação de receitas próprias geradas por essas entidades, nos termos do art. 43, §§ 1º, inciso II, 3º e 4º, da Lei nº 4.320, de 1964;

XVI — ao atendimento de despesas de acordo com as finalidades e os montantes previstos na unidade orçamentária "Reserva de Contingência";

XVII — ao atendimento de despesas no âmbito das agências reguladoras, do Fundo de Universalização dos Serviços de Telecomunicações — FUST, do Fundo para o Desenvolvimento Tecnológico das Telecomunicações — FUNTTEL e dos fundos setoriais de ciência e tecnologia constantes do Fundo Nacional de Desenvolvimento Científico e Tecnológico — FNDCT, mediante a utilização dos respectivos:

a) superávits financeiros apurados nos balanços patrimoniais de 2006;

b) excessos de arrecadação de receitas próprias e vinculadas, nos termos do art. 43, §§ 1º, inciso II, 3º e 4º, da Lei nº 4.320, de 1964; e

c) reservas de contingência à conta de recursos próprios e vinculados constantes desta Lei;

XVIII — ao atendimento de despesas da ação "0E36 — Complementação da União ao Fundo de Manutenção e Desenvolvimento da Educação Básica e de Valorização dos Profissionais da Educação — FUNDEB", mediante a utilização de recursos provenientes de:

a) superávit financeiro apurado no balanço patrimonial de 2006;

b) excesso de arrecadação de receitas vinculadas, nos termos do art. 43, §§ 1º, inciso II, 3º e 4º, da Lei nº 4.320, de 1964; e

c) anulação parcial ou total de dotações alocadas aos subtítulos dessa ação;

XIX — ao pagamento de benefícios a servidor público, admitido no exercício de 2007, mediante a utilização de recursos alocados ao Ministério do Planejamento, Orçamento e Gestão no grupo de natureza de despesa "3 — Outras Despesas Correntes" do subtítulo "Pagamento de Pessoal decorrente de Provimentos por meio de Concursos Públicos — Nacional";

XX — ao atendimento de programações constantes do Anexo VII desta Lei, mediante o remanejamento de até 30% (trinta por cento) do montante das dotações orçamentárias constantes desta Lei com o identificador de resultado primário "3";

XXI — ao atendimento de despesas no âmbito do programa "0637 — Serviço de Saúde das Forças Armadas", mediante a utilização de recursos provenientes de excesso de arrecadação de receitas próprias, nos termos do art. 43, §§ 1º, inciso II, 3º e 4º, da Lei nº 4.320, de 1964.

§ 1º Os limites referidos no inciso I e respectiva alínea "a" deste artigo, poderão ser ampliados quando o remanejamento ocorrer:

I — no âmbito do mesmo programa, desde que o cancelamento não incida sobre subtítulos derivados integralmente de emendas individuais ao Projeto de Lei Orçamentária para 2007, para 20% (vinte por cento);

II — para o atendimento dos benefícios auxílio-alimentação ou refeição, assistência médica e odontológica, assistência pré-escolar e auxílio-transporte aos servidores e empregados, para 30% (trinta por cento).

§ 2º A autorização de que trata este artigo fica condicionada à publicação, até o dia 15 de dezembro de 2007, do ato de abertura do crédito suplementar.

Art. 5º Fica o Poder Executivo autorizado a abrir créditos suplementares à conta de recursos de excesso de arrecadação, nos termos do art. 43, §§ 1º, inciso II, 3º e 4º, da Lei nº 4.320, de 1964, destinados:

I — a transferências aos Estados, ao Distrito Federal e aos Municípios, decorrentes de vinculações constitucionais ou legais;

II — aos fundos constitucionais de financiamento do Norte, Nordeste e Centro-Oeste, nos termos da Lei nº 7.827, de 27 de setembro de 1989, alterada pelas Leis nºs 9.808, de 20 de julho de 1999, e 10.177, de 12 de janeiro de 2001; e

III — ao Fundo de Amparo ao Trabalhador — FAT, mediante a utilização de recursos das contribuições para o Programa de Integração Social — PIS e o Programa de Formação do Patrimônio do Servidor Público — PASEP, inclusive da parcela a que se refere o art. 239, § 1º, da Constituição.

Anexo II

Créditos suplementares abertos por decreto em 2007

Decreto de 27.12.2007 Publicado no DOU de 28.12.2007	Abre ao Orçamento Fiscal da União, em favor de Transferências a Estados, Distrito Federal e Municípios, crédito suplementar no valor de R$ 75.625.170,00, para reforço de dotações constantes da Lei Orçamentária vigente.
Decreto de 14.12.2007 Publicado no DOU de 14.12.2007 — Edição extra	Abre ao Orçamento Fiscal da União, em favor da Presidência da República e dos Ministérios da Ciência e Tecnologia e das Relações Exteriores, crédito suplementar no valor global de R$ 39.342.092,00, para reforço de dotações constantes da Lei Orçamentária vigente.
Decreto de 14.12.2007 Publicado no DOU de 14.12.2007 — Edição extra	Abre ao Orçamento Fiscal da União, em favor do Ministério do Turismo, crédito suplementar no valor de R$ 14.883.900,00, para reforço de dotação constante da Lei Orçamentária vigente.
Decreto de 14.12.2007 Publicado no DOU de 14.12.2007 — Edição extra	Abre ao Orçamento Fiscal da União, em favor dos Ministérios da Agricultura, Pecuária e Abastecimento, do Desenvolvimento, Indústria e Comércio Exterior, do Planejamento, Orçamento e Gestão e de Encargos Financeiros da União, crédito suplementar no valor global de R$ 41.336.473,00, para reforço de dotações constantes da Lei Orçamentária vigente.
Decreto de 14.12.2007 Publicado no DOU de 14.12.2007 — Edição extra	Abre aos Orçamentos Fiscal e da Seguridade Social da União, em favor da Justiça do Trabalho, de diversos órgãos do Poder Executivo e de Transferências a Estados, Distrito Federal e Municípios, crédito suplementar no valor global de R$ 29.564.680,00, para reforço de dotações constantes da Lei Orçamentária vigente.
Decreto de 14.12.2007 Publicado no DOU de 14.12.2007 — Edição extra	Abre aos Orçamentos Fiscal e da Seguridade Social da União, em favor do Senado Federal, de diversos órgãos dos Poderes Judiciário e Executivo e de Transferências a Estados, Distrito Federal e Municípios, crédito suplementar no valor global de R$ 729.781.000,00, para reforço de dotações constantes da Lei Orçamentária vigente.

Decreto de 14.12.2007 Publicado no DOU de 14.12.2007 — Edição extra	Abre ao Orçamento de Investimento para 2007, em favor das empresas Petróleo Brasileiro S.A.-PETROBRÁS e Liquigás Distribuidora S.A.- LIQUIGÁS, crédito suplementar no valor total de R$ 278.087.833,00, para os fins que especifica.
Decreto de 14.12.2007 Publicado no DOU de 14.12.2007 — Edição extra	Abre, aos Orçamentos Fiscal e da Seguridade Social da União, em favor dos Ministérios da Previdência Social, da Saúde, dos Transportes, da Cultura e do Desenvolvimento Social e Combate à Fome, crédito suplementar no valor global de R$ 544.009.475,00, para reforço de dotações constantes da Lei Orçamentária vigente.
Decreto de 14.12.2007 Publicado no DOU de 14.12.2007 — Edição extra	Abre ao Orçamento Fiscal da União, em favor dos Ministérios de Minas e Energia e da Cultura, crédito suplementar no valor global de R$ 1.805.000,00, para reforço de dotações constantes da Lei Orçamentária vigente.
Decreto de 14.12.2007 Publicado no DOU de 14.12.2007 — Edição extra	Abre, aos Orçamentos Fiscal e da Seguridade Social da União, em favor do Ministério da Educação, crédito suplementar no valor de R$ 89.121.611,00, para reforço de dotações constantes da Lei Orçamentária vigente.
Decreto de 14.12.2007 Publicado no DOU de 14.12.2007 — Edição extra	Abre, ao Orçamento da Seguridade Social da União, em favor do Ministério da Previdência Social, crédito suplementar no valor de R$ 854.420.347,00, para reforço de dotações constantes da Lei Orçamentária vigente.
Decreto de 14.12.2007 Publicado no DOU de 14.12.2007 — Edição extra	Abre, aos Orçamentos Fiscal e da Seguridade Social da União, em favor das Justiças Federal, Eleitoral e do Trabalho e de diversos órgãos do Poder Executivo, crédito suplementar no valor global de R$ 367.800.540,00, para reforço de dotações constantes da Lei Orçamentária vigente.
Decreto de 14.12.2007 Publicado no DOU de 14.12.2007 — Edição extra	Abre ao Orçamento Fiscal da União, em favor dos Ministérios das Comunicações, da Integração Nacional e das Cidades, crédito suplementar no valor global de R$ 37.266.000,00, para reforço de dotações constantes da Lei Orçamentária vigente.
Decreto de 14.12.2007 Publicado no DOU de 14.12.2007 — Edição extra	Abre, ao Orçamento da Seguridade Social da União, em favor do Ministério da Saúde, crédito suplementar no valor de R$ 59.351.389,00, para reforço de dotações constantes da Lei Orçamentária vigente.
Decreto de 4.12.2007 Publicado no DOU de 5.12.2007	Abre aos Orçamentos Fiscal e da Seguridade Social da União, em favor das Justiças Militar da União e Eleitoral, de diversos órgãos do Poder Executivo e de Transferências a Estados, Distrito Federal e Municípios, crédito suplementar no valor global de R$ 1.187.633.205,00, para reforço de dotações constantes da Lei Orçamentária vigente.
Decreto de 4.12.2007 Publicado no DOU de 5.12.2007	Abre ao Orçamento Fiscal da União, em favor do Ministério da Ciência e Tecnologia, crédito suplementar no valor de R$ 792.090,00, para reforço de dotação constante da Lei Orçamentária vigente.
Decreto de 3.12.2007 Publicado no DOU de 3.12.2007 — Edição extra	Abre ao Orçamento Fiscal da União, em favor do Ministério da Justiça, crédito suplementar no valor de R$ 1.450.000,00, para reforço de dotações constantes da Lei Orçamentária vigente.

Decreto de 26.11.2007 Publicado no DOU de 27.11.2007	Abre ao Orçamento Fiscal da União, em favor dos Ministérios da Agricultura, Pecuária e Abastecimento e das Cidades, crédito suplementar no valor global de R$ 2.761.818,00, para reforço de dotações constantes da Lei Orçamentária vigente.
Decreto de 22.11.2007 Publicado no DOU de 23.11.2007	Abre ao Orçamento Fiscal da União, em favor dos Ministérios da Fazenda, do Desenvolvimento, Indústria e Comércio Exterior e do Planejamento, Orçamento e Gestão, crédito suplementar no valor global de R$ 22.347.904,00, para reforço de dotações constantes da Lei Orçamentária vigente.
Decreto de 22.11.2007 Publicado no DOU de 23.11.2007	Abre aos Orçamentos Fiscal e da Seguridade Social da União, em favor do Superior Tribunal de Justiça, das Justiças Federal, do Trabalho e do Distrito Federal e dos Territórios, e de diversos órgãos do Poder Executivo, crédito suplementar no valor global de R$ 168.188.865,00, para reforço de dotações constantes da Lei Orçamentária vigente.
Decreto de 21.11.2007 Publicado no DOU de 22.11.2007	Abre aos Orçamentos Fiscal e da Seguridade Social da União, em favor das Justiças Federal e do Trabalho e de diversos órgãos do Poder Executivo, crédito suplementar no valor global de R$ 36.175.145,00, para reforço de dotações constantes da Lei Orçamentária vigente.
Decreto de 21.11.2007 Publicado no DOU de 22.11.2007	Abre aos Orçamentos Fiscal e da Seguridade Social da União, em favor dos Ministérios da Previdência Social, da Saúde, do Trabalho e Emprego, da Cultura, do Esporte, da Integração Nacional e do Desenvolvimento Social e Combate à Fome, crédito suplementar no valor global de R$ 112.495.668,00, para reforço de dotações constantes da Lei Orçamentária vigente.
Decreto de 19.11.2007 Publicado no DOU de 20.11.2007	Abre ao Orçamento Fiscal da União, em favor dos Ministérios de Minas e Energia, dos Transportes, das Comunicações, do Meio Ambiente, da Integração Nacional e das Cidades, crédito suplementar no valor global de R$ 18.354.950,00, para reforço de dotações constantes da Lei Orçamentária vigente.
Decreto de 19.11.2007 Publicado no DOU de 20.11.2007	Abre aos Orçamentos Fiscal e da Seguridade Social da União, em favor do Ministério da Educação, crédito suplementar no valor de R$ 205.485.396,00, para reforço de dotações constantes da Lei Orçamentária vigente.
Decreto de 6.11.2007 Publicado no DOU de 7.11.2007	Abre ao Orçamento Fiscal da União, em favor dos Ministérios da Agricultura, Pecuária e Abastecimento e das Cidades, crédito suplementar no valor global de R$ 4.359.685,00, para reforço de dotações constantes da Lei Orçamentária vigente.
Decreto de 1º.11.2007 Publicado no DOU de 5.11.2007	Abre ao Orçamento Fiscal da União, em favor dos Ministérios da Fazenda, do Planejamento, Orçamento e Gestão e do Desenvolvimento Agrário, crédito suplementar no valor global de R$ 19.502.229,00, para reforço de dotações constantes da Lei Orçamentária vigente.
Decreto de 24.10.2007 Publicado no DOU de 25.10.2007	Abre ao Orçamento Fiscal da União, em favor da Presidência da República e dos Ministérios da Ciência e Tecnologia e da Defesa, crédito suplementar no valor global de R$ 53.405.994,00, para reforço de dotações constantes da Lei Orçamentária vigente.

Decreto de 24.10.2007 Publicado no DOU de 25.10.2007	Abre aos Orçamentos Fiscal e da Seguridade Social da União, em favor de diversos órgãos do Poder Executivo, crédito suplementar no valor global de R$ 1.634.560.745,00, para reforço de dotações constantes da Lei Orçamentária vigente.
Decreto de 24.10.2007 Publicado no DOU de 25.10.2007	Abre ao Orçamento da Seguridade Social da União, em favor dos Ministérios da Previdência Social e do Trabalho e Emprego, crédito suplementar no valor global de R$ 5.493.604.963,00, para reforço de dotações constantes da Lei Orçamentária vigente.
Decreto de 19.10.2007 Publicado no DOU de 22.10.2007	Abre ao Orçamento Fiscal da União, em favor da Presidência da República, do Ministério do Planejamento, Orçamento e Gestão e de Encargos Financeiros da União, crédito suplementar no valor global de R$ 33.950.651.414,00, para reforço de dotações constantes da Lei Orçamentária vigente.
Decreto de 9.10.2007 Publicado no DOU de 10.10.2007	Abre ao Orçamento Fiscal da União, em favor do Ministério da Fazenda, crédito suplementar no valor de R$ 148.693.707,00, para reforço de dotações constantes da Lei Orçamentária vigente.
Decreto de 4.10.2007 Publicado no DOU de 5.10.2007	Abre ao Orçamento Fiscal da União, em favor do Ministério da Fazenda, crédito suplementar no valor de R$ 135.000.000,00, para reforço de dotações constantes da Lei Orçamentária vigente.
Decreto de 24.9.2007 Publicado no DOU de 25.9.2007	Abre ao Orçamento Fiscal da União, em favor do Ministério das Cidades, crédito suplementar no valor de R$ 16.000.000,00, para reforço de dotação constante da Lei Orçamentária vigente.
Decreto de 19.9.2007 Publicado no DOU de 20.9.2007	Abre ao Orçamento da Seguridade Social da União, em favor do Ministério da Previdência Social, crédito suplementar no valor de R$ 348.032.210,00, para reforço de dotação constante da Lei Orçamentária vigente.
Decreto de 18.9.2007 Publicado no DOU de 19.9.2007	Abre ao Orçamento Fiscal da União, em favor do Ministério das Cidades, crédito suplementar no valor de R$ 6.570.849,00, para reforço de dotação constante da Lei Orçamentária vigente.
Decreto de 14.9.2007 Publicado no DOU de 17.9.2007	Abre ao Orçamento Fiscal da União, em favor dos Ministérios dos Transportes e do Meio Ambiente, crédito suplementar no valor global de R$ 137.539.905,00, para reforço de dotações constantes da Lei Orçamentária vigente.
Decreto de 14.9.2007 Publicado no DOU de 17.9.2007	Abre aos Orçamentos Fiscal e da Seguridade Social da União, em favor de diversos órgãos do Poder Executivo, crédito suplementar no valor global de R$ 3.151.340,00, para reforço de dotações constantes da Lei Orçamentária vigente.
Decreto de 14.9.2007 Publicado no DOU de 17.9.2007	Abre ao Orçamento de Investimento para 2007, em favor das Centrais Elétricas do Norte Brasil S.A. — ELETRONORTE e da Empresa Brasileira de Correios e Telégrafos — ECT, crédito suplementar no valor total de R$ 16.887.000,00, para os fins que especifica.
Decreto de 30.8.2007 Publicado no DOU de 31.8.2007	Abre ao Orçamento Fiscal da União, em favor dos Ministérios da Justiça e da Defesa, crédito suplementar no valor global de R$ 26.440.935,00, para reforço de dotações constantes da Lei Orçamentária vigente
Decreto de 14.8.2007 Publicado no DOU de 15.8.2007	Abre aos Orçamentos Fiscal e da Seguridade Social da União, em favor de diversos órgãos do Poder Executivo, crédito suplementar no valor global de R$ 498.674.921,00, para reforço de dotações constantes da Lei Orçamentária vigente.

Decreto de 14.8.2007 Publicado no DOU de 15.8.2007	Abre ao Orçamento da Seguridade Social da União, em favor do Ministério do Desenvolvimento Social e Combate à Fome, crédito suplementar no valor de R$ 47.404.455,00, para reforço de dotações constantes da Lei Orçamentária vigente.
Decreto de 10.8.2007 Publicado no DOU de 13.8.2007	Abre ao Orçamento Fiscal da União, em favor do Ministério de Minas e Energia, crédito suplementar no valor de R$ 4.252.063,00, para reforço de dotações constantes da Lei Orçamentária vigente.
Decreto de 8.8.2007 Publicado no DOU de 9.8.2007	Abre ao Orçamento Fiscal da União, em favor da Presidência da República, crédito suplementar no valor de R$ 12.409.999,00, para reforço de dotações constantes da Lei Orçamentária vigente.
Decreto de 8.8.2007 Publicado no DOU de 9.8.2007	Abre aos Orçamentos Fiscal e da Seguridade Social da União, em favor das Justiças Eleitoral e do Trabalho e de diversos órgãos do Poder Executivo, crédito suplementar no valor global de R$ 77.499.914,00, para reforço de dotações constantes da Lei Orçamentária vigente.
Decreto de 3.8.2007 Publicado no DOU de 6.8.2007	Abre ao Orçamento Fiscal da União, em favor do Ministério da Justiça, crédito suplementar no valor de R$ 33.467,00, para reforço de dotação constante da Lei Orçamentária vigente.
Decreto de 30.7.2007 Publicado no DOU de 31.7.2007	Abre ao Orçamento de Investimento para 2007, em favor da Caixa Econômica Federal — CEF, crédito suplementar no valor total de R$ 27.843.104,00, para os fins que especifica.
Decreto de 30.7.2007 Publicado no DOU de 31.7.2007	Abre ao Orçamento Fiscal da União, em favor de Transferências a Estados, Distrito Federal e Municípios, crédito suplementar no valor de R$ 83.277.716,00, para reforço de dotações constantes da Lei Orçamentária vigente.
Decreto de 30.7.2007 Publicado no DOU de 31.7.2007	Abre ao Orçamento da Seguridade Social da União, em favor dos Ministérios da Previdência Social e do Desenvolvimento Social e Combate à Fome, crédito suplementar no valor global de R$ 87.932.909,00, para reforço de dotações constantes da Lei Orçamentária vigente.
Decreto de 24.7.2007 Publicado no DOU de 25.7.2007	Abre ao Orçamento Fiscal da União, em favor do Ministério da Educação, crédito suplementar no valor de R$ 438.171.968,00, para reforço de dotações constantes da Lei Orçamentária vigente.
Decreto de 16.7.2007 Publicado no DOU de 17.7.2007	Abre ao Orçamento Fiscal da União, em favor do Ministério da Justiça, crédito suplementar no valor de R$ 20.765.357,00, para reforço de dotações constantes da Lei Orçamentária vigente.
Decreto de 10.7.2007 Publicado no DOU de 11.7.2007	Abre ao Orçamento Fiscal da União, em favor de Encargos Financeiros da União, crédito suplementar no valor de R$ 967.483.499,00, para reforço de dotações constantes da Lei Orçamentária vigente.
Decreto de 3.7.2007 Publicado no DOU de 4.7.2007	Abre ao Orçamento Fiscal da União, em favor do Ministério da Ciência e Tecnologia, crédito suplementar no valor de R$ 1.675.000,00, para reforço de dotação constante da Lei Orçamentária vigente.
Decreto de 26.6.2007 Publicado no DOU de 27.6.2007	Transfere dotações orçamentárias, do Ministério da Previdência Social para o Ministério da Fazenda, no valor de R$ 92.420.197,00.

Decreto de 20.6.2007 Publicado no DOU de 21.6.2007	Abre ao Orçamento Fiscal da União, em favor dos Ministérios de Minas e Energia, do Meio Ambiente, da Integração Nacional e das Cidades, crédito suplementar no valor global de R$ 23.228.576,00, para reforço de dotações constantes da Lei Orçamentária vigente.
Decreto de 15.6.2007 Publicado no DOU de 15.6.2007 — Edição extra	Abre aos Orçamentos Fiscal e da Seguridade Social da União, em favor dos Ministérios da Saúde, do Trabalho e Emprego, da Cultura, do Esporte e do Desenvolvimento Social e Combate à Fome, crédito suplementar no valor global de R$ 72.121.614,00, para reforço de dotações constantes da Lei Orçamentária vigente.
Decreto de 15.6.2007 Publicado no DOU de 15.6.2007 — Edição extra	Abre ao Orçamento Fiscal da União, em favor dos Ministérios da Fazenda, do Desenvolvimento, Indústria e Comércio Exterior, do Planejamento, Orçamento e Gestão, do Desenvolvimento Agrário e do Turismo, crédito suplementar no valor global de R$ 26.196.103,00, para reforço de dotações constantes da Lei Orçamentária vigente.
Decreto de 13.6.2007 Publicado no DOU de 14.6.2007	Abre ao Orçamento Fiscal da União, em favor do Ministério da Fazenda e de Encargos Financeiros da União, crédito suplementar no valor global de R$ 3.401.349.749,00, para reforço de dotações constantes da Lei Orçamentária vigente.
Decreto de 22.5.2007 Publicado no DOU de 23.5.2007	Abre ao Orçamento Fiscal da União, em favor da Presidência da República, crédito suplementar no valor de R$ 6.243.147,00, para reforço de dotação constante da Lei Orçamentária vigente.
Decreto de 17.5.2007 Publicado no DOU de 18.5.2007	Abre ao Orçamento Fiscal da União, em favor do Ministério da Educação, crédito suplementar no valor de R$ 85.966.000,00, para reforço de dotações constantes da Lei Orçamentária vigente.
Decreto de 13.4.2007 Publicado no DOU de 16.4.2007	Abre ao Orçamento Fiscal da União, em favor do Ministério da Ciência e Tecnologia, crédito suplementar no valor de R$ 1.257.156,00, para reforço de dotação constante da Lei Orçamentária vigente.
Decreto de 3.4.2007 Publicado no DOU de 4.4.2007	Abre ao Orçamento Fiscal da União, em favor dos Ministérios da Agricultura, Pecuária e Abastecimento e das Cidades, crédito suplementar no valor global de R$ 20.000.000,00, para reforço de dotações constantes da Lei Orçamentária vigente.

Anexo III

Créditos especiais abertos em 2007

11.626, de 26.12.2007 Publicada no DOU de 27.12.2007	Abre ao Orçamento Fiscal da União, em favor do Ministério da Educação, crédito especial no valor de R$ 275.296,00, para os fins que especifica
11.616, de 19.12.2007 Publicada no DOU de 20.12.2007	Abre aos Orçamentos Fiscal e da Seguridade Social da União, em favor do Ministério da Educação, crédito especial no valor de R$ 26.673.605,00, para os fins que especifica.
11.614, de 19.12.2007 Publicada no DOU de 20.12.2007	Abre ao Orçamento da Seguridade Social da União, em favor dos Ministérios da Cultura e da Defesa, crédito especial no valor global de R$ 195.650,00, para os fins que especifica.
11.614, de 19.12.2007 Publicada no DOU de 20.12.2007	Abre ao Orçamento da Seguridade Social da União, em favor dos Ministérios da Cultura e da Defesa, crédito especial no valor global de R$ 195.650,00, para os fins que especifica.
11.613, de 19.12.2007 Publicada no DOU de 20.12.2007	Abre ao Orçamento Fiscal da União, em favor do Ministério da Defesa, crédito especial no valor de R$ 5.791.700,00, para o fim que especifica.
11.600, de 3.12.2007 Publicada no DOU de 4.12.2007	Abre crédito especial ao Orçamento de Investimento para 2007 no valor total de R$ 1.185.035.673,00, em favor da Centrais Elétricas do Norte do Brasil S.A. — ELETRONORTE, de empresas do Grupo PETROBRÁS e da Telecomunicações Brasileiras S.A. — TELEBRÁS, para os fins que especifica, e dá outras providências
11.595, de 29.11.2007 Publicada no DOU de 30.11.2007	Abre ao Orçamento Fiscal da União, em favor da Câmara dos Deputados, das Justiças Federal, Eleitoral e do Trabalho e do Ministério Público da União, crédito especial no valor global de R$ 70.798.615,00, para os fins que especifica, e dá outras providências.
11.592, de 29.11.2007 Publicada no DOU de 30.11.2007	Abre ao Orçamento Fiscal da União, em favor do Ministério da Integração Nacional, crédito especial no valor de R$ 400.000,00, para o fim que especifica.
11.591, de 29.11.2007 Publicada no DOU de 30.11.2007	Abre ao Orçamento Fiscal da União, em favor do Ministério do Desenvolvimento Agrário, crédito especial no valor de R$ 790.000,00, para o fim que especifica.

11.590, de 29.11.2007 Publicada no DOU de 30.11.2007	Abre ao Orçamento da Seguridade Social da União, em favor do Ministério da Saúde, crédito especial no valor de R$ 50.000,00, para o fim que especifica.
11.589, de 29.11.2007 Publicada no DOU de 30.11.2007	Abre ao Orçamento Fiscal da União, em favor dos Ministérios da Ciência e Tecnologia, da Educação e do Esporte, crédito especial no valor global de R$ 2.000.000,00, para os fins que especifica.
11.581, de 27.11.2007 Publicada no DOU de 28.11.2007	Abre ao Orçamento Fiscal da União, em favor da Câmara dos Deputados, do Tribunal de Contas da União e das Justiças Eleitoral e do Trabalho, crédito especial no valor global de R$ 3.261.160,00, para os fins que especifica.
11.586, de 29.11.2007 Publicada no DOU de 30.11.2007	Abre ao Orçamento da Seguridade Social da União, em favor do Ministério da Previdência Social, crédito especial no valor de R$ 35.000.000,00, para o fim que especifica, e dá outras providências.
11.581, de 27.11.2007 Publicada no DOU de 28.11.2007	Abre ao Orçamento Fiscal da União, em favor da Câmara dos Deputados, do Tribunal de Contas da União e das Justiças Eleitoral e do Trabalho, crédito especial no valor global de R$ 3.261.160,00, para os fins que especifica.
11.575, de 22.11.2007 Publicada no DOU de 23.11.2007	Abre ao Orçamento Fiscal da União, em favor dos Ministérios de Minas e Energia e dos Transportes, crédito especial no valor global de R$ 35.160.574,00, para os fins que especifica, e dá outras providências.
11.574, de 22.11.2007 Publicada no DOU de 23.11.2007	Abre ao Orçamento Fiscal da União, em favor do Ministério da Fazenda, crédito especial no valor de R$ 60.000.000,00, para o fim que especifica.
11.569, de 22.11.2007 Publicada no DOU de 23.11.2007	Abre ao Orçamento Fiscal da União, em favor dos Ministérios da Educação e da Cultura e de Operações Oficiais de Crédito, crédito especial no valor global de R$ 38.330.853,00, para os fins que especifica, e dá outras providências
11.567, de 22.11.2007 Publicada no DOU de 23.11.2007	Abre ao Orçamento Fiscal da União, em favor do Ministério da Justiça, crédito especial no valor de R$ 50.000,00, para o fim que especifica.
11.566, de 21.11.2007 Publicada no DOU de 22.11.2007	Abre ao Orçamento Fiscal da União, em favor do Ministério da Educação, crédito especial no valor de R$ 24.824,00, para o fim que especifica.
11.565, de 21.11.2007 Publicada no DOU de 22.11.2007	Abre ao Orçamento da Seguridade Social da União, em favor do Ministério da Previdência Social, crédito especial no valor de R$ 10.200,00, para o fim que especifica.
11.564, de 21.11.2007 Publicada no DOU de 22.11.2007	Abre ao Orçamento Fiscal da União, em favor da Justiça Eleitoral, crédito especial no valor de R$ 4.405.666,00 para o fim que especifica, e dá outras providências.
11.563, de 21.11.2007 Publicada no DOU de 22.11.2007	Abre ao Orçamento da Seguridade Social da União, em favor do Ministério da Saúde, crédito especial no valor de R$ 2.000.000,00, para o fim que especifica, e dá outras providências.
11.557, de 20.11.2007 Publicada no DOU de 21.11.2007	Abre ao Orçamento Fiscal da União, em favor dos Ministérios do Meio Ambiente e da Integração Nacional, crédito especial no valor global de R$ 4.050.000,00, para os fins que especifica.

11.553, de 20.11.2007 Publicada no DOU de 21.11.2007	Abre ao Orçamento de Investimento para 2007, em favor da Caixa Econômica Federal e da ELETROSUL Centrais Elétricas S.A., crédito especial no valor total de R$ 34.527.800,00, para os fins que especifica.
11.511, de 20.7.2007 Publicada no DOU de 23.7.2007	Abre ao Orçamento Fiscal da União, em favor dos Ministérios da Fazenda e do Desenvolvimento, Indústria e Comércio Exterior, crédito especial no valor global de R$ 65.425.000,00, para os fins que especifica.

Anexo IV

Créditos extraordinários abertos em 2007

11.544, de 13.11.2007 Publicada no DOU de 14.11.2007	Abre crédito extraordinário, em favor de diversos órgãos do Poder Executivo, no valor global de R$ 6.320.941.758,00 (seis bilhões, trezentos e vinte milhões, novecentos e quarenta e um mil, setecentos e cinqüenta e oito reais), para os fins que especifica.
11.537, de 6.11.2007 Publicada no DOU de 7.11.2007	Abre crédito extraordinário, em favor da Presidência da República, dos Ministérios dos Transportes, do Meio Ambiente, da Defesa, da Integração Nacional, das Cidades e de Operações Oficiais de Crédito, no valor global de R$ 1.253.983.299,00, para os fins que especifica.
11.527, de 4.10.2007 Publicada no DOU de 5.10.2007	Abre crédito extraordinário, em favor de Transferências a Estados, Distrito Federal e Municípios, no valor de R$ 15.704.401.380,00 (quinze bilhões, setecentos e quatro milhões, quatrocentos e um mil, trezentos e oitenta reais), para os fins que especifica.
11.517, de 28.8.2007 Publicada no DOU de 28.8.2007 — Edição extra	Abre crédito extraordinário, em favor dos Ministérios dos Transportes e da Defesa, no valor global de R$ 415.575.010,00 (quatrocentos e quinze milhões, quinhentos e setenta e cinco mil e dez reais), para os fins que especifica.
11.513, de 8.8.2007 Publicada no DOU de 9.8.2007	Abre crédito extraordinário, em favor do Ministério da Agricultura, Pecuária e Abastecimento, no valor de R$ 25.000.000,00, para o fim que especifica
11.504, de 12.7.2007 Publicada no DOU de 13.7.2007	Abre crédito extraordinário, em favor de Encargos Financeiros da União, no valor de R$ 5.200.000.000,00, para o fim que especifica.
11.503, de 12.7.2007 Publicada no DOU de 13.7.2007	Abre crédito extraordinário, em favor dos Ministérios da Educação, da Justiça, dos Transportes, do Esporte, da Integração Nacional e das Cidades, no valor global de R$ 1.717.041.026,00, para os fins que especifica.
11.479, de 30.5.2007 Publicada no DOU de 31.5.2007	Abre crédito extraordinário, em favor do Ministério do Esporte, no valor de R$ 100.000.000,00, para os fins que especifica.
11.471, de 19.4.2007 Publicada no DOU de 20.4.2007	Abre crédito extraordinário, em favor do Ministério das Relações Exteriores, no valor de R$ 20.000.000,00 (vinte milhões de reais), para os fins que especifica.

11.470, de 19.4.2007 Publicada no DOU de 20.4.2007	Abre crédito extraordinário, em favor dos Ministérios da Educação, da Saúde, dos Transportes e das Cidades, no valor de R$ 506.528.000,00 (quinhentos e seis milhões, quinhentos e vinte e oito mil reais), para os fins que especifica.
11.469, de 17.4.2007 Publicada no DOU de 18.4.2007	Abre crédito extraordinário, em favor da Presidência da República, dos Ministérios dos Transportes, da Cultura e do Planejamento, Orçamento e Gestão e de Encargos Financeiros da União, no valor global de R$ 452.183.639,00, para os fins que especifica.
11.468, de 17.4.2007 Publicada no DOU de 18.4.2007	Abre crédito extraordinário, em favor dos Ministérios da Educação, dos Transportes e da Integração Nacional, no valor global de R$ 181.200.000,00, para os fins que especifica.
11.467, de 11.4.2007 Publicada no DOU de 12.4.2007	Abre crédito extraordinário, em favor dos Ministérios da Ciência e Tecnologia, da Fazenda, da Justiça, dos Transportes, das Comunicações, do Planejamento, Orçamento e Gestão, do Esporte e da Defesa, no valor global de R$ 956.646.492,00, para os fins que especifica.
11.463, de 28.3.2007 Publicada no DOU de 29.3.2007	Abre crédito extraordinário, em favor da Presidência da República e dos Ministérios de Minas e Energia, dos Transportes, do Esporte, da Integração Nacional e das Cidades, no valor global de R$ 385.263.657,00 (trezentos e oitenta e cinco milhões, duzentos e sessenta e três mil, seiscentos e cinqüenta e sete reais), para os fins que especifica.
11.461, de 28.3.2007 Publicada no DOU de 29.3.2007	Abre crédito extraordinário, em favor da Presidência da República e dos Ministérios da Fazenda, da Educação, do Desenvolvimento, Indústria e Comércio Exterior, da Justiça, da Previdência Social, da Saúde, do Planejamento, Orçamento e Gestão, da Defesa e da Integração Nacional, no valor global de R$ 690.987.595,00 (seiscentos e noventa milhões, novecentos e oitenta e sete mil, quinhentos e noventa e cinco reais), para os fins que especifica.
11.455, de 8.3.2007 Publicada no DOU de 9.3.2007	Abre crédito extraordinário, em favor do Ministério da Integração Nacional, no valor de R$ 70.000.000,00, para os fins que especifica.
11.454, de 28.2.2007 Publicada no DOU de 1º.3.2007	Abre crédito extraordinário ao Orçamento de Investimento para 2006, em favor de empresas do Grupo ELETROBRÁS, no valor total de R$ 106.726.769,00, para os fins que especifica.
11.453, de 28.2.2007 Publicada no DOU de 1º.3.2007	Abre crédito extraordinário, em favor de Operações Oficiais de Crédito, no valor de R$ 1.000.000.000,00 (um bilhão de reais), para o fim que especifica.

Impresso na Rotaplan Gráfica e Editora LTDA
www.rotaplangrafica.com.br
Tel.: 21-2201-1444